Un libertario quasi cristiano

Il percorso culturale di Murray N. Rothbard

A CURA DI
BENIAMINO DI MARTINO

Monolateral

Un libertario quasi cristiano. Il percorso culturale di Murray N. Rothbard.

ISBN: 978-1-946374-32-5 (brossura)
ASIN: (Kindle)

Prima edizione: gennaio 2025

Copyright © 2024, 2025 Beniamino Di Martino

Proprietà Letteraria Riservata

Il presente testo può essere usato esclusivamente per finalità di carattere personale. I diritti di commercializzazione, di traduzione, di memorizzazione elettronica, di adattamento e di riproduzione totale o parziale con qualsiasi mezzo sono riservati per tutti i Paesi.

Tramedoro Edizioni
via Emilia Ponente 90
40133 Bologna
tel. 051-389394

Monolateral™
editore@monolateral.com
https://monolateral.com
Richardson, Texas 75094 (USA)

Indice

Un libertario quasi cristiano

Il percorso culturale di Murray N. Rothbard

Premessa

«Anche se non sono credente, elogio il cristianesimo e soprattutto il cattolicesimo come base della libertà» (Rothbard).

C ON QUESTE PAROLE MURRAY N. Rothbard (1926-1995) esprimeva in modo tanto sintetico quanto efficace il suo rapporto con la fede cristiana. In materia *teologale* questa non è certamente l'unica delle testimonianze espresse dal filosofo americano[1]; esse sono, anzi, numerose e significative e sarà possibile scorrerle anche tra le pagine di questo testo.

Il volume collettaneo che ho l'onore e il piacere di presentare nasce

---

1) Rothbard, in una lettera inviata nel 1990 a Justin Raimondo, suo biografo, scriveva: «sono convinto che non sia un caso che la libertà, lo Stato minimo, i diritti naturali e l'economia di mercato si siano sviluppati ampiamente solo nella civiltà occidentale. Sono convinto che la ragione risieda nella mentalità sviluppata dalla chiesa cristiana in generale e da quella cattolica romana in particolare. In contrasto con il pensiero greco, dove la città-Stato era il luogo della virtù e dell'azione, il cristianesimo, con la sua unica attenzione sull'individuo come creato a immagine di Dio e al mistero centrale dell'Incarnazione — Dio creò [nota sul verbo: non "creare", ma "generare", *n.d.c.*] Suo Figlio come persona pienamente umana —, implica che ogni individuo e la salvezza di questi sia centrale nella preoccupazione divina. La Chiesa non era legata a nessun re o Stato e perciò fungeva come controllo vitale sul potere dello Stato. Il concetto di tirannicidio e di diritto alla rivoluzione è stato sviluppato dagli scolastici cattolici. Locke (e i suoi seguaci nella Rivoluzione americana) era uno scolastico protestante che sviluppò e affinò la dottrina scolastica cattolica. Anche se non sono credente, elogio il cristianesimo e soprattutto il cattolicesimo come base della libertà». Cit. in Justin RAIMONDO, *An Enemy of The State. The Life of Murray N. Rothbard*, Prometheus Books, New York (N. Y.) 2000, p. 325-326.

sia dal desiderio di contribuire a diffondere il pensiero libertario del suo indiscutibilmente più grande protagonista sia dall'enorme debito di gratitudine verso un indomito difensore della libertà e della verità.

Eccoci, quindi, a ricordare Rothbard a trent'anni dalla prematura morte avvenuta il 7 gennaio 1995 per arresto cardiaco nella sua casa a New York. Il filosofo americano non aveva ancora compiuto 69 anni ed aveva alle spalle una smisurata produzione di articoli, saggi e libri.

Non è questa la sede per delineare il profilo intellettuale del pensatore[2], né per illustrare i caratteri del libertarismo[3] di cui fu l'esponente più maturo e rigoroso, né per tratteggiare il paradigma della Scuola Austriaca[4] nel quale non solo si riconobbe pienamente, ma di cui fu originale interprete coniugando perfettamente marginalismo e giusnaturalismo, fornendo al soggettivismo e all'individualismo il più solido impianto teorico. Ci limitiamo solo ad introdurre la presente raccolta di testi e l'idea da cui è nata questa iniziativa.

Il primo pensiero in vista della ricorrenza del trentennale della scomparsa di Rothbard è stato quello di promuovere un lavoro intorno alla riflessione del teorico libertario sul cristianesimo. Più in generale, la

---

2) Cfr. David GORDON, *Murray N. Rothbard: A Scholar in Defense of Freedom*, with a bibliography compiled by Carl Watner, Ludwig von Mises Institute, Auburn (Alabama) 1996; cfr. David GORDON, *The Essential Rothbard*, Ludwig von Mises Institute, Auburn (Alabama) 2007; cfr. Roberta Adelaide MODUGNO, *Murray N. Rothbard e l'anarco-capitalismo americano*, Rubbettino, Soveria Mannelli (Catanzaro) 1998; cfr. Roberta Adelaide MODUGNO, *Murray N. Rothbard*, Istituto Bruno Leoni Libri, Torino 2022; cfr. Justin RAIMONDO, *An Enemy of The State. The Life of Murray N. Rothbard*, Prometheus Books, New York (N. Y.) 2000.

3) Cfr. David BOAZ, *Libertarismo. Silloge*, Liberilibri, Macerata 2010 (*Libertarianism. A Primer*, 1997); cfr. Nicola IANNELLO (a cura di), *La società senza Stato. I fondatori del pensiero libertario*, Rubbettino, Soveria Mannelli (Catanzaro) 2004; cfr. Carlo LOTTIERI, *Il pensiero libertario contemporaneo. Tesi e controversie sulla filosofia, sul diritto e sul mercato*, Liberilibri, Macerata 2001; cfr. Charles A. MURRAY, *Cosa significa essere un libertario*, Liberilibri, Macerata 2010 (*What It Means to Be a Libertarian*, 1997); cfr. Piero VERNAGLIONE, *Il libertarismo. La teoria, gli autori, le politiche*, Rubbettino, Soveria Mannelli (Catanzaro) 2003.

4) Cfr. Eamonn BUTLER, *La Scuola austriaca di economia. Un'introduzione*, Istituto Bruno Leoni Libri, Torino 2014 (*Austrian Economics: A Primer*, 2010); cfr. Raimondo CUBEDDU, *Il liberalismo della Scuola austriaca. Menger, Mises, Hayek*, Morano, Napoli 1992; cfr. Jesús HUERTA de SOTO, *La Scuola Austriaca. Mercato e creatività imprenditoriale*, a cura di Paolo Zanotto, prefazione di Raimondo Cubeddu, Rubbettino, Soveria Mannelli (Catanzaro) 2003 (*La Escuela Austríaca: mercado y creatividad empresarial*, 2000); cfr. Eugen Maria Schulak - Herbert Unterköfler, *The Austrian School of Economics. A History of Its Ideas, Ambassadors, and Institutions*, Ludwig von Mises Institute, Auburn (Alabama) 2011 (*Die Wiener Schule der Nationalökonomie*, 2009).

questione si inserisce nel dibattito sul rapporto tra liberalismo e cristianesimo, ma più nello specifico, e andando oltre sia la ristretta cerchia
dei più diretti interessati sia il ben più vivace mondo anglosassone, ci è
sembrato utile proporre un'occasione di discussione su un tema sempre
attuale e sempre decisivo.

Per quanto non manchino certo, anche in italiano, studi sull'argomento[5] e non siano poche le letture consigliabili[6], abbiamo così inteso
offrire un ulteriore contributo valorizzando, oltretutto, alcuni interventi
di innegabile profondità.

E qui veniamo alla seconda caratteristica di questa raccolta colletta-
nea: gli interventi qui presenti sono apparsi su «StoriaLibera. Rivista di
scienze storiche e sociali» nel corso degli undici anni di attività già svolta. Abbiamo, così, riunito in un unico testo i contributi con attinenza al
tema del rapporto tra Rothbard e la fede cristiana per offrirli al lettore
comodamente raggruppati. La rivista, d'altronde, si appresta a concludere le sue pubblicazioni ed è sembrato che questo volume potesse essere
il miglior modo per coronare l'impegno profuso da tutti coloro che si
sono sentiti coinvolti in una vera e propria missione culturale.

Se il tema del volume vuole esprimere una profonda gratitudine verso
Rothbard, la valorizzazione dei testi precedentemente apparsi sulla rivista vuole essere anche un modo per dimostrare la sincera riconoscenza
verso i nostri autori, autentici protagonisti nel panorama libertario che
hanno saputo diffondere — sempre con sacrificio, spesso con grande
fatica — la conoscenza in Italia del pensiero rothbardiano. Grazie ad
essi, anche chi scrive ha avuto la provvidenziale occasione di imbattersi, ormai una quindicina di anni fa, nel nome di Murray N. Rothbard e
di conoscerlo quale grande maestro e grande benefattore dell'umanità.

---

5) Cfr. Raimondo CUBEDDU, *Individualismo e religione nella Scuola Austriaca*, in
appendice un articolo di Carl Menger, *La conquista delle universalità* (1907), Edizioni
ETS, Pisa 2019; cfr. Alejandro A. CHAFUEN, *Cristiani per la libertà. Radici cattoliche
dell'economia di mercato*, prologo di Michael Novak, introduzione di Dario Antiseri,
Liberilibri, Macerata 2007 (*Faith and Liberty. The Economic Thought of the Late Schola-
stics*, 2003); cfr. Thomas E. WOODS jr., *La Chiesa e il mercato. Una difesa cattolica della
libera economia*, prefazione di Carlo Lottieri, Liberilibri, Macerata 2008 (*The Church
and the Market. A Catholic Defense of the Free Economy*, 2005).

6) Cfr. Randy ENGLAND, *Free is Beautiful. Why Catholics should be libertarian*,
Smashwords, Los Gatos (California) 2012; cfr. Christopher A. FERRARA, *The Church
and the Libertarian. A Defense of the Catholic Church's Teaching on Man, Economy, and
State*, Remnant Press, Forest Lake (Minnesota) 2010; cfr. Guglielmo PIOMBINI, *La
Croce contro il Leviatano. Perché il Cristianesimo può salvarci dallo Stato onnipotente*,
con un saggio introduttivo di James Redford, Tramedoro, Bologna 2021.

Gli articoli sono stati riproposti nello stesso ordine con cui sono stati pubblicati su «StoriaLibera» ad eccezione dei due testi di antologia che ora appaiono come appendici. Si apre, pertanto, con Marco Respinti — un costante punto di ispirazione e di riferimento per chi scrive — il cui pezzo, per il suo carattere riassuntivo, ben può fungere da introduzione generale all'intero volume[7]. Si prosegue con un illuminante saggio di Piero Vernaglione sul cosiddetto paleo-libertarismo di cui l'autore è un convinto promotore, oltre che grande conoscitore[8]. Il terzo testo è costituito da una dettagliata e brillante analisi di Guglielmo Piombini — il saggista ed editore nei confronti del quale tutti siamo debitori per la sua incessante opera di promozione culturale — che getta luce sulla profonda ammirazione di Rothbard per il cattolicesimo romano[9]. Abbiamo poi aggiunto la traduzione italiana della breve, ma densa testimonianza di padre Robert A. Sirico[10], il sacerdote italo-americano co-fondatore e a lungo presidente dell'Acton Institute. Nel marzo del 1995, quindi solo poche settimane dopo la morte di Rothbard, il filosofo libertario venne commemorato sulla rivista «Liberty magazine». Tra gli interventi non mancò il ricordo di padre Robert[11]. Il brano ora tradotto in italiano riporta lo straordinario ricordo scritto dal sacerdote per l'amico appena scomparso. C'è poi un denso articolo di Carlo Lottieri — una delle principali figure del libertarismo europeo i cui interventi hanno formato ormai già più generazioni di studiosi — con cui vengono illustrate le radici filosofiche e teologiche del pensiero rothbardiano[12]. Conclude la rassegna un saggio del curatore[13] che, programmato

---

7) Marco RESPINTI, *Murray N. Rothbard (1926-1995), l'apostolo delle libertà americane*, in «StoriaLibera. Rivista di scienze storiche e sociali», anno 2 (2016), n. 3, p. 61-66.

8) Piero VERNAGLIONE, *Paleolibertarismo: libertarismo contro la cultura liberal*, in «StoriaLibera. Rivista di scienze storiche e sociali», anno 7 (2021), n. 13, p. 10-47.

9) Guglielmo PIOMBINI, *La tradizione cattolica nella riflessione di Murray N. Rothbard*, in «StoriaLibera. Rivista di scienze storiche e sociali», anno 7 (2021), n. 14, p. 10-71.

10) Robert A. SIRICO, *Rothbard. A Testimony*, in «StoriaLibera. Rivista di scienze storiche e sociali», anno 7 (2021), n. 14, p. 107-108.

11) Robert A. SIRICO, *Murray N. Rothbard, 1926-1995*, in «Liberty magazine», vol. 8, n. 4, March 1995, p. 23.

12) Carlo LOTTIERI, *Le ragioni filosofiche e le radici religiose del libertarismo*, in «StoriaLibera. Rivista di scienze storiche e sociali», anno 11 (2025), n. 21, p. 158-164.

13) Beniamino DI MARTINO, *Rothbard: la ragione come "logos" tra filosofia e teologia*, in «StoriaLibera. Rivista di scienze storiche e sociali», anno 11 (2025), n. 21, p. 44-143; Beniamino DI MARTINO, *Murray N. Rothbard e la questione dell'aborto*, in «StoriaLibera. Rivista di scienze storiche e sociali», anno 11 (2025), n. 22, p. 10-69 e

come trattazione manualistica, è stato poi adattato — causa l'eccessiva estensione che stava assumendo in fase di stesura — ad uno studio su alcuni temi particolari (il rapporto tra la ragione e la fede, la discutibile applicazione dei principi libertari in materia di aborto e le fonti del giusnaturalismo rothbardiano). In appendice abbiamo poi ritenuto utile inserire due pregevoli pezzi di antologia, inediti in italiano sino alla pubblicazione su «StoriaLibera» avvenuta qualche anno fa. Si tratta di due *memorandum* che Rothbard scrisse su commissione: il primo sul rapporto tra cattolicesimo e protestantesimo, da un lato, e capitalismo, dall'altro; il secondo su cattolicesimo, etica e capitalismo. Il primo testo fu elaborato nel 1957 ed ora appare con un'introduzione di Paolo Luca Bernardini[14] mentre il secondo risale al 1960 ed è stato per noi curato da Gaetano Masciullo[15].

Dicevamo che questo volume va a coronare l'attività di «StoriaLibera». Lo fa non tanto sotto l'aspetto cronologico (un testo di antologia è già in programma per l'anno prossimo — se Dio vorrà — e quella ulteriore iniziativa editoriale segnerà la conclusione delle pubblicazioni della rivista), ma soprattutto sotto l'aspetto valoriale. Forse il cuore della missione di «StoriaLibera» può essere inteso come il tentativo di parlare ai credenti del libertarismo e ai libertari della fede cristiana. O, se si preferisce, parlare da cattolici con una mente, un linguaggio, una cultura libertaria, e parlare da libertari con le certezze proprie della fede cristiana sentendosi e, soprattutto, essendo "cattolicamente libertari" e "libertariamente cattolici". D'altra parte, qualcosa di analogo Rothbard promosse quando si prefisse «di far conoscere il giusnaturalismo ai libertari e la libertà ai conservatori»[16]. Volendo guardare oltre il risultato materiale e il dato quantitativo (da non squalificare e disprezzare, ma neanche da assolutizzare e glorificare), il proposito del filosofo americano non poteva che essere *essenzialmente* fruttuoso, così come il nostro desiderio

Beniamino DI MARTINO, *Murray N. Rothbard e il suo "entourage" cristiano*, in «Storia-Libera. Rivista di scienze storiche e sociali», anno 12 (2026), n. 23, p. 10-44.

14) Murray N. ROTHBARD, *Cattolicesimo, protestantesimo e capitalismo (Memorandum on Catholicism, Protestantism, and Capitalism*, 1957), a cura di Paolo L. Bernardini, in «StoriaLibera. Rivista di scienze storiche e sociali», anno 7 (2021), n. 14, p. 110-121.

15) Murray N. ROTHBARD, *Letture su Etica e Capitalismo. Parte I: Cattolicesimo. Memorandum al Volker Fund (Readings on Ethics and Capitalism. Part I: Catholicism. Memo to the Volker Fund*, 1960), a cura di Gaetano Masciullo, in «StoriaLibera. Rivista di scienze storiche e sociali», anno 7 (2021), n. 14, p. 160-190.

16) Murray N. ROTHBARD, *L'etica della libertà*, introduzione di Luigi Marco Bassani, Liberilibri, Macerata 2000, p. 12 (*The Ethics of Liberty*, 1982).

(pur circondato da spine) non si è rivelato essere un progetto astratto, ma il reciproco riconoscimento di una naturale affinità e di una intima somiglianza. Coniugare fede cristiana e teoria libertaria non comporta, infatti, alcuno sforzo — almeno ideale e intellettuale —, ma solo assecondare ciò che *per natura* è congenere. Ciò, comunque, non disimpegna alcuno dal continuare a presentare ai libertari il diritto naturale come fondamento della libertà individuale e dei diritti della persona e a presentare ai cattolici la libertà non solo come la migliore alleata della fede, ma come il frutto umanamente evidente della rivelazione cristiana e dell'incarnazione del Verbo di Dio.

Il curatore

1

Marco Respinti *

Murray N. Rothbard (1926-1995), l'apostolo delle libertà americane

NEL 1980, IL SOCIOLOGO Robert A. Nisbet (1913-1996) – una delle figure chiave dell'anima tradizionalista del conservatorismo statunitense, il padre del comunitarismo autentico né neo né post-*liberal* – pubblicò, sulle pagine di «Modern Age: A Quarterly Review», un saggio che ha goduto di una certa notorietà tra gli studiosi e rivelatore sin dal titolo, *Conservatives and Libertarians: Uneasy Cousins.* La pietra tombale, parrebbe, di qualsiasi possibilità d'intesa tra due mondi ritenuti inconciliabili, che porta seco sottoterra ogni prospettiva "fusionista": non il compromesso, peraltro, ma la ricerca delle fonti comuni elaborata teoricamente nei primi anni '60 da Frank S. Meyer (1909-1972) e rimasta difficile da praticare fino alla conciliazione in sede politica realizzata anzitutto da Barry M. Goldwater (1909-1998). Una sonora bocciatura tradizionalista, insomma, poi confermata un anno dopo da parte *libertarian* quando, sempre su «Modern Age», Murray N. Rothbard pubblicò il saggio *Frank S. Meyer: The Fusionist as Libertarian Manqué.*

Curioso, però, perché, più che la coperta del famoso letto di Procuste, la vicenda assomiglia a quella dei capponi di Renzo, salvo per la conclusione. Felice nel nostro caso, a differenza di quanto accade a quei polli ne *I promessi sposi.* Il tradizionalista Nisbet è infatti un'arma culturale prediletta anche dai *libertarian* (e i suoi scritti antistatalisti lo giustificano abbondantemente), Rothbard è cresciuto nei decenni fino a divenire un

* Giornalista, autore, Senior Fellow del *Russell Kirk Center for Cultural Renewal* (Mecosta, Michigan): www.marcorespinti.org.

estimatore del Medioevo, della Scolastica e del cattolicesimo, e lo stesso «Modern Age» – fondato nel 1955 dal tradizionalista Russell Kirk (1918-1994), sospettosissimo dei *libertarian*, amico di Nisbet e critico di Meyer – è stato di fatto da subito, e negli anni si è certamente confermato, un periodico pienamente "fusionista", ma forte al punto da essere considerato lo strumento di approfondimento culturale più agguerrito e raffinato della Destra statunitense nel proprio insieme.

A quasi cent'anni dalla nascita di Rothbard e a trenta dalla sua scomparsa, e dopo oltre un ventennio dalla pubblicazione della edizione italiana, con introduzione di Luigi Marco Bassani, di *Per una nuova libertà. Il manifesto libertario* (Liberilibri, Macerata 2004), versione della seconda edizione riveduta e aumentata di *For a New Liberty: The Libertarian Manifesto* del 1978 (originariamente pubblicato nel 1973), tutto ciò diviene materia per riflessioni e considerazioni. Americane, ma certo non solo americane.

«Concepiti nella libertà»

Murray Newton Rothbard nacque a New York il 2 marzo 1926 da una famiglia di origini ebraiche. Nella Columbia University, di New York, conseguì il baccalaureato in Matematica nel 1945 e (dopo lunga attesa a causa di contrasti con il relatore) nel 1956 il dottorato in Economia.

Nel 1949 incontrò Ludwig von Mises (1881-1973): prima della guerra aveva abbandonato l'Austria per gli Stati Uniti d'America e qui si era poi organicamente inserito negli ambienti della Foundation for Economic Education di Irvington-on-Hudson, (allora) perno iniziale e quindi centrale del pensiero "austriaco" in America Settentrionale.

In quell'anno von Mises pubblicò il fondamentale *Human Action*. Fu l'incontro che mutò la vita di Rothbard, da quel momento il discepolo più fedele dell'economista austriaco alle lezioni che questi svolse nella New York University e il suo interprete più rigoroso, ma anche il suo continuatore con una non piccola dose di originalità.

Se sul piano accademico (come nota Bassani) Rothbard – che dal 1966 ha insegnato al Brooklyn Polytecnic e dal 1986 fino alla scomparsa all'Università di Las Vegas – non ha certamente sfondato, è l'impressionante mole delle sue pubblicazioni (libri, saggi e articoli) quella che ha lasciato il segno. Il tutto a partire da quella vera e propria teoria generale dell'economia all'insegna della difesa irriducibile delle libertà del mercato che è *Man, Economy, and State: A Treatise on Economic Principles*, del 1962, con cui Rothbard fondò il cosiddetto "anarco-capitalismo".

Animato, come tipico degli "austriaci", dalla prasseologia più che dal calcolo teorico, al centro del pensiero rothbardiano non vi è un astratto *homo oeconomicus* funzione esclusiva di formule matematiche, ma – secondo la lezione misesiana e l'intero impianto "austriaco" – l'uomo reale, vero.

Seguono poi opere altrettanto fondamentali quali *America's Great Depression* del 1963, *Power and Market: Government and the Economy* del 1970, il citato *For a New Liberty*, quindi *The Ethics of Liberty* del 1982, più una serie di opere postume tra le quali spiccano certamente i due volumi del 1995 *Economic Thought Before Adam Smith: An Austrian Perspective on the History of Economic Thought* e *Classical Economics: An Austrian Perspective on the History of Economic Thought*.

Economia e scienze sociali sono dunque stati il piatto forte di Rothbard, il quale è però giustamente noto anche per il fondamentale studio della storia dell'America Settentrionale precedente la nascita degli Stati Uniti – la storia di uomini e di comunità «concepiti nella libertà», una sorta di "Medioevo" nordamericano – raccolto in una tetralogia per alcuni versi insuperata: i due volumi *Conceived in Liberty, A New Land, A New People: The American Colonies in the Seventeenth Century* e *Conceived in Liberty, Salutary Neglect: The American Colonies in the Eighteenth Century*, entrambi del 1975, seguiti da *Conceived in Liberty: Advance to Revolution, 1760-1774*, del 1976, e *Conceived in Liberty: The Revolutionary War, 1775-1784*, del 1979.

E il secondo volume della serie s'incentra significativamente su quel concetto di «salutare oblio» da parte della madrepatria britannica che ha permesso, nel corso di secoli, lo sviluppo autonomo, all'interno del contesto imperiale, di quelle forme di autogoverno nordamericano e di rappresentanza politica le quali sono la vera «alba della repubblica» – per dirla con il titolo italiano di *Seedtime of the Republic: The Origin of the American Tradition of Political Liberty* (1953) di Clinton Rossiter (1917-1970), pubblicato a Pisa da Nistri Lischi nel 1963 a cura di Cipriana Scelba e con introduzione di Nicola Greco – e che, *trait d'union* fra Vecchio Continente e Mondo Nuovo, hanno fatto gli Stati Uniti ciò che sono. Una linea spezzata ma continua con l'Europa, secondo un'idea cara anche a Kirk, il quale fu peraltro sempre ai ferri corti con Rothbard, scomparso a New York il 7 gennaio 1995.

Avanti per volgersi indietro

Rothbard, per il quale l'unica guerra legittima fu quella d'indipendenza che portò poi alla nascita degli Stati Uniti (e di cui egli, filo-"sudista", vedeva una sostanziale continuazione nella Guerra di secessione nordamericana, 1861-1865), fu un isolazionista irriducibile, e per questo a tratti in sintonia con la cosiddetta *New Left*, benché in collegamento diretto con il pensiero della *Old Right* precedente la Seconda guerra mondiale (1939-1945); un nemico acerrimo di quello che definì *welfare-warfare State* (le grandi guerre sono lo strumento dei grandi Stati coercitivi); un fiero assertore dell'idea (cara anche ai comunitaristi d'impostazione tradizionalista) secondo cui alla crescita dello Stato corrisponde lo scemare delle energie delle associazioni umane volontarie; un umanista d'impianto aristotelico convinto dei danni incalcolabili diffusi dal riduzionismo economicistico-matematico; un nemico di ogni tassazione giacché involontaria e quindi dannosa economicamente e moralmente.

Difensore del *free trade* e per questo oppositore per esempio del North American Free Trade Agreement (NAFTA), che giudicava una mera operazione tesa a rafforzare una pianificazione tra governi di dimensione continentale, Rothbard difese la proprietà privata individuale contro i grandi meccanismi spersonalizzanti che qualcuno definirebbe "mondialisti". E così si fece fama di gran revisionista.

Del resto, come ha notato acutamente Bassani, il Libertarianism è «[...] un fenomeno interamente americano con forti influenze "austriache"». Anzi, è nato proprio con Rothbard, l'autore dell'innesto del pensiero della Scuola austriaca di economia sulla tradizione liberale classica all'anglosassone (e non *liberal*) nata come costola del mondo britannico *whig* grazie a Thomas Gordon (1691?-1750), a John Trenchard (1662-1723) e alle loro *Cato's Letters* del 1720-1725 (trad. it. con il medesimo titolo a cura di Carlo Lottieri, Liberilibri 1997) e continuata Oltreoceano fino a Frank Chodorov (1887-1966), Albert Jay Nock (1870-1945) ed Henry Louis Mencken (1880-1956). Di nuovo, sotto l'egida del revisionismo: tanto che un giorno il movimento si è spaccato in due, i *left-libertarian* e i *paleo-libertarian*. Laddove i primi si fanno aperti alfieri del relativismo, i secondi, coerenti con l'impostazione Rothbard-Mises-Scuola austriaca, fondano invece la propria teoria sul giusnaturalismo nemico del potere statolatrico, quindi sulla intangibilità della natura umana. Una natura umana *data*: sul "da chi" il dibattito è aperto, ma è certo che attualmente molti *paleo-libertarian* siano cristiani, addirittura cattolici, persino tradizionalisti. E che l'ebreo Rothbard, tra secolarizzazione e ateismo, finì per giungere alla "seconda" Scolastica spagnola e a san Tommaso d'Aquino (1224/1226-1274), con tutto l'indotto di rivalutazione del "prima dello Stato" che si porta dietro la storia del Medioevo europeo nel suo complesso (così simile, per i *paleo*, a quel "Medioevo" americano dell'epoca coloniale).

Rothbard finì i propri giorni con un fattuale "elogio del cattolicesimo", come ricorda un brillante saggio di Guglielmo Piombini, *La tradizione cattolica nella riflessione di Murray N. Rothbard* (pubblicato su «StoriaLibera» e ora accolto in questo stesso volume), e avversò la sentenza Roe vs. Wade con cui il 22 gennaio 1973 la Corte Suprema federale liberalizzò l'aborto negli Stati Uniti attraverso un vero e proprio colpo di mano. Del resto, come scrive lo stesso Rothbard in una nota finale a un suo *memorandum* informale, *Cattolicesimo, protestantesimo e capitalismo. Promemoria per il Volker Fund*, febbraio 1957 (anch'esso pubblicato su «StoriaLibera» e ora accolto in questo stesso volume), «vorrei fortemente raccomandare [...] il libro di Erik von Kuehnelt-Leddhin, *Liberty or Equality* [...], la cui tesi centrale è che il cattolicesimo conduce a uno spirito *libertarian* (sebbene "anti-democratico") mentre il protestantesimo porta verso il socialismo, il totalitarismo e lo spirito collettivista».

Tutto ebbe insomma origine nell'Austria asburgica, patria anche dello studioso monarchico, tradizionalista, cattolico e "liberale" Erik von Kuehnelt-Leddhin (1909-1999), a opera di chi, volendo riformare e non abbattere l'Impero giudicato migliore in quanto "governava meno", nonché erede di quello Sacro e Romano, diede vita a una scuola di pensiero che attecchì meglio che altrove negli Stati Uniti, privi del retroterra giacobino che invece caratterizza gran parte dell'Europa continentale. Sarà stato un caso. Forse. Per certo, ora Rothbard lo sa.

2

Piero Vernaglione *

Paleolibertarismo. Libertarismo contro la cultura liberal

Il paleolibertarismo ha rappresentato un filone interno alla più generale teoria libertaria. Si sviluppa a partire dagli anni Ottanta del Novecento negli Stati Uniti, per opera di autori come Murray N. Rothbard e Llewellyn H. Rockwell Jr. insoddisfatti per gli atteggiamenti intellettuali da sinistra radicale assunti dal libertarismo. Per questi autori, ai fini dell'edificazione di una società libera, le condotte controculturali e hippy del libertarismo degli anni Settanta non sono fruttuose: è al contrario indispensabile l'esistenza di un sostrato culturale imperniato su alcuni valori tradizionali, espressione della vituperata moralità borghese.

COME AVVIENE PER TUTTE le teorie caratterizzate da una grande vitalità, anche il libertarismo ha generato al suo interno filoni di pensiero e percorsi autonomi. Le distinzioni hanno riguardato sia gli approcci metodologici, sia gli assetti istituzionali, sia i valori fondativi; con inevitabili ricadute anche sul versante lessicale.

Il termine "libertario", prendendo piede negli anni Sessanta e Settanta del Novecento, in pieno sviluppo dei movimenti di contestazione, non è stato utilizzato soltanto nell'accezione rigorosa richiesta dalle classificazioni dottrinali. Nella virulenza dello scontro politico-culturale allora in atto, il *libertarianism* veniva superficialmente e indebitamente identificato *sic et simpliciter* con le istanze "controculturali", *hippy*, antireligiose e libertine tipiche della *New Left* dell'epoca. Ma questa impronta di "sinistra radicale" non rendeva giustizia alla teoria, e successivamente

* Studioso di teoria politica e in particolare del pensiero libertario americano. È autore e curatore del sito «Rothbardiana».

non avrebbe soddisfatto molti autori che in essa si riconoscevano. Non è chi non veda, infatti, come elementi distintivi della dottrina (seppure con gradi diversi di cogenza) quali l'individualismo, la centralità della proprietà privata e del mercato, l'antiegalitarismo, l'enfatizzazione della responsabilità personale, la valorizzazione del merito, rappresentino princìpi antitetici rispetto alle suggestioni collettiviste e vagamente socialiste espresse da una parte consistente del movimento studentesco, autoproclamatosi "libertario". Il libertarismo è una filosofia politica, non una teoria morale completa, e dunque non è affatto necessario che approvi o incoraggi i comportamenti trasgressivi o viziosi o gli stili di vita alternativi consentiti dal principio di non-aggressione.

L'equivoco, però, non sorgeva e si perpetuava per caso. Una componente consistente del movimento libertario si era riconosciuta in pieno nell'impostazione "antisistema" sopra illustrata. Le divergenze non potevano rimanere sopite a lungo. È a partire dalla metà degli anni Ottanta che i dissensi profondi su alcune importanti premesse valoriali cominciano a manifestarsi. Li rendono espliciti Murray N. Rothbard e Llewellyn H. Rockwell Jr[1], presto seguiti da altre personalità del mondo libertario. La principale accusa rivolta ai *left-libertarian*[2] è di non limitarsi a favorire un assetto giuridico che, fra le varie libertà "negative", difenda anche quella di assumere comportamenti e stili di vita bizzarri o devianti; ma di celebrare tali comportamenti, compiacendosi dell'anticonformismo "in sé", glorificando la "diversità" fine a se stessa, valorizzando la "provocazione" in quanto tale, enfatizzando la stravaganza, collocando in una posizione di supremazia qualunque moralità "alternativa" e civettando con il nichilismo alla moda e l'edonismo. Questi libertari – raccolti principalmente nel Libertarian Party americano e comunque prevalenti[3]

---

1 Dal loro sodalizio prende il via il «Rothbard-Rockwell Report», newsletter fulcro dell'elaborazione paleolibertaria.

2 La stessa etichetta viene utilizzata per evidenziare una distinzione dottrinale interna al libertarismo: i *left-libertarian* sono coloro che riconoscono la proprietà di se stessi ma non la proprietà individuale delle risorse esterne, che sono invece originariamente proprietà comune. In questo lavoro la denominazione non viene utilizzata in tale accezione.

3 Rothbard definì *modale* la tipica figura del militante libertario edonista, narcisista, vagabondo, inconcludente, scroccone, senza un lavoro fisso ma attratto dall'informatica; con tratti di fanatismo e dunque privo di senso dell'umorismo; infantilmente protagonista di un ribellismo generico e a trecentosessanta gradi; disinteressato alle letture profonde di tipo storico, culturale e politico, e invece orientato quasi esclusivamente alla fantascienza o a temi pseudoprovocatori come le droghe o la pornografia. La *moda* qui indica il concetto statistico, cioè, in una distribuzione, il carattere al quale corrisponde

nell'intero movimento – sottoporrebbero il libertarismo a una torsione culturale innaturale e indebita. Essi, precisano i critici, assimilano erroneamente la libertà dall'oppressione statale alla libertà dalla religione, dalla tradizione, dalla famiglia, da qualsiasi morale codificata. Ma i libertari avversano l'autorità statale, non l'autorità sociale.

In un articolo che fece molto rumore all'interno del mondo libertario, Llewellyn H. Rockwell Jr. così deprecava questo atteggiamento: «a meno che non correggiamo l'immagine culturale del libertarismo, il nostro movimento fallirà miseramente come il Libertarian Party. Continueremo a essere visti come una setta che "si oppone all'autorità" e non allo statalismo, che sostiene la diffusione dei comportamenti che vorrebbe legalizzare, e che respinge gli standard della civiltà occidentale. Gli argomenti contro la guerra alla droga, per quanto siano intellettualmente stringenti, vengono svalutati se provengono dal partito degli sballati. Quando il Libertarian Party candida una prostituta come vicegovernatore della California, [...] è naturale che l'americano medio pensi che [...] la richiesta di legalizzazione di attività come la prostituzione significhi approvazione morale. Non ci potrebbe essere politica più suicida»[4]. E Rothbard: «noi paleo non vogliamo più essere compagni di strada di questo tipo di persone. [...] Una ragione è strategica: questo tipo di persone tende, per ovvie ragioni, a trascurare – di più, a respingere – la maggior parte della "gente comune", quella che lavora per vivere o guadagna uno stipendio, gente della classe media o della classe lavoratrice che, secondo la vecchia efficace espressione, ha "mezzi di sostentamento evidenti". [Non solo] nel Libertarian Party, ma nel movimento nel suo complesso, questi tipi *luftmensch* sono quasi riusciti a rendere il glorioso termine "libertario" sgradevole all'olfatto, sinonimo di svitato o libertino»[5].

I *right-libertarian* giudicano infantile e decadente un simile atteggiamento e approdano alla conclusione opposta: ai fini di una prospettiva libertaria, cioè per l'edificazione di una società libera, è al contrario

---

la massima frequenza. Dunque, nell'accezione di Rothbard, il libertario "modale" è quello tipico, quello più diffuso. Un'altra etichetta sarcastica assegnata loro da Rothbard fu *nihilo-libertari*. Di questo mondo, oltre al Libertarian Party, facevano parte anche le riviste «Liberty» e «Reason».

4 Llewellyn H. ROCKWELL, Jr., *The Case for Paleolibertarianism*, in «Liberty», vol. 3, n. 3, January 1990, p. 36 (ora Llewellyn H. ROCKWELL, Jr., *Un manifesto per il paleolibertarismo*, a cura di Paolo Amighetti, in «StoriaLibera. Rivista di scienze storiche e sociali», anno 7 (2021), n. 13, p. 119).

5 Murray N. ROTHBARD, *Why Paleo?*, in «Rothbard-Rockwell Report», vol. 1, n. 1, May 1990, p. 3.

indispensabile l'esistenza di un sostrato culturale imperniato su alcuni valori tradizionali, espressione della vituperata moralità borghese. Valori che ingiustamente il senso comune contemporaneo disprezza come retrogradi o reazionari, e invece giudicati funzionali, in un contesto sociale, alla preservazione dell'autonomia e della crescita individuali. «Siamo libertari fino al midollo, ma da parecchio tempo anche "paleo" – uomini devoti ai valori e alla cultura borghesi, e fermi oppositori della "controcultura" nichilista. Per troppo tempo il libertarismo è stato disprezzato perché associato, nello stile di vita e nella cultura di molti attivisti del movimento, con un'adolescenziale cultura da *hippy* sballato»[6].

L'impostazione paleo è anche conseguenza della lettura che Rothbard dà dell'evoluzione politico-culturale dell'America nei venti anni precedenti. A cavallo fra gli anni Sessanta e Settanta del Novecento inizia a dispiegarsi in diversi settori della società americana un'egemonia *liberal*. Un'élite statalista, egalitarista, welfarista, laicista, ambientalista, multiculturalista è riuscita a imporre un senso comune di sinistra su molti temi e a demonizzare ed estromettere dal dibattito le istanze della "Vecchia America". L'*establishment* dell'Est, saldato al mondo della cultura "ufficiale" (accademici, giornalisti, commentatori, scrittori, registi) e a esponenti importanti del Big Business, ha esteso gli pseudodiritti "positivi" e di gruppo (quote per le minoranze), compreso la libertà di associazione attraverso le leggi antidiscriminazione, imposto l'integrazione forzata attraverso i diritti civili, avvolgendo il tutto in un'asfissiante correttezza politica.

Si giunge alla conclusione che una "libertà ordinata" non possa essere conseguita se a livello sociale non si diffonde sempre più una mentalità antiassistenzialistica, che non invochi a ogni piè sospinto l'intervento statale per conseguire il proprio mantenimento a spese altrui, ma recepisca pienamente il principio di responsabilità personale; che ripristini la centralità dello sforzo individuale ai fini della realizzazione dei propri progetti di vita; che rivaluti l'etica del lavoro, l'impegno, la perseveranza, l'affidabilità, la previdenza, la disciplina, la prudenza; che respinga l'egalitarismo e accolga le differenze naturali fra le persone e i ruoli sociali che ne derivano, comprese le gerarchie spontanee[7]; che preservi

---

6 Murray N. ROTHBARD, *Why the Report?*, in «Rothbard-Rockwell Report», vol. 1, n. 1, April 1990, p. 2.

7 Secondo Hans-Hermann Hoppe la democrazia ha cancellato le élite naturali e le gerarchie sociali spontanee: «oggi, dopo quasi un secolo di democrazia di massa, non esistono più élite naturali e gerarchie sociali [...]. Persone o istituzioni distinte dallo

l'autonomia della famiglia e delle altre comunità intermedie; che recuperi il patrimonio culturale dell'Occidente e gli standard morali scaturiti dalla tradizione giudaico-cristiana[8].

Hoppe a tale proposito ha affermato di non sentirsi un libertario "sottile" (*thin*), che si limita a rispettare il principio di non-aggressione[9], senza preoccuparsi della cornice culturale. Il benessere e la prosperità sono stati garantiti dai bianchi borghesi occidentali, e gli alti standard di vita saranno mantenuti solo se non verranno destrutturate le società incentrate su questo modello culturale[10].

Stato e che ispirano autorevolezza e rispetto sono intollerabili e inaccettabili per un democratico e incompatibili con lo spirito democratico egalitarista. A causa di ciò, sotto le regole del gioco democratiche, tutte le autorità e le istituzioni indipendenti sono state sistematicamente spazzate via o ridotte all'insignificanza attraverso misure economiche» (Hans-Hermann HOPPE, *Cosa deve essere fatto*, in IDEM, *Contro lo Stato democratico. Come superare la follia e la decadenza morale ed economica*, prefazione di David Gordon e Novello Papafava dei Carraresi, postfazione di Luca Fusari, Leonardo Facco Editore, Treviglio (Bergamo) 2015, p. 89–90. Originale: *What Must Be Done*, intervento alla conferenza "The Bankruptcy of American Politics", organizzata dal Mises Institute e svoltasi a Newport Beach in California il 24 e 25 gennaio 1997).

8 «Oggi i conservatori devono essere libertari anti-statalisti e [...] i libertari devono essere conservatori. [...] Il declino della famiglia, il divorzio, i figli illegittimi, la perdita di autorità, il multiculturalismo, gli "stili di vita alternativi", la disintegrazione sociale, il sesso e il crimine. Tutti fenomeni che rappresentano scandalose deviazioni dal naturale ordine delle cose» che Hoppe ha in precedenza identificato con un assetto anarcocapitalista (Hans-Hermann HOPPE, *Democrazia: il dio che ha fallito*, prefazione di Raimondo Cubeddu, Liberilibri, Macerata 2005, p. 271).

9 L. Rockwell Jr. ha introdotto la distinzione fra libertari "sottili" o "snelli" (*thin*) e "densi" (*thick*), ma inglobando nella seconda categoria i libertari di sinistra, in particolare coloro che sostengono un ruolo attivo per ridurre il potere delle grandi imprese e i privilegi dei "bianchi" e per favorire i "piccoli"; in contrapposizione ai libertari *thin*, i veri libertari, fra i quali egli si colloca, che si limitano a rispettare solo il principio di non aggressione. Hoppe invece utilizza la distinzione per rendere i presupposti culturali e sociologici del libertarismo (non i principi filosofico-politici) "densi" in direzione paleo, anziché progressista.

10 «La maggior parte, se non tutte, le invenzioni tecniche, i macchinari, gli strumenti e gli oggetti oggi in uso ovunque nel mondo, dai quali i nostri standard di vita e i nostri comfort largamente dipendono, sono stati creati da maschi bianchi eterosessuali. Tutte le altre persone, in linea di massima, hanno solo imitato ciò che quelli avevano inventato e realizzato *per primi*. [...] E non è la tipica famiglia bianca gerarchica composta da padre, madre, figli e discendenti futuri, con la loro condotta e il loro stile di vita 'borghesi' – cioè tutto ciò che la Sinistra disprezza e calunnia – il modello di organizzazione sociale economicamente più efficiente che il mondo abbia mai visto, con la più grande accumulazione di beni capitali (ricchezza) e i più alti standard di vita medi? E non è solo a causa dei grandi risultati economici raggiunti da questa minoranza di 'persecutori' che un crescente numero di 'vittime' può essere integrato e partecipare ai vantaggi della

Se i nomi conseguono alle cose, di fronte a una tale differenza di impostazione l'aspetto semantico non poteva più essere ignorato. All'inizio degli anni Novanta è Rockwell a coniare il termine che meglio definisce questa corrente del libertarismo contemporaneo: *paleolibertarismo*. «Se vogliamo avere una qualche *chance* di vittoria, dobbiamo disfarci dell'impalcatura culturale difettosa del libertarismo. Io suggerisco di chiamare questo sostituto, con i suoi princìpi etici e culturali, "paleolibertarismo", cioè vecchio libertarismo. Io uso il termine nello stesso modo in cui i conservatori usano il termine "paleoconservatorismo": non come un nuovo credo, ma come un recupero delle proprie radici, in modo da distinguersi dai neoconservatori. Noi non abbiamo un equivalente dei neoconservatori, ma è opportuno e urgente distinguere il libertarismo dal libertinismo»[11]. Rothbard: «a questo punto l'unico modo per salvare il glorioso termine e il concetto stesso di "libertario" è quello di farlo precedere dal prefisso "paleo", e così rendere la distinzione e la separazione chiarissime»[12]. La nuova etichetta doveva certificare anche la separazione politica e organizzativa.

La questione religiosa è molto utile per illustrare con chiarezza il senso della posizione paleo. Non si ritiene, e non si richiede, che la fede religiosa sia indispensabile per aderire al – e implementare il – libertarismo

---

rete mondiale della divisione del lavoro? [...] Alla luce di ciò, come libertario di destra, ovviamente ai miei figli e ai miei studenti per prima cosa direi: rispettate sempre e non invadete mai i diritti di proprietà privata altrui e identificate lo Stato come un nemico e la vera antitesi della proprietà privata. Ma non mi limiterei a questo. Non direi (o non sottintenderei tacitamente) che una volta soddisfatto questo requisito "tutto il resto va bene". Che è sostanzialmente ciò che i libertari "snelli" sembrano sostenere! Non vorrei essere un relativista culturale come sono, almeno implicitamente, molti libertari "snelli". Invece aggiungerei (come minimo): siate e facciate qualsiasi cosa vi rende felici, ma ricordate sempre che fintantoché siete parte integrante della divisione del lavoro mondiale, la vostra esistenza e il vostro benessere dipendono in maniera decisiva dalla sopravvivenza degli altri, e soprattutto delle società dominate dai maschi bianchi eterosessuali, dalle loro strutture familiari patriarcali e dalle loro condotte e stili di vita borghesi o aristocratici. Quindi, anche se non volete averne a che fare, riconoscete che siete nondimeno beneficiari di questo modello di organizzazione sociale "occidentale" e, nel vostro interesse, non agite per indebolirlo ma, al contrario, sostenetelo come qualcosa da rispettare e proteggere» (Hans-Hermann HOPPE, *A Realistic Libertarianism*, in «StoriaLibera. Rivista di scienze storiche e sociali», anno 6 (2020), n. 11, p. 42–43; originale in http://www.lewrockwell.com/2014/09/hans-hermann-hoppe/smack-down/, 30 settembre 2014).

11 Llewellyn H. ROCKWELL, Jr., *Un manifesto per il paleolibertarismo* (*The Case for Paleolibertarianism*, 1990), a cura di Paolo Amighetti, in «StoriaLibera. Rivista di scienze storiche e sociali», anno 7 (2021), n. 13, p. 120.

12 ROTHBARD, *Why Paleo?*, cit., p. 3.

(sia Rothbard che Rockwell Jr., ad esempio, non erano credenti). Tuttavia si rileva che il cristianesimo ha offerto un contributo importante all'edificazioni di valori e comportamenti proficui per la germinazione di assetti sociali dinamici. Enfatizzando il valore di ogni singola anima; attribuendo una dimensione universale alla coscienza; asserendo l'eguaglianza morale degli esseri umani (in contrapposizione alla disuguaglianza naturale, di status, del mondo antico); desacralizzando lo Stato, che non è il padrone della coscienza degli individui, ha trasformato la percezione dell'identità umana, fornendo un fondamento ontologico per l'individuo. Dando così origine all'individualismo, e di conseguenza a concetti come la dignità e la libertà del singolo[13] e ai diritti di proprietà privata, capisaldi della dottrina libertaria. E, sedimentando tali valori nella società, ha consentito lo sviluppo della civiltà occidentale in tutti i campi, dalle arti alla scienza e alla tecnologia[14]. In una lettera inviata a Justin Raimondo nel 1990, Rothbard scrive: «sono convinto che non sia un caso che la libertà, lo Stato minimo, i diritti naturali e l'economia di mercato si siano sviluppati ampiamente solo nella civiltà occidentale. Sono convinto che la ragione risieda nella mentalità sviluppata dalla chiesa cristiana in generale e da quella cattolica romana in particolare. [...] Anche se non sono credente, elogio la cristianità, e soprattutto il cattolicesimo come base della libertà»[15]. Su tali basi, viene respinto

---

13 Su tale interpretazione, e in particolare sui rapporti fra cristianesimo e liberalismo, va segnalato il recente Larry Alan SIEDENTOP, *L'invenzione dell'individuo. Le origini del liberalismo occidentale*, LUISS University Press, Roma 2016 (*Inventing the Individual. The Origins of Western Liberalism*, 2014).

14 Studiosi come Alfred Whitehead, Rodney Stark e Joel Mokyr hanno sostenuto che la primazia dell'Europa relativamente al pensiero scientifico è un derivato inconsapevole della teologia medievale, che insiste sulla razionalità di Dio, al quale viene attribuita l'energia di Yahweh e la razionalità di un filosofo greco. Per quanto riguarda l'idea di un universo creato da Dio ma ordinato secondo leggi ben conoscibili dalla ragione umana, Bassani e Mingardi hanno fatto notare che «questa fondamentale particolarità della religiosità occidentale, secondo molti autori, sarebbe stata importantissima nello sviluppo non solo delle dottrine del diritto naturale, ma anche della scienza moderna. D'altra parte, se Dio fosse arbitrario e umorale, il legislatore di un universo mutabile e caotico, che senso avrebbe la ricerca delle "regolarità" sia nel mondo sociale sia in quello fisico?» (Luigi Marco BASSANI - Alberto MINGARDI, *Dalla Polis allo Stato. Introduzione alla storia del pensiero politico*, Giappichelli Editore, Torino 2015, p. 82–83).

15 Justin RAIMONDO, *An Enemy of the State. The Life of Murray N. Rothbard*, Prometheus Books, New York (N. Y.) 2000, p. 325–326. Ha scritto Joseph Salerno: «Murray riconosceva il ruolo positivo svolto dal cristianesimo della liturgia nel sostegno alla libertà negli Stati Uniti. Questo tipo di cristianesimo, ben rappresentato dal cattolicesimo romano, [...] enfatizza la salvezza personale attraverso la partecipazione alla liturgia

l'ateismo aggressivo e l'antireligiosità esibiti da una parte consistente del movimento libertario[16], e, capovolgendo questa impostazione, si suggerisce invece una consentaneità fra cristianesimo e libertarismo, proficua, e non nociva, ai fini della costruzione di una società più libera[17].

La contestazione aprioristica di qualsiasi autorità si è esercitata con particolare virulenza contro la famiglia, uno dei bersagli preferiti dei libertari "modali". I libertari tradizionalisti ritengono invece che la famiglia rappresenti un'istituzione capitale, per almeno due ordini di motivi. Innanzitutto, configurandosi come un microsistema sociale a struttura privatistica e volontaria, fa *naturaliter* da contraltare allo Stato e da

della chiesa e nega che il Regno di Dio possa essere realizzato sulla terra dai fragili sforzi umani. [...] Una religione formalizzata, in particolare il cristianesimo, è necessaria in quanto deposito naturale delle regole morali tradizionali che sono necessarie per rinforzare e completare un codice giuridico liberale e libertario, così che una vera società di mercato possa sopravvivere e prosperare» (Joseph T. SALERNO, in AA. VV., *Murray N. Rothbard: in Memoriam*, Ludwig von Mises Institute, Auburn (Alabama) 1995, p. 80).

16 Rothbard osservò che l'ostilità al cristianesimo del libertario conformista non era tanto l'esito dell'ateismo e dell'influenza che Ayn Rand aveva avuto vent'anni prima nella formazione della generazione dei quarantenni degli anni Novanta. Questi libertari infatti non erano ostili ad altre forme di religiosità, ad esempio di tipo pagano o New Age. L'avversione al cristianesimo secondo Rothbard era il sottoprodotto del disprezzo per la cultura borghese.

17 Rothbard scandalizzò i libertari di sinistra quando, all'inizio degli anni Novanta dello scorso secolo, prese le difese della Destra Religiosa. Approvava la "resistenza" culturale praticata da alcuni gruppi della destra cristiana: «la maggior parte dei libertari pensa ai conservatori cristiani negli stessi spregevoli termini dei media di sinistra, se non peggio: crede che il loro obiettivo sia quello di imporre una teocrazia cristiana, proibire i liquori e altri mezzi di godimento edonistico e abbattere le porte delle camere da letto per imporre una polizia della Moralità in tutto il Paese. Nulla potrebbe essere più lontano dalla verità: i conservatori cristiani stanno solo cercando di difendersi da un'élite progressista che ha usato gli apparati statali per attaccare e di fatto distruggere i valori, i princìpi e la cultura cristiani. [...] Se molti conservatori cristiani sono favorevoli a mantenere sulla carta alcune o tutte le leggi sulla moralità sessuale per ragioni simboliche, non conosco nessun gruppo cristiano che voglia imbarcarsi in una crociata per far applicare queste leggi, o che voglia che la polizia abbatta le porte delle camere da letto. In queste materie vi sono ben pochi gruppi conservatori proibizionisti; se e quando il proibizionismo si affermerà in America, sarà invece dovuto a qualche misura voluta dai *liberal* di sinistra, allo scopo di migliorare la nostra "salute" e ridurre gli incidenti sulle strade. Non c'è alcun gruppo cristiano che voglia perseguitare gli omosessuali o gli adulteri» (Murray N. ROTHBARD, *The Religious Right: Toward a Coalition*, in «Rothbard-Rockwell Report», vol. 4, n. 2, February 1993; in italiano *La destra religiosa: per una coalizione*, in Rothbardiana, http://rothbard.altervista.org/articles/la-destra-religiosa-per-una-coalizione.pdf, 7 settembre 2009, p. 1). Sui "libertari cristiani", attivi negli Stati Uniti soprattutto negli anni Cinquanta e Sessanta del Novecento, si veda Lee HADDIGAN, *The Importance of Christian Thought for the American Libertarian Movement: Christian Libertarianism, 1950–71*, in «Libertarian Papers», 2, 14 (2010).

usbergo contro la sua invadenza: «le istituzioni dello Stato accentratore e interventista e la famiglia sono state storicamente in conflitto e l'attuale minaccia non è altro che l'ennesimo capitolo della saga. Uno Stato che tende ad assumere un ruolo sempre più ampio nella vita dei suoi cittadini prima o poi entra in conflitto con altre istituzioni – chiese, associazioni, la famiglia – che pretendono anch'esse un alto grado di fedeltà. E quando ciò avviene o lo Stato abbandona le sue aspirazioni totalitarie o decide di intraprendere una guerra senza quartiere contro tali istituzioni»[18]. In secondo luogo, la famiglia promuove i valori necessari alla preservazione di una società libera, come «l'amore coniugale, l'autodisciplina, la pazienza, la cooperazione, il rispetto per gli anziani e l'autosacrificio»[19]. I tipi di famiglia diversi da quella tradizionale devono essere liberi di costituirsi, ma non è detto che vadano celebrati come una forma di convivenza superiore, e che debbano ricevere privilegi normativi dallo Stato (pensioni di reversibilità, assegnazione di case, ecc.).

Un altro fronte è quello dell'egalitarismo, non tanto economico[20], quanto civile, relativamente al quale molti libertari hanno subìto le suggestioni della sinistra *liberal*. Tali libertari giacobinisticamente mobilitano lo Stato per imporre pseudodiritti. Sebbene l'espressione "diritti civili"

---

18 Walter BLOCK, *Defending the Undefendable II*, Terra Libertas, Eastbourne (UK) 2013, p. 73–74. Prosegue Block: «nei Paesi che penavano dietro la cortina di ferro la guerra fu combattuta molto tempo fa e istituzioni come le chiese, le associazioni, la famiglia e i gruppi etnici furono sbaragliate all'epoca. Nell'America del nord la battaglia è ancora interamente da combattere. Il che significa che c'è ancora speranza per istituzioni private come la famiglia».

19 ROCKWELL, *Un manifesto per il paleolibertarismo*, cit., p. 125.

20 Sul rifiuto del redistributivismo sostanzialmente non vi sono dissensi all'interno del mondo libertario; ma, come si vedrà fra breve, le posizioni *left-libertarian* a favore dei "diritti civili" implicano anche un certo grado di redistribuzione, sebbene indiretta. A conferma dell'orientamento a destra, anche secondo la tradizionale semantica politica, Hoppe privilegia un criterio dirimente fra Destra e Sinistra, la posizione rispetto alle *differenze* fra gli esseri umani, e successivamente colloca il libertarismo sul primo versante: «la Destra riconosce, come realtà di *fatto*, l'esistenza di differenze e diversità fra gli individui e le accetta in quanto naturali, mentre la Sinistra nega l'esistenza di tali differenze o cerca di minimizzarle e in ogni caso le considera qualcosa di innaturale che deve essere rettificato per realizzare uno stato naturale di *uguaglianza*». Le differenze mentali, quelle più controverse, prosegue Hoppe, per la Destra sono fortemente condizionate da fattori biologici, mentre per la Sinistra l'ambiente svolge un ruolo decisivo, e dunque un cambiamento nelle condizioni di vita genererebbe anche una sostanziale uguaglianza dei risultati. E laddove alcune differenze sono innegabili e non attribuibili all'ambiente, come il talento di alcuni sportivi, esse sono immeritate e i fortunati devono "compensare" gli svantaggiati. Davanti a una simile contrapposizione, conclude Hoppe, il libertarismo è nettamente schierato con la destra (HOPPE, *A Realistic Libertarianism*, cit.).

sembri alludere all'espansione di diritti soggettivi, i paleo avversano tale prospettiva. I *veri* diritti infatti sono solo i diritti "negativi" di proprietà (della persona e dei beni), mentre i "diritti civili" comprendono anche le attribuzioni di privilegi che implicano per altri l'obbligo di compiere azioni in positivo. Sono quelli che generano l'integrazionismo forzoso attraverso la legislazione "positiva", le quote, l'immigrazione indiscriminata, l'obbligo ad approvare multiculturalismo e diversità nelle scuole e le politiche urbanistiche. Ne sono un esempio importante tutte le cosiddette politiche anti-discriminatorie (diritto a scavalcare altri in una graduatoria [quote riservate], diritto a non subire epiteti ingiuriosi o sprezzanti o sarcastici se si appartiene a una data minoranza, diritto a essere scelto come locatario se appartenente a una data categoria, diritto all'assegnazione di una casa per una coppia etero o gay, pene più alte per le aggressioni ai gay o introduzione del reato specifico di omofobia), o la proclamazione del libero e pari accesso a risorse pubbliche come le strade o gli strumenti di informazione. Possiedono dunque una forte impronta pubblicistica e statalistica[21]. Incuranti della (ingiusta) accusa di razzismo, i libertari *right-wing* li avversano perché di fatto impediscono la libera associazione degli individui in base alle reciproche affinità, che siano comportamentali, culturali, razziali, di genere, geografiche, etniche o religiose. I diritti civili sono in conflitto con i *veri* diritti individuali, si traducono in un'*aggressione* ai diritti di proprietà.

La questione dell'integrazione forzata che segue alla proclamazione di molti diritti civili può assumere due aspetti: l'incidenza nelle relazioni private, anche di tipo economico, e la disciplina degli spazi pubblici.

Per quanto riguarda il primo aspetto, come detto il "diritto" di una persona – in genere in quanto parte di un gruppo razziale, etnico, sessuale, ecc. – è declinato in maniera tale da implicare obblighi ad azioni in positivo per altri. Certi gruppi sociali sono accreditati come vittime ufficiali di altri gruppi. Sono i neri, gli ispanici, le donne, gli omosessuali, gli asiatici, i senzacasa, gli handicappati, ecc. Naturalmente l'unico carnefice è il maschio bianco occidentale cristiano. Lo Stato dovrebbe quindi trasferire ricchezza, posti di lavoro, privilegi vari ai gruppi vittime a spese dei presunti gruppi carnefici per sempre e senza una fine. Questa politica è definita anti-discriminazione, e di fatto si traduce nelle azioni positive e nelle quote, che non sono altro che limitazioni della

---

21 Per questo motivo Rothbard definì i libertari di sinistra anche *big-government libertarians*, mutuando l'etichetta dai *big-goverment conservatives*, così definiti dai paleoconservatori eredi della *Old Right*.

proprietà privata, rendendo ad esempio il datore di lavoro non libero di intraprendere scambi con chi desidera. Secondo l'esempio proposto da Rothbard, io voglio aprire un ristorante cinese e assumere solo cinesi perché desidero attrarre clientela cinese. Potrei sbagliare e avere poca clientela, ma posso correggere la mia decisione; se invece lo Stato mi impone una quota di assunzioni viola la mia proprietà e rende meno efficiente la mia attività economica. Ancora: devo poter affittare casa a chi mi pare. Le scuole private (ma anche quelle pubbliche) dovrebbero poter fissare le regole di condotta interne che preferiscono.

Sfidando il "politicamente corretto", i paleo precisano che la libertà di associazione ha come necessario complemento la libertà di discriminazione (*rectius*: di esclusione), che non è altro che la libertà per ciascuno di *non* intraprendere relazioni con persone ritenute non gradite. «La segregazione imposta dallo Stato, che pure violava i diritti di proprietà, era inaccettabile. Ma è sbagliata anche l'integrazione forzata. Se la segregazione forzata era errata, non per questo è sbagliata la semplice separazione. Desiderare di associarsi con i membri della propria razza, nazionalità, religione, classe, sesso o perfino partito politico, è un impulso umano normale e naturale. Una società volontaria avrà pertanto club maschili, quartieri polacchi, chiese nere, organizzazioni ebraiche e confraternite bianche. Quando lo Stato abolisce il diritto alla libera associazione, non crea la pace sociale ma la discordia»[22].

Un tema esemplare per illustrare le differenti impostazioni è la cosiddetta "difesa dei diritti dei gay". Per i libertari di destra significa solo, come per qualsiasi altra persona, il diritto a non essere aggrediti nella persona e nella proprietà, e non anche, come sostengono i libertari di sinistra (nonché i *liberal*), la pretesa, dietro il ricatto semantico della "discriminazione", che tutti esprimano approvazione nei confronti dell'omosessualità (*enforced approval*); o che si proceda alla corporativizzazione di quella condizione attraverso privilegi giuridici e aiuti statali. Inoltre, poiché ciascuno deve poter disporre come crede delle proprie risorse, per i paleo sono assolutamente leciti comportamenti, erroneamente definiti come "discriminatori", quali il rifiuto da parte di un datore di lavoro di assumere un omosessuale o da parte di un proprietario di un appartamento di affittare a un omosessuale[23].

22 ROCKWELL, *Un manifesto per il paleolibertarismo* (*The Case for Paleolibertarianism*, 1990), p. 128–129.
23 I Libertari Ufficiali, altra etichetta attribuita da Rothbard ai *left-libertarian*, si sono dimostrati particolarmente «entusiasti relativamente ai "diritti" dei gay, e hanno

I *paleolib* avversano anche l'uguaglianza forzosa che cerca di desessualizzare uomini e donne. Alcune caratteristiche biologiche rendono l'uno o l'altro genere superiore in determinate attività: ad esempio, che gli uomini siano superiori nel gioco del calcio o nella guida degli aerei militari, e che ciò non dipenda da circostanze culturali, può essere difficilmente negato[24]. L'inserimento di donne in attività che richiedono forza e particolari capacità neurocoordinative (l'esercito, i pompieri) rischia di esporle a pericoli maggiori per la propria vita e di compromettere l'efficienza del servizio[25]. Più in generale, i paleolibertari reagiscono all'egualitarismo sostanzialista del progressismo, che istericamente nega il peso della genetica, come ad esempio il fatto che in alcuni gruppi razziali, etnici o nazionali determinati tratti (caratteriali, intellettivi) siano più accentuati di altri[26]. Secondo Walter Block gli stereotipi non meritano la demonizzazione a cui sono sottoposti. Lo stereotipo è una generalizzazione di una conoscenza di tipo empirico; una versione del metodo induttivo[27].

---

enfatizzato i mali della "discriminazione" contro di essi. I libertari si dedicano con tale passione ai diritti dei gay che nella stampa il termine "libertario" è diventato quasi sinonimo di sostenitore dei diritti dei gay» (Murray N. ROTHBARD, *The Big Government Libertarians: The Anti-Left-Libertarian Manifesto*, in «Rothbard-Rockwell Report», vol. 4, n. 12, December 1993, p. 3).

24 In tutti gli sport in cui vige una misurazione oggettiva – corsa, salti, lanci – i dati, a favore degli uomini, sono schiaccianti.

25 «In una società libera ovviamente le persone dovrebbero essere in grado di assumere chiunque desiderino. Alle donne non dovrebbe essere proibito di tentare di svolgere professioni pericolose. E, naturalmente, nell'ambito della polizia vi sono alcune attività che solo le donne sono qualificate a svolgere, come ad esempio l'agente di custodia in un carcere femminile. [...] Di conseguenza l'istanza [antiegualitaria] non può essere portata avanti con la forza. Ma almeno abroghiamo tutte le leggi che obbligano a un'eguale rappresentanza, o "bilanciamento". Questo dovrebbe esser fatto in tutte le occupazioni, ma almeno cominciamo da quelle pericolose». Walter BLOCK, *Four Firemen Die in Socialist Fire; Worse, Two of Them Were Woman*, in http://www.lewrockwell.com, July 27, 2001.

26 Relativamente alla controversia natura-cultura, altri elementi di distanza fra le due prospettive riguardano l'antropologia e la psichiatria. I *paleo*, a differenza dei *left*, sono lontani da, o avversi a, impostazioni come l'antropologia culturale americana (Ruth Benedict, Margaret Mead), la scuola comportamentista e l'antipsichiatria (R. Laing, D. Cooper, T. Szasz), con la loro contestazione delle costanti biologiche e con la relativistica convinzione di un'infinita plasmabilità della mente umana.

27 Asserzioni tipo «gli ebrei sono intelligenti e studiosi», «i neri sono grandi atleti», «gli ispanici sono bravi ballerini», non significano che tutti i componenti di quel dato gruppo possiedono quelle qualità (o difetti) in pari misura e al top, ma che in media, in un numero prevalente, possiedono quelle qualità in misura maggiore degli altri gruppi. Gli stereotipi, prosegue Block, consentono di prendere decisioni sotto incertezza migliori. Nei suoi esempi: se aprendo la porta di casa vedo una tigre nel mio salotto,

L'egualitarismo civile dunque non ha niente a che fare con il vero libertarismo. «Poiché i libertari sono individualisti che credono che ogni individuo è una persona di valore diverso che deve arrivare dove lo conducono i suoi meriti, non si può ammettere che i libertari siano egalitaristi, e infatti nessuno dei libertari di maggior rilievo, compresa Ayn Rand che è stata il guru della maggior parte degli attuali libertari, era in alcun senso egalitarista»[28].

Per quanto riguarda la seconda modalità di integrazione forzata, la proprietà pubblica, i *left-libertarian*, così come molti altri filoni di pensiero, sostengono che, se un bene è proprietà pubblica, allora è "di tutti"; dunque vi devono poter accedere tutti. Vige quindi un diritto di "eguale accesso". La proprietà pubblica non viene trattata come la proprietà privata, in cui vi è il diritto di esclusione da parte del proprietario. Ma, a parere dei *paleo*, tale posizione non è corretta.

Innanzi tutto, al di là della finzione giuridica, la proprietà "pubblica" non è di tutti, bensì moralmente di coloro che l'hanno finanziata attraverso le tasse. In generale, quell'argomento contribuisce a distorcere il corretto concetto di "diritto", trasformandolo dalla stretta difesa della persona e della proprietà a un guazzabuglio egalitario, e legittimandone così l'ulteriore espansione al settore privato. In secondo luogo, questa tesi impedisce che singoli uffici, organi o branche della pubblica amministrazione possano funzionare con criteri simil-privatistici, cioè selezionando i propri dipendenti secondo le esigenze di buon funzionamento ed efficienza di quell'ufficio[29].

---

la decisione migliore è scappare, perché in base allo stereotipo so che la maggior parte delle tigri sbrana gli esseri umani. E, passando ai comportamenti umani, se si proponesse di scommettere su quale fra due persone, un nero e un indiano, sia più bravo a giocare a basket e quale sia più bravo in una gara di matematica, la maggior parte delle persone scommetterebbe sul primo per il primo evento e sul secondo per il secondo. Gli scommettitori hanno formulato senz'altro un 'pre-giudizio', ma si sono comportati in maniera razionale, perché in termini probabilistici i due esiti sono quelli con più *chance* di accadere. Il che non toglie che possano verificarsi gli eventi contrari, cioè non cancella il prevalere dell'individualità di ciascuno (cfr. Walter BLOCK, *Defending the Undefendable II: Freedom in All Realms*, Terra Libertas, Eastbourne (U. K.), 2013, cap. 21, *Stereotyper*, p. 157–166).

28 ROTHBARD, *The Big Government Libertarians: The Anti-Left-Libertarian Manifesto*, cit., p. 3.

29 «Vorrei vedere privatizzate tutte le funzioni pubbliche, inclusa la polizia, ma, nella fervida attesa che si realizzi questo desiderio, ritengo che tutte le funzioni pubbliche che rappresentano servizi effettivamente utili (strade, posta o polizia [...]) dovrebbero essere svolte *il più possibile* come un'attività privata. [...] Alcuni libertari sostengono che tutte le

Rothbard ha offerto alcuni esempi. L'esercito dev'essere un corpo efficiente, e dunque l'esclusione dei gay o delle donne da alcune mansioni o il divieto di promiscuità non andrebbero denunciati come discriminazione, ma considerati scelte organizzative legittime in relazione agli scopi che a tale corpo sono affidati. Non esiste un "diritto" a entrare nelle forze armate, così come non esiste un "diritto" a essere assunto come palombaro di alte profondità o pilota d'aereo. I gay replicano che all'interno delle forze armate dovrebbero essere vietate le attività sessuali, cioè le azioni, non l'orientamento sessuale dei membri. Questa risposta "di tipo libertario" confonde ciò che dovrebbe essere di per sé illegale con ciò che può essere ritenuto illegale dalle norme di una specifica organizzazione. Cioè, mentre è giusto che il codice penale vieti solo le azioni aggressive e non il convincimento mentale, le esigenze di una specifica organizzazione, come l'esercito, devono essere fissate dall'organizzazione stessa. Non basta non essere criminali, si devono poter richiedere altri requisiti. Persone cieche da un occhio non sono criminali, ma l'esercito ha il diritto di rifiutare tali persone, che impedirebbero il perseguimento degli scopi militari. Il semplice divieto non impedirebbe l'esistenza di rapporti, come il divieto della prostituzione da secoli non riesce a eliminare il fenomeno, perché la natura umana in alcune circostanze prevale sulla legge.

Una biblioteca pubblica non deve esser costretta ad accogliere qualsiasi passante o disturbatore o barbone maleodorante (sentenza della corte di appello federale americana), per il solo fatto di essere un luogo "pubblico" e aperto al pubblico. Non è scontato che nelle strade pubbliche i lavavetri ai semafori debbano godere di un diritto assoluto di stazionamento; soprattutto se importunano o intimidiscono. Non si capisce in base a quale implicazione della teoria libertaria le strade, in quanto pubbliche, dovrebbero essere delle fogne. «[È necessario] *riappropriarsi delle strade: sbarazzarsi dei vagabondi. Di nuovo: lasciare liberi i poliziotti di ripulire le strade da barboni e vagabondi. Dove andranno? Chi se ne importa? Sperabilmente spariranno, cioè, usciranno dalle fila della*

---

funzioni pubbliche dovrebbero essere svolte nella maniera più *inefficiente* possibile [...] in modo da screditare lo Stato e condurre rapidamente alla privatizzazione. Io invece credo che questa sia una strategia ripugnante, che infligge sofferenze inutili e un'ulteriore oppressione su un cittadino già sufficientemente oppresso dallo Stato» (Murray N. Rothbard, *Rockwell vs. Rodney and the Libertarian World*, in «Rothbard-Rockwell Report», vol. 2, n. 7, July 1991, p. 6).

coccolata e vezzeggiata categoria dei barboni per entrare in quelle dei membri produttivi della società»[30].

Anche la libera immigrazione è un esempio di questa apertura delle aree statali. Invece ogni ufficio o area statale (i residenti di una data area territoriale) dovrebbe poter simulare il funzionamento delle organizzazioni private, con il relativo diritto di escludere, licenziare, trasferire, ecc.; e non rappresentare il luogo dell'integrazione forzata. Insomma, bisogna respingere i "diritti civili" e le leggi antidiscriminazione anche nel settore pubblico.

Il multiculturalismo e la multietnicità forzosi non funzionano mai. «Escluso il caso particolare degli Stati Uniti, nessun altro Paese è stato in qualsiasi senso multiculturale o multinazionale. Ogni nazione ha tratto vantaggio da una base culturale ed etnonazionale omogenea, e quindi efficacemente armoniosa. Ovviamente questo non significa che ogni singolo residente, ad esempio, della Svezia debba essere etnicamente e culturalmente svedese; ma che, oltre un certo livello critico, un'immissione di elementi eterogenei nella miscela svedese comincerà a lacerare la nazione. Oltre una piccola quantità, l'eterogeneità nazionale semplicemente non funziona, la "nazione" si disintegra in più di una nazione, e diventa acuta la necessità di separarsi. Va precisato che riconoscere l'importanza vitale della separazione fra gruppi nazionali di per sé non implica che l'uno o l'altro gruppo sia "superiore". [...] Solo che sono differenti, una nazionalità differente, e ciascuna dovrebbe poter possedere e godere della propria base etno-culturale nella propria terra, dove ognuno può parlare la propria lingua e coltivare i propri valori e costumi in tranquillità»[31].

È così meglio precisato il significato dell'espressione paleo "contro l'integrazione forzata": dell'immigrato, dello studente svogliato e maleducato a scuola, del lavoratore scansafatiche sul posto di lavoro, del cattivo affittuario nell'appartamento, del cliente indesiderato nel locale. Tra l'altro l'integrazione forzata incoraggia l'atteggiamento arrogante, maleducato o corrotto, mentre la penalizzazione di tale atteggiamento attraverso l'esclusione lo scoraggia e lo riduce. La "tolleranza" e l'"apertura mentale" care ai libertari di sinistra non sono affatto un dogma. «I

---

30 Murray N. ROTHBARD, *Populismo di destra*, in «Rothbardiana», http://rothbard. altervista.org/articles/populismo-di-destra.pdf, p. 4; ed. orig.: *Right-Wing Populism*, in «Rothbard-Rockwell Report», vol. 3, n. 1, January 1992.

31 Murray N. ROTHBARD, *The Vital Importance of Separation*, in «Rothbard-Rockwell Report», vol. 5, n. 4, April 1994, p. 5.

nostri cari "modali" sono in realtà sinistroidi sul piano sociale e culturale, ancor più di quanto avessimo inizialmente sospettato; hanno accolto l'intera panoplia di femminismo, egalitarismo, vittimologia, "diritti civili", la santità dell'integrazionista forzoso, socialista e falso "dottore" Martin Luther King, e tutto il resto dell'odioso bagaglio. In breve, questi libertari di sinistra hanno accolto l'intero pacco politicamente corretto, e, come avviene per tutti i politicamente corretti, chiunque dissenta da loro su uno qualsiasi di questi temi è automaticamente stigmatizzato con la litania del "razzista, sessista e omofobo"»[32].

Un altro tema che evidenzia differenti sensibilità fra i due fronti del libertarismo è la questione dell'eutanasia e del suicidio assistito. In termini dottrinali non vi sono differenze, anche i paleo ritengono che dal principio di autoproprietà discenda il diritto di suicidarsi o di chiedere interventi che determinino la propria morte. Ciò che i paleo evidenziano, e avversano, è il diffondersi negli ultimi decenni di una cultura pro-morte, che in ultima istanza produce situazioni discutibili anche sul piano etico. «Come libertario credo nel diritto giuridico assoluto di commettere suicidio, e anche nel diritto assoluto dei "filantropi" di offrire il proprio aiuto per realizzare questo proposito. Ma come essere umano civilizzato trovo assolutamente odioso e riprovevole aiutare gli altri a morire. [...] Qualsiasi società in cui prosperano tali killer a contratto (anche fra adulti consenzienti) è una società che sta andando rapidamente a rotoli. È tempo di affermare il valore supremo della vita umana, contro la morte»[33]. Ma c'è di più. La questione non resta circoscritta a un ambito sociologico. La diffusione di un simile clima culturale, saldata alla statalizzazione della sanità, genera distorsioni inaccettabili anche per la teoria libertaria. Il riferimento in particolare è a tutte quelle situazioni in cui medici, in assenza di testamenti biologici o in violazione di questi

---

32 ROTHBARD, *Rockwell vs. Rodney and the Libertarian World*, cit., p. 6. Hoppe ha osservato che i *left-libertarian* sono incoerenti perché la difesa della proprietà privata è incompatibile con le posizioni anti-discriminazione e pro-immigrazione. Come riconciliano sul piano logico questi due aspetti? Delegittimando *tutta* l'attuale distribuzione della proprietà privata, alterata in passato dall'intervento dello Stato, dunque oggi ingiusta. Hoppe ritiene che dalla premessa, corretta, che gli Stati hanno pesantemente alterato i diritti di proprietà, non segue che tutte le attuali proprietà private debbano essere alla mercé di qualsiasi intervento rettificativo. Il criterio corretto dev'essere il seguente: tutte le attuali proprietà private sono legittime a meno che una persona specifica non la reclami, con l'onere della prova a suo carico (cfr. HOPPE, *A Realistic Libertarianism*, cit.).

33 Murray N. ROTHBARD, *Our Pro-Death Culture*, in «Rothbard-Rockwell Report», vol. 1, n. 4, August 1990, p. 8–9.

(come è avvenuto in Olanda o nel caso di Helga Wanglie), hanno arbitrariamente "staccato la spina"; o in cui giudici lo hanno imposto, anche contro il volere dei parenti e anche quando le spese mediche non erano a carico della collettività (caso Terry Schiavo)[34].

Il nesso fra mercato, ostilità allo statalismo assistenzialista e i suaccennati valori è più stretto di quanto, *prima facie*, si possa ritenere. I *right-libertarian* fanno acutamente osservare che, in una società non statalizzata, bensì basata sul libero mercato, i comportamenti "alternativi" tenderebbero a ridursi drasticamente: «tutti hanno il diritto di intossicarsi, di praticare stili di vita alternativi o New Age, di ribellarsi alla tradizione e alle regole religiose, di rifiutare le regole della buona educazione e del decente comportamento, di contestare i genitori e gli insegnanti, e così via. Ma quanti lo farebbero in una società libertaria interamente fondata sul mercato? Forse pochi, e probabilmente meno di quanti lo facciano oggi. La vita del figlio dei fiori o del contestatore eterno adolescente non è una vita molto produttiva, e non ci sarebbe nessun ente pubblico a sussidiarla, a differenza di quanto avviene oggi con gli oziosi frequentatori dei centri sociali, che non a caso lottano per il "salario sociale garantito" e per il "diritto di non lavorare" – ovviamente a spese altrui. Non ci sarebbe alcuno Stato Sociale a mantenere, sfamare, curare tutti coloro che vivono in maniera degradata a causa dei loro comportamenti irresponsabili (drogati, alcolizzati, sperperatori, vagabondi, oziosi). Ci sarebbe solo la carità privata, ma sappiamo che questa è sempre attentissima a distinguere i poveri meritevoli dai poveri immeritevoli, come testimonia la storia delle confraternite caritatevoli e delle società di mutuo soccorso ottocentesche»[35].

La libertà comporta il principio di responsabilità individuale, perché in una condizione di libertà l'individuo ha l'opportunità ma anche l'onere della scelta. In un contesto di mercato, dovendo soddisfare gli altri per conseguire il successo, sono apprezzate, e promosse, virtù come l'onestà, la parsimonia, l'affidabilità, la lungimiranza, la disciplina, la tolleranza e

---

34 «La maschera è caduta, e Dottor Morte Assistita, signor Liberal Morte Con Dignità e tutto il resto della combriccola si rivelano essere solamente Dottor e signor Omicidio. Tenete gli occhi aperti, signora e signor America: gli umanisti *liberal*, laici e medici, non vogliono solo regolare le vostre vite e derubarvi nel portafoglio. Vogliono anche decidere se uccidervi» (Murray N. ROTHBARD, *The Right to Kill, With Dignity?*, in «Rothbard-Rockwell Report», vol. 2, n. 7, July 1991, p. 4).

35 Guglielmo PIOMBINI, *Il paleolibertarismo e la sua eredità culturale*, in «StoriaLibera. Rivista di scienze storiche e sociali», anno 2 (2016), n. 4, p. 35.

la prudenza. Il mercato ricompensa il merito e punisce la pigrizia, mentre il welfarismo premia i fannulloni, i negligenti, gli inetti, gli psicolabili e gli imprevidenti a spese degli energici e dei produttivi. Inoltre legittima l'idea che sia morale sottrarre la proprietà di altri senza il loro consenso. Lo stigma sociale nei confronti di coloro che vivono da mantenuti viene cancellato; l'etica del lavoro è distrutta. Inoltre, diffonde un atteggiamento lamentoso e vittimistico: il proprio fallimento è sempre dovuto a mancanze altrui. E un atteggiamento di protervia sociale: molti ritengono di avere il "diritto" di svolgere l'attività o il lavoro preferito anche se questi non sono richiesti (acquistati) da altri; la collettività – lo Stato – deve comunque garantire un reddito.

Lo statalismo welfarista accorcia l'orizzonte temporale della società, cioè la pazienza di lavorare e risparmiare per poter accrescere il proprio reddito. Sui "poveri" i paleolibertari affermano quanto di più urticante e 'indicibile' vi sia per il pensiero convenzionale contemporaneo: i permanentemente (non transitoriamente) poveri lo sono perché lo meritano, perché hanno valori e attitudini orientati al presente, non sanno autodisciplinarsi, non sono disposti a sacrificarsi, sono imprevidenti, sono governati dagli impulsi, non sviluppano interesse per alcun mestiere, consumano solo le cose e il loro corpo. Se le persone hanno un minimo di intraprendenza non restano povere per un lungo periodo.

Gli incentivi operano in direzione opposta rispetto alle intenzioni: il sostegno ai disoccupati fa crescere il loro numero; le sovvenzioni alle ragazze-madri fa aumentare il numero di esse, di figli illegittimi e di divorzi; il sistema pensionistico redistributivo scoraggia dal risparmiare per la vecchiaia, e riduce il tasso di natalità. Lo statalismo welfarista è il vero distruttore dei valori tradizionali e dei legami comunitari.

Si può notare che morale tradizionale e libertà economica si rafforzano reciprocamente in una sequenza in cui inizialmente viene posto un rapporto di causalità fra la prima e la seconda, ma in cui successivamente opera un effetto di *feedback*, con la libertà economica a sua volta utile per rafforzare e consolidare l'ordine morale tradizionale.

Frequentemente viene asserita l'esistenza di un conflitto fra il capitalismo, "senz'anima" e dedito solo al profitto, e i valori tradizionali; per cui libero mercato e conservatorismo sarebbero incompatibili. Rothbard ha fatto osservare che ciò è completamente erroneo. L'"efficienza" economica e lo "sviluppo" non sono beni in sé. L'efficienza è tale in relazione a un determinato obiettivo. E tale obiettivo dipende dalle preferenze del singolo agente. Se egli vuole impiegare le proprie risorse per realizzare o preservare un bene o un servizio che rappresenta un valore tradizionale, non puntando dunque al massimo profitto monetario, ciò è assolutamente compatibile con il libero mercato[36].

Altre fonti di divergenza fra *left* e paleo riconducibili alla dissonanza "culturale" sono la lotta al crimine e l'ecologia. Relativamente alla prima, i libertari di sinistra vengono accusati di cedevole tolleranza, mascherata da garantismo[37]. Circa la seconda, di omologarsi all'ambientalismo anticapitalista, con la sua sacralizzazione pagana della natura, che godrebbe di "diritti" superiori a quelli degli uomini[38].

Diventa così anche più chiaro il motivo per cui, sul piano strategico, i paleolibertari hanno spesso enfatizzato alcuni accenti "populisti": la difesa di istanze tipiche dell'"uomo comune" della classe media e della classe lavoratrice – il diritto a detenere armi, l'*homeschooling*, le milizie locali, l'invalicabilità della proprietà terriera, i centri residenziali privati, l'intransigenza contro il crimine, l'insofferenza verso i sindacati, l'irritazione per l'intrusione sempre più pervasiva degli psicoterapeuti, l'anti-ambientalismo e l'anti-salutismo – costituisce il fondamento di un blocco sociale da contrapporre all'élite politico-burocratica e ai suoi alleati nel mondo intellettuale delle università, dei media, del cinema, delle arti[39]. «L'essenza della rivoluzione progressista, statalista e *liberal* del Ventesimo secolo è consistita in un gigantesco assalto alle libertà, al reddito e ai sentimenti di colui che il grande economista liberale e scienziato sociale William Graham Sumner chiamò l'Uomo Bistrattato,

---

36 Ad esempio, conclude Rothbard, un individuo o un gruppo di individui potrebbero impedire la realizzazione di un supermercato su un terreno che per loro ha un significato storico, acquistando il terreno (cfr. Murray N. ROTHBARD, *Eisnerizing Manassas*, in «The Free Market», Agust 1994, p. 1.8).

37 «[Bisogna] *riappropriarsi delle strade: schiacciare i criminali*. E relativamente a questo non intendo, ovviamente, "la criminalità dei colletti bianchi" o di coloro che praticano l'*insider trading*, ma quella violenta da strada – ladri, scippatori, stupratori, assassini. I poliziotti non dovrebbero essere vincolati e dovrebbe esser loro consentita la punizione istantanea dei colpevoli, essendo naturalmente responsabili se sbagliano» (ROTHBARD, *Populismo di destra*, cit., p. 4).

38 Fra i libertari statunitensi, un'altra profonda differenza riguarda il sentimento verso la storia americana: i *rightist* si riconoscono e coltivano l'America delle origini, che invece i *leftist* coinvolgono nel loro atteggiamento dissacratorio verso tutto ciò che appare "antico".

39 I paleo denunciano il nichilismo, il catastrofismo e l'irrazionalità veicolati dalla letteratura e dalle arti avanguardiste, surrealiste o postmoderne, e viceversa celebrano la grande potenza estetica e narrativa del passato – del barocco, del romanticismo, del romanzo ottocentesco – e l'ottimismo della Vecchia America.

l'uomo (e la donna) medio, che lavora duro, parsimonioso, timorato di Dio, di buon cuore, appartenente alla classe media o alla classe lavoratrice, che è stato saccheggiato, depredato, offeso e calpestato dal liberalismo di sinistra e centrista attraverso il controllo dell'apparato statale e delle nostre istituzioni culturali dominanti» [40].

Infine, sul piano epistemologico i paleo privilegiano un approccio giusnaturalista, o comunque cognitivamente "forte", e avversano le varie forme di utilitarismo o di relativismo proposte a fondamento della teoria. Essi lanciano la sfida al nichilismo, al relativismo e al pensiero "debole", con l'obiettivo, per dirla con Hoppe, di "ridare vita all'Occidente". Esiste un ordine naturale, uno stato delle cose che corrisponde alla natura stessa delle cose e dell'uomo. Tale ordine naturale può essere ed è turbato da incidenti e anomalie, come malattie, guerre o tirannie; ma è possibile distinguere il normale dall'anormale, ciò che è proprio della natura da un mero accidente. Quello naturale è lo stato delle cose che si rivela più durevole; è antico e sempre uguale a se stesso, e dunque può essere riconosciuto come tale ovunque e in ogni tempo.

Se esiste un ordine naturale, anche i principi di giustizia su di esso costruiti (ad esempio, il diritto alla proprietà acquisita con l'appropriazione originaria) sono validi eternamente e universalmente, e devono essere stati necessariamente noti alla razza umana sin dai primordi della storia. L'etica libertaria non è nuova e rivoluzionaria, ma antica e conservatrice.

Un discorso analogo può essere fatto a proposito delle consuetudini e dei costumi tramandati nei secoli. Sul piano pratico, è opportuno mantenere un pregiudizio positivo nei loro confronti. Ovviamente nessuna certezza di razionalità o imposizione di essi con la forza: solo una presunzione di positività. Se si sono sedimentati nella storia è probabile che assecondassero qualche caratteristica solida e duratura della natura umana [41].

---

40 Murray N. ROTHBARD, *The Kennedy Case: What Kind of Republican?*, in «Rothbard-Rockwell Report», vol. 2, n. 6, June 1991, p. 7.

41 «Sostenere che qualsiasi consuetudine che non può essere dimostrata "razionale" su altre fondamenta debba essere accolta costituirebbe un razionalismo falso e distorto. Possiamo quindi concludere in questo modo: a) che le consuetudini devono essere mantenute volontariamente e non imposte con la forza; e b) che le persone, *ceteris paribus*, farebbero bene (anche se non costrette) a partire da una presunzione in favore della consuetudine. Ad esempio, in un mondo in cui ogni uomo si toglie il cappello in presenza delle signore, un individuo dovrebbe essere libero di non farlo, ma a rischio di essere considerato un villano» (Murray N. ROTHBARD, *Frank S. Meyer: The Fusionist As libertarian*, in «Modern Age», Autumn 1981, p. 352–363).

L'abbandono di ogni idea di Verità, o comunque dell'idea che esistano alcune costanti 'solide' nella natura umana e nelle interazioni sociali, non amplia i gradi di libertà di una società, come ritengono *liberal* e *left-libertarian* (il relativismo come premessa della tolleranza), bensì, travolgendo qualsiasi trincea a difesa dell'individuo e della sua proprietà, lascia questi in balia dell'arbitrio statale.

In base alle filosofie scettiche e all'attitudine culturale *anything goes* oggi imperanti (diffuse anche all'interno del mondo libertario) non esisterebbe alcun criterio per stabilire se una determinata idea o istituzione sociale sia migliore di un'altra. Di fatto, questa prospettiva finisce per celebrare ogni tipo di "diversità", anche la più ripugnante, e per respingere come autoritaria, eurocentrica o razzista, la tradizione culturale dell'Occidente: tutte le culture andrebbero protette e preservate, salvo quella occidentale che merita di estinguersi per le sue supposte colpe passate. «L'idea che lo scetticismo e la mancanza di certezze sulla verità sia la sola garanzia di libertà è la sciocchezza tipica del pensiero *liberal* di sinistra e secolarista dei secoli Diciannovesimo e Ventesimo. [...] È difficile considerare Ponzio Pilato, il mentore di tutti questi impavidi, un notevole esempio di resistenza alla tirannia! Al contrario, è la fermezza nella verità – ad esempio nella verità dell'importanza della libertà e dei diritti naturali – che spinge le persone ad avere il coraggio di resistere alla tirannia e di convincere gli altri a farlo. La libertà è preservata solo nelle mani di coloro che *sanno* che la libertà è una verità fondamentale della natura umana e dev'essere salvaguardata. Mentre il decano degli scettici, Michel de Montaigne, prestò obbedienza allo Stato assoluto in nome della prudenza, la "dogmatica" Chiesa Cristiana nella storia dell'umanità ha rappresentato il maggiore baluardo dei diritti della persona e della proprietà contro il dispotismo dello Stato»[42].

Per quanto riguarda la produzione culturale e artistica in senso stretto, Hoppe ritiene che in una società libera la cultura, sia "alta" sia "bassa", sarebbe più ricca per due motivi: la maggior prosperità delle varie comunità e la varietà delle comunità stesse. Ma per Hoppe un aspetto importante è che in un sistema anarchico verrebbe prodotta anche una differente cultura: «gli Stati democratici promuovono sistematicamente l'egualitarismo e il relativismo. Nel campo dell'interazione umana ciò conduce al sovvertimento e infine alla scomparsa dell'idea di principi

---

42 ROTHBARD, *The Big Government Libertarians: The Anti-Left-Libertarian Manifesto*, cit., p. 6.

di giustizia eterni e universali. Il diritto è invaso e sommerso dalla legislazione. Nel campo delle arti e del giudizio estetico la democrazia conduce al sovvertimento e infine alla scomparsa della nozione del bello e degli standard universali di bellezza. Il bello è invaso e sommerso dalla cosiddetta "arte moderna"»[43].

È a questo punto chiaro in che senso per tale indirizzo di pensiero si sia parlato di "conservatorismo culturale": ai fini di una società libera, si giudicano validi, e si vorrebbero restaurare, alcuni valori che l'epoca *welfarista* ha indebolito o cancellato. Ma, per evitare confusioni dottrinali, va subito chiarito che il conservatorismo in questione è nettamente distinto dal conservatorismo politico, e dai diversi orientamenti cui ha dato luogo (neoconservatorismo, paleoconservatorismo, teoconservatorismo, conservatorismo sociale): questi infatti tendono a tradurre in norme giuridiche universali i valori proclamati, mentre gli autori in esame restano libertari a tutti gli effetti per quanto riguarda l'assetto istituzionale. Come ha specificato Hoppe, il libertarismo ha bisogno di un nucleo conservatore sul *piano sociologico*, non attraverso l'implementazione con mezzi politici. Il retroterra culturale è fondamentale ai fini di un assetto sociale radicalmente liberale, ma, nel contesto statale contemporaneo, non va imposto per legge. Una plastica rappresentazione di tale differenza è la politica nei confronti della famiglia: i conservatori propugnano un intervento attivo dello Stato per rinforzare la famiglia tradizionale e indebolire le forme alternative; i libertari sostengono l'estromissione dello Stato da qualunque ambito familiare, anche perché ritengono che legittimare l'ingerenza significhi, dal punto di vista degli stessi conservatori, aprire il pollaio alla volpe, generando un esito opposto a quello desiderato[44].

---

43 Hans-Hermann HOPPE, intervista alla rivista filosofica brasiliana «Dicta & Contradicta», in http://www.hanshoppe.com/2013/08/the-brazilian-philosophy-magazine-dicta-contradicta-interviews-hans-hermannhoppe/#more-909, August 1, 2013.

44 All'inizio degli anni Novanta, sul piano della strategia politica tale analisi si traduce nella proposta di un'alleanza con i paleoconservatori (Pat Buchanan, Paul Gottfried, Thomas Fleming), la destra repubblicana che Rothbard chiama "populista" in un'accezione positiva, artefice dell'appello diretto al *common man* in funzione *anti-establishment* e antistatale. Le idee che definiscono questa componente del conservatorismo sono l'isolazionismo, l'"America first", la negazione dell'eccezionalismo americano, il protezionismo, le restrizioni all'immigrazione, la riduzione dell'intervento statale in economia all'interno, visioni tradizionali su vita, matrimonio e famiglia. Sono distinti dai repubblicani moderati e soprattutto dai neocon, più interventisti in economia, espansionisti in politica estera, meno restrittivi sull'immigrazione e compromessi con le

I paleolibertari marcano la loro differenza anche dai "neolibertari", libertari pragmatici accusati di accettare la partecipazione al gioco politico-partitico, e a stipulare così, in nome delle alleanze politiche, compromessi sempre più al ribasso[45]. Rimanendo invischiati nel sistema di potere washingtoniano, essi avallerebbero di fatto politiche stataliste e belliciste[46] incompatibili con la tradizione della *Old Right* americana, a cui il paleolibertarismo si richiama. Politiche che, tra l'altro, contrastano il processo di radicale decentralizzazione auspicato dai "paleo" in vista di prospettive anarco-capitaliste. Quest'ultimo punto è centrale: il rifiuto dello Stato, e delle uniformità da esso imposte, è strettamente connesso alla suesposta valorizzazione dell'autorganizzazione delle comunità e dei gruppi intermedi[47].

Dell'indirizzo paleolibertario hanno fatto parte personalità come i

---

élite. Il principale centro di dibattito ed elaborazione fu il John Randolph Club, fondato nel 1990 da Rothbard e Fleming. Un punto alto della collaborazione è un convegno sull'isolazionismo tenutosi nel 1994 al Mises Institute, *The Costs of War*, i cui interventi vengono raccolti in un volume omonimo. Sul fronte politico in senso stretto vi è il sostegno a David Duke nella corsa a governatore della Louisiana nel 1991 e a Pat Buchanan nella campagna presidenziale del 1992. Sui temi oggetto di dissenso, come l'aborto o la prostituzione, Rothbard suggerì come soluzione di compromesso la scelta a livello più decentrato possibile: non solo di Stato, ma anche di contea o di comune, in modo da ritagliare le politiche in base alle preferenze delle (maggioranze delle) varie comunità. La decentralizzazione delle decisioni avrebbe risolto anche questioni come la preghiera, il crocifisso o l'insegnamento del creazionismo nelle scuole, contrapponendosi al laicismo dei divieti e dell'uniformità. Negli anni Novanta i dissensi più marcati fra le due componenti riguardavano il protezionismo commerciale. Successivamente il sempre più pronunciato nazionalismo economico sostenuto da Buchanan provocò la rottura dell'alleanza. Prima Rockwell nel 2002 con l'articolo *What I Learned From Paleoism*, pubblicato sul suo sito lewrockwell.com, e poi Hoppe nel 2005 con l'articolo *The Intellectual Incoherence of Conservatism*, apparso sul sito del Mises Institute, sferrarono un duro attacco ai paleoconservatori, sancendo il divorzio definitivo. Sulle controversie, le convergenze e in generale i rapporti fra libertarismo e conservatorismo sul piano prevalentemente teorico si veda George W. CAREY (edited by), *Freedom and Virtue: The Conservative/Libertarian Debate*, University Press of America, Lanham (Maryland) 1998.

45 L'esponente di maggior spicco di questo orientamento è Rudolph J. Rummel.

46 Particolarmente enfatizzata, e continuamente rimarcata, è l'avversione nei confronti dell'interventismo in politica estera.

47 Da qui la rivalutazione e la difesa che, sul piano dei riferimenti storici, i paleolibertari fanno del Medioevo, il cui pluralismo giuridico-ordinamentale è considerato, fra le altre cose, la vera origine del successivo sviluppo economico e tecnologico occidentale (cfr. Guglielmo PIOMBINI, *Prima dello stato*, Leonardo Facco Editore, Treviglio (Bergamo) 2004).

già citati Rothbard[48] e Rockwell Jr, Walter Block[49], Ralph Raico, Paul Gottfried, Stephan Kinsella, Steven Greenhut, Justin Raimondo, Joseph Salerno, Thomas DiLorenzo, Joseph Sobran, Hans-Hermann Hoppe, Roderick T. Long, Gennady Stolyarov, Thorsten Polleit, Sean Gabb[50].

---

48 Alcuni libertari sostengono la tesi di un deciso mutamento nell'orientamento culturale di Rothbard negli ultimi anni della sua vita. A tale proposito sembra convincente la replica di Guglielmo Piombini: «la sensibilità più conservatrice del paleolibertarismo [di Rothbard] non costituì affatto una deviazione dalla dottrina libertaria [...] È pertanto da ritenersi scorretta l'affermazione polemica dei *left-libertarians*, secondo cui negli ultimi anni della sua vita Rothbard avrebbe abbandonato il libertarismo convertendosi al paleoconservatorismo. La stessa periodizzazione della vita intellettuale di Rothbard in quattro fasi successive (il Rothbard dell'*Old Right*, il Rothbard della *NewLeft*, il Rothbard *libertarian*, il Rothbard *paleo*) rischia di essere del tutto sviante, perché questi diversi momenti non significarono mai cambiamento di idee e di princìpi, ma solo di strategia, di interessi, di approfondimento organico del proprio pensiero. Indipendentemente dalle alleanze tattiche o dagli interessi culturali, Rothbard dal primo all'ultimo giorno della sua vita rimase sempre lo stesso libertario radicalmente antistatalista, nel senso più puro del termine: in economia, un anarchico di Scuola Austriaca favorevole alla proprietà privata e al libero mercato; in politica, un decentralista radicale; in filosofia, un tomista giusnaturalista; nella cultura, un uomo della *Old Republic* e del VVecchio Mondo» (Guglielmo PIOMBINI, *Il paleolibertarismo e la sua eredità culturale*, in «StoriaLibera. Rivista di scienze storiche e sociali», anno 2 (2016), n. 4, p. 22–23).

49 Block ha definito se stesso conservatore sul piano culturale ma libertario "centrista" (*centrist*, o *plain*, o *plumb line libertarian*) in termini di filosofia politica, marcando un'equidistanza fra il *left* e il *right-libertarianism*. Tuttavia i punti di dissenso nei confronti del libertarismo di destra riguardano prevalentemente le posizioni di Edward Feser, che può essere considerato un conservatore più che un libertario. Le divergenze con Hoppe si appuntano quasi esclusivamente sul tema dell'immigrazione (cfr. Walter BLOCK, *Libertarianism is unique*, Ludwig von Mises Institute, Auburn (Alabama) 2006; anche in www.mises.org/journals/scholar/block15.pdf).

50 A livello di istituzioni vanno segnalati il Ludwig von Mises Institute di Auburn, in Alabama, che ha editato anche il «Journal of Libertarian Studies»; e il Center for Libertarian Studies, con sede a Burlingame, in California. Una divisione di quest'ultimo è la rivista elettronica «LewRockwell.com» (LRC). In Internet, altri punti di riferimento sono i siti di Hoppe, www.hanshoppe.com, e di Justin Raimondo, www.antiwar.com. Con la scomparsa del giornalista e scrittore Joseph Sobran, il suo sito www.sobran.com, ancora *on line*, non è più aggiornato. Nel Regno Unito la Libertarian Alliance guidata da Sean Gabb è la principale organizzazione libertaria e al tempo stesso il più vivace centro di elaborazione culturale paleo.

3

Guglielmo Piombini*

La tradizione cattolica nella riflessione di Murray N. Rothbard

Dal momento della sua prematura morte (gennaio 1995), Murray Newton Rothbard è stato il faro del movimento libertario mondiale. Integrando le intuizioni della Scuola Austriaca con la filosofia della legge naturale e con l'individualismo anarchico del Diciannovesimo secolo, il suo grande e ben noto contributo alla storia delle idee fu un corpus di pensiero che abbraccia economia, etica e filosofia politica. Un importante e ancora trascurato elemento dell'impianto teorico è la sua profonda ammirazione per il cattolicesimo romano, un'ammirazione che già può essere vista nei suoi primi lavori degli anni Cinquanta, ma che divenne evidente specialmente verso la fine della sua vita quando lasciò il Libertarian Party (1989) ricercando un'alleanza con il Paleoconservatorismo di Pat Buchanan, Thomas Fleming e Samuel Francis. Contrariamente a ciò che molti libertari di Sinistra avevano proclamato, l'apprezzamento di Rothbard per la tradizione cattolica non mutò i suoi principi fondamentali: Rothbard era e rimase sino alla fine della sua vita un anarchico del libero mercato. Ciò che comunque riconobbe fu che una tradizione rispettosa dei diritti individuali e dei valori morali universali era un prerequisito per la prosperità di una società libera e senza Stato.

L'evoluzione paleolibertaria

LA CONSAPEVOLEZZA CHE MURRAY N. Rothbard (1926–1995) sia da annoverare tra i massimi pensatori sociali del Ventesimo secolo si sta progressivamente imponendo negli Stati Uniti e in Europa[1].

---

1 Già nel 1990 il giornalista liberale francese Guy Sorman aveva pubblicato un libro,
* Saggista ed editore. Conduce la www.libreriadelponte.com e il portale www.tramedoro.eu.

Se a livello accademico e giornalistico fino a poco tempo fa l'unico nome di rilievo associato al pensiero libertario era invariabilmente quello di Robert Nozick (1938–2002), oggi non si può negare che sia Rothbard, e non Nozick, il punto di riferimento principale di questo movimento culturale[2]. Dopo la sua morte questa sua reputazione di pensatNore leader della teoria politica ed economica libertaria è diventata ancor più evidente, sia tra i suoi sostenitori che tra i suoi critici. Integrando l'economia austriaca misesiana, la filosofia giusnaturalista tomista e lockiana e l'anarchismo politico degli individualisti americani dell'Ottocento, Rothbard ha infatti costruito un grandioso sistema che integra perfettamente in ogni sua parte l'etica, l'economia e la filosofia politica, e a questo deve la sua crescente fama[3].

Meno approfondito però è stato un altro aspetto del suo pensiero, i cui semi erano già presenti fin dall'inizio della sua storia intellettuale ma che è giunto a maturazione solo negli ultimi anni della sua vita:

Le vrais penseurs de notre temps (trad. it. *I veri pensatori del nostro tempo*, Milano, Longanesi 1992) nel quale raccoglieva ventotto interviste ai principali pensatori in ogni campo (scienze naturali, antropologia, psichiatria, teologia, filosofia, economia) tra i quali Stephen Jay Gould, Claude Lévi-Strauss, Noam Chomsky, Bruno Bettelheim, Thomas Sasz, Marvin Minsky, Ernst Nolte, Milovan Gilas, Friedrich von Hayek, Renè Girard, Karl Popper, Ernst Gombrich, Isaiah Berlin. Tra questi nomi illustri compare anche quello di Murray N. Rothbard, protagonista di una splendida intervista (*Lo Stato è un furto!*, p. 208–215).

2 Nell'undicesimo volume della prestigiosa *Storia della filosofia* (in quattordici volumi) di Giovanni REALE e Dario ANTISERI (Bompiani, Milano 2010), a Rothbard vengono riservate dodici pagine, come a Nozick. Inoltre viene riportata l'opinione di Carlo Lottieri secondo cui «per più di due decenni, il principale riferimento intellettuale di quest'area culturale [il libertarismo] è stato certamente Murray Rothbard, economista ma soprattutto autore di fondamentali testi di filosofia e di storia del pensiero economico, con i quali ha offerto una rilettura in chiave giusnaturalistica del liberalismo austriaco» (p. 732).

3 Sul pensiero di Murray N. Rothbard sono usciti a partire dalla seconda metà degli anni Novanta diversi studi di valore: Luigi Marco BASSANI, *L'anarco-capitalismo di Murray N. Rothbard*, introduzione a Murray N. ROTHBARD, *L'etica della libertà*, Liberilibri, Macerata 1996 (1982); Raimondo CUBEDDU, *Atlante del liberalismo*, Ideazione Editrice, Roma 1997, p. 101–112; Roberta A. MODUGNO, *Murray N. Rothbard e la teoria anarco-capitalista*, Rubbettino, Soveria Mannelli (Catanzaro) 1997; Stefania MAZZONE, *Stato e anarchia*, Giuffrè, Milano 2000; Carlo LOTTIERI, *Il pensiero libertario contemporaneo*, Liberilibri, Macerata 2001, p. 51–75; Paolo ZANOTTO, *Il movimento libertario americano agli anni sessanta ad oggi: radici storico-dottrinali e discriminanti ideologico-politiche*, Dipartimento di scienze storiche, giuridiche, politiche e sociali, Siena 2001; Enrico DICIOTTI - Carlo LOTTIERI, *Il libertarismo di Murray N. Rothbard. Un confronto*, Dipartimento di scienze storiche, giuridiche, politiche e sociali, Siena 2003; Nicola IANNELLO, *Un'immacolata concezione della libertà*, in «Ideazione», n. 1/2003, p. 182–196; Piero VERNAGLIONE, *Il Libertarismo. La teoria, gli autori, la politica*, Rubbettino, Soveria Mannelli (Catanzaro) 2003, p. 197–297.

l'apprezzamento per il Cristianesimo e in particolare per la cultura cattolica. Sul piano esteriore quella che è stata a torto descritta come una conversione religiosa si è manifestata nel 1989 con l'uscita dal troppo "controculturale" Libertarian Party, che pure aveva contribuito a fondare e per il quale aveva profuso notevoli energie, e il suo avvicinamento ad alcuni conservatori cristiani, tradizionalisti e isolazionisti come Pat Buchanan, Samuel Francis, Thomas Fleming e altri studiosi del Rockford Institute. Con questi "paleoconservatori" (o conservatori all'antica, ben differenti dai predominanti neoconservatori) Rothbard si trovò in sintonia non solo sulla politica estera (laddove i molti libertari, come quelli riuniti attorno alla rivista californiana «Reason», mostravano un isolazionismo assai più alterno), ma anche sul riconoscimento dello stretto collegamento tra la libertà e l'eredità culturale giudaico-cristiana[4].

Per questo motivo, pur non trascurando le questioni economiche e politiche, negli ultimi anni della sua vita Rothbard focalizzò sempre di più l'interesse per gli aspetti della cultura, considerati come prerequisiti sociologici del libertarismo. Analizzando gli effetti di tre decenni di dominio della cultura *left-liberal* nella società americana, egli riconobbe che i conservatori avevano ragione quando avvisavano che la distruzione degli ordinamenti tradizionali avrebbe aperto la strada all'edificazione dello Stato onnipotente, perché se si attaccano le famiglie e le comunità limitandone l'autonomia, queste non potranno più servire come bastione contro il potere statale[5]. Lo stesso effetto viene prodotto dalla retorica

---

4 Sul piano politico l'alleanza con i paleoconservatori si realizzò attraverso l'attivo sostegno di Murray N. Rothbard, Lew Rockwell e Justin Raimondo alla campagna presidenziale di Pat Buchanan con i repubblicani del 1992, nello sconcerto di molti *left-libertarians* che consideravano questo candidato come un esponente della Destra religiosa. In realtà i punti d'accordo tra paleolibertari e paleoconservatori erano numerosi: in politica estera contestavano il Nuovo Ordine Mondiale e chiedevano il disimpegno dai conflitti lontani; in politica interna erano anticentralisti e favorevoli alla valorizzazione delle comunità locali; in economia criticavano gli eccessi di tassazione e assistenzialismo; sul piano sociale chiedevano limitazioni all'immigrazione indesiderata e la fine dei privilegi legali alle "minoranze"; sul piano culturale difendevano l'eredità cristiana e la tradizione morale della civiltà occidentale, minacciata dall'ideologia politicamente corretta, multiculturalista e progressista dei *left-liberal*, diventata dominante tra le élite intellettuali, nelle scuole, nelle università, a Hollywood e nei media.

5 A dispetto di ogni concezione materialistica della storia, queste ricerche sembrano dimostrare che le istituzioni capitalistiche (diritti di proprietà, contratti, imprese, libertà individuale, governo limitato) che hanno fatto grande la civiltà occidentale sono emerse spontaneamente dal basso quando sul piano della cultura si sono diffusi e affermati determinati precetti morali, come la responsabilità individuale, lo sforzo e l'impegno personale, l'affidabilità, la fedeltà, l'onestà, la prudenza, la lungimiranza, l'autodisciplina

progressista, quando ridicolizza la religione, i costumi, le istituzioni, le usanze e i pregiudizi delle classi medie, con l'obiettivo di estendere il raggio d'azione dei funzionari e degli "esperti" governativi nella società.

Il suo principale collaboratore durante questo periodo, Llewellyn H. Rockwell, coniò per analogia il termine "paleolibertarismo" per definire questo nuovo movimento, tanto antistatalista in politica ed economia quanto conservatore sul piano culturale[6]. Tra le ragioni della svolta paleolibertaria di Rothbard e Rockwell vi fu quindi la sentita esigenza di recuperare gli elementi della tradizione cristiana che permeavano la Vecchia Cultura. In pratica questo significava contrastare l'anticristianesimo laicista delle élite politiche e intellettuali, la scristianizzazione degli spazi "pubblici", la secolarizzazione dilagante nella società, il neopaganesimo di ritorno sotto vesti ambientaliste e un certo ateismo e anticlericalismo militante diffuso negli ambienti libertari[7].

La sensibilità più conservatrice del paleolibertarismo, che Rothbard e Rockwell propugnarono sulle pagine della rivista «Rothbard-Rockwell Report», non costituì affatto una deviazione dalla dottrina libertaria fondata sull'inviolabilità dei diritti naturali, sulla difesa ad oltranza della proprietà privata e del libero mercato e sulla radicale condanna dello Stato. Come ha osservato Hans-Hermann Hoppe, nessuno degli ultimi scritti di Rothbard comportò il pur minimo cambiamento sistematico rispetto alla filosofia libertaria esposta nel 1982 ne *L'etica della libertà*, sia nelle questioni di principio sia nelle remote conclusioni. Rothbard

---

morale: in sintesi, i valori della tradizione morale giudaico-cristiana elogiati da Rothbard.

6 Sul movimento paleolibertario si rimanda a Guglielmo PIOMBINI, *Il paleolibertarismo e la sua eredità culturale*, in «StoriaLibera. Rivista di scienze storiche e sociali», anno 2 (2016), n. 4, p. 11–49 e Piero VERNAGLIONE, *Paleolibertarismo: libertarismo contro la cultura liberal*, in «StoriaLibera. Rivista di scienze storiche e sociali», anno 7 (2021), n. 13, p. 10–48.

7 Rockwell trovò conferma, in un sondaggio che mostrava che il 74% dei libertari negava l'esistenza di Dio, della comune percezione che i libertari fossero quasi tutti atei. Nel suo *Manifesto del Paleolibertarismo* rilevò con disappunto il fatto che la maggior parte di costoro fossero non solo irreligiosi, ma antireligiosi militanti. La sua opinione era diversa: «io naturalmente non sostengo che la fede religiosa sia indispensabile per il libertarismo. Alcune delle nostre più grandi personalità sono non credenti. [...] I paleolibertari preferiscono però la visione di due altri non credenti: Rothbard, secondo cui "tutto quello che c'è di buono nella civiltà occidentale, dalla libertà individuale alle arti, è dovuto al Cristianesimo", e von Hayek, il quale aggiunse che dalla religione provengono "gli insegnamenti morali e le tradizioni che ci hanno dato non solo la nostra civiltà, ma anche le nostre stesse vite"». Llewellyn H. ROCKWELL, Jr., *The Case for Paleolibertarianism*, in «Liberty», 1990, n. 3, p. 36; ora Llewellyn H. ROCKWELL, Jr., *Un manifesto per il paleolibertarismo* (1990), a cura di Paolo Amighetti, in «StoriaLibera. Rivista di scienze storiche e sociali», anno 7 (2021), n. 13, p. 123.124.

analizzò ed enfatizzò nuovi aspetti e problemi, ma l'essenziale era già contenuto in questo suo trattato. Guardando indietro alla sua intera carriera, si può affermare che dalla fine degli anni Cinquanta, quando arrivò a concepire quello che sarebbe poi diventato il sistema rothbardiano, fino al termine della sua vita Rothbard non modificò le sue idee su nessuna fondamentale questione politica ed economica[8]. La stessa periodizzazione della vita intellettuale di Rothbard in quattro fasi successive (il Rothbard dell'*Old Right*, il Rothbard della *New Left*, il Rothbard *libertarian*, il Rothbard paleo) rischia di essere del tutto sviante, perché questi diversi momenti non significarono mai cambiamento di idee e di principi, ma solo di strategia, di interessi, di approfondimento organico del proprio pensiero. Indipendentemente dalle alleanze tattiche o dagli interessi culturali, Rothbard dal primo all'ultimo giorno della sua vita rimase sempre lo stesso libertario radicalmente antistatalista, nel senso più puro del termine: in economia, un anarchico di Scuola Austriaca favorevole alla proprietà privata e al libero mercato; in politica, un decentralista radicale; in filosofia, un tomista giusnaturalista; nella cultura, un uomo della *Old Republic* e del Vecchio Mondo[9].

È pertanto da ritenersi scorretta l'affermazione polemica dei *left-libertarians* (l'ala progressista e libertina del movimento libertario, maggioritaria all'interno del Libertarian Party), secondo cui negli ultimi anni della sua vita Rothbard avrebbe abbandonato il libertarismo convertendosi al paleoconservatorismo. I *left-libertarians* erano rimasti prevedibilmente sbalorditi da Rothbard che difendeva il Cattolicesimo Romano per la sua importante e benefica influenza nelle vicende umane e avevano iniziato a inventare e spargere voci sulla sua (passata o imminente) furtiva conversione al cattolicesimo[10]. In realtà l'autore de *L'etica della*

---

8 Hans-Hermann HOPPE, *Introduction* to Murray N. ROTHBARD, *The Ethics of Liberty*, New York University Press, New York (N. Y.) 1998, p. XI-XLIII.

9 Llewellyn H. ROCKWELL, Jr., *Introduction* to IDEM (edited by), *The Irrepressible Rothbard*, The Center for Libertarian Studies, Burligame (California) 2000, p. XV.

10 A questi militanti anticristiani, incapaci a suo dire di superare l'inevitabile incontro adolescenziale con la filosofia atea e "oggettivista" di Ayn Rand, Murray replicò divertito: «sembra che per costoro aderire alla Chiesa Cattolica rappresenti il peggior insulto che si può rivolgere a un nemico. Perché? Per quale motivo diventare cattolici dovrebbe essere la peggiore disgrazia? Per quanto mi riguarda, non penso che diventare cattolico equivalga a diventare un molestatore di bambini; al contrario, la considero una decisione onorevole. Sembra che costoro siano incapaci di credere che qualcuno possa apprezzare la Chiesa Cattolica anche senza essersi convertito – o, ai loro occhi, plagiato: qualcosa di simile a quanto accadeva nel film *L'invasione degli ultracorpi*» (Joseph E. SALERNO, in Llewellyn H. ROCKWELL, Jr. (edited by), *Murray N. Rothbard: In Memoriam*, Ludwig

libertà è sempre stato un fautore dei valori e degli stili di vita borghesi e ha sempre criticato l'anticristianesimo militante e le provocazioni
controculturali[11]. L'unica vera novità nel pensiero di Rothbard durante
l'ultima fase della sua vita è stata quella di incorporare esplicitamente il
sostegno per la società tradizionale all'interno di una più ampia teoria
della libertà. Egli si rese conto che il libertarismo, affermando la supremazia della legge naturale eterna sulla legge positiva creata dall'uomo,
è quanto di più tradizionale e "antimoderno" vi possa essere, e per tale
motivo è anche internamente coerente con i precetti della religione[12].

Le sue vaste ricerche storiche lo avevano condotto alla conclusione
che tutte le società sono inevitabilmente religiose e che l'irreligiosità su
scala sociale è impossibile e indesiderabile, perché una religione formale,
specificamente quella cristiana, è necessaria come naturale custode delle
regole morali tradizionali: norme che sono necessarie per rinforzare e
completare un codice legale liberale o libertario, al fine di permettere
ad una reale società di mercato di sopravvivere e prosperare. Si spiega
pertanto il motivo per cui Rothbard, ebreo e agnostico, pur senza con-
vertirsi sia arrivato al termine della sua vita intellettuale a considerarsi
«un ardente sostenitore del Cristianesimo» e ad aderire ad una visione
culturale *latu sensu* cattolica. Della tradizione intellettuale cattolica egli
accettò pienamente la concezione della filosofia scolastica di san Tommaso, secondo la quale esiste un ordine ontologico, una natura delle
cose, che comprende anche la natura umana. Questo suo apprezzamento
per l'eredità intellettuale del Medioevo cattolico appare particolarmente

---

von Mises Institute, Auburn (Alabama) 1995, p. 81).

11 Già nel 1974, replicando ad un intervento tenuto durante un incontro della Mont
Pelerin Society dal padrino dei neoconservatori Irving Kristol, il quale aveva accusato i
libertari di ignorare completamente la sfera dell'ordine morale, Rothbard spiegò come
non vi fosse alcuna ragione per cui un libertario dovesse essere favorevole al "nichilismo *hippy*": «in primo luogo, in contrasto con parecchi altri libertari io sostengo che
ogni famiglia ha non solo il diritto ma anche il dovere morale di istruire i propri figli a
vivere secondo le virtù borghesi e "l'etica protestante". [...] Noi sappiamo inoltre che il
nichilismo *hippy* è disfunzionale per l'individuo e la società; in una società libera, puramente libertaria, senza Stato e palliativi assistenziali, i nichilisti *hippy* se ne accorge-
rebbero ben presto. Qualche anno fa, quando mi lamentavo della diffusione delle prime
comunità *hippy*, un mio collega libertario mi disse cordialmente: "non preoccuparti, un
inverno freddo si prenderà cura di loro". Aveva ragione» (Murray N. ROTHBARD, *An
Open Letter To Irving Kristol*, in «The Libertarian Forum», n. 2, February 1974, p. 4).

12 Sul libertarismo come filosofia antimoderna e "reazionaria" si veda l'illuminante
articolo di Carlo LOTTIERI, *Liberale cioè reazionario*, in «Il Domenicale», 10.5.2003,
p. 2. Lottieri descrive il liberalismo classico e il libertarismo come forme di resistenza
o, se si preferisce, di "insorgenza" della società di fronte alla marcia trionfale del potere
sovrano statale avvenuta in età moderna.

evidente nei suoi ultimi lavori, dove dimostrava di aver maturato una visione storica della Cristianità medievale ben diversa da quella laico-illuminista[13], che ancora descriveva il Medioevo come un'epoca di barbarie, superstizione, oscurantismo e oppressione[14]. Per Rothbard invece il Medioevo cattolico fu un periodo ricco e creativo della storia europea, soprattutto grazie al fatto che quell'ingombrante istituzione che è lo Stato moderno non aveva ancora avuto modo di crescere e svilupparsi[15].

La rivalutazione del pensiero cattolico medievale

a) Una concezione revisionista della storia del pensiero economico

Nel tipico manuale di storia del pensiero economico i filosofi scolastici vengono trattati bruscamente come retrogradi pensatori legati alla mentalità medievale, che affrontavano l'economia non da un punto di

13 I pregiudizi anticattolici, messi in circolazione dalla cultura di matrice illuminista, non reggono più ad un'analisi equilibrata. Ad esempio, è stata completamente demolita a livello accademico la "leggenda nera" del Medioevo come epoca di sottosviluppo e oscurantismo, pur essendo ancora presente nei testi scolastici e nella percezione popolare; sono stati decisamente ridimensionati gli aspetti "totalitari" dell'Inquisizione; è stato riconosciuto il ruolo positivo giocato dalla Chiesa nel fare da argine al potere dei sovrani; è stato messo in luce l'importante apporto del diritto canonico alla formazione dell'idea dei diritti naturali; si è ormai largamente affermata la tesi della genesi medievale del capitalismo, e continuano ad uscire studi che provano l'eccezionale sviluppo del pensiero economico medievale. Tutte questioni che la storiografia egemone preferisce ignorare o sottovalutare.

14 Ancora negli anni Settanta Murray N. Rothbard seguiva una concezione "illuministica" del Medioevo: si vedano ad esempio le sue critiche al mondo feudale o la descrizione con toni fortemente negativi dell'*Ancien régime* (Murray N. ROTHBARD, *Per una nuova libertà*, Liberilibri, Macerata 1996 (1973), p. 18s.). Nella sua elaborazione successiva, particolarmente nella sua monumentale storia del pensiero economico, il giudizio su questi periodi risulterà invece ampiamente positivo, a testimonianza di un incessante approfondimento intellettuale del suo lavoro.

15 Il percorso revisionista, sul piano storico, è stato ulteriormente approfondito dall'allievo e successore di Rothbard alla cattedra universitaria, Hans-Hermann Hoppe, il quale, nel libro *Democracy: The God That Failed: The Economics and Politics of Monarchy, Democracy, and Natural Order* (Transaction Publisher, New Brunswick - London 2001, trad. it. *Democrazia: il dio che ha fallito*, prefazione di Raimondo Cubeddu, Liberilibri, Macerata 2008) esalta il pluralismo competitivo feudale e comunale, arrivando anche a rivalutare alcuni aspetti di moderazione delle monarchie assolute rispetto alle democrazie moderne. Per un approfondimento degli aspetti libertari del Medioevo mi permetto di rinviare anche a Guglielmo PIOMBINI, *Prima dello Stato. Il Medioevo delle libertà*, Leonardo Facco Editore, Treviglio (Bergamo) 2004, con commenti di Pietro Adamo, Raimondo Cubeddu, Carlo Lottieri, Marco Respinti.

vista scientifico ma teologico e morale, e che per tale motivo non avevano minimamente compreso il funzionamento del mercato: ne sarebbe conferma la loro adesione alla teoria del "giusto prezzo", determinato su parametri etici o arbitrari. Dopo aver menzionato i mercantilisti e i fisiocrati, i testi "canonici" d'economia saltano direttamente a quelli che vengono celebrati come i "fondatori" della scienza economica, Adam Smith (1723–1790) e David Ricardo (1772–1823). Rothbard invece, sulla base di alcuni primi studi revisionisti di Joseph Schumpeter e di altri meno noti economisti, sviluppò una concezione della storia del pensiero economico opposta a quella ortodossa[16]. Portando a maturazione un percorso intellettuale iniziato fin dalla fine degli anni Cinquanta e completato con la sua monumentale storia del pensiero economico uscita postuma nel 1995, egli giunse alla conclusione che la teoria e la pratica del libero mercato siano germogliate ben prima di Adam Smith, nel mondo cattolico e non in quello protestante. È interessante vedere il modo con cui queste idee, tutte già presenti *in nuce* nel memorandum *Catholicism, Protestantism, and Capitalism* indirizzato a Richard C. Cornuelle che Rothbard scrisse nel 1957 per il Volker Fund[17], saranno ampiamente sviluppate in *Economic Thought Before Adam Smith*[18].

Lungi dall'essere dei mistici che non capivano nulla d'economia, per Rothbard i filosofi scolastici furono degli economisti di notevole valore[19], che anticiparono alcune acquisizioni teoriche fondamentali del paradigma austriaco, come la concezione soggettiva del valore, arrivando

---

16 I lavori cui fa riferimento Rothbard sono: Joseph SCHUMPETER, *A History of Economic Analysis*, New American Library, New York 1954, p. 38–39; Marjorie GRICE-HUTCHINSON, *The School of Salamanca: Readings in Spanish Monetary Theory, 1544–1605*, Clarendon Press, Oxford 1952, p. 27s.; Raymond de ROOVER, *Scholastic Economics: Survival and Lasting Influence from the Sixteenth Century to Adam Smith*, in «Quarterly Journal of Economics», n. 69, May 1955, p. 161–190; John W. BALDWIN, *The Medieval Theories of the Just Price*, in «Transactions of the American Philosophical Society», Philadelphia, July 1959, p. 9s.; Emil KAUDER, *Genesis of the Marginal Utility Theory: From Aristotle to the End of the Eighteenth Century*, in «Economic Journal», n. 63, September 1953, p. 638–650.

17 Ora Murray N. ROTHBARD, *Cattolicesimo, protestantesimo e capitalismo* (1957), a cura di Paolo L. Bernardini, traduzione di Giovanni Nicodemo, in «StoriaLibera. Rivista di scienze storiche e sociali», anno 7 (2021), n. 14, p. 110–130.

18 Murray N. ROTHBARD, *An Austrian Perspective on the History of Economic Thought. Volume I. Economic Thought Before Adam Smith*, Edward Elgar Publishing, Brookfield (Vermont) 1995.

19 Questa tesi di Rothbard sul ruolo avuto dalla Scolastica medievale nella preparazione dello spirito capitalistico ha trovato conferma negli studi recenti di Michael Novak e di Rodney Stark.

quasi a delineare il concetto di "unità marginale": in loro si è ravvisata pertanto una sorta di "preistoria" della Scuola Austriaca. La teoria del "giusto prezzo" basato sul costo di produzione era infatti già stata rifiutata da quasi tutti i teologi dell'alto Medioevo e seguita solo da una minoranza di occamisti come il viennese Enrico Langenstein (1325–1397), estranei alla prevalente tradizione tomista. Alberto Magno (1193–1280) e il suo grande allievo Tommaso d'Aquino (1225–1274), così come gli scolastici successivi, pensavano invece che il giusto prezzo fosse quello determinato dalla *communis opinio* o dalla *commune aestimatione*, cioè dal mercato. Per questo motivo Rothbard giudica completamente errata la ripetuta affermazione di Richard H. Tawney contenuta in *Religion and the Rise of Capitalism*, secondo cui «la vera conseguenza della dottrina di san Tommaso d'Aquino è la teoria del valore-lavoro. Karl Marx è l'ultimo degli scolastici», e considera un vero e proprio mito l'idea che il pensiero scolastico medievale difendesse una società statica, gerarchica e corporativa, nella quale ogni individuo doveva accettare lo *status* in cui si veniva a trovare alla nascita[20].

La teoria soggettiva del valore, sviluppata dagli scolastici medievali e dai tardo-scolastici spagnoli del Sedicesimo e Diciassettesimo secolo, a lungo ignorati dagli storici dell'economia, venne mantenuta in vita solo dai filosofi giusnaturalisti protestanti come Ugo Grozio (1583–1645) e Samuel Pufendorf (1632–1694), influenzati direttamente dalla Scolastica, e da alcuni economisti italiani, specialmente l'abate Galiani (1728–1787). Al contrario Smith e Ricardo si allontanarono dalle acquisizioni teoriche soggettiviste degli scolastici per adottare un concetto oggettivo del valore, come la teoria del valore-lavoro, che portò la scienza economica su una strada completamente sbagliata per più di un secolo, fino a quando Carl Menger e i marginalisti austriaci di fine Ottocento la rimetteranno sulla giusta carreggiata[21]. L'erronea teoria inglese del valore-lavoro, secondo

---

20 Questa insensata concezione del Medioevo e della dottrina scolastica, ricorda Rothbard, venne proposta per la prima volta dagli storici socialisti e corporativisti tedeschi di fine Ottocento, e accolta da influenti scrittori come il socialista anglicano Richard Henry Tawney e il politico e studioso cattolico Amintore Fanfani. Anche pensatori favorevoli al libero mercato, come quelli della scuola di Chicago, accettarono questa distorta visione della scolastica medievale, soprattutto il "liberista" ma fanaticamente anticattolico Frank Knight. Solo nel dopoguerra, grazie all'enorme prestigio di Schumpeter, questi pregiudizi hanno iniziato a dissolversi (cfr. ROTHBARD, *Economic Thought Before Adam Smith*, cit., p. 78–79).

21 Cfr. Murray N. ROTHBARD, *New Light on the Prehistory of the Austrian School*, in Edwin G. DOLAN (edited by), *The Logic of Action One. Method, Money, and the*

cui il valore dei beni è determinato dal lavoro in essi incorporato, ha prodotto per Rothbard numerose conseguenze negative, spianando la strada alle teorie socialiste di Karl Marx e ad altre forme di interventismo statale. Non è un caso, nota Rothbard, che i più "dogmatici" sostenitori del *laissez-faire* del Diciottesimo e Diciannovesimo secolo non fossero inglesi, ma francesi influenzati dal cattolicesimo come Richard Cantillon, François Quesnay e i fisiocrati, Ètienne de Condillac, Jacques Turgot, Jean-Baptiste Say, Charles Comte, Charles Dunoyer, Augustine Thierry, Frèdéric Bastiat, Gustave de Molinari: tutti "liberisti" molto più rigorosi dei pragmatici liberali inglesi.

b) Il cristianesimo e i Padri della Chiesa

Entrando più in dettaglio nell'analisi dei lasciti cristiani nella storia del pensiero economico, Rothbard ricordava innanzitutto che, in contrasto con lo sprezzante atteggiamento verso il lavoro tenuto dai filosofi greci, il Vecchio Testamento è ricco di esortazioni a favore del lavoro, spesso celebrato (quasi in maniera pre-calvinista) come una virtù in sé[22]. Nel Nuovo Testamento gli aspetti economici e più in generale mondani della vita cadono in secondo piano, perché l'atteggiamento dei primi cristiani, compresi Gesù e gli Apostoli, era caratterizzato da un'intensa attesa dell'avvento del Regno di Dio[23].

Solo intorno al 100 d.C., quando appare chiaro che la Chiesa ha abbandonato l'idea dell'imminente fine del mondo, le questioni economiche tornano ad interessare i pensatori cristiani. I primi Padri Apostolici, come Tertulliano (160–240) e san Girolamo (340–420), mostrano però un'accesa ostilità verso il denaro e il commercio. Sant'Agostino (354–430) fu invece il primo Padre della Chiesa ad avere un atteggiamento positivo verso il ruolo del mercante. Respingendo le accuse comuni a quasi tutta la patristica, sant'Agostino ricorda che il mercante svolge un servizio utile trasportando i beni su grandi distanze e mettendoli a disposizione dei consumatori. Inoltre, dando una decisiva importanza agli aspetti individuali della salvezza rispetto al comunitarismo dei greci incentrato sulla *polis*, mise indirettamente in moto un atteggiamento favorevole

---

Austrian School, Edward Elgar, Cheltenham-Lyme 1997, p. 173–194.

22 Cfr. ROTHBARD, *Economic Thought Before Adam Smith*, cit., p. 32. In particolare Rothbard ricorda alcuni passi dei libri della *Genesi* e dell'*Ecclesiaste*.

23 Pur trattandosi di una tesi storiografica molto in voga da diverso tempo nella teologia, in realtà questo è un mero lascito hegeliano: non abbiamo alcuna prova certa del fatto che i primi cristiani ritenessero imminente la fine dei tempi.

all'innovazione, alla crescita economica e allo sviluppo. Rothbard non manca inoltre di ricordare il passo de *La Città di Dio* dove sant'Agostino, riprendendo un aneddoto di Cicerone, dimostra che Alessandro Magno non è distinguibile da un comune pirata se non per la maggior potenza dei suoi mezzi e che dunque lo Stato non è altro che una vasta banda di rapinatori stanziali[24]. Questo paragone dello Stato ad una banda di briganti verrà ripreso in alcune occasioni dai pensatori cristiani durante il Medioevo, ad esempio dal papa Gregorio VII nella sua lotta contro i monarchi europei nell'Undicesimo secolo[25].

Su queste basi si sviluppò nei secoli successivi un più sofisticato pensiero giuridico ed economico, caratterizzato però da una furiosa e accanita condanna dell'usura, intesa in senso largo come qualsivoglia interesse richiesto per una somma data in prestito. Rothbard osserva che il divieto era piuttosto sconcertante, perché con l'eccezione degli ebrei nei confronti di altri ebrei, nessuna società antica (in Grecia, a Roma, in Cina, in India o in Mesopotamia) aveva mai proibito l'usura; la fiera

---

24 ROTHBARD, *Economic Thought Before Adam Smith*, cit., p. 35. Nel passo de *La Città di Dio* di sant'Agostino in cui definisce i regni della terra come *magna latrocinia* si ricorda l'episodio di quando un terribile pirata che razziava i mari venne catturato e portato al cospetto dell'imperatore Alessandro Magno. Avendogli chiesto perché conducesse una vita così criminale, il pirata rispose: «faccio esattamente le stesse cose che fai tu. Solo che io possiedo una piccola nave e sono chiamato pirata. Tu possiedi una grande flotta e sei chiamato imperatore».

25 Lungi dal fondersi col potere secolare, a partire soprattutto dalla Rivoluzione pontificia inaugurata da Gregorio VII nell'Undicesimo secolo, la Chiesa ha cercato in tutti i modi di imporre limiti all'autorità dei sovrani, come testimoniano i due clamorosi casi di sottomissione degli imperatori Teodosio ed Enrico IV al Papa. L'accesa lotta per le investiture, impedendo che un unico potere prendesse il sopravvento sull'intero continente, evitò all'Europa occidentale di cadere nel cesaropapismo o nel dispotismo orientale. Si aprirono così enormi spazi di libertà per la società civile, che trovarono espressione nella fioritura comunale e nella nascita del capitalismo. Sventato il pericolo imperiale, nei secoli successivi la Chiesa ha continuato ad opporsi all'espansione del potere del nascente Stato moderno. Un politologo americano di origini indiane, Fareed Zakaria, ha argomentato in un libro diventato un best-seller che l'ascesa della Chiesa cristiana costituisce la prima importante affermazione di libertà della storia occidentale, e forse mondiale: dopo Costantino «la storia europea è segnata, per millecinquecento anni, da un perpetuo conflitto tra Stato e Chiesa, e dalle scintille prodotte da un tale scontro sono scaturiti i primi fuochi della libertà umana» (Fareed ZAKARIA, *Democrazia senza libertà*, Rizzoli, Milano 2003, p. 31). In maniera non dissimile anche il grande storico delle dottrine politiche George Sabine era arrivato alla conclusione che la nascita della Chiesa cristiana come istituzione distinta destinata a governare gli interessi spirituali dell'umanità indipendentemente dallo Stato rappresenta l'evento più rivoluzionario della storia dell'Europa occidentale (cfr. George H. SABINE, *Storia delle dottrine politiche*, Edizioni di Comunità, Milano 1953, p. 146).

proibizione medievale dell'usura era tanto più strana in quanto non vi è nulla nel Vangelo o negli scritti dei Padri della Chiesa che possa sostenerla[26]. La parabola dei talenti può anzi essere letta come un'approvazione dell'interesse. L'intera giustificazione teologica del divieto d'usura venne costruita sull'interpretazione di un breve versetto tratto dal Salmo 14, e poi ribadita nel Concilio di Nicea del 525 per i chierici, quindi estesa successivamente anche ai laici. Nei secoli successivi tuttavia i teologi e i canonisti cattolici, pur mantenendo fermo in via generale il divieto dell'usura, diventarono sempre più "elastici", escogitando numerose eccezioni e legittimando i diversi ingegnosi tentativi d'evasione delle norme sull'usura che il mercato inventava[27]. Alla fine del Quattrocento, la legittimità dell'interesse aveva preso il sopravvento anche all'interno della Chiesa, come estensione generale dei casi di compensazione per il danno emergente e il lucro cessante[28].

---

26 Questa, almeno, è l'interpretazione rothbardiana. Per amore della verità, bisogna aggiungere che anche nel Nuovo Testamento e nella Patristica ci sono elementi che lasciano intendere una condanna dell'usura. Nell'Antico Testamento, l'usura è vietata tra gli ebrei ma permessa con gli stranieri. Sembra quindi di poter dire che, quando si trattava di un aiuto o un sostegno per il vicino, non si dovesse chiedere l'interesse, perché così non era un aiuto, ma un peso. Quando invece era un investimento (come sarebbe stato nel caso degli stranieri), gli interessi erano permessi. Nel Nuovo Testamento, il passo di *Luca* 6,34 è quello solitamente additato per condannare l'usura, secondo la celebre espressione latina «mutuum date nihil inde sperantes», ma c'è anche la famosa parabola dei talenti che esorta a far fruttare il denaro presso i banchieri. Forse quindi Gesù non condanna i prestiti ad interesse, ma vuol dire che, se vogliamo aiutare qualcuno, non dobbiamo richiedere nemmeno ciò che abbiamo prestato, cioè dobbiamo regalare.

27 La proibizione dell'usura, spiega Rothbard, fu il tragico errore delle concezioni economiche dei giuristi e dei teologi medievali. Questa proibizione era economicamente irrazionale e non aveva alcun fondamento né nella legge naturale, né nel Nuovo e Vecchio Testamento. Quello che gli scolastici non comprendevano è che l'interesse riceve giustificazione morale sufficiente se viene pagato volontariamente; e che se viene sempre richiesto ci dev'essere una spiegazione economica, per quanto non ancora scoperta. Anche se alcuni pensatori medievali si avvicinarono finalmente alla soluzione, bisognerà arrivare alla fine dell'Ottocento perché la scuola marginalista austriaca fornisca una esauriente spiegazione economica del significato dell'interesse: esso rappresenta infatti il prezzo non tanto del tempo, ma della preferenza temporale. Il creditore cede infatti un bene presente (subito disponibile) in cambio non dello stesso bene, ma di un bene futuro disponibile solo in un momento successivo; e poiché ognuno in base al principio universale della preferenza temporale preferisce sempre un bene presente ad un bene futuro equivalente, il creditore viene giustamente ricompensato. Il fallimento degli scolastici di comprendere e arrivare a questo concetto di preferenza temporale per Rothbard contribuì più di ogni altra cosa a screditare l'economia scolastica, a causa della sua implacabile ostilità e condanna dell'universale pratica dell'usura (ROTHBARD, *Economic Thought Before Adam Smith*, cit., p. 43ss.).

28 Alberto E. TRUGENBERGER, *San Bernardino da Siena. Considerazioni sullo*

c) La Scolastica: san Tommaso e la Scuola francescana

Anche il grande san Tommaso d'Aquino, pur non superando il pregiudizio contro il prestito usurario, mostrò su altre questioni economiche,
come nella difesa del lavoro e dell'attività dei mercanti, una comprensione decisamente superiore a quella di Aristotele[29]. San Tommaso difese anche brillantemente l'istituto della proprietà privata e anticipò la
teoria di Locke sul giusto titolo di acquisizione della terra vergine per
mezzo della coltivazione e dell'uso. Ma soprattutto Rothbard elogia san
Tommaso per la generale struttura sistematica del suo pensiero, più che
per i singoli ragionamenti economici. Riprendendo la teoria aristotelica
e costruendo su di essa, l'Aquinate introdusse e stabilì nel mondo cristiano una filosofia basata sulla legge naturale, dove la ragione umana
è in grado di padroneggiare le verità fondamentali dell'universo. Nelle
mani di san Tommaso, la filosofia, con la ragione come suo strumento

---

sviluppo dell'etica economica cristiana nel primo Rinascimento, Francke Verlag, Berna
1951, p. 100.

29 Vale la pena riportare il giudizio entusiasta che Werner Sombart diede della Scolastica, come preparatrice dello spirito capitalistico: «qualunque sia la causa che ha condotto spontaneamente alla elaborazione di un razionalismo economico, non si potrà
porre in dubbio che esso abbia trovato un potente appoggio nel dogma della Chiesa,
che tendeva a realizzare nel complesso dell'esistenza umana quanto il capitalismo doveva attuare nella vita economica... San Tommaso sapeva che chi vive in castità e con
moderazione soccombe più difficilmente al peccato di sperperare, e si rivela anche in
altri modi migliore amministratore... Ma oltre alla prodigalità, la morale cristiana com-
batte anche altri nemici della concezione borghese della vita. Soprattutto l'ozio, che anche per lei è "il principio di ogni vizio"... Accanto all'industriosità e alla parsimonia gli
Scolastici insegnarono anche una terza virtù borghese: il decoro, l'onestà o onorabilità.
Io credo che dobbiamo all'opera educativa della Chiesa una considerevole quantità di
quell'elemento che, sotto la forma della solidità commerciale, è parte tanto importante
dello spirito capitalistico... Quando si leggano con attenzione gli scritti degli scolastici,
soprattutto quell'opera meravigliosa del grandissimo Tommaso d'Aquino, che nella sua
monumentalità fu raggiunta soltanto dalle creazioni di Dante e di Michelangelo, si riceve
l'impressione che essi ebbero a cuore, più di questa educazione della borghesia all'onorabilità, un'altra opera educativa: quella che tendeva a fare dei loro contemporanei uomini
retti, coraggiosi, intelligenti ed energici... Nulla condannano con maggior veemenza
della fiacchezza spirituale e morale... Un concorso a premi che ponesse la domanda:
"come posso fare del signore impulsivo e gaudente da una parte e dall'operaio ottuso e
fiacco dall'altra, un imprenditore capitalistico?" non avrebbe potuto trovare una risposta
migliore di quella già contenuta nella morale dei tomisti. Le opinioni qui espresse sono
nettamente opposte a quelle prevalenti sulla posizione della dottrina ecclesiastica rispetto alle esigenze del sorgente capitalismo» (Werner SOMBART, *Il borghese. Lo sviluppo
e le fonti dello spirito capitalistico*, Guanda, Parma 1994 (opera del 1913), p. 191–194).

di conoscenza, divenne nuovamente la regina delle scienze[30]. La ragione umana poteva ora conoscere la natura del mondo, e quindi anche l'etica più adatta per l'umanità. Questa tradizione razionalista ruppe il

---

30 A proposito del pregiudizio che opporrebbe Cristianesimo e scienza e tecnologia, ci sarebbe da domandarsi perché allora lo sviluppo nasce proprio in un'area cristiana, mentre si arena in tutte le altre parti del mondo. Già nelle disprezzate età buie dell'Alto Medioevo la tecnologia dell'Europa era avanzata ben al di là di quanto si conosceva nell'antichità: i "rozzi e superstiziosi" europei del Medioevo, malgrado le tante sciagure seguite al crollo dell'Impero e alle invasioni barbariche, avevano in poco tempo superato il livello tecnologico delle millenarie civiltà classiche! Basta ricordare solo alcune delle mirabili invenzioni del Medioevo: il mulino ad acqua, la rivoluzione nei metodi di coltivazione (l'aratro a vomere, il collare per il cavallo, il giogo multiplo per i buoi, il maggese), il timone a ruota delle navi, le avanzate tecniche di lavorazione del ferro, il libro, la stampa, la polvere da sparo, gli occhiali, l'orologio meccanico, il telaio, l'arcolaio, il sapone, la vernice, l'alcool, la notazione musicale, la ragioneria e le nuove pratiche commerciali, le tecniche di conservazione del cibo, le cattedrali, gli ospedali, le università (all'inizio del Seicento ce n'erano più di cento in Europa e neanche una nel resto del mondo) e mille altre cose. Perdipiù, gli artefici di gran parte di queste invenzioni furono proprio dei religiosi: i monaci dei monasteri, soprattutto benedettini, ai quali si deve l'instancabile opera di dissodamento e colonizzazione delle terre del continente, nonché la conservazione e la trasmissione di tutto il sapere conosciuto. O si sottovaluta, giudicandola ininfluente, l'influenza del cristianesimo nel modellare l'abito mentale degli europei (ma questo non mi sembra il caso), oppure non rimane altra spiegazione che quella di ammettere l'esistenza, nel messaggio cristiano, di elementi che hanno condotto allo sviluppo e al progresso, senza i quali la scienza non avrebbe potuto nascere: l'antropologia biblica che esalta l'uomo e lo pone al centro dell'universo; l'idea di uguaglianza che impedisce alla società di pietrificarsi in caste; il rifiuto della nozione di un fato implacabile che determina il destino degli individui; l'idea che la storia abbia un senso progressivo e non ciclico; la desacralizzazione del creato che, facendo scomparire i tabù animistici onnipresenti nelle antiche culture, rende la natura liberamente utilizzabile dall'uomo; l'idea che il mondo sia stato creato da un Dio personale benevolo e non capriccioso, le cui leggi sono immutabili e quindi scopribili (mentre nel mondo islamico la teologia prevalente, insegnando che Dio è imprevedibile e non opera tramite leggi costanti, condanna tutti i tentativi di formulare leggi della natura come bestemmie che negano la libertà di azione di Allah). Non c'è da stupirsi che, nutrito di questa fede, l'uomo europeo abbia conquistato il mondo. Anche durante l'età moderna gli scienziati non erano degli scettici e dei liberi pensatori, ma per la stragrande maggioranza dei cristiani convinti, come testimoniato dalle carte personali che mostrano la loro sincera devozione. Tali erano ad esempio Copernico, Galileo e Newton. Sulla leggenda di Galilei martire della scienza (diffusa anche grazie ad un'opera di quel campione della libertà al servizio degli stalinisti dell'ex Repubblica Democratica Tedesca che era Bertolt Brecht) vi sarebbe poi tanto da dire: che i principali osservatori astronomici del tempo erano stati istituiti dalla Chiesa; che l'ipotesi eliocentrica era stata avanzata anche da altri senza che nessuno se ne scandalizzasse; che il contrasto con Galileo sorse perché voleva presentare le sue teorie scientifiche come certe anziché come ipotetiche (violando il metodo dell'impresa scientifica ed indicando oltretutto nelle maree una prova errata della rotazione terrestre) e perché voleva trarne conclusioni teologiche, invadendo un campo non suo.

"fideismo" della Chiesa cristiana delle origini e la sua debilitante idea che solo la fede e la rivelazione sovrannaturale possano fornire la guida etica per l'uomo: debilitante perché se la fede va perduta anche l'etica è perduta. Il tomismo, in contrasto, dimostrò che le leggi di natura, inclusa la natura dell'umanità, fornivano i mezzi alla ragione umana per scoprire un'etica razionale. Dio infatti per i tomisti ha creato le leggi naturali dell'universo, ma la comprensione di queste leggi naturali è possibile a prescindere che uno creda o meno a Dio come creatore. In questo modo, conclude Rothbard, è possibile fondare un'etica razionale per l'uomo su basi veramente scientifiche piuttosto che esclusivamente sovrannaturali[31].

La prima breccia sistematica nella proibizione dell'usura avvenne solo alla fine del Duecento quando il canonista cardinal Ostiense elencò non meno di tredici casi in cui la proibizione dell'usura poteva non applicarsi. Su questa strada proseguì uno degli economisti medievali più apprezzati da Rothbard, il francescano provenzale Pietro Giovanni Olivi (1248–1298). Il suo più notevole contributo fu l'investigazione del concetto di bisogno e utilità. Sottolineando come il valore economico fosse determinato da tre fattori (scarsità, utilità e desiderabilità), Olivi raggiunse il monumentale risultato di mettere per primo in luce la teoria soggettiva del valore e di risolvere in maniera molto più soddisfacente degli economisti classici come Adam Smith il "paradosso del valore", per cui alcuni beni essenziali alla vita come l'acqua costano meno di altri beni non essenziali come i diamanti. Olivi sottolineò che l'utilità, nella determinazione del prezzo, è relativa all'offerta e non assoluta: l'acqua, essendo a differenza dei diamanti tanto abbondante, può comandare solo un basso prezzo nel mercato[32]. È un'ironia notevole della storia del pensiero economico, osserva Rothbard, che questo grande studioso del mercato, lo scopritore della teoria soggettiva del valore, il sofisticato analista del funzionamento dell'economia di mercato, il difensore del giusto prezzo scaturente dal mercato, l'inventore del concetto di capitale come fondo investito in un'impresa economica e il parziale difensore

---

31 Cfr. ROTHBARD, *Economic Thought Before Adam Smith*, cit., p. 57–58.

32 Mentre gli economisti classici avevano cercato di spiegare il paradosso distinguendo in maniera insoddisfacente tra valore d'uso e valore di scambio, la soluzione completa verrà data solo dai marginalisti austriaci di fine Ottocento, che spiegarono che l'utilità marginale, cioè il valore di ogni unità di un bene, diminuisce quanto più aumenta la sua offerta. Il valore di un bene sul mercato, e perciò il suo prezzo, è determinato dalla sua utilità marginale, non dall'utilità filosofica del bene per intero o in astratto (ROTHBARD, *Economic Thought Before Adam Smith*, cit., p. 61).

dell'interesse fosse il leader dell'ala spirituale dell'ordine francescano che credeva nella vita in povertà![33]

d) La tardo-scolastica e la Scuola di Salamanca

I tardo-scolastici furono il prodotto della temperie culturale del Sedicesimo secolo, caratterizzato dalla Riforma protestante e dalla Controriforma cattolica. Se il Duecento è stato giustamente definito come l'età d'oro della filosofia scolastica, il Cinquecento – spiega Rothbard – fu la sua età d'argento: l'era cioè di una splendente rinascita del pensiero scolastico prima di ritornare nell'oscurità dei secoli successivi. Nel Tredicesimo e Quattordicesimo secolo, infatti, l'emergere del nominalismo aveva indebolito l'idea di una legge naturale razionale e oggettiva scopribile dalla ragione, anche nel campo dell'etica[34]. Il Cinquecento testimonia però il risveglio del tomismo liberale, grazie all'italiano cardinal Cajetano (1468–1534). Dopo di lui la fiaccola passò agli scolastici della Scuola di Salamanca, che la tennero accesa per più di un secolo. Non c'è da meravigliarsi, spiega Rothbard, che fosse la Spagna il centro del pensiero scolastico nel Sedicesimo secolo, dato che quello fu il secolo spagnolo per eccellenza: la Spagna era il paese leader nelle esplorazioni e conquiste del Nuovo Mondo, trasportandone i tesori d'oro e d'argento in Europa attraverso l'Atlantico; era inoltre la nazione europea che più di ogni altra, assieme all'Italia e al Portogallo, rimase risolutamente cattolica dimostrandosi immune alla diffusione del protestantesimo[35].

Il fondatore riconosciuto della Scuola di Salamanca fu il grande giurista e pioniere degli studi del diritto internazionale Francisco de Vitoria (1485–1546). Nelle sue lezioni, basate largamente sul commento

---

33 Cfr. *ibidem*, p. 62.

34 Per quanto Rothbard dubiti che Guglielmo d'Ockham fosse veramente un nominalista, egli considera questo movimento filosofico come battistrada del moderno scetticismo e positivismo. Sviluppato sul tronco del fideismo francescano da parte del grande rivale di san Tommaso, Giovanni Duns Scoto, il nominalismo negava alla ragione umana il potere di arrivare alle verità essenziali riguardo l'uomo e l'universo e, perciò, negava che la ragione potesse arrivare a costruire un'etica sistematica per l'uomo. Solo la volontà di Dio, discernibile per mezzo della fede nella rivelazione, poteva cogliere la verità. In questo modo, se cade la fede nella divinità, cade anche la possibilità per la ragione di giungere a verità scientifiche o etiche. Per questo, il nominalismo non fu in grado di opporre alcun modello di legge naturale allo Stato, favorendo lo sviluppo dell'assolutismo statale del Rinascimento (cfr. ROTHBARD, *Economic Thought Before Adam Smith*, cit., p. 72).

35 Cfr. *ibidem*, p. 99–101.

della teoria morale di san Tommaso, Vitoria fondò la grande tradizione scolastica spagnola di denuncia delle brutalità e delle schiavizzazioni nel nuovo mondo. In un'età in cui i pensatori francesi e italiani predicavano l'assolutismo statale, Rothbard loda il cattolico Vitoria e i suoi seguaci per aver ravvivato l'idea che la legge naturale sia superiore al potere dello Stato[36].

In economia, tardo-scolastici come Domingo de Soto, Martin de Azpilcueta, Juan de Medina, Diego de Covarrubias, Luis Saravia, Tomas de Mercado, Francisco Garcia, Domingo de Banez, Luis de Molina, Francisco Suarez sono ricordati da Rothbard per la loro brillante difesa della proprietà privata, per le acute analisi dei fenomeni di mercato e monetari, per la dura critica dell'intervento del governo nell'economia[37]. Tra gli ultimi tardo-scolastici, oltre a Leonard Lessius e Juan de Lugo, Rothbard elogia in particolare "l'estremista" Juan de Mariana (1536–1624), che era un gesuita ma non apparteneva alla scuola di Salamanca. Fervente oppositore della montante crescita dell'assolutismo in Europa, nel suo capolavoro pubblicato nel 1599, *De Rege*, Mariana convertì la dottrina politica scolastica da una teoria astratta in un'arma con cui giudicare i tiranni del passato (come Ciro il grande, Alessandro Magno o Giulio Cesare) e del presente. Egli anticipò la dottrina di Locke e la Dichiarazione d'Indipendenza americana sul consenso come fondamento dei governi, i quali sono creati solo allo scopo di difendere i diritti di proprietà privata. Se questi diritti vengono usurpati, ad esempio quando il governante viola le leggi della religione, impone tasse senza il consenso del popolo o impedisce la riunione di un parlamento popolare, allora chiunque ha diritto di ribellarsi o addirittura di ricorrere al tirannicidio, che Mariana considera legittimo in maniera più larga rispetto agli altri scolastici. Nel suo trattato *De monetae mutationis* del 1609 Mariana denunciò invece il suo sovrano, Filippo III, per aver derubato il popolo e inceppato i commerci attraverso la "tosatura" della moneta. Per reazione, il re ordinò che tutti i libri di Mariana fossero messi all'indice e bruciati e che questi scontasse un anno di reclusione. Anche a questo episodio è legata la fama di Mariana come "estremista" libertario, per quanto nella vita privata e sociale fosse un rigido e ascetico "moralista"[38].

---

36 Cfr. *ibidem*, p. 102.

37 Per un'approfondita analisi del pensiero economico dei tardo-scolastici da un punto di vista austriaco si veda anche Alejandro CHAFUEN, *Cristiani per la libertà. Radici cattoliche dell'economia di mercato*, Liberilibri, Macerata 1999.

38 Cfr. ROTHBARD, *Economic Thought Before Adam Smith*, cit., p. 121. Per

Le critiche di Rothbard al protestantesimo

a) L'appoggio al nascente Stato moderno

La critica rothbardiana al protestantesimo si svolge su tre livelli: teologico, storico e sociologico. Dal primo punto di vista, Rothbard deprega gli aspetti antirazionalistici del protestantesimo; sul piano storico, critica la teoria weberiana sulla genesi protestante del capitalismo e mette in relazione la Riforma con l'affermarsi dell'assolutismo statale in età moderna; sul piano sociologico, evidenzia alcuni effetti negativi, tuttora perduranti, che caratterizzano le società influenzate dalla mentalità protestante.

Nel Sedicesimo secolo, infatti, la grande tradizione scolastica entrò in declino, a causa del contemporaneo attacco proveniente da due campi differenti ma oggettivamente alleati: i riformatori protestanti da un lato e gli apologeti dell'assolutismo dall'altro. I protestanti, denunciando la Chiesa per la sua asserita decadenza e lassismo morale, intendevano di fatto sbarazzarsi di tutta la sofisticata dottrina intellettuale elaborata fino a quel tempo dai cattolici, per ritornare ad una pretesa semplicità e purezza morale del Cristianesimo delle origini. Il principale obiettivo dell'ostilità protestante fu l'ordine dei gesuiti, che aveva ereditato dai domenicani il compito di tenere accesa la fiaccola del tomismo. Alla radice della religione cattolica, spiega Rothbard, vi è infatti la convinzione che Dio possa essere percepito non solo mediante la fede, ma attraverso tutte le facoltà dell'uomo, compresi i sensi e la ragione. Il protestantesimo, specialmente quello calvinista, pone invece Dio completamente fuori dalla portata delle facoltà umane, condannando le manifestazioni dell'amore dell'uomo per Dio espresse nelle pitture e nelle sculture come blasfeme idolatrie che allontanano l'uomo dall'unico canale di comunicazione col divino: la pura fede nella rivelazione. Per i protestanti l'uomo è troppo corrotto perché possa fidarsi della sua ragione o dei suoi sensi nella ricerca delle leggi naturali e deve pertanto affidarsi all'arbitraria volontà di Dio. In questo modo, dice Rothbard[39], i protestanti non avevano a

---

un'approfondita analisi critica degli aspetti libertari del pensiero di Juan de Mariana si veda il saggio di Paolo ZANOTTO, *Liberalismo e tradizione cattolica. Osservazioni critiche su Juan de Mariana (1535–1624)*, Istituto Acton, Roma 2004.

39 Rothbard, benché agnostico, ha reso omaggio alla tradizione morale del tomismo cattolico con queste significative parole: «un cristiano coscienzioso cerca di conformarsi ad un'etica personale e politica. È difficile comprendere come un cristiano possa essere utilitarista, nichilista o sostenitore dell'idea che la forza fa il diritto. A me sembra che ci

disposizione nessuno standard di norme etiche per valutare e criticare l'azione dei governanti e, per questo motivo, fornirono poca o nulla difesa contro la marea montante dell'assolutismo statale moderno. Perdipiù, affidandosi a passaggi isolati della Bibbia anziché ad un'integrata tradizione filosofica, Lutero e Calvino arrivarono ad opinare che tutti i poteri sono ordinati da Dio, e che pertanto ai sovrani, non importa quanto tirannici, occorre sempre prestare obbedienza. In contrasto con il tentativo cattolico di applicare i principi morali a tutta la vita sociale e politica mediante l'arte della casistica, Lutero tendeva invece a "privatizzare" la moralità cristiana e a lasciare il mondo secolare e i suoi governanti liberi di operare in maniera pragmatica e, di fatto, incontrollata[40].

Se il protestantesimo aprì la strada allo Stato assoluto, i teorici secolaristi del Cinque-Seicento si impegnarono esplicitamente in sua difesa, con l'obiettivo di svincolare la vita politica da tutti quegli impacci morali che impedivano all'azione dello Stato di svolgersi liberamente. Senza più la critica giusnaturalista dello Stato, i nuovi teorici laici come Jean Bodin abbracciarono la legge positiva dello Stato come l'unico criterio politico possibile. Rothbard paragona quindi i protestanti anti-scolastici che esaltarono la volontà arbitraria di Dio come unico fondamento dell'etica ai teorici dell'assolutismo che, allo stesso modo, elevarono l'arbitraria volontà del governante allo status di incontestabile e assoluta "sovranità"[41].

Sul piano delle idee, il trionfo dello Stato moderno sul mondo medievale è stato dunque favorito dal forte sostegno intellettuale che questa nuova istituzione politica ricevette dai riformatori protestanti da un lato e dagli apologeti dell'assolutismo dall'altro. Rothbard ricordava che furono i gesuiti i primi a notare questo stretto collegamento tra i leader protestanti come Lutero e gli amorali teorici della politica come Machiavelli: i due veri e propri padri fondatori del moderno Stato secolarizzato. Entrambi, rifiutando per differenti ragioni la legge naturale elaborata dalla Scolastica cattolica come base morale della politica, si sbarazzarono

---

siano solo due possibili sistemi etici genuini per un cristiano. Il primo corrisponde alla posizione della Scolastica (cattolica o anglicana), nella quale la ragione umana ha le capacità di scoprire le leggi naturali, e l'etica puramente teologica o divinamente rivelata ha una parte molto piccola e separata nel sistema, benché importante. Il secondo sistema deriva dalla concezione calvinista secondo cui la ragione umana è così corrotta che l'*unica* etica praticabile, l'unica verità riguardo *qualsiasi cosa*, deve provenire esclusivamente dalla rivelazione divina così come presentata nella Bibbia» (Murray N. ROTHBARD, *Kingdom Come: The Politics of the Millenium*, in «Liberty», n. 3, January 1990, p. 45).

40 Cfr. ROTHBARD, *Economic Thought Before Adam Smith*, cit., p. 128–140.

41 Cfr. *ibidem*, p. 129.

degli unici criteri sviluppati nei secoli per valutare e condannare le azioni dei governanti[42]. Non il papato, ma lo Stato rappresentava per Lutero lo strumento di Dio e, pertanto, i sudditi gli dovevano la più assoluta obbedienza. Per Machiavelli invece occorreva abbandonare ogni tentativo di giudicare la politica o il governo sul metro dell'etica cristiana, dato che quest'ultima andava subordinata all'imperativo supremo del mantenimento e dell'espansione dello Stato[43]. Per questo motivo si è parlato di una «inconsapevole collaborazione di Machiavelli e Lutero per l'emancipazione dello Stato»[44], che darà modo a Thomas Hobbes di formulare «un sistema politico che è insieme perfettamente machiavellico e perfettamente protestante»[45].

In definitiva, come ha riassunto H. W. Crocker, durante la Riforma era la Chiesa Cattolica che difendeva la libertà e non solamente perché proteggeva l'Europa dai turchi. Infatti, era la Chiesa che promuoveva la libertà artistica del Rinascimento e del Barocco ed erano i protestanti che condannavano l'arte religiosa come forma di idolatria e sensualismo. Era la Chiesa che sponsorizzava la libertà letteraria degli umanisti ed erano i protestanti che la condannavano come paganesimo. Era la Chiesa che affermava il libero arbitrio dell'uomo ed erano i protestanti ad insistere che il destino di ogni uomo è determinato prima della sua nascita. Ma più di ogni altra cosa, era la Chiesa che si opponeva al potere assoluto dello Stato[46], rivendicando il suo ruolo di corte d'appello

---

42 Cfr. *ibidem*, p. 138.

43 Per Rothbard, Machiavelli rappresentò un fenomeno fino ad allora unico nel mondo occidentale: un cosciente predicatore del male alla classe governante. È una clamorosa sciocchezza affermare, come fanno i moderni studiosi, che Machiavelli inaugurò la politica come scienza "neutrale" e "priva di giudizi di valore". In verità, spiega Rothbard, egli semplicemente sostituì i valori dell'etica cristiana con un altro set di valori contrastanti, tendenti a dare la precedenza alla salute dello Stato. Lo scrittore fiorentino fu dunque, allo stesso tempo, il fondatore della moderna scienza politica e un ragguardevole predicatore del male. Comunque, mettendo da parte la moralità cristiana o naturale, il fiorentino non presumeva affatto di essere *"value-free"* come i suoi moderni seguaci; sapeva benissimo di proporre una nuova moralità che metteva al primo posto la ragion di Stato. Machiavelli fu dunque il filosofo ed apologeta per eccellenza dell'illimitato e incontrollato potere dello Stato assoluto (cfr. ROTHBARD, *Economic Thought Before Adam Smith*, cit., p. 192).

44 Cfr. Federico von BEZOLD, *Stato e società nell'età della Riforma*, La Nuova Italia, Venezia s.d., p. 59.

45 Rocco MONTANO, *Il superamento di Machiavelli*, G.B. Vico, Napoli 1972, p. 25.

46 Lo Stato moderno, quell'entità politica intrinsecamente totalitaria che incarna la compiuta concentrazione del potere politico, riuscirà ad affermarsi solo con la Rivoluzione francese (cfr. Beniamino DI MARTINO, *Rivoluzione del 1789. La cerniera della*

universale, indipendente e suprema, contro gli editti dei re, mentre i protestanti fecero della religione un semplice dipartimento del governo, sotto lo stretto controllo dei principi (in Germania), del monarca (in Inghilterra e in Scandinavia) o del consiglio cittadino (a Ginevra, dove Calvino fonderà la prima teocrazia poliziesca cristiana della storia)[47].

b) Obiezioni a Max Weber

Rothbard ritiene inoltre che la famosa tesi di Max Weber, che attribuisce la nascita del capitalismo al concetto calvinista di "chiamata", malgrado le sue fruttuose intuizioni, debba essere respinta per diversi motivi. In primo luogo perché il capitalismo moderno, secondo ogni senso ragionevole che si voglia dare a questo termine, non inizia con la rivoluzione industriale del Diciottesimo e Diciannovesimo secolo, ma nel Medioevo

---

modernità politica e sociale, Leonardo Facco Editore, Treviglio (Bergamo) 2015). Da allora gli unici "profeti di sventura" capaci di prevedere con esattezza le conseguenze catastrofiche della diffusione di questo modello statuale, puntualmente verificatesi nel Novecento, furono proprio quei papi bollati come reazionari, a partire da Pio IX. Non diedero certo prova della stessa lungimiranza i tanti progressisti/sedicenti "liberali" che spacciavano il mito dello Stato nazionale come protettore della libertà e dei diritti individuali. Anzi, come ha osservato Alessandro Vitale, la letteratura sulle repressioni nei regimi totalitari del Ventesimo secolo descrive gente colta da stupore per non aver voluto credere, anche a causa della mitologia liberale classica, che lo Stato, da strumento per la protezione della vita umana, potesse trasformarsi in puro assassino (Alessandro VITALE, Prefazione a Rudolph J. RUMMEL, Lo Stato, il democidio, la guerra, Leonardo Facco Editore, Treviglio (Bergamo) 2002, p. 39). Viene allora da chiedere ai risorgimentali "liberali" italiani che ogni 20 settembre festeggiano la presa di Porta Pia cosa ci sia da esultare per una conquista militare avvenuta in spregio di ogni regola del diritto internazionale e non richiesta dalla popolazione romana, che portò alla formazione di uno Stato unitario le cui più rilevanti realizzazioni consistettero nella centralizzazione politica e amministrativa, nell'istituzione della leva obbligatoria, nell'aumento indiscriminato delle imposte, nella statalizzazione completa della scuola, nell'espropriazione di vaste proprietà ecclesiastiche, nell'introduzione di elevate tariffe doganali per proteggere le industrie del nord, nella repressione sanguinaria delle ribellioni delle popolazioni conquistate (la "lotta al brigantaggio"), nell'avvio di più o meno disastrose campagne coloniali e nei milioni di giovani coscritti mandati al macello nelle trincee della Grande Guerra (con tanto di decimazioni e plotoni d'esecuzione per "codardi" e disertori: altre misure schiettamente moderne"liberali"?). Cfr. Beniamino DI MARTINO, La Grande Guerra 1914–1918. Stato onnipotente e catastrofe della civiltà, Monolateral, Dallas (Texas, USA) 2018.

47 Cfr. Harry W. CROCKER III, Triumph. The Power and the Glory of the Catholic Church, Prima Publishing, Roseville (California) 2001, p. 257. Per una efficace critica alla standardizzata visione protestante della storia, si veda Edward FESER, All'Islam serve un papa non un Lutero, in «Liberal», n. 23, aprile-maggio 2004, p. 90–95.

e in particolare nei comuni cattolici dell'Italia centro-settentrionale[48], come dimostrato dal fatto che qui vennero inventate le nuove tecniche finanziarie e commerciali quali la banca e l'impresa, la lettera di cambio, la ragioneria, la partita doppia: novità che i teologi scolastici cercarono via via di comprendere e accomodare. Rothbard ricordava che la prima classica formula pro-capitalista, «In nome di Dio e del profitto», si ritrova in un libro contabile fiorentino del 1253, e che ancora nel Cinquecento la cattolica città di Anversa era il maggior centro commerciale e finanziario. Inoltre, il più importante banchiere e finanziere dell'epoca era Jacob Fugger, un buon cattolico della Germania del sud; egli lavorò per tutta la vita, rifiutò di ritirarsi e annunciò che avrebbe continuato a far denaro fino a quando avesse potuto: un primo esempio, osserva Rothbard, di weberiana "etica protestante" in un solido cattolico![49]

In secondo luogo, Rothbard rileva che, se è vero che alcune aree calviniste in Inghilterra, Francia, Olanda e Nord America prosperarono, la Scozia solidamente calvinista rimase relativamente arretrata e sottosviluppata fino ai nostri giorni. Per Rothbard, Weber avrebbe dovuto invertire i rapporti causali: fu lo sviluppo del capitalismo che portò il calvinismo ad accomodarsi ad esso, piuttosto che il contrario; ne è prova il fatto che solo il tardo-calvinismo, specificamente puritano, sviluppò la versione weberiana della "vocazione" e dell'ascesi mondana. La teoria weberiana funziona molto meglio se applicata all'analisi di quelle

---

48 L'idea secondo cui il cristianesimo non abbia favorito la libertà economica fatica a conciliarsi con le conclusioni cui sono giunti la maggior parte degli studiosi che negli ultimi anni hanno analizzato la storia economica europea (Baechler, Pellicani, Rosenberg e Birzdell, Jones, Mokyr, Landes, Stark e altri ancora): che il capitalismo non nasce con la Riforma protestante né con la Rivoluzione Industriale, ma nell'Italia settentrionale durante l'epoca dei Comuni. Com'è possibile, allora, che lo spirito capitalistico sia sorto proprio in un momento in cui il pensiero religioso e filosofico dominante, a detta della storiografia illuminista, era del tutto avverso alle libertà individuali ed economiche, perdipiù col sostegno dell'autorità morale e giuridica della potentissima gerarchia ecclesiastica? Eppure, a differenza che nel resto del mondo, il commercio fiorì proprio nella cattolica Europa medievale. Non è possibile che un sistema economico che per più di quattrocento anni prosperi sotto il completo dominio di una ideologia avversa, se non ammettendo che questa ostilità ecclesiastica fu molto meno reale di quanto sia stato detto. Se veramente la Chiesa fosse stata avversa alle libertà economiche non si spiegherebbe in alcun modo la proliferazione di un vasto e ricchissimo ceto mercantile, né si giustificherebbe il cosiddetto "miracolo europeo", che nel corso del millennio medievale proiettò il Vecchio Continente dalle condizioni primitive presenti alla caduta dell'Impero romano nella civiltà più avanzata del mondo: l'unica alla fine del Quindicesimo secolo capace di lanciarsi nell'esplorazione del globo e di inaugurare l'epoca delle grandi scoperte geografiche.

49 Cfr. ROTHBARD, *Economic Thought Before Adam Smith*, cit., p. 142.

società, come la Cina, nelle quali l'atteggiamento religioso sembra aver inceppato lo sviluppo economico capitalistico[50].

Le osservazioni di Weber sull'etica del lavoro calvinista possono però secondo Rothbard ispirare una diversa e affascinante ipotesi sulla storia del pensiero economico. Il calvinista, mettendo l'indefesso lavoro al centro della sua teologia della salvezza e schivando il consumo come segno di perdizione, può aver portato gli economisti influenzati da questa cultura, come quelli inglesi, a sviluppare ed accogliere una teoria economica del valore-lavoro. Nei paesi cattolici l'atteggiamento era invece differente: il fine dell'attività economica secondo la tradizione aristotelico-tomista non era il lavoro ma il consumo, o meglio una moderata ricerca del piacere, dato che un certo edonismo ben bilanciato secondo il giusto mezzo, che evitasse i vizi opposti dell'avarizia e della prodigalità, costituiva parte integrante della teoria aristotelica della vita buona. Questo forse spiega perché in Italia e in Francia la scienza economica mantenne viva l'enfasi posta dalla filosofia scolastica sul consumatore e sulle sue valutazioni soggettive come fonti del valore economico, mentre i teorici della teoria del valore-lavoro furono tutti protestanti inglesi: William Petty, Adam Smith, David Ricardo, Alfred Marshall. Sebbene questa ipotesi, proposta da Emil Kauder, non possa essere considerata conclusiva, essa ha tuttavia per Rothbard il grande merito di spiegare i diversi sviluppi comparati del pensiero economico in Gran Bretagna e nei paesi cattolici dopo il Sedicesimo secolo[51].

c) Il millenarismo puritano negli Stati Uniti

Rothbard, non facendo mistero della sua avversione culturale per il Protestantesimo e del suo apprezzamento per il Cattolicesimo, ravvisa le origini di alcuni criticabili atteggiamenti della vita politica e sociale americana nella tradizione millenarista ereditata dalle sette puritane e pietiste. Lo studio della storia lo aveva infatti progressivamente convinto che la religione aveva giocato un ruolo enorme non solo nel pensiero economico, ma anche nella politica americana. In particolare Rothbard, dimostrando una straordinaria conoscenza delle più sottili sfumature delle teologie cristiane, riconobbe il ruolo positivo a sostegno

---

50 Cfr. *ibidem*, p. 174, nota 6.

51 Cfr. *ibidem*, p. 143. Si dice infatti che Bastiat, fin sul letto di morte, continuasse ad esortare di guardare sempre l'economia dal punto di vista del consumatore e non del produttore.

della libertà svolto in America dal Cristianesimo liturgico. Questo tipo di Cristianesimo, impersonato dalla Chiesa Cattolica Romana – che a suo avviso costituiva l'originale e permanente Chiesa Cristiana – enfatizza la salvezza personale per mezzo della partecipazione alle liturgie ecclesiastiche, negando che il Regno di Dio possa essere stabilito sulla Terra con i soli sforzi dell'uomo. A differenza delle sette pietistiche del protestantesimo americano, che tendono a essere millenariste, il cattolicesimo nega che la seconda venuta del Messia dipenda dall'avvenuta fondazione di un Regno di Dio sulla Terra e perciò non impone ai suoi membri di purificare e salvare l'intera umanità attraverso "l'azione sociale" (leggi: la costrizione statale)[52].

Da questo atteggiamento religioso dei calvinisti deriva quella perniciosa eresia post-millenarista, ancora tanto influente nella vita politica americana soprattutto tra le fila progressiste, che Rothbard chiama *Left Neo-Puritanism* o *Religious Left*. L'eresia post-millenarista considera dovere morale del buon cristiano stabilire il millenario Regno di Dio sulla terra come precondizione indispensabile alla seconda venuta del Messia (a differenza dei pre-millenaristi, convinti che il Regno di Dio sorgerà solo dopo la seconda venuta di Gesù Cristo). E poiché il Regno di Dio si caratterizza per definizione come una società perfetta in cui non esiste più il vizio, si capisce la foga con la quale la Sinistra Religiosa Puritana si impegna politicamente nella lotta contro i liquori, il fumo o il cibo che fa ingrassare. Non è un caso che gli unici gruppi religiosi che nella storia degli Stati Uniti abbiano cercato di mettere fuorilegge il vizio sono stati i pietisti evangelici nei primi decenni del Ventesimo secolo. Rothbard ricordava anche l'ostilità puritana che dovettero subire i "gaudenti" cattolici bavaresi immigrati in America per le loro abitudini di andare a Messa vestiti di tutto punto e di recarsi la domenica pomeriggio nelle birrerie ad ascoltare le proprie musiche folcloristiche. Gli *yankees* protestanti crearono una scuola pubblica obbligatoria anche allo scopo di impedire ai cattolici tedeschi di mandare i figli nelle proprie scuole parrocchiali. Hillary Clinton e Woodrow Wilson, il presidente che sosteneva il proibizionismo e che lanciò una crociata per stabilire il Regno di Dio su scala globale, rappresentano per Rothbard due perfetti esempi di questo Neopuritanesimo di Sinistra, desideroso di modellare non solo gli Stati Uniti, ma il mondo intero secondo i propri sogni millenaristici[53].

---

52 Cfr. ROTHBARD, *Kingdom Come: The Politics of the Millenium*, cit., p. 45.
53 Cfr. Murray N. ROTHBARD, *America's Most Persecuted Minority*, in «Rothbard-Rockwell Report», February 1993, ora in ROCKWELL (edited by), *The Irrepressible*

Alla luce di queste considerazioni si può comprendere più facilmente il sostegno politico alla Destra Religiosa dato da Rothbard nei primi anni Novanta, che tanto sconcertò i *left-libertarians*. Lungi dal volere instaurare uno Stato teocratico abolendo la separazione tra Stato e Chiesa, secondo Rothbard la Destra Cristiana si limitava a fare delle battaglie difensive: «la maggior parte dei libertari pensa ai conservatori cristiani negli stessi termini infami usati dai media di Sinistra, se non peggio: crede che il loro obiettivo sia quello di imporre una teocrazia cristiana, di mettere fuori legge i liquori e altri mezzi di godimento edonistico, di far entrare la polizia nelle camere da letto. Nulla potrebbe essere più lontano dalla verità: i conservatori cristiani stanno solo cercando di difendersi da un'élite progressista che usa gli apparati statali per attaccare e virtualmente distruggere i valori, i principi e la cultura cristiana. Se alcuni conservatori cristiani sono favorevoli a mantenere sulla carta delle leggi sulla moralità sessuale per ragioni simboliche, non conosco nessun gruppo cristiano che voglia imbarcarsi in una crociata per far applicare queste leggi, o che voglia che gli agenti vadano a guardare sotto le lenzuola. In queste materie vi sono ben pochi gruppi conservatori proibizionisti; se il proibizionismo si affermerà in America, sarà dovuto sicuramente a una misura voluta dai *left-liberal*, allo scopo di migliorare la nostra "salute" e ridurre gli incidenti sulle strade. Non c'è alcun gruppo cristiano che voglia perseguitare l'omosessualità o l'adulterio»[54].

La guerra culturale in America

a) L'attacco laicista alla tradizione giudaico-cristiana

Alla *convention* repubblicana del 1992 Patrick Buchanan pronunciò un discorso che fece scalpore, con il quale denunciò l'esistenza di una guerra culturale e religiosa per la conquista dell'anima degli americani. Per il candidato cattolico-conservatore del GOP due Americhe si fronteggiavano senza esclusione di colpi: quella legata alla vecchia cultura tradizionale giudaico-cristiana e quella proveniente dall'esperienza della contestazione degli anni Sessanta. Rothbard fu colpito molto

---

Rothbard, cit., p. 269, trad. it. *La minoranza più perseguitata d'America*, in Lord Harris of HIGH CROSS - Judith HATTON, *La libertà in fumo. Quando il proibizionismo nuoce gravemente alla salute*, Leonardo Facco Editore, Treviglio (Bergamo) 2003, p. 103–107.

54 Murray N. ROTHBARD, *The Religious Right: Toward a Coalition*, in «Rothbard-Rockwell Report», February 1993, ora in ROCKWELL (edited by), *The Irrepressible Rothbard*, cit., p. 26.

favorevolmente dal coraggio dimostrato da Buchanan: «sì, sì, ipocriti *liberal*, questa è una guerra culturale! Ed è iniziata da parecchio tempo! Il vostro atteggiamento è tipico dei nostri intellettuali e media *liberal*: dopo aver realizzato praticamente indisturbati, da vent'anni a questa parte (come minimo!), la conquista culturale dell'America; e dopo aver completato con successo la lunga marcia gramsciana attraverso le istituzioni, i *liberal* volevano sedersi e trattarci come province conquistate. Ma improvvisamente tra di noi alcuni provinciali assediati riprendono le armi, incitati dal discorso di Pat Buchanan alla convenzione nazionale repubblicana! [...] Questi ipocriti di *liberal* ci rispondono: "come potete voi conservatori, che siete contro l'intervento statale, trattare la cultura come una questione politica?". Semplice. Il motivo è che voi *liberal* avete usato massicciamente il potere dello Stato per distruggere la nostra cultura. Noi dobbiamo intervenire nello Stato affinché tutto questo finisca»[55].

Rothbard ricordava quindi gli innumerevoli esempi di cultura progressista imposta mediante la coercizione pubblica, che a suo avviso contraddicono palesemente il mito propagandistico della Sinistra che difende le libertà civili degli individui dall'autoritarismo della Destra. Innanzitutto, i progressisti hanno usato il potere statale per creare una serie di falsi "diritti" a favore di ogni gruppo designato come vittima, allo scopo di sfruttare e ottenere vantaggi indebiti nei confronti del resto della popolazione. Sono sorti pertanto i "diritti" dei neri, dei gay, delle donne, delle lesbiche, degli handicappati, degli ispanici, degli anziani, dei bambini e ogni giorno ne nascono di nuovi. In tutti questi casi la Nuova Classe dei funzionari, dei tecnocrati e dei terapisti "ufficiali" garantisce a sé e a questi gruppi accreditati come "vittime" un potere sempre crescente di dominare, sfruttare e derubare il gruppo sempre più assottigliato dei bianchi, cristiani, di mezza età e di lingua inglese, particolarmente i genitori eterosessuali. L'aspetto più criticabile di questa nuova religione *liberal* della "vittimologia", alla quale chi non rende omaggio è virtualmente tagliato fuori dalla vita pubblica, è quello di attribuire colpe di ogni tipo (per i secoli di schiavitù, per l'oppressione e lo stupro delle donne, per l'Olocausto, per l'esistenza degli handicappati, per aver ucciso e mangiato animali, per essere grassi, per non riciclare i rifiuti, per aver "profanato la Terra"), non confinate agli specifici individui che hanno commesso determinati fatti (anche perché, osserva ironicamente

---

55 Murray N. ROTHBARD, *Kulturkampf!*, in «Rothbard-Rockwell Report», October 1992, ora in ROCKWELL (edited by), *The Irrepressible Rothbard*, cit., p. 289.290.

Rothbard, è difficile trovare ancora in vita qualche schiavista centocinquantenario del Vecchio Sud!), ma collettive, senza limiti geografici o temporali. Tutti i membri dei gruppi che non sono stati accreditati nel ruolo ufficiale di vittime sono considerati automaticamente criminali: come tali devono sentirsi in colpa e riparare le proprie "vittime" con denaro e concessioni di privilegi[56].

b) Scuola pubblica contro valori famigliari

Un altro clamoroso esempio indicato da Rothbard della penetrante offensiva statalista della Sinistra nella cultura è rappresentato dal corpo "gonfiato e mostruoso" dei funzionari e degli insegnanti che spadroneggia nella scuola pubblica, inculcando nei giovani indifesi le "virtù" dello statalismo e dell'obbedienza alla élite burocratica e infettandoli con la cultura del nichilismo, dell'anticristianesimo e dell'edonismo, anche mediante la distribuzione gratuita dei preservativi contro la volontà dei genitori. Il tutto completato con continue lezioni sul pensiero d'odio (*hate-thought*), sessioni di terapia e lavaggio del cervello minacciate ai bambini e agli insegnanti sospettati di violare le norme del *politically correct*. «Cultura separata dal governo? – commenta Rothbard – Ma non fatemi ridere!»[57].

La verità, secondo Rothbard, è che i progressisti utilizzano questo gigantesco moloch ultrasindacalizzato caduto nelle loro mani per indottrinare le nuove generazioni al culto dello Stato, all'ideologia *politically correct* e all'anticristianesimo militante[58]. Con il pretesto della "separazione tra Stato e Chiesa", i progressisti si sono infatti proposti l'obiettivo di rimuovere tutti i valori e i simboli del Cristianesimo dalle scuole e dalle aree pubbliche, come le piazze e le strade. Il crocifisso, l'insegnamento del creazionismo o le preghiere in aula rappresenterebbero secondo questo punto di vista, molto diffuso anche in Europa, delle gravi lesioni alla "laicità dello Stato" o comunque alla neutralità verso ogni credo religioso.

È spiacevole, secondo Rothbard, che molti *left-libertarians* sostengano questa posizione, pur non trovando alcun fondamento nella dottrina

---

56 Cfr. Murray N. ROTHBARD, *Guilt Sanctified*, in «Rothbard-Rockwell Report», July 1990, ora in ROCKWELL (edited by), *The Irrepressible Rothbard*, cit., p. 259.

57 ROTHBARD, *Kulturkampf!*, cit., p. 290.

58 Per una penetrante critica dell'ideologia del *politically correct* da un punto di vista libertario, si veda anche Giorgio BIANCO, *Vietato parlare! Il "politicamente corretto" come minaccia per la libertà*, Leonardo Facco Editore, Treviglio (Bergamo) 2004.

libertaria. Se le preghiere, il crocifisso o l'insegnamento biblico non possono essere obbligatori, non per questo devono essere vietati! La soluzione paleolibertaria è invece quella di rispettare i probabili risultati del mercato, attraverso la massima decentralizzazione delle decisioni. In tutti questi casi, quindi, dovrebbero essere solo le singole classi (insegnanti, allievi e genitori) a decidere di volta in volta, non il governo federale, il Congresso o la Corte Suprema. Al contrario, secondo l'interpretazione del principio di separazione tra Stato e Chiesa data dai laicisti, se lo Stato nazionalizzasse tutte le scuole, la religione cristiana potrebbe essere bandita anche nel caso in cui tutti i genitori desiderassero un'educazione religiosa per i propri figli. Però allo stesso tempo nelle scuole statali sarebbe perfettamente legittimo (come di fatto avviene) diffondere la propaganda *New Age*, il paganesimo ecologista, il marxismo, il femminismo, il terzomondismo e qualche altra ideologia *politically correct*, perché formalmente non classificabili sotto la voce "religione" (pur avendone invece tutte le caratteristiche, come le analisi di Rothbard non hanno mai mancato di evidenziare). In questo modo, osserva Rothbard, i sostenitori dei valori cristiani tradizionali saranno sempre costretti a lottare con una mano legata dietro la schiena[59].

Per estirpare questa «istituzione aggressiva, degenerata, oppressiva, socialistica e multiculturale»[60], Rothbard ritiene che il sistema dei buoni-scuola proposto da alcuni economisti favorevoli al libero mercato come Milton Friedman rappresenti una soluzione pericolosa. Con l'introduzione dei *voucher* si rischierebbe infatti di estendere il finanziamento statale e quindi anche il controllo sui programmi didattici a tutte le scuole autenticamente private e libere rimaste[61]. Se non è politicamente possibile privatizzare l'intero sistema scolastico, è molto meglio affidare la gestione delle scuole alle comunità locali e valorizzare il più possibile il sistema dell'*homeschooling*, che Rothbard giudica come il più promettente, ispirato e libertario movimento dell'America attuale e che un numero sempre maggiore di famiglie, spesso religiose, utilizzano per "secedere" dal sistema scolastico pubblico[62].

---

59 Murray N. ROTHBARD, *Hunting the Christian Right*, in «Rothbard-Rockwell Report», August 1994, ora in ROCKWELL (edited by), *The Irrepressible Rothbard*, cit., p. 272.

60 *Ibidem*, p. 277.

61 Cfr. Murray N. ROTHBARD, *Education: Rethinking Choice*, in «Rothbard-Rockwell Report», May 1991, ora in ROCKWELL (edited by), *The Irrepressible Rothbard*, cit., p. 72–74.

62 Cfr. ROTHBARD, *Hunting the Christian Right*, cit., p. 277.

Per il pensatore libertario, l'attacco statalista della Sinistra ai valori famigliari non finisce qui. Secondo le teorie sui "diritti dei bambini" propagandate particolarmente da Hillary Clinton (uno dei personaggi politici più detestati da Rothbard), i piccoli vanno considerati già perfettamente competenti e liberi di condurre le proprie vite in questioni importanti come la maternità, l'aborto, la scuola, la chirurgia cosmetica, il trattamento delle malattie veneree, il lavoro – fuori dal controllo o dal consenso dei genitori. Nella disputa sui valori famigliari, spiega Rothbard, vi sono due sole alternative: o i bambini sono educati dai genitori oppure sono educati dallo Stato mediante la Nuova Classe di avvocati, terapisti "autorizzati", assistenti sociali, pedagogisti di Stato (naturalmente in nome dei "diritti dei bambini" e del loro "sviluppo"). È chiaro, infatti, che se un dodicenne può citare in giudizio i propri genitori quando non si trovi d'accordo con l'educazione impartita, di fatto il ruolo di educatore sarà assunto dagli "specialisti" appartenenti alla Nuova Classe. Le posizioni per Rothbard sono chiare: da una parte vi sono i conservatori e i paleolibertari, che vogliono preservare o restaurare la tradizionale famiglia[63], così come è fiorita in Occidente; dall'altra vi sono i progressisti e la vasta schiera di insegnanti, funzionari e membri dell'élite mediatica e intellettuale, che perseguono l'antico sogno socialistico e utopistico della distruzione della famiglia e della vita famigliare privata, a vantaggio di un universale Stato-famiglia. Che fare allora? «Poiché sono profondamente convinto che la cultura *left-liberal* oggi dominante sia profondamente contraria alla natura umana – spiega Rothbard – ritengo che rimuovendo il veleno, cioè espellendo lo Stato dalle questioni culturali in cui oggi è impegnato, il risultato sarebbe un veloce ritorno alla Legge Naturale e alla Vecchia Cultura di un tempo»[64].

---

63 Più che essere divorzista o antidivorzista, un libertario dovrebbe prima di tutto desiderare che lo Stato se ne stia fuori dal matrimonio, come sempre è avvenuto in passato. Solo con le codificazioni e legislazioni napoleoniche il potere politico ha iniziato a regolamentare dettagliatamente la vita famigliare, mentre in precedenza il matrimonio era espressione della società civile e delle sue istituzioni, soprattutto religiose. In una società libertaria, quindi, non ci sarebbe una legislazione matrimoniale divorzista uguale per tutti, ma una pluralità di tipi matrimoniali. I cattolici, per non uscire dalla comunione con la Chiesa, si sposerebbero con matrimonio cattolico (indissolubile salvo dichiarazione di nullità), i protestanti con matrimonio protestante, gli ebrei col matrimonio ebraico e i musulmani col matrimonio islamico. Questi potremmo chiamarli "matrimoni tipici". Vi sarebbero poi i "matrimoni atipici" di coloro che non appartengono a nessuna confessione: in questi casi l'unione sarebbe regolata sulla base di "contratti matrimoniali" già oggi diffusi negli Stati Uniti.

64 ROTHBARD, *Kulturkampf!*, cit., p. 293.

c) Contro il nichilismo dell'arte moderna

Tra i tanti *hobby* e interessi, Rothbard aveva anche quello per l'arte (era appassionato soprattutto delle chiese barocche tedesche), la musica (con una predilezione, oltre che per la musica barocca, per il jazz anni Venti)[65], gli scacchi, lo sport e il cinema, sul quale scrisse una serie di brillantissime recensioni cinematografiche, dove elogiò i film che esprimevano la sana cultura americana – come quelli della Hollywood di un tempo – e stroncò i noiosi e pseudo-intellettualistici film moderni, pieni solo di nichilismo e disgusto per la vita[66].

Nell'arte moderna, Rothbard vedeva infatti allignare le stesse caratteristiche nichilistiche e decadenti che più in generale avevano rovinato la cultura occidentale: «ogni volta che i conservatori e i tradizionalisti attaccano l'arte o la *fiction* nichilistica, sinistrorsa e oscena, i progressisti con aria di sufficienza tirano fuori lo stratagemma dell'"arte per l'arte", sostenendo che solo gli idioti e gli ignoranti non comprendono che l'arte è e dovrebbe essere totalmente separata dall'etica e dalla politica. L'ipocrisia di questi *liberal* appare però in tutta la sua evidenza nei casi in cui a loro non piaccia una certa espressione artistica. Quando uno scritto, un romanzo, un pezzo teatrale, un film o un'opera d'arte pesta i sensibilissimi piedi dei *liberal*, allora che oltraggio! A quel punto

---

65 Rothbard ammirava il jazz degli anni Venti perché rappresentava l'espressione della cultura della Vecchia America, non ancora corrotta dalla catastrofe culturale degli anni Sessanta. Rothbard esultò quando lesse che la colonna sonora del film francese *Tout Les Matins du Monde* di Corneau, con musiche barocche della Francia del Settecento, aveva venduto 350.000 copie in Europa e 5.000 copie nella sola prima settimana a New York, superando anche Michael Jackson e Madonna: «hey, forse c'è ancora qualche speranza per la nostra cultura!», commentò Rothbard, dato che «il Barocco, nella musica, nell'arte, nell'architettura è stato l'apogeo mai più raggiunto dalla civiltà umana» (Murray N. ROTHBARD, *French Masterpiece!*, in «Rothbard-Rockwell Report», May 1993, ora in ROCKWELL (edited by), *The Irrepressible Rothbard*, cit., p. 431).
66 Rothbard giudicò «la mostruosità assurdo-nichilista» *Giulietta degli spiriti* di Fellini come «il peggior film di tutti i tempi», ma lodò film come *Il Padrino* di Ford Coppola e *Nuovo Cinema Paradiso* di Tornatore. Egli aveva in particolare dispetto il cinema francese d'avanguardia, sul quale scrisse parole sarcastiche: «il tipico film straniero ha zero trama, dialoghi ridotti al minimo e riprese interminabili che scorrono sulle scure facce meditabonde degli attori, il tutto ambientato in una qualche stanzetta scura e malsana. L'ineffabile noia senza senso di queste sceneggiature dovrebbe incarnare l'asserita noiosità della vita borghese. In realtà non è la vita, ma sono questi film infernali che incarnano e inducono alla noia» (Murray N. ROTHBARD, *Cinema Paradiso*, in «Rothbard-Rockwell Report», July 1990, ora in ROCKWELL (edited by), *The Irrepressible Rothbard*, cit., p. 412).

sentiamo discorsi sulla necessità di purgare le opere d'arte da ogni possibile razzismo, sessismo, omofobia, pensiero d'odio o da qualche altra cosa inserita nel sempre più lungo vocabolario della "scorrettezza" politica. Non vale più allora il principio dell'"arte per l'arte"?». In realtà Rothbard è convinto che lo slogan *l'art pour l'art* sia sempre stato un imbroglio e una truffa fin dall'inizio. Dall'alba della civiltà fino alla fine dell'Ottocento, l'idea dell'arte per l'amore dell'arte è stata sempre considerata assurda dai critici, dal pubblico in generale e dagli artisti stessi. Ogni arte ha naturalmente i suoi criteri estetici, ma questi criteri sono sempre stati strettamente interconnessi con l'etica, i valori religiosi, le visioni del mondo e le concezioni politiche dell'artista. La definizione dell'arte che Aristotele ha lasciato nella sua *Poetica* – raffigurare l'uomo com'è e come dovrebbe essere – è tipica di tutta l'arte e non è l'eccentrica affermazione di un filosofo.

Rothbard ricordava che tutti gli artisti hanno esposto nell'arte i propri messaggi morali e le proprie concezioni etiche: «al culmine della civiltà umana, raggiunto con l'arte e l'architettura del Rinascimento e l'arte, l'architettura e la musica del Barocco, le espressioni artistiche erano consacrate alla divulgazione di una forte visione cattolica del mondo. Il Rinascimento fu un movimento che intendeva consciamente celebrare e dar corpo alla teologia dell'Incarnazione, alla visione cioè che Gesù Cristo era pienamente umano e pienamente divino, per reazione alle diffuse eresie medievali secondo cui Gesù era solo uno spirito divino in forme spettrali. Da qui l'enfasi rinascimentale per la rappresentazione tridimensionale, la fedeltà alla natura e la nudità del Bambin Gesù nei dipinti della Sacra Famiglia. Nella metà del Sedicesimo secolo, dopo il collasso del Rinascimento nel Manierismo, uno stile nichilistico e anticipatore dell'arte moderna, durante il Barocco nacque come consapevole espressione e incarnazione dello spirito della Controriforma cattolica, così come stabilito nel grande Concilio di Trento: per confrontarsi cioè con l'odio iconoclastico dell'arte religiosa e dell'architettura che permeava il Protestantesimo, e per creare opere d'arte e architettoniche che celebrassero l'Uomo, la natura e le bellezze di Dio e del creato. Per usare una corrente espressione gergale, il glorioso e magnifico Barocco fu una deliberata risposta "in piena faccia" del Cattolicesimo al Protestantesimo». Secondo Rothbard, l'imbroglio dell'"arte per l'arte" che caratterizza la moderna visione *liberal* del mondo venne lanciato dagli esteti del Diciannovesimo secolo (Baudelaire, Rimbaud, gli Impressionisti, i Dadaisti, il gruppo di Bloomsbury) come un camuffamento delle loro concezioni morbose, nichilistiche, pessimistiche e violentemente anti-tradizionali. Portarono avanti l'argomento che "l'arte ha in sé la sua giustificazione", purtroppo con grande successo, perché a quel tempo nessuno li avrebbe ascoltati se avessero propagandato apertamente i loro valori, la loro filosofia nichilista o i loro "stili di vita alternativi". Anche nel Ventesimo secolo, spiega Rothbard, l'assalto ai valori e ai costumi tradizionali è avvenuto per fasi, accompagnato da una deliberata strategia preparatoria. In un primo tempo i progressisti hanno predicato l'*art pour l'art* nell'estetica e, come corollario, nell'etica, strombazzando la nuova visione secondo cui non esiste un'etica rivelata od oggettiva, che tutte le etiche sono "soggettive", che tutte le scelte della vita non sono altro che "preferenze" personali ed emotive. Dopo che questa prima fase di distruzione dell'etica razionale o oggettiva è stata compiuta, la Sinistra è passata alla seconda fase. Avendo sovvertito con successo i tradizionali valori e costumi cristiano-borghesi dell'Occidente distruggendone i fondamenti religiosi e razionali, i progressisti sono passati alla loro attuale posizione: in fin dei conti esiste una vera "moralità", ma questa è esattamente l'opposto della Vecchia Cultura. Scopriamo quindi che questa "moralità" si identifica con il puro edonismo: "fai come ti piace", salvo (contraddittoriamente!) che in maniera moralista, discriminatoria, razzista, sessista, omofobica, irrispettosa dei disabili e così via[67].

In questa battaglia per restaurare la cultura cristiana tradizionale, Rothbard si impegnò con sempre maggior vigore negli ultimi anni della sua vita, essendosi convinto che «questa lotta che incombe è molto più vasta e profonda di quella in favore della riduzione delle tasse sui guadagni di borsa. È una lotta per la vita e per la morte per le nostre stesse anime, e per il futuro dell'America»[68].

Segni di una futura conversione?

a) Eutanasia, aborto e valori tradizionali

Murray N. Rothbard a quanto pare non si convertì mai e rimase agnostico fino alla fine dei suoi giorni. Le sue sempre più frequenti manifestazioni

---

67 Cfr. ROTHBARD, *Kulturkampf!*, cit., p. 296.
68 Murray N. ROTHBARD, *Liberal Hysteria: The Mystery Explained*, in «Rothbard-Rockwell Report», October 1992, ora in ROCKWELL (edited by), *The Irrepressible Rothbard*, cit., p. 340.

di apprezzamento per la tradizione culturale cattolica e la costante vicinanza della moglie JoAnn, da sempre credente (seppur di confessione protestante), lo avrebbero portato a compiere il passo finale? Non è possibile saperlo, anche se è innegabile che sul piano morale e culturale Rothbard fosse più vicino ai cattolici conservatori che a certe frange libertarie[69]. Rothbard scrisse ad esempio parole molto dure contro l'eutanasia, che molti libertari considerano invece come un modo legittimo di morire "con dignità"[70]. Commentando le dichiarazioni di alcuni medici favorevoli alla soppressione dei pazienti in stato vegetativo, sostenute dai progressisti *liberal*, esclamò indignato: «la maschera è caduta, e Dottor Morte Assistita, Mr. Liberal Morte Con Dignità e tutto il resto della combriccola si rivelano essere solamente Dottor e Mr. Morte. Tenete gli occhi aperti, Mr. e Ms. America: gli umanisti *liberal*, laici e medici, non

---

69 In un *memorandum* non pubblicato scritto nel 1960 per il Volker Fund, Rothbard ci ha lasciato alcune osservazioni sulla dottrina sociale della Chiesa espressa nelle encicliche papali. Rothbard notò la grande differenza di contenuti tra la *Rerum novarum* di Leone XIII del 1891 e la *Quadragesimo anno* di Pio XI del 1931. La prima è fondamentalmente libertaria e pro-capitalista, mentre la seconda è virulentemente anticapitalista e corporativista (cfr. Murray N. ROTHBARD, *Readings on Ethics and Capitalism. Part I: Catholicism. Unpublished Memo to the Volker Fund*, May 1960, ripubblicato in questo stesso fascicolo di «StoriaLibera»). Per Rothbard comunque è chiaro che non esiste e non può esistere un'economia cattolica ufficiale, dato che il cattolicesimo è una religione, non una teoria economica; il suo messaggio è la salvezza delle anime, non la riorganizzazione della società, e per questo non vi è alcun passo nel Nuovo Testamento che suggerisca il modo in cui debba essere strutturata la società. Le istituzioni socio-economiche appaiono nei vangeli come dei dati di fatto neutrali, entro i quali la Chiesa deve svolgere la sua azione spirituale. Essa può esprimere principi morali di tipo generale, e valutare la compatibilità o meno delle istituzioni sociali con essi, condannando ad esempio la schiavitù, l'aborto e l'eutanasia come mali morali in sé. Ma la determinazione dei mezzi più appropriati per realizzare determinati fini (ad esempio la prosperità economica) esula dal suo magistero, essendo una questione tecnico-scientifica sulla quale le conoscenze umane, comprese quelle della Chiesa, possono variare nel tempo. Per questo è perfettamente normale che la Chiesa abbia espresso valutazioni diverse su questo o quel sistema politico-economico e che i cattolici non debbano sentirsi vincolati ad esse come alle verità di fede e di morale. Per una eccellente analisi paleolibertaria del rapporto tra scienza economica e dottrina sociale della Chiesa, si veda Thomas E. WOODS jr., *Catholic Social Teaching and Economic Law: An Unresolved Tension*, March 22, 2002, www.lewrockwell.com/woods/woods8.html, Thomas E. WOODS jr., *Morality and Economic Law: Toward a Reconciliation*, April 5, 2004, www.mises.org/fullstory.asp?control=1481. Cfr. anche Beniamino DI MARTINO, *La Dottrina Sociale della Chiesa. Sviluppo storico*, Monolateral, Dallas (Texas, USA) 2017, p. 34–35.67. 166.198.211.224.267.284.

70 Piero Vernaglione ricorda comunque che i libertari sono generalmente favorevoli all'eutanasia, se richiesta dal malato, sulla base del principio di autoproprietà (cfr. VERNAGLIONE, *Il libertarismo. La teoria, gli autori, le politiche*, cit., p. 497).

vogliono solo regolare le vostre vite e derubarvi nel portafoglio. Vogliono anche uccidervi! I libertari affermano spesso, ad esempio nella ca-
nonizzata carta di David Nolan, che i conservatori sono a favore delle
libertà economiche mentre i progressisti sono a favore delle libertà civili
o personali. E questa sarebbe una "libertà personale"? Questi assassini si
giustificano dicendo che la "qualità della vita" è più importante del pro-
lungamento della vita. E se un aspetto chiave della preservazione e del
miglioramento della qualità della vita venisse proprio dallo sbarazzarsi
di questa banda di progressisti assassini, gente che Isabel Paterson definì
con meravigliosa intuizione e preveggenza "umanitari con la ghigliotti-
na"? Come la mettiamo? Allora, dove possiamo iscriverci per assistere
la loro morte?»[71].

Dopo queste parole può sorprendere il fatto che Rothbard sia invece
sempre rimasto a favore del diritto della donna d'abortire, anche pro-
fessandosi paleolibertario. Se questa convinzione può essere vista come
un'ulteriore conferma del fatto che egli nella sostanza non ha mai cam-
biato importanti opinioni nel corso della sua vita, occorre però cercare
di comprendere le ragioni di questa sua virtualmente unica presa di posizione in contrasto con la morale cattolica[72]. Egli respinse l'argomento del
"diritto alla vita del feto" non sulla base del fatto che il feto non fosse un
essere umano: sul punto Rothbard concordava con i cattolici che quella
del feto è una vita umana fin dal momento del concepimento. Rothbard
riteneva però che non esistesse un universale "diritto alla vita", ma solo
un diritto universale a vivere "una vita indipendente e separata": il feto
sarebbe dunque una presenza parassitaria in un corpo altrui, il cui proprietario ha diritto di espellere in ogni momento.

Rothbard tuttavia precisò e in un certo senso attenuò questa sua posizione, dichiarando di essere nondimeno decisamente contrario alla
famosa decisione pro-aborto Roe vs. Wade, perché la Corte Suprema
non avrebbe dovuto pronunciarsi su tale questione. Imponendo l'aborto
su scala nazionale, la Corte ha infatti prodotto un'inaccettabile centralizzazione del potere. Per Rothbard la questione dovrebbe invece essere
lasciata ai singoli Stati, se non ad unità territoriali ancora più piccole.

71 Murray N. ROTHBARD, *The Right to Kill, with Dignity?*, in «Rothbard-Rockwell
Report», July 1991, ora in ROCKWELL (edited by), *The Irrepressible Rothbard*, cit.,
p. 303.

72 I libertari sono certamente liberi di avere la propria opinione su questa questione,
ma non è giusto accusarli d'incoerenza quando concordano con la dottrina della Chiesa,
la quale, prendendo le difese del nascituro, non fa altro che difendere il diritto naturale
più importante: la vita.

Le aree in cui l'aborto è ancora ritenuto un delitto avrebbero il diritto di vietarlo e le donne che intendono abortire dovrebbero recarsi altrove[73].

In definitiva, il crescente interesse di Rothbard per le questioni culturali può forse essere interpretato come un segnale di insoddisfazione per i confini troppo ristretti entro cui la riflessione libertaria ha sempre voluto porsi, limitandosi ad affrontare la sola questione della legittimità o meno dell'uso della forza nelle relazioni umane. La filosofia politica infatti non esaurisce tutti gli aspetti della vita sociale, perché spesso le forme di organizzazione politica ed economica sono mere "sovrastrutture" condizionate da "strutture" culturali primarie ben più profonde. Per avere una società libertaria, in altre parole, non è sufficiente privatizzare tutto il privatizzabile, quando la mentalità dominante rimane permeata dall'egualitarismo, dal parassitismo o dall'edonismo: il risultato sarebbe un innaturale trapianto di istituzioni incompatibili, tale da determinarne l'immediato rigetto o la tacita disapplicazione, come in quei paesi del Terzo Mondo in cui si è cercato di imporre dall'alto una costituzione "liberale". Nella storia della civiltà occidentale, infatti, le cose sono andate nella maniera opposta, perché le istituzioni dell'economia di mercato (diritti di proprietà[74], contratti, imprese, libertà individuale[75], governo

---

73 Cfr. Murray N. ROTHBARD, *Wichita Justice? On Denationalizing the Courts*, in «Rothbard-Rockwell Report», October 1991, ora in ROCKWELL (edited by), *The Irrepressible Rothbard*, cit., p. 304–306.

74 Recenti studi, come quelli di Brian Tierney, hanno confermato che la teoria dei diritti naturali nasce proprio grazie alla riflessione dei canonisti medievali (Bryan TIERNEY, *L'idea dei diritti naturali. Diritti naturali, legge naturale e diritto canonico, 1150–1625*, Il Mulino, Bologna 2002). Solo successivamente i filosofi "laici" hanno ripreso queste elaborazioni, decapitandole però delle indispensabili basi metafisiche. Ne sono scaturiti dei sistemi morali complessi e raffinati, ma mancanti spesso di coerenza interna e scarsamente cogenti all'atto pratico. Ha poca utilità riconoscere e "positivizzare" nell'ordinamento giuridico i diritti naturali dell'individuo, se questi vengono considerati una pura invenzione intellettuale senza alcun fondamento religioso o metafisico. È evidente infatti che, se questi diritti sono una semplice convenzione sociale e non esistono nelle strutture ontologiche della realtà, allora in qualsiasi momento gli uomini, così come li hanno creati, possono abolirli o misconoscerli. La loro sopravvivenza è sempre incerta e precaria. Occorre quindi riflettere attentamente sulle parole dello storico Léo Moulin, quando ha affermato che quei valori liberali, spacciati per prodotti della libera ricerca umana, in realtà vengono dritto dritto dalla tradizione cristiana e sono incomprensibili senza di essa; staccati dalla base religiosa su cui poggiano quegli stessi valori non sono giustificabili, galleggiano nel vuoto e non è quindi possibile renderli saldi. Per il cristiano fanno parte di un sistema coerente, per il non credente non sono che dei postulati, degli *a priori*, nobili certo ma non spiegabili razionalmente (cfr. Vittorio MESSORI, *Inchiesta sul cristianesimo*, Mondadori, Milano 2003, p. 358s).

75 Il mondo antico aveva considerato come normale la distinzione tra i cittadini liberi

limitato) sono emersi spontaneamente dal basso quando sul piano della cultura si sono diffusi e affermati determinati precetti morali, come la responsabilità individuale, lo sforzo e l'impegno personale, l'affidabilità, la fedeltà, l'onestà, la prudenza, la lungimiranza, la disciplina morale: in una parola, i valori della Vecchia America radicati nella tradizione morale giudaico-cristiana, di cui Rothbard rimpiangeva la scomparsa[76].

b) Una metafisica per il libertarismo?

Pur non arrivando a offrire una risposta personale, Rothbard riconobbe che le domande sul senso ultimo delle cose sono connaturate alla natura umana e che, pertanto, nessun individuo e nessuna società può fare a meno di convinzioni metafisiche[77]. Gli etnologi e gli antropologi

---

e la grande massa degli schiavi, considerati poco più che oggetti. Irrompendo nella storia, il cristianesimo ha annunciato che ogni individuo, indipendentemente dalle sue condizioni di nascita, è una persona unica e irripetibile, e come tale dotata di valore e dignità assoluta. È vero che un'anticipazione del concetto cristiano di persona si ritrova nella tradizione giudaica e nella filosofia stoica. La prima tuttavia mantenne sempre un carattere tribale e non universalistico, mentre la seconda rimase un fatto intellettuale senza diffusione popolare. Occorre allora chiedersi se l'idea dei diritti naturali inviolabili dell'individuo, sulla quale poggiano le filosofie politiche del liberalismo classico e del libertarismo, avrebbe mai potuto germogliare e radicarsi nelle coscienze senza la rivelazione cristiana.

76 Sullo stretto legame che esiste tra il libero mercato e i valori morali tradizionali, si veda anche Llewellyn H. ROCKWELL, Jr., *Rigenerare i valori culturali, liberare il mercato*, in «élites», n. 3/2003, p. 128–134.

77 Per essere libertari non occorre necessariamente aderire ad una cultura antireligiosa, anticlericale, libertina, permissivista o materialista. Al contrario, è proprio quando le regole della morale sociale sono più rispettate e le istituzioni famigliari o religiose della società civile più salde, che la società può tranquillamente fare a meno dello Stato. Quello che non torna nella visione dei libertari laicisti è che sono costretti a vedere nel processo di affermazione dello Stato moderno (un'entità che dovrebbero avversare come il nemico numero uno) la progressiva marcia trionfale della libertà, condannando invece periodi storici precedenti come quello medievale, quando la società era organizzata in maniera molto più "anarchica", intorno a molteplici autorità sociali e non su basi statuali. Il conto non torna neanche guardando i risultati storici, dato che sotto l'egida cristiana l'Europa ha compiuto quello che gli storici non sanno definire in altro modo che "miracolo". A cosa sono andati invece incontro gli europei da quando, a partire dagli ultimi decenni dell'Ottocento, hanno voluto scristianizzarsi dichiarando la Morte di Dio? All'infatuazione per le ideologie totalitarie, a due apocalittiche guerre mondiali, ad una statalizzazione socialdemocratica che non ha eguali nella sua storia e ad una situazione attuale di calo e invecchiamento della popolazione che preconizza un rapido declino. Rivalutare i secoli passati della storia europea significa apprezzare la cultura cristiana che così intensamente li pervadeva.

confermano che l'uomo ha sviluppato l'attività religiosa fin dalla sua comparsa nel mondo e non si conoscono tribù o popolazioni di qualsiasi livello culturale che non abbiano una religione[78]. Rothbard ricordava che perfino la Germania nazista e l'URSS comunista, regimi il cui deliberato scopo era di abolire la religione, in realtà non fecero altro che sostituire il Cristianesimo con altre forme di religione: rispettivamente, il paganesimo e il millenarismo marxista. «A rischio di alienarmi i miei amici libertari atei – affermò al riguardo – mi sono progressivamente convinto che i conservatori hanno ragione su un punto: che in ogni società vi è sempre una qualche sorta di religione dominante. E se ad esempio il Cristianesimo viene denigrato e rigettato, qualche altra orrenda forma di religione prenderà subito il suo posto: sia essa il comunismo, l'occultismo *New Age*, il femminismo o il puritanesimo di Sinistra. Non c'è modo di aggirare questa verità fondamentale della natura umana»[79].

Non è irrilevante per un libertario credere, come i cristiani, all'esistenza di una realtà spirituale e trascendente, oppure credere, come gli atei materialisti, che la realtà sia determinata esclusivamente dalle forze cieche e casuali che muovono la materia. Nel secondo caso, su cosa potrebbe fondare la propria convinzione della dignità e inviolabilità assoluta di ogni persona? Se l'anima individuale non esiste e le manifestazioni spirituali dell'uomo non sono altro che effetti puramente meccanici di reazioni chimiche che avvengono nel cervello, allora l'uomo non è diverso da ogni altra entità minerale, vegetale o animale che esiste

78 Come dice Hegel, il cammino della ragione che si innalza dal mondo verso Dio è per l'uomo talmente naturale, che dire che si deve rinunciare a pensare a Dio equivale a «dire che non si debba pensare. In effetti gli animali non lo fanno: se ne restano fermi all'apprensione sensibile e perciò non hanno alcuna religione» (Georg Wilhelm Friedrich HEGEL, *Enciclopedia delle scienze filosofiche*, Laterza, Roma - Bari 1967, par. 50, p. 55). Ciò significa che rinunciare a percorrere il cammino intellettuale che va dal mondo a Dio equivale a ridursi alla condizione animale, perché la conoscenza umana, diversamente da quella degli animali, non si limita a ricevere impressioni sensoriali dalle cose, bensì riflette criticamente sopra i dati dei sensi, elabora concetti astratti e, argomentando sui dati dei sensi, può anche raggiungere il Principio di ogni realtà sensibile. Ecco perché – come è dimostrato dall'etnologia e dalla storia delle religioni – anche i popoli più primitivi e privi di strumentazione scientifica e filosofica, per il solo fatto di ammirare un cielo stellato e di vedere l'ordine che regna nell'universo, hanno concluso per l'esistenza di un'Intelligenza ordinatrice, in base al principio evidente che dove c'è ordine c'è intelligenza (Giuseppe DE ROSA, *Sì, Dio esiste*, Elle Di Ci - La Civiltà Cattolica, Leumann (Torino) - Roma 1998, p. 110).
79 Murray N. ROTHBARD, *The Great Thomas & Hill Show: Stopping the Monstruos Regiment*, in «Rothbard-Rockwell Report», December 1993, ora in ROCKWELL (edited by), *The Irrepressible Rothbard*, cit., p. 365.

nell'universo e può essere trattato alla stessa stregua. L'ateo e materialista Leon Trotzky era probabilmente più coerente dei libertari atei quando si faceva beffe della sacralità della vita umana, definendola ossessione da quacchero-papisti. Viene infatti da chiedersi, sul piano della logica, per quale motivo si dovrebbe riconoscere a questo ammasso di materia la dignità e il rispetto incondizionato (nella vita, libertà, proprietà) che i libertari pretendono[80].

Non si vuol dire che l'ateo non possa comportarsi moralmente e fare il bene per il bene, senza ammettere una vita ulteriore e senza attendersi riconoscimenti e ricompense. Questo comportamento è esistenzialmente possibile, ma forse logicamente non sostenibile. L'individuo che così agisse sarebbe onesto, ma probabilmente irragionevole. Gli mancherebbe cioè la ragione sufficiente per agire in tal modo. Gli mancherebbero i motivi razionali per giustificare logicamente la sua condotta. L'indifferentismo religioso non è dunque una posizione del tutto ragionevole, perché le domande metafisiche sono le più importanti di tutta l'esistenza, in quanto dalla loro risposta dipende il senso della vita. Ogni uomo infatti ha un fine che, almeno di fatto, con le sue scelte egli vive come supremo, subordinandogli tutto il resto. Chi sostiene posizioni indifferenti può farlo nei discorsi, ma non nella vita concreta, dove dobbiamo compiere delle scelte facendo riferimento ad un valore supremo.

Nel Diciannovesimo secolo sembrava a molti che l'idea di Dio conducesse all'autoritarismo politico e che la libertà coincidesse con il relativismo, l'agnosticismo o l'ateismo: da qui la dura condanna di questo tipo di "liberalismo" nel *Sillabo* di Pio IX. Oggi invece sono il liberalismo e il libertarismo a mostrare una maggiore compatibilità con l'idea della trascendenza, mentre lo scientismo e il materialismo ateo vengono

---

80 Allo stesso modo, non può essere indifferente per un libertario il problema metafisico dell'esistenza o meno della vita nell'aldilà. Ha senso seguire la legge morale naturale quando non si ripone la pur minima speranza nell'immortalità dell'anima? Moltissimi cristiani e libertari che rispettano per intima convinzione la vita, la libertà e la proprietà altrui vengono regolarmente derubati, rapinati, privati della libertà o uccisi dai detentori dell'apparato statale, mentre gli uomini politici senza scrupoli hanno maggiori probabilità di vivere negli agi e nei privilegi. La storia dei martiri cristiani e delle vittime dei regimi totalitari del Ventesimo secolo testimonia una serie interminabile di esempi di questo tipo. Se non esistesse una vita eterna il rispetto della legge naturale si risolverebbe dunque nella più tragica e suprema delle beffe: tutti i sacrifici sopportati da coloro che hanno agito moralmente, nella dissoluzione definitiva e totale della morte, non avrebbero avuto senso alcuno. Meglio avrebbero fatto a seguire le dottrine del Marchese de Sade o di Max Stirner e vivere questa breve esistenza cercando di procurarsi con ogni mezzo il massimo dei piaceri e dei godimenti!

regolarmente associati ai sistemi totalitari o statalisti del Novecento (comunismo, nazionalsocialismo, ingegneria sociale socialdemocratica).

Rothbard ha più volte espresso l'idea che la legge naturale si possa desumere razionalmente senza ricorrere all'ipotesi di Dio[81] e per tale motivo qualcuno ha definito il suo sistema di pensiero come «una filosofia tomista senza la teologia»[82]. Tuttavia è innegabile il crescente interesse di Rothbard per la religione e le questioni teologiche nell'ultimo periodo della sua vita. Forse, ma questa è una pura congettura, se la morte non avesse interrotto bruscamente la sua ricerca intellettuale, egli sarebbe giunto a colmare questo vuoto, rinforzando la teoria della libertà con un "forte" fondamento metafisico, in un grandioso sistema capace di integrare perfettamente cattolicesimo e libertarismo: una nuova *Summa* filosofica per l'uomo del Ventunesimo secolo.

---

81 Ad esempio in ROTHBARD, *L'etica della libertà*, cit., p. 18.
82 Peter D. McCLELLAND, *The American Search for Economic Justice*, Basic Blackwell, Oxford 1990, p. 75.

4

Robert A. Sirico

Rothbard. Una testimonianza

Poco dopo la morte di Murray N. Rothbard avvenuta all'inizio del 1995, il filosofo libertario venne commemorato sulla rivista «Liberty magazine»[1]. Il brano qui tradotto in italiano riporta lo straordinario ricordo scritto dal sacerdote per l'amico scomparso.

I sacerdoti ancora in formazione non sono preparati a trattare con un teorico libertario di fama internazionale che dice: «sai, Padre, non riesco proprio a credere in Dio, ma credo che Maria fosse sua madre».

L'osservazione è stata fatta a conclusione di quello che era stato un pasto raffinato e una conversazione brillante. La mia risposta fu quella di trasformare il bicchiere d'acqua rimasto sul tavolo in una fonte battesimale improvvisata e, tenendolo in alto sulla testa, implorai: «Murray, dammi la parola».

Murray non diede mai quella parola.

Eppure si trattava di un iconoclasta tradizionale; di un non credente che conosceva il diritto naturale e il pensiero tomista (e lo sosteneva in buona parte) meglio di molti teologi che conosco; di un individuo che, pur non aderendo a una fede religiosa, difendeva comunque con energia il ruolo positivo svolto dalla religione nella formulazione delle idee liberali classiche. Queste difese erano così forti che Murray dovette addirittura smentire le voci secondo cui era diventato cattolico.

---

1 Robert A. SIRICO, *Murray N. Rothbard, 1926–1995*, in «Liberty magazine», vol. 8, n. 4, March 1995, p. 23.

* Sacerdote, co-fondatore e a lungo presidente dell'Acton Insitute (Michigan, USA); molto attivo nei mass-media americani è, inoltre, autore di varie monografie.

Se la scrittrice del Sud Flannery O'Connor poteva essere definita la tomista di Hill Billy, allora Murray Rothbard si è guadagnato il titolo di "tomista agnostico".

Questo sacerdote sente una perdita spirituale la scomparsa di Murray, alleviata solo dalla speranza che il Dio che Murray non riusciva ad afferrare possa ora abbracciare Murray con la sua tenera comprensione e presentarlo, finalmente, a Sua madre.

5

Carlo Lottieri*

Le ragioni filosofiche e le radici religiose del libertarismo

I N WALTER BENJAMIN C'È un passo nel quale viene evocata la leggenda settecentesca di un fantoccio abbigliato "alla turca" e capace di vincere ogni partita di scacchi. In realtà, dentro quella specie di automa vi era celato un nano abilissimo e questa immagine serve all'autore dell'*Angelus Novus* per sostenere che se la filosofia materialista è capace – a suo giudizio – di vincere ogni mossa, ciò può avvenire perché essa è animata, ad insaputa dei più, dal "nano" della teologia: da una filosofia della storia di carattere messianico e salvifico.

Quegli schemi possono essere riproposti, certo in termini alquanto diversi, se si ha l'accortezza di vedere nel pensiero politico libertario l'immagine più riconoscibile di tale teoria radicalmente liberale (la contestazione del monopolio statale, la proposta di un libero mercato della protezione e della giustizia, la valorizzazione della società quale "ordine spontaneo") e nel nano celato al suo interno il nucleo metafisico più autentico ed originario. D'altra parte, quando si riflette con attenzione sulla maggiore figura del libertarismo novecentesco (quella di Murray Newton Rothbard), è necessario riconoscere come nell'opera di questo ebreo newyorkese confluisca una parte rilevante della tradizione filosofica occidentale. Essenzialmente lungo due distinte direttrici.

In primo luogo, Rothbard è erede ed originalissimo interprete della Scuola Austriaca, ovvero di quella corrente di pensiero che fu inaugurata – nella Vienna di secondo Ottocento – dall'economista Carl Menger,

* Professore di Filosofia del diritto presso UniPegaso e di Filosofia delle scienze sociali presso la Facoltà di Teologia di Lugano; Direttore del dipartimento di Teoria politica dell'Istituto Bruno Leoni.

fautore di un "ritorno ad Aristotele" e del rigetto di ogni ipotesi di formalizzazione matematica delle interazioni sociali. Oppositore di ogni indebita trasposizione in ambito economico della *mathesis universalis* cartesiana, Rothbard sarà sempre molto esplicito nel contestare la possibilità stessa di interpretare le relazioni interpersonali che hanno luogo negli scambi quali fenomeni suscettibili di essere "misurati".

Per l'autore de *L'etica della libertà*, d'altra parte, non può essere possibile alcun calcolo in un ambito (quello delle relazioni umane) segnato da preferenze soggettive e mutevoli, ma soprattutto caratterizzato dalla presenza del libero arbitrio degli attori individuali. Le accese polemiche contro Milton Friedman, allora, traggono origine proprio da qui: dalla contestazione delle semplificazioni metodologiche positiviste e dalla radicata convinzione di Rothbard che la moderna econometria abbia rappresentato uno straordinario strumento al servizio della pianificazione economica e della riduzione della società ad entità "amministrabile".

Ma tale rigetto del positivismo non è il solo segnale del forte ancoraggio di Rothbard e del pensiero libertario – almeno nei suoi esponenti maggiori – alla metafisica realista: un radicamento, questo, che è del tutto evidente, ad esempio, in quel piccolo capolavoro di metodologia che è *Individualism and the Philosophy of the Social Sciences* del 1979.

Quella libertaria, in effetti, è una linea di pensiero pervasa dal richiamo al giusnaturalismo. Contro il moltiplicarsi di prospettive scettiche e storiciste (presenti pure in ambito liberale, basti pensare a Hayek), Rothbard e quanti oggi stanno proseguendo la sua ricerca – da Hoppe a Block – ritengono che vi siano "verità" e "diritti" che nessun uomo può mettere in discussione. In questo senso, la tolleranza di cui si nutre il libertarismo rothbardiano non si basa sull'assunto relativista in virtù del quale si dovrebbe rispettare ogni opinione umana dato che nessuna sarebbe vera, ma semmai deriva dalla convinzione forte che gli uomini hanno diritti e che nessuno deve quindi aggredire il prossimo e i suoi beni.

Mentre la filosofia della modernità democratica ha conosciuto un esito giuspositivista (nel nome di Hans Kelsen, in primo luogo), i teorici libertari costruiscono le loro proposte richiamandosi a John Locke e all'idea di diritti individuali naturali. L'anarchismo individualista ottocentesco di un Lysander Spooner, che preparò il terreno al libertarismo contemporaneo, è in questo senso un'originale reinterpretazione dell'eredità jeffersoniana. Ma quando Spooner guarda a quella tradizione, è impossibile non cogliere come dietro a Jefferson vi sia Locke in persona.

Gli indizi a nostra disposizione, allora, sono sufficienti a definire un quadro sempre più chiaramente interpretabile. D'altro canto, mentre vi è una crescente consapevolezza del fatto che Locke è stato "l'ultimo degli Scolastici", non meno fondata appare la tesi di Lord Acton secondo cui san Tommaso sarebbe il primo degli intellettuali *whig*. E se il libertarismo rothbardiano rigetta tanto lo scientismo moderno come il nichilismo post-moderno, tutto questo avviene in virtù della consapevolezza che vi è un nesso che collega la dissoluzione della tradizione filosofica occidentale e il trionfo delle istituzioni coercitive, ovverosia dello Stato.

Un testo quanto mai significativo, a questo proposito, è quella storia del pensiero economico (*An Austrian Perspective on the History of Economic Thought*) di cui Rothbard riuscì a scrivere solo i primi due tomi, ma che proprio nel volume iniziale offre innumerevoli spunti di interesse. E non solo perché egli porta un attacco durissimo a Adam Smith, presentato quale "padre spirituale" del marxismo e fonte di molteplici confusioni teoriche. Ugualmente importante e per certi aspetti ancor più sconvolgente è la rivalutazione dei dibattiti precedenti la nascita dell'economia quale "scienza autonoma", e quindi sganciata dal diritto naturale e dal realismo filosofico (oltre che dalla teologia cristiana).

La continuità tra pensiero medievale e libertarismo appare chiara a Rothbard medesimo, il quale arriva a scrivere che «san Tommaso – sviluppando la teoria dell'acquisizione propria del diritto romano e anticipando in tal modo la famosa teoria di John Locke – basò il diritto all'acquisizione originale della proprietà su due fattori basilari: il lavoro e l'occupazione». Nella sua lettura, così, «gli Scolastici furono pensatori sofisticati ed economisti sociali che favorirono il commercio e il capitalismo, e che difesero il prezzo di mercato quale giusto prezzo, con l'eccezione della questione dell'usura». Se l'utilitarista Smith ha la responsabilità di elaborare la teoria del valore-lavoro su cui Marx costruirà le proprie tesi sul plus-valore e sullo sfruttamento capitalistico, ben più in sintonia con gli orientamenti libertari erano i teologi medievali e tardo-medievali, da san Tommaso alla Scolastica di Salamanca (un nome per tutti: Juan de Mariana).

La radice metafisica del pensiero aristotelico-tomista è quindi di fondamentale importanza per ricercare, parafrasando Benjamin, quale "nano" si celi all'interno della teoria libertaria. Ma ancor più importante è forse la dimensione eminentemente religiosa, riconducibile alle origini bibliche e cristiane della civiltà europea.

Così, quando ci soffermiamo proprio sulla questione dell'usura, siamo obbligati – con Rothbard – a rilevare che fu proprio all'interno dei dibattiti teologici che meglio si comprese l'esigenza di rispettare il diritto naturale ad "affittare denaro". Nel momento in cui, per primo, Pietro di Giovanni Olivi si esprimerà per una parziale accettazione dell'usura, egli parlerà da esponente degli Spirituali, uno degli orientamenti più radicalmente anti-mondani della Chiesa del XIII e XIV secolo. Nel suo *Tractatus de emptione et venditione, de contractibus usuraris et de restitutionibus,* tale eminente figura di un movimento che avversava ogni allontanamento della *fraternitas* dalla povertà francescana originaria mostra intuizioni straordinarie, le quali mettono in luce come solo trascendendo la prospettiva greco-aristotelica sia stato possibile accedere ad una confutazione dell'oggettivismo naturalista e ad una piena legittimazione dell'economia libera, nella quale il valore deriva dall'interazione delle scelte e delle opinioni dei singoli uomini.

Nella «Quaestio prima», così, l'Olivi coglie chiaramente come il valore di un bene sia legato, in particolare, alla sua capacità di soddisfare le attese e i desideri (*complacibilitas*). E nel difendere la legittimità dello scambio mercantile, egli afferma che il contratto «nasce ed è ratificato da un libero e pieno consenso di ambedue le parti, tanto che il compratore desidera di più la cosa comprata che non il suo prezzo e il venditore il contrario. Ambedue infatti con pieno consenso intendono cedere la proprietà della loro cosa trasferendola totalmente all'altro».

Come Rothbard ha evidenziato, per questo religioso francese (fautore della più rigorosa povertà) il mercato era «come un'arena in cui i prezzi per i beni sono formati dalle interazioni di individui con differenti utilità soggettive e dissimili valutazioni dei beni. I giusti prezzi di mercato, allora, non sono determinati dal riferimento alle qualità oggettive del bene, ma all'interazione di preferenze soggettive che hanno luogo sul mercato». La sua disponibilità a mitigare il giudizio sull'usura e a comprendere la nuova civiltà mercantile maturerà da qui.

Per quanto paradossale possa sembrare, sarà insomma l'evangelismo radicale a condurre questo seguace francescano verso il riconoscimento della perfetta liceità delle relazioni contrattuali volontariamente adottate: e su questa strada egli andrà oltre l'aristotelismo di Tommaso d'Aquino e di altri scolastici.

Quella offerta dall'analisi che Rothbard riserva all'Olivi, ad ogni modo, è solo la riprova del fatto che quando ci si interroga sul senso più riposto e "religioso" del libertarismo risulta evidente come la dimensione teologico-politica di tale obiezione di fronte allo Stato moderno sia da riconoscere nell'idea secondo cui il prossimo ci trascende e per questo gli dobbiamo un rispetto assoluto. Nella teoria libertaria, il tema dei diritti individuali inviolabili è interpretato a partire dall'esperienza dell'altro, che nella tradizione cristiana rappresenta un misterioso incontro con Dio stesso: «ogni volta che avete fatto questo a uno dei più piccoli tra i miei fratelli, l'avete fatto a me» (Mt 25,40). I diritti della persona che sono al centro del libertarismo si definiscono non già quali pretese di un singolo che si vuole autosufficiente e si presume autonomo, ma piuttosto come riconoscimento dell'intangibilità del prossimo, quale dovere assoluto di non aggredire colui che è di fronte a noi.

L'altro ci impone, sul piano morale, l'esercizio di un rispetto incondizionato. Posta tale premessa, la più coerente conclusione è che la violenza della politica moderna offende l'uomo e ne calpesta la dignità, considerandolo semplice oggetto di comandi e pura passività: una realtà senza diritti né autonomia. Per questa ragione, la schiavitù non sarà del tutto scomparsa dalla scena sociale fino al momento in cui non verrà accantonato lo Stato quale entità che rivendica il monopolio legale di taluni ambiti sociali. Nel mondo occidentale, infatti, la schiavitù permane soprattutto nell'istituzionalizzazione della coercizione, da intendersi sia come redistribuzione forzosa delle risorse che come impedimento ad intraprendere talune specifiche attività imprenditoriali (la libera produzione della giustizia e dell'ordine pubblico, in particolare).

In questo senso, il libertarismo accoglie dal Cristianesimo la radicalità di un insegnamento etico che sovverte ogni schema e si sforza di pretendere ordinamenti giuridici all'altezza di tale compito (e quindi "non coercitivi", competitivi e liberamente accettati).

6

Beniamino Di Martino *

Rothbard e il cristianesimo: analisi di alcuni aspetti particolari.

Questo lavoro si presenta in modo differente rispetto al suo piano iniziale che avrebbe voluto affrontare il rapporto intellettuale ed esistenziale tra Rothbard e il cristianesimo in modo sistematico e sotto vari aspetti. Lo sviluppo delle prime tematiche, però, ha assunto un'estensione tale da indurre a mutare progetto, ripiegando su una trattazione specifica su pochissimi temi particolari. La scelta è, così, caduta sulla relazione tra la fede e la ragione e sulla controversa tematica dell'aborto. L'originario proposto intendeva dare seguito e perfezionamento alla ricerca eseguita per il conseguimento del Dottorato; l'intento va però accantonato o anche solo temporaneamente rimandato. Stationis primae finis sed non itineris nec investigationis.

Un *entourage* "ecumenico" ma non sincretista

RISPONDERE ALLA DOMANDA SU chi abbia maggiormente influenzato o su cosa abbia prevalentemente contribuito alla definizione del pensiero di Rothbard in materia teologica è meno facile di quanto Npossa immediatamente apparire. Quel che è certo è che, camminando costantemente controcorrente, le idee del principale teorico libertario non possono essere considerate come il frutto di un ambiente sociale o di un mero condizionamento di tendenza culturale. Ciò rappresenta pure una riprova della correttezza dell'anti-storicismo che caratterizza gli studiosi di Scuola Austriaca: anche attraverso tale aspetto, il libertarismo di Rothbard si dimostra il contrario del marxismo,

* Sacerdote e direttore di «StoriaLibera. Rivista di scienze storiche e sociali».

la cui fortuna fu dovuta essenzialmente, all'inizio, a favorevoli situazioni contingenti e, in seguito, all'effetto prodotto dall'egemonia culturale. In decenni nei quali agli intellettuali, per avere successo, era sufficiente ripetere gli slogan più biechi sbandierando ateismo e trasgressione, Rothbard fu controtendenza anche per la sua simpatia verso il cristianesimo riconoscendone il valore dei frutti nella storia.

Il contesto familiare

Secondo la sua stessa testimonianza, Rothbard crebbe in un contesto tutt'altro che propenso alle idee a cui il filosofo avrebbe consacrato la vita. Nacque in una famiglia di ebrei provenienti dall'Europa dell'Est: il padre David era giunto negli USA nel 1910 dalla Polonia mentre la madre Raya (Rea) veniva dall'attuale Bielorussia[1]. La famiglia Rothbard viveva a New York, nel distretto del Bronx e, in quel quartiere in cui nacque, Murray ebbe i primi approcci con la vita e lì si svolsero le sue iniziali battaglie dialettiche. Già da adolescente, infatti, Murray fu costretto a confrontarsi con un diffuso clima politico a fronte del quale sviluppò, controcorrente e precocemente, le sue idee[2]. Negli ultimi mesi di vita ricorderà: «sono cresciuto in una cultura comunista; gli ebrei della classe media di New York tra cui io vivevo, sia familiari, sia amici o vicini, erano comunisti o compagni di viaggio nell'orbita comunista. Avevo due gruppi di zii e di zie del Partito Comunista, su entrambi i lati della famiglia»[3]. Anche l'ambiente familiare, quindi, era più che sensibile alle idee della Sinistra estrema e con queste Murray si scontrava quasi naturalmente[4]. Unica eccezione—almeno nell'ambiente della famiglia e in quello della cerchia ebraica—di questo orientamento generale era il padre David, una singolare anomalia, in contrasto con il consueto ebraismo socialisteggiante. Al padre, Murray fu molto legato e non è difficile immaginare quanto

---

1 Cfr. Roberta Adelaide MODUGNO, *Murray N. Rothbard*, Istituto Bruno Leoni Libri, Torino 2022, p. 13-14.

2 Cfr. Murray N. ROTHBARD, *A Strategy for the Right* (1992), in Llewellyn H. ROCKWELL, Jr. (edited by), *The Irrepressible Rothbard*, The Center for Libertarian Studies, Burligame (California) 2000, p. 6, ora Murray N. ROTHBARD, *Una strategia per la Destra* (1992), a cura di Piero Vernaglione, in «StoriaLibera. Rivista di scienze storiche e sociali», anno 11 (2025), n. 22.

3 Cfr. Murray N. ROTHBARD, *Life in the Old Right*, in «Chronicles», August 1994, p. 15-19.

4 Cfr. Joseph SOBRAN, in Llewellyn H. ROCKWELL, Jr. (edited by), *Murray N. Rothbard. In Memoriam*, preface by JoAnn Rothbard, Ludwig von Mises Institute, Auburn (Alabama) 1995, p. 38.

importante poté essere per il giovinetto il sostegno del genitore al quale, in seguito, volle dedicare una delle sue principali opere, *The Ethics
of Liberty* (del 1982). E proprio in essa così si espresse: «fino all'età di
vent'anni, mi sembrava che egli [il padre David] fosse l'unico altro libertario di questo mondo, e gli sono quindi particolarmente grato per il
suo incoraggiamento, per la sua infinita pazienza e il suo entusiasmo. È
da lui che ho appreso i primi rudimenti della libertà ed è lui che nell'inverno 1949-50, quando ero ormai un libertario completo e coerente, è
stato il mio primo—per così dire—convertito»[5].

Qualsiasi biografia di Rothbard sufficientemente particolareggiata
mette in rilievo il ruolo fondamentale che l'amata moglie—JoAnn (Joey)
Beatrice Schumacher (1928-1999)—ha svolto nella vita del filosofo di
New York[6]. Andrebbe, nondimeno, investigato il peso—certamente rilevante—che la consorte ebbe nel rapporto di Murray con la fede religiosa
essendo lei una cristiana convinta e praticante. I due si erano incontrati
nel 1949 (allora Murray aveva solo 23 anni e Joey appena 21) quando
la giovane stava per concludere gli studi presso la Virginia University[7].
Qualche anno dopo, all'inizio del 1953, si sposarono e, da quel momento, JoAnn sarà sempre «*the indispensable framework*»[8] dello studioso
americano. A dimostrazione della sintonia e della condivisione di idee
tra Murray e JoAnn sta il fatto che le porte della casa dei giovani coniugi
assai presto si aprirono a coloro che volevano ascoltare l'astro nascente del libertarismo; fu così che la loro abitazione nell'Upper West Side
di Manhattan si trasformò in un centro di irradiazione culturale[9]. Le
discussioni nel soggiorno dei Rothbard si protraevano a lungo, spesso
sino a notte inoltrata e affrontavano ogni argomento, così come l'indole
eclettica del moderatore consentiva ed invogliava a fare[10]. Gli incontri—

5 Murray N. ROTHBARD, *L'etica della libertà*, introduzione di Luigi Marco Bassani,
Liberilibri, Macerata 2000, p. 11 (*The Ethics of Liberty*, 1982).

6 Ad es., cfr. Roberta A. MODUGNO CROCETTA, *Postfazione* a Murray N.
ROTHBARD, *Individualismo e filosofia delle scienze sociali*, prefazione di Friedrich A.
von Hayek, Luiss University Press, Roma 2001, p. 92.93.96.

7 Cfr. Anthony G. Flood, *Murray Newton Rothbard: Notes toward a Biography*,
31.5.2019 (https://anthonygflood.com/2019/05/murray-newton-rothbard-notes-toward-
a-biography/).

8 Con queste affettuose parole, Rothbard dedicherà alla moglie sia *America's Great Depression* (del 1963), sia *For a New Liberty. The Libertarian Manifesto* (del 1973).

9 Cfr. Karen I. VAUGHN, *Austrian economics in America. The Migration of a Tradition*, Cambridge University Press, Cambridge 1994, p. 100.

10 Cfr. Walter BLOCK, in Llewellyn H. ROCKWELL, Jr. (edited by), *Murray N.
Rothbard. In Memoriam*, preface by JoAnn Rothbard, Ludwig von Mises Institute, Auburn

abitualmente frequentati, tra gli altri, da Liggio e Raico—presero il nome di Circolo Bastiat[11]; è questo un altro elemento significativo perché nello scegliere una figura di riferimento, Rothbard dimostrò di voler ispirarsi al saggista cattolico francese[12].

All'inizio degli anni Cinquanta, Rothbard aveva iniziato a frequentare anche Ayn Rand[13]; l'esperienza si concluse in modo polemico sul finire di quello stesso decennio (esattamente nel 1958) anche a causa di una bizzarra richiesta da parte dell'*entourage* della filosofa russo-americana[14]. Rothbard fu addirittura invitato a separarsi dalla moglie, rea di costituire una presenza troppo religiosa accanto a lui[15]. Ma la fedeltà del giovane sposo alla sua JoAnn non vacillò e il divorzio, invece, si consumò con il circolo della Rand.

Gli amici sacerdoti

Quella della moglie JoAnn non fu certo l'unica figura cristiana nella vita del filosofo. Seppure su piani differenti, infatti, vanno considerate anche altre amicizie e altre ascendenze. Ad iniziare da alcuni sacerdoti di notevole spessore: amici di Rothbard furono padre Sadowsky e padre Sirico mentre dagli studi di padre Toohey e padre Copleston il teorico libertario attinse con dichiarata convinzione.

Nelle pagine che premettevano *The Ethics of Liberty*—firmate, tra l'altro, con largo anticipo rispetto al momento della pubblicazione del volume—Rothbard ringraziò una cerchia (tutt'altro che estesa) di persone verso le quali si sentiva debitore. Tra queste persone figurava un sacerdote, il gesuita James Sadowsky, a cui il filosofo di New York aveva

(Alabama) 1995, p. 22.

11 Cfr. Justin RAIMONDO, *An Enemy of The State. The Life of Murray N. Rothbard*, Prometheus Books, New York (N. Y.) 2000, p. 81-84.

12 Cfr. Massimo Baldini, *Introduzione* a Frédéric BASTIAT, *Il mercato e la provvidenza. Pensieri liberali*, Armando, Roma 2002, p. 18.

13 Cfr. Roberta Adelaide MODUGNO, *Murray N. Rothbard e l'anarco-capitalismo americano*, Rubbettino, Soveria Mannelli (Catanzaro) 1998, p. 47-48.

14 Cfr. Leonard P. LIGGIO, *A Classical Liberal Life*, in Walter BLOCK (edited by), *I Chose Liberty. Autobiographies of Contemporary Libertarians*, Ludwig von Mises Institute, Auburn (Alabama) 2002, p. 190; cfr. Joseph SOBRAN, in Llewellyn H. ROCKWELL, Jr. (edited by), *Murray N. Rothbard. In Memoriam*, preface by JoAnn Rothbard, Ludwig von Mises Institute, Auburn (Alabama) 1995, p. 38.

15 Cfr. Roberta A. MODUGNO CROCETTA, *L'anarco-capitalismo di Murray Newton Rothbard: fonti e dibattito contemporaneo*, in David GORDON - Roberta A. MODUGNO CROCETTA, *Individualismo metodologico: dalla Scuola austriaca all'anarco-capitalismo*, LUISS University Press, Roma 2001, p. 105-106.

affidato l'intero manoscritto per ricevere non solo utili commenti, ma anche aiuto morale per il completamento del lavoro (scriveva infatti: «un grande aiuto per il mio morale»[16]). Può sorprendere che l'agnostico pensatore libertario avesse tra i suoi più fidati conoscenti un gesuita, ma pare che i rapporti tra il pensatore e il sacerdote siano stati solidi, duraturi e fecondi.

James A. Sadowsky (1923-2012) era nato a New York benché le sue origini fossero russe per via paterna e inglesi per via materna. Educato in modo anglicano, giovanissimo—a soli 16 anni—si convertì al cattolicesimo, per poi entrare, nel 1947, nella Compagnia di Gesù ed essere ordinato prete. All'università dove aveva studiato i classici, il greco, il latino e soprattutto la filosofia, Sadowsky rimase legato per l'intera vita facendo coincidere l'insegnamento con la sua vocazione religiosa. Alla Fordham University—la prestigiosa università della Compagnia di Gesù a New York City—ebbe la sua formazione, lì maturò la sua scelta di vita, in quel campus formò generazioni di studenti insegnando quasi per quarant'anni, dal 1960 sino alla metà degli anni Novanta quando dovette lasciare la cattedra per i limiti imposti dall'età[17]. La disciplina filosofica verso la quale si indirizzavano i suoi interessi era la logica (logica simbolica e logica matematica). Questa inclinazione fu sempre conservata, ma una specie di nuova conversione doveva imprimere una nuova forza al ministero del sacerdote gesuita. Avvenne che, pochi anni dopo l'inizio dell'insegnamento (probabilmente era il 1963), volendo leggere qualcosa circa la crisi del '29, fortuitamente, ebbe tra le mani *America's Great Depression*, il volume che Rothbard aveva da poco licenziato. Sadowsky rimase colpito innanzitutto dal fatto che, pur non avendo alcuna formazione economica, la lettura delle pagine di Rothbard risultava comprensibile fornendo, anche a chi come lui studiava altro, la spiegazione della teoria austriaca del ciclo economico. Alla lettura di quel primo libro di Rothbard seguì lo studio degli altri e presto anche l'incontro personale con l'autore, che Sadowsky scoprì vivere nella vicina Manhattan. Il sacerdote partecipò occasionalmente al seminario di Mises e strinse rapporti con Karen Vaughn, Walter Block e, soprattutto, con il cattolico Leonard Liggio. Mario Rizzo era, invece, tra i suoi studenti. Senza abbandonare il suo settore di specializzazione (la logica), padre Sadowsky intraprese anche l'insegnamento della filosofia

---

16 Murray N. ROTHBARD, *L'etica della libertà*, introduzione di Luigi Marco Bassani, Liberilibri, Macerata 2000, p. 12 (*The Ethics of Liberty*, 1982).

17 Cfr. David Gordon, *Father James A. Sadowsky, SJ, RIP*, 18.9.2012 (https://mises.org/mises-daily/father-james-sadowsky-sj-rip).

politica e, soprattutto, iniziò a maturare competenze anche nel campo dell'economia avviando corsi di Business Ethics alla Fordham Business School. Oltretutto, allo studio della filosofia, da allora, il sacerdote abbinò una militanza libertaria che lo accompagnerà per il resto della sua vita.

Rothbard, che aveva ringraziato l'amico gesuita per il sostegno da ricevuto nella stesura di *The Ethics of Liberty*, non si limitò a ciò perché del sacerdote utilizzò la definizione del concetto di "diritto" (del «diritto di fare certe cose» da parte di qualcuno[18]), concetto che il gesuita aveva precedentemente esposto in un articolo[19]. Il legame tra il sacerdote gesuita e il teorico libertario dovette essere piuttosto stretto considerando non solo la partecipazione di padre Sadowsky agli incontri di discussione in casa Rothbard a Manhattan, ma anche l'amichevole e ordinaria frequentazione[20]. Oltretutto, il ruolo del gesuita nell'itinerario esistenziale e intellettuale di Rothbard dovrebbe essere ulteriormente riconosciuto per l'influenza esercitata nella formazione giusnaturalista del filosofo libertario. Dalla diretta testimonianza di Alejandro Chafuen, infatti, veniamo a conoscere un'assai importante dichiarazione di Leonard Liggio. Questi, infatti, si diceva convinto che era stato padre Sadowsky ad introdurre l'idea del diritto naturale nella riflessione del giovane Rothbard[21]. Conoscere l'origine della concezione giusnaturalista del teorico americano getta nuova luce sull'intera storia del libertarismo rivelandone se non una radice propriamente teologica, almeno un'ulteriore connessione con la filosofia cristiana.

Tra le altre figure di spicco della cultura libertaria con cui Sadowsky fu in costante rapporto emergono David Gordon e Anthony G. Flood[22]. Non va certo dimenticato il legame di Sadowsky con Jacques Garello

---

18 Cfr. ROTHBARD, *L'etica della libertà*, cit., p. 39.53.

19 Cfr. James A. SADOWSKY, *Private Property and Collective Ownership*, in Tibor MACHAN (edited by), *The Libertarian Alternative*, Nelson-Hall Co, Chicago (Illinois) 1974, p. 120-121.

20 Cfr. Anthony G. Flood, *Murray Newton Rothbard: Notes toward a Biography*, 31.5.2019 (https://anthonygflood.com/2019/05/murray-newton-rothbard-notes-toward-a-biography/).

21 La preziosa informazione mi è pervenuta dallo stesso Chafuen nel corso di una triangolazione di posta elettronica con padre Sirico nell'estate del 2024. A riguardo, però, né il più giovane sacerdote polacco Jacek Gniadek, che ha svolto studi sulle relazioni tra pensiero cattolico e Scuola Austrica, né lo stesso padre Sirico sono stati in grado di aggiungere altri elementi utili.

22 Cfr. Anthony G. Flood, *On the Centennial of James Sadowsky, SJ: Philosophical Theologian, Libertarian Ethicist, Dearly Missed Friend*, 28.12.2023 (https://anthonygflood.com/2023/12/on-the-centennial-of-james-sadowsky-sj-philosophical-theologian-libertarian-ethicist-dearly-missed-friend/#more-11368).

(l'economista francese di Scuola Austrica su cui sarà bene tornare) in onore del quale il gesuita curò, insieme all'italiano Angelo M. Petroni, una miscellanea quale *Festschrift* (tra l'altro pubblicata a Torino)[23]. Per ben 15 anni Sadowsky insegnò nei corsi dell'Université d'été de la Nouvelle économie organizzati da Garello in Francia, ad Aix-en-Provence, presso la cui università Garello era titolare della cattedra di Economia[24].

Sadowsky non ha scritto molto, ma non ha trascurato di fornire alcuni contributi in relazione sia al valore etico del capitalismo[25] sia al ruolo della dottrina sociale della Chiesa cattolica[26]. In relazione a questo secondo aspetto, il gesuita non si è dimostrato indulgente né verso l'enciclica *Rerum novarum* che papa Leone XIII promulgò nel 1891[27], né—ancor più comprensibilmente—verso la nozione della cosiddetta giustizia sociale soprattutto in relazione ai più recenti sviluppi del magistero pontificio[28].

Accanto ai temi legati al pensiero sociale cattolico, anche un'altra gravosa questione merita di essere ripresa in appresso; si tratta dello spinoso tema dell'aborto che qui viene accennato perché rappresentò un momento di contrapposizione tra padre James e il suo caro Murray. Nonostante la stima reciproca, la posizione dei due amici rimase inconciliabile. A dimostrarlo vi fu un articolo di Sadowsky che, nel 1978, venne ospitato su «The Libertarian Forum»[29], la rivista (all'epoca bimestrale) diretta dallo stesso Rothbard che non mancò di replicare prontamente[30]. Ma, come già detto, la questione richiede di essere approfondita.

---

23 Cfr. Kurt R. Leube - Angelo M. PETRONI - James A. SADOWSKY (edited by), *An Austrian In France. Un Autrichien En France. Essais rédigés en l'honneur de Jacques Garello*, La Rosa, Torino 1997.

24 Cfr. *a conversation with James Sadowsky, philosopher of freedom*, interview by Martin Masse, 7.6.2003 (https://mises.org/mises-wire/interview-fr-james-sadowsky).

25 Cfr. James A. SADOWSKY, *Capitalism, Ethics, and Classical Catholic Doctrine*, in «This World», Autumn 1983, p. 115-125.

26 Cfr. James A. SADOWSKY, *Classical Social Doctrine in the Roman Catholic Church*, in Walter BLOCK - Irving HEXHAM (edited by), *Religion, Economics, and Social Thought*, The Fraser Institute, Vancouver 1986, p. 3-23

27 Cfr. Thomas E. WOODS jr., *La Chiesa e il mercato. Una difesa cattolica della libera economia*, prefazione di Carlo Lottieri, Liberilibri, Macerata 2008, p. 75.147 (*The Church and the Market. A Catholic Defense of the Free Economy*, 2005).

28 Cfr. Alejandro A. CHAFUEN, *La giustizia sociale e Papa Francesco: scegliere la libertà al di sopra della schiavitù*, in «Acton.org», 28.3.2013.

29 Cfr. James A. Sadowsky, *Abortion and the Rights of the Child*, in «The Libertarian Forum», Vol. 11, July - August 1978, p. 2-3 (http://www.anthonyflood.com/sadowskyabortion.htm).

30 Cfr. Murray N. Rothbard, *Reply* (to *Abortion and the Rights of the Child* by James

Concludiamo questo sguardo sull'amico gesuita di Rothbard con il nitido giudizio su padre Sadowsky che Carlo Lottieri ha voluto dare, in occasione della dipartita del gesuita (i due studiosi erano soliti incontrarsi agli appuntamenti di Garello). Attestava Lottieri: «nei suoi scritti, oltre a una passione autenticamente filosofica per la libertà, che lo obbliga a evitare ogni forma di compromesso non giustificato e giustificabile, è facile anche riconoscere quel rigore intellettuale e quella linearità argomentativa che sono propri dei liberali più coerenti: da Bastiat a Mises, solo per fare due nomi»[31].

L'altro sacerdote che ha avuto un rapporto personale con il filosofo libertario è padre Robert A. Sirico (1951). Come Rothbard e Sadowsky, anche Sirico è nato a New York (esattamente a Brooklyn) e, ancora come i primi due, da una famiglia di immigrati provenienti dall'Europa. Le origini di Sirico sono italiane (campane per l'esattezza[32]) e con il Paese dei suoi avi e con i suoi parenti italiani, il sacerdote ha sempre mantenuto un legame affettuoso. Sirico è cresciuto a Brooklyn e, dopo una gioventù burrascosa spesa tra le file della Sinistra contestatrice, ha ritrovato la fede e si è sentito chiamare al sacerdozio.

Come il gesuita Sadowsky, anche padre Sirico è membro della Mont Pelerin Society. Forse gli unici sacerdoti ad avere fatto parte della esclusiva associazione di studiosi liberali fondata da Hayek nel 1947[33] tra i cui principali auspici vi era il superamento della «frattura tra il vero liberalismo e le convinzioni religiose»[34]. Più conosciuto rispetto al gesuita, Sirico è molto impegnato nel mondo della comunicazione e dell'educazione e

---

A. Sadowsky), in «The Libertarian Forum», Vol. 11, July - August 1978, p. 3 (http://www.anthonyflood.com/sadowskyabortion.htm).

31 Cfr. Carlo LOTTIERI, *James A. Sadowsky s.j.*, in «L'ircocervo. Rivista di metodologia giuridica, teoria generale del diritto e dottrina dello Stato», anno 11 (2012), n. 2.

32 Mi sia permessa una nota sentimentale, considerando le comuni origini (sue e mie) napoletane. Dalla diretta narrazione di padre Robert ho saputo che suo nonno, nei primi anni del Novecento, si imbarcò al porto di Napoli diretto a New York, lasciando la sua località di origine (Massa Lubrense) che è a pochi chilometri dal paese dove vivevano i miei genitori, Sorrento (a sud del golfo di Napoli).

33 Fiero di questo fatto, il prof. Antonio Martino (1942-2022) si compiaceva nel ricordarmi che fu lui, in qualità di presidente del prestigioso sodalizio (altro ed unico presidente italiano dopo Bruno Leoni), ad accogliere, alla fine degli anni Ottanta, padre Sirico quale nuovo membro della famosa Society.

34 Friedrich A. von HAYEK, *Relazione di apertura alla conferenza di Mont Pélèrin* (*Opening Address To A Conference At Mont Pelerin*, 1947), in IDEM, *Studi di filosofia, politica ed economia*, prefazione di Lorenzo Infantino, Rubbettino, Soveria Mannelli (Catanzaro) 1998, p. 286.

nel 1990 ha fondato l'Acton Institute (e la rivista «Markets & Morality»)
a Gran Rapids, nel Michigan, dove a lungo ha anche svolto il ministero di
parroco. Apprezzato scrittore e conferenziere, Sirico è oramai un punto di
riferimento per intellettuali, imprenditori e politici (era anche nell'elenco
degli invitati d'onore alla Casa Bianca) che scorgono nella libera impresa
e nel sistema di mercato una profonda dimensione morale, propria della
libertà[35]. Tema centrale del pensiero del sacerdote italo-americano è il
confronto tra la tradizione della libertà (significativamente richiamata
dal riferimento a Lord Acton) e la riflessione cristiana (come si manifesta
nella Dottrina Sociale della Chiesa)[36] quale condizione per lo sviluppo di
una società "libera e virtuosa" (come spesso si trova ribadito nelle pubblicazioni dell'Acton Institute)[37]. Scrive Sirico: «la domanda che ci poniamo
è quale tipo di società promuova maggiormente l'armonia sociale, la pace,
la libertà e la giustizia; e ancora: quali sono i principi organizzativi che
alimentano questo tipo di società? È mia convinzione che una società in
cui sono rispettati e protetti i liberi mercati e le libere opinioni non debba
sacrificare i diritti individuali autentici al "bene comune"»[38].

Consapevole delle profonde ragioni morali che sono proprie dell'e-
conomia di libero mercato[39], padre Sirico si è costantemente speso perché nella Chiesa venissero superati limiti e pregiudizi. Nel corso di una
conferenza a Napoli, il sacerdote così si esprimeva a riguardo: «come
mai tanti di coloro che formano la coscienza morale del nostro mondo
semplicemente non afferrano i fondamenti morali o i principi di base
del mercato? Una ragione ovvia di questa ignoranza è la stupefacente
mancanza di una qualsiasi formazione economica praticamente in tutti
i seminari. [...] nella maggior parte dei corsi di etica sociale, i seminaristi
sono stati abituati ad ascoltare gli slogan vuoti dei fautori della Teologia

---

35 Cfr. Robert A. SIRICO, *La Vocazione Imprenditoriale*, Istituto Acton, Roma 2008
(*The Entrepreneurial Vocation*, 2001).

36 Cfr. Dario ANTISERI, *Liberali quelli veri e quelli falsi*, Rubbettino, Soveria Mannelli (Catanzaro) 1998, p. 88; cfr. Dario ANTISERI, *Liberali e solidali. La tradizione del
liberalismo cattolico*, Rubbettino, Soveria Mannelli (Catanzaro) 2006, p. 37-38.

37 Cfr. Robert SIRICO, *Il personalismo economico e la società libera*, a cura di Flavio
Felice, Rubbettino, Soveria Mannelli (Catanzaro) 2001.

38 Robert A. SIRICO, *Teologia alla ricerca della liberazione* (1991), in Dario ANTI-
SERI, *Cattolici a difesa del mercato*, a cura di Flavio Felice, Rubbettino, Soveria Mannelli
(Catanzaro) 2005 (1995), p. 550.

39 Cfr. Robert A. SIRICO, *A difesa del mercato. Le ragioni morali della libertà economica*, Cantagalli, Siena 2017 (*Defending the Free Market. The Moral Case for a Free
Economy*, 2012).

della liberazione che credevano che le nazioni ricche opprimessero quelle povere mantenendole, in tal modo, in uno stato di povertà perpetua»[40].

Come Sadowsky, anche Sirico ha cooperato con Jacques Garello. Ma, sebbene i rapporti con l'economista cattolico siano sempre stati proficui, è sul legame con Rothbard che vogliamo, ovviamente, concentrare la nostra attenzione. Il primo incontro tra i due risale già agli anni Settanta anche se ad esso non seguì alcuna frequentazione. Secondo la rievocazione offerta dallo stesso padre Sirico[41], non sarebbe corretto descrivere il loro rapporto come una vera e propria amicizia[42] escludendo anche che il filosofo possa essere stato in qualche modo influenzato dal sacerdote e dalla missione di questi. Dopo quel primo incontro, vi fu solo un'altra occasione di conversazione che, però, per il suo significato, merita di essere considerata addirittura imprescindibile per la nostra ricostruzione. A padre Robert, infatti, dobbiamo l'attestazione di ciò che, verosimilmente, è la più alta testimonianza della "implicita" fede cattolica di Rothbard. Occorrerà tornare su questa delicata questione, se non altro per evitare di attribuire al filosofo americano qualcosa che lui non ha mai inteso professare. Tuttavia l'episodio che padre Sirico ha reso pubblico in occasione della morte di Rothbard è estremamente rivelativo[43]. Durante una cena privata nel corso del Mises University che nel 1990[44] si tenne alla Stanford University, in California, si svolse una «effervescente conversazione accompagnata da raffinate pietanze». Nel corso del dialogo, rivolgendosi all'amico sacerdote, Rothbard affermò: «sai, padre, non riesco proprio a credere in Dio, ma credo che Maria sia sua madre». A quel punto, padre Sirico impugnò un bicchiere d'acqua che era lì sul tavolo quale improvvisato fonte battesimale e, ponendolo in alto sulla testa di Rothbard, giocherellando, implorò il filosofo di dirgli se volesse

---

40 Robert A. SIRICO, *Cristianesimo e libero mercato. La vocazione imprenditoriale*, in «StoriaLibera. Rivista di scienze storiche e sociali», anno 5 (2019), n. 9, p. 75-76.

41 Attingo alle confidenze di padre Robert che lui stesso mi ha autorizzato a divulgare.

42 Andrebbe, quindi, ridimensionata la valutazione fornita da Lottieri che definisce «molto significativo [...] il rapporto umano e intellettuale intercorso tra Rothbard e padre Robert Sirico, che ha parlato dell'autore de *L'etica della libertà* come di un "Agnostic Thomist"». Carlo LOTTIERI, *Il pensiero libertario contemporaneo. Tesi e controversie sulla filosofia, sul diritto e sul mercato*, Liberilibri, Macerata 2001, p. 28.

43 Cfr. Robert A. SIRICO, *Murray N. Rothbard, 1926-1995*, in «Liberty magazine», vol. 8, n. 4, March 1995, p. 23, ora Robert A. SIRICO, *Rothbard. A Testimony*, in «StoriaLibera. Rivista di scienze storiche e sociali», anno 7 (2021), n. 14, p. 107-108 (l'articolo è presente in questo volume).

44 Il 1990 è l'anno della fondazione dell'Acton Institute; solo l'anno prima Sirico era stato ordinato presbitero.

essere battezzato («Murray, dammi solo una parola [di consenso]», supplicò il sacerdote). Si trattava di uno scherzo e tutti i commensali risero. Erano, invece, tutt'altro che uno scherzo tanto le parole sulla Madre di Dio quanto il silenzio che seguì la domanda perché, «Murray», dichiarò poi il sacerdote, «non diede mai quella parola». Padre Sirico concludeva il necrologio assicurando di avvertire come una perdita spirituale la morte dell'amico, una perdita alleviata «solo dalla speranza che il Dio che Murray non riusciva ad afferrare» potesse «abbracciare Murray con la sua tenera comprensione e presentarlo, finalmente, a Sua madre».

Sacerdoti tra gli studiosi di riferimento

Accanto agli amici padre Sadowsky e padre Sirico, Rothbard nutrì un'aperta e dichiarata stima intellettuale per altri sacerdoti le cui opere il filosofo citò nei suoi volumi. È il caso di padre Toohey e di padre Copleston. Infatti, quasi sullo sfondo dell'amicizia riservata da Rothbard a Sadowsky e Sirico, meritano di essere ricordati i nomi di questi altri due sacerdoti la cui opera Rothbard dimostrò di apprezzare al punto da farci ritenere tali figure di una qualche significativa importanza nel suo pensiero.

Va, quindi, menzionato il gesuita John J. Toohey (1874-1955) che probabilmente Rothbard considerava tra i più grandi rappresentanti dell'epistemologia realista del XX secolo. Non è facile reperire informazioni su questa ingiustamente dimenticata figura di epistemologo ed oggi solo il sito web del Mises Institute consente di leggere la principale opera di Toohey pubblicata, agli inizi degli anni Cinquanta, presso la Georgetown University di Washington ove il gesuita insegnava filosofia[45]. Alla più antica università dei gesuiti d'America (fondata nel 1789), era iscritto Leonard P. Liggio (di cui occorrerà presto parlare) che prendeva parte alle lezioni di padre Toohey. In quello stesso periodo (la primavera del 1953), Liggio aveva anche iniziato a frequentare Rothbard a cui si era avvicinato leggendo *Human Action* di Mises, dietro consiglio di Ralph Raico[46]. Toohey aveva pubblicato privatamente il suo *Notes on Epistemology* (probabilmente come una dispensa ad uso degli studenti)[47], ma, nonostante

45 Cfr. John J. Toohey, *Notes on Epistemology*, Georgetown University, Washington D. C. 1952.
46 Cfr. Anthony G. Flood, *Murray Newton Rothbard: Notes toward a Biography*, 31.5.2019 (https://anthonygflood.com/2019/05/murray-newton-rothbard-notes-toward-a-biography/).
47 Dal sito del Mises Institute si apprende che la monografia del 1952 è stata

ciò, Rothbard ebbe la possibilità di studiare bene le argomentazioni del gesuita che ripropose, qualche anno dopo, nel saggio sull'apriorismo a proposito delle proposizioni auto-evidenti[48]. Ancor più estesamente l'opera del sacerdote epistemologo venne riproposta in apertura di *The Ethics of Liberty*[49] in relazione alla funzione della filosofia e in rapporto—come meglio proveremo a descrivere in seguito—alla capacità della «ragione dell'uomo di dare una spiegazione fondamentale della natura delle cose»[50].

In *The Ethics of Liberty* Rothbard citava, insieme a Toohey, un altro gesuita, padre Copleston. La famiglia di Frederick C. Copleston (1907-1994) era di alto rango nell'Impero britannico e il giovane fu cresciuto nella tradizione anglicana; per comprensibili ragioni, quindi, la sua conversione al cattolicesimo destò un certo malcontento tra i suoi familiari[51]. Ciò nonostante, Frederick riuscì a coltivare i suoi propositi; non solo completò i suoi studi ad Oxford, ma addirittura si avviò verso il sacerdozio, prima frequentando il seminario diocesano, poi unendosi alla Compagnia di Gesù. Se la conversione dall'anglicanesimo al cattolicesimo non può non ricordare l'eminente figura di un altro inglese, John Henry Newman (1801-1890)[52], il percorso dalla Chiesa Anglicana al sacerdozio nella Compagnia di Gesù non può non rammentare il già richiamato e più giovane gesuita Sadowsky. Dedicatosi all'insegnamento, durante gli anni della guerra, padre Copleston iniziò a lavorare alla monumentale *A History of Philosophy* che, a partire dal 1946, verrà pubblicata in 11 volumi[53]. La grande opera è stata tradotta in varie lingue[54] e si trova citata anche in ambiti storici[55].

---

reimpaginata da Anthony G. Flood all'inizio del 2007.

48 Murray N. ROTHBARD, *In Defense of "Extreme Apriorism"*, in «Southern Economic Journal», n. 23, January 1957.

49 Cfr. Murray N. ROTHBARD, *L'etica della libertà*, introduzione di Luigi Marco Bassani, Liberilibri, Macerata 2000, p. 22.47 (*The Ethics of Liberty*, 1982).

50 John J. Toohey, *Notes on Epistemology*, Georgetown University, Washington D. C. 1952, p. 180.

51 Cfr. William Doino, Jr., *A Jesuit and his Faith. Memoirs of Frederick C. Copleston* (https://www.ewtn.com/catholicism/library/jesuit-and-his-faith-991).

52 Cfr. John Henry NEWMAN, *Apologia pro vita sua*, Jaca Book - Morcelliana, Milano - Brescia 1982 (*Apologia pro Vita Sua*, 1864); cfr. Lina CALLEGARI, *John Henry Newman. La ragionevolezza della fede*, prefazione di Fidel González Fernández, Ares, Milano 2010; cfr. Cristina SICCARDI, *Nello specchio del cardinale John Henry Newman*, Fede & Cultura, Verona 2010.

53 Cfr. Frederick C. Copleston, *A History of Philosophy*, Newman Press, Westminster (Maryland) 1959, 11 vol. (1946).

54 L'edizione italiana è stata pubblicata in 9 volumi: Frederick C. Copleston, *Storia della filosofia*, Paidea, Brescia 1966 (*A History of Philosophy*, 1946).

55 Ad es., cfr. James HANNAM, *La genesi della scienza. Come il Medioevo cristiano*

La popolarità di Copleston si estese oltre i confini dell'accademia grazie a dibattiti radiofonici della BBC sull'esistenza di Dio, dibattiti nei quali il gesuita ebbe Bertrand Russell (1872-1970)[56] come controparte. E sarà esattamente riprendendo le "cinque vie" indicate da Tommaso d'Aquino per dimostrare razionalmente l'esistenza di Dio che il gesuita seppe dare un notevole contributo teoretico[57]. Un contributo nel solco del tomismo che Rothbard volle riconoscere citando il gesuita a proposito del ruolo della ragione umana[58]. Questione la cui importanza richiede di essere successivamente trattata.

La conoscenza da parte di Rothbard della produzione speculativa di questi sacerdoti non è stata, quindi, frutto di un approdo tardivo. Se è vero che essi sono stati citati con molta enfasi in *The Ethics of Liberty* (1982), è anche vero che—come già si accennava—in un importante saggio epistemologico pubblicato già all'inizio del 1957, il giovane Rothbard, dimostrando di padroneggiare le questioni teoretiche, citava e poneva a confronto padre Toohey e padre Copleston. Scriveva, infatti, Rothbard: «l'accantonamento di proposizioni auto-evidenti è sempre stato un problema discusso. Per questo motivo due acclarati tomisti quali padre Toohey e padre Copleston, pur fedeli alla medesima posizione filosofica, differiscono sulla classificazione ("a posteriori" o "a priori") delle proposizioni auto-evidenti, poiché definiscono differentemente le due categorie»[59]. Rothbard, poi, comparava le posizioni dei due gesuiti[60] citando le rispettive opere[61].

---

ha posto le basi della scienza moderna, a cura di Maurizio Brunetti, D'Ettoris Editori, Crotone 2015, p. 215.216.217.219.462.486 (*God's Philosophers. How the Medieval World Laid the Foundations of Modern Science*, 2009).

56 Cfr. Bertrand RUSSELL, *Perché non sono cristiano*, Longanesi, Milano 1959 (*Why I Am Not a Christian*, 1957).

57 Cfr. Frederick C. COPLESTON, *Religione e filosofia*, La Scuola, Brescia 1977 (*Religion and Philosophy*, 1974).

58 Cfr. Frederick C. Copleston, *Aquinas*, Penguin Books, London 1955.

59 Murray N. ROTHBARD, *In Defense of "Extreme Apriorism"*, in «Southern Economic Journal», n. 23, January 1957.

60 Scriveva Rothbard: «Copleston chiama i principi auto-evidenti "proposizioni sintetiche a priori" (sebbene non in senso kantiano): sintetiche poiché esprimenti informazioni sulla realtà non contenute logicamente nelle premesse; e *a priori* poiché necessarie e universali. Toohey le considera sintetiche - a posteriori, perché, sebbene necessarie e universali, derivano dall'esperienza».

61 Frederick C. Copleston, *Aquinas*, Penguin Books, London 1955; John J. Toohey, *Notes on Epistemology*, Georgetown University, Washington D.C. 1952.

Oltre a Copleston e Toohey, alcuni altri nomi possono essere ancora richiamati. Si tratta di altri tre gesuiti: Dempsey, McInnes e Mansfield, sebbene a diverso titolo.

Padre Bernard W. Dempsey s.j. (1903-1960) studiò prima alla St. Louis University poi ad Harvard dove, sotto la guida di Joseph Schumpeter, conseguì il Dottorato nel 1940. Quindi il sacerdote iniziò subito ad insegnare presso il Dipartimento di Economia della St. Louis University divenendo successivamente professore anche all'università di Delhi e alla Marquette University. Dal suo lavoro di Dottorato (svolto, quindi, con Schumpeter), padre Dempsey sviluppò un testo sull'interesse e sull'usura[62], volume che ha suscitato l'attenzione da parte di uno studioso di economia monetaria del calibro di Jörg Guido Hülsmann. Nella sua magnifica opera sull'etica della produzione della moneta, infatti, Hülsmann si è sentito in dovere di menzionare, accanto ai testi di Rothbard, *Interest and Usury* di Dempsey: «nato dalla penna di un addestrato filosofo tomista ed economista, questo libro è un contributo rivoluzionario all'analisi morale della banca a riserva frazionaria [...]. Dempsey ha dimostrato che si può felicemente mescolare l'analisi economica con la tradizione filosofica scolastica in una sorta di teologia naturale della moneta e della banca. Il motivo è che "non c'è alcun conflitto insanabile sui principi di base; entrambe le parti procedono a partire da verità conosciute a partire dalla ragione naturale soltanto"»[63]. Nel suo volume, Hülsmann ha citato più volte il lavoro di Dempsey e lo ha fatto soprattutto utilizzando il concetto di "usura istituzionalizzata" con il quale il sacerdote economista descriveva il guadagno che gli Stati conseguono mediante l'inflazione[64]. La stima per padre Dempsey da parte di Hülsmann dimostra che dal gesuita della St. Louis University ci si sarebbe potuto aspettare altri significativi contributi scientifici[65] se la morte non lo avesse portato al cospetto di Dio a soli 57 anni.

---

62 Bernard W. Dempsey, *Interest and Usury*, introduction by Joseph Schumpeter, American Council of Public Affairs, Washington D. C. 1943.

63 Jörg Guido HÜLSMANN, *L'etica della produzione di moneta*, a cura di Carmelo Ferlito, presentazione di Attilio Di Mattia, Solfanelli, Chieti 2011, p. 23 (*The Ethics of Money Production*, 2008).

64 Cfr. *ibidem*, p. 61.111.192.

65 Padre Dempsey, «vero precursore della riscoperta degli scolastici», è stato anche il primo a richiamare l'attenzione degli studiosi moderni su un suo illustre confratello, il teologo gesuita Leonardo Lessio (1554-1623), prominente tra gli autori della Tarda Scolastica, che scrisse sui titoli di legittimazione dell'interesse sul prestito. Cfr. Guido FERRO CANALE, *La "Carentia pecuniae". Un errore comune nella lettura di Leonardo*

Il giovane Rothbard prendeva parte ai seminari che Ludwig von Mises (1881-1973), esule negli USA sin dal 1940[66], teneva presso la New York University. Gli incontri—finanziati dal Volker Fund—si protrassero per 21 anni: dal 1948 fino alla primavera del 1969 (quando ormai Mises aveva raggiunto l'età di 87 anni!)[67]. Abitualmente, tra i partecipanti ai seminari vengono elencati i nomi più illustri della scienza economica[68], ma la moglie del grande viennese, nelle sue memorie, ricordava che tra i frequentatori vi furono anche due padri gesuiti: padre William McInnes e padre Michael Mansfield, entrambi insegnanti di economia, il primo presso lo Weston College, il secondo presso l'Università di Hong Kong . Se si aggiunge anche il nome di Sadowsky, che—come già si diceva—partecipava saltuariamente[69], erano, quindi, tre i gesuiti che ascoltavano, con Rothbard, le esposizioni di Mises. Margit von Mises non trascurava di sottolineare che il marito «provò sempre un piacere speciale nel guidare questi e altri ecclesiastici in questioni filosofiche e teologiche relative ai problemi sociali ed economici»[70].

Per completare il quadro degli ecclesiastici che, ad ogni titolo, possono aver avuto una qualche parte nella vita di Rothbard si può anche citare il reverendo Elisha Williams (1694-1755), ministro congregazionalista, un giurista che fu rettore dello Yale College (primo nucleo della moderna Yale University) dal 1726 al 1739. Quel che Williams scriveva nel 1744 fu da Rothbard ritenuto talmente efficace da adottare le parole del pastore protestante come esergo dell'opera nella quale il teorico libertario meglio espose la propria filosofia: «come ci dice la ragione, tutti

---

Lessio, in «StoriaLibera. Rivista di scienze storiche e sociali», anno 10 (2024), n. 20, p. 12-13. A Lessio, Rothbard dedicò notevole spazio nella sua opera sulla storia del pensiero economico. Cfr. Murray N. ROTHBARD, *An Austrian Perspective on the History of Economic Thought. Volume I. Economic Thought Before Adam Smith*, Ludwig von Mises Institute, Auburn (Alabama) 2006, p. 122-127 (1995).

66 Cfr. Ludwig von MISES, *Autobiografia di un liberale. La Grande Vienna contro lo statalismo*, prefazione di Lorenzo Infantino, Rubbettino, Soveria Mannelli (Catanzaro) 1996, p. 5.24s. (*Notes and Recollections*, 1940.1978).

67 Cfr. Murray N. ROTHBARD, *I contributi fondamentali di Ludwig von Mises*, in appendice a Ludwig von MISES, *Libertà e proprietà*, Rubbettino, Soveria Mannelli (Catanzaro) 2007, p. 97.99 (*The Essential von Mises*, 1973).

68 Cfr. Jörg Guido HÜLSMANN, *Mises. The Last Knight of Liberalism*, Ludwig von Mises Institute, Auburn (Alabama) 2007, p. 795.

69 Cfr. *a conversation with James Sadowsky, philosopher of freedom*, interview by Martin Masse, 7.6.2003 (https://mises.org/mises-wire/interview-fr-james-sadowsky).

70 Margit von MISES, *My Years with Ludwig von Mises*, Arlington House Publishers, New Rochelle (New York) 1976, p. 138.

nascono uguali per natura, ossia con pari diritto sulla propria persona, e un pari diritto alla sua conservazione [...] e giacché ogni uomo possiede la propria persona, [il frutto] della fatica del suo corpo e dell'opera delle sue mani è giustamente suo, e nessuno tranne lui può rivendicarlo come proprio; da ciò consegue che, quando toglie qualcosa allo stato in cui la natura lo aveva posto, mescola con esso il proprio lavoro e vi aggiunge qualcosa di suo, rendendolo con ciò sua proprietà. [...] Quindi, poiché tutti hanno un diritto naturale—che definiamo proprietà—alla propria persona (cioè la possiedono), alle proprie azioni e al proprio lavoro, da ciò inevitabilmente segue che nessuno può accampare un diritto sulla persona e sui beni di un altro. E, chiunque ha diritto alla propria persona e ai propri averi ha anche il diritto di difenderli [...] e pertanto ha il diritto di punire qualsiasi offesa alla propria persona e ai propri beni»[71].

Se è vero che l'odierno prevalente orientamento del clero—cattolico e non—è certamente sbilanciato a Sinistra con non pochi esempi di cripto o aperto filo-socialismo[72], è anche vero che non mancano saldi punti di riferimento che hanno svolto e continuano a svolgere un ruolo importante all'interno della cultura teologica. Se la trattazione del pensiero di Rothbard ci porterà ad accennare alle remote origini cattoliche del moderno capitalismo, anche solo una carrellata di nomi del recente passato può offrire il senso di una posizione che, per quanto minoritaria, ha saputo garantire una continuità alla grande tradizione cristiana della libertà. Limitandoci, ovviamente, al recente passato, allora, se don Jaime Luciano Antonio Balmes y Urpiá (1810-1848) può essere considerato un antesignano, altri come il pastore Norman Vincent Peale (1898-1993) o il gesuita e poi cardinale John Courtney Murray (1904-1967) o il pastore congregazionalista Edmund A. Opitz (1914-2006) o i gesuiti Francis Canavan (1917-2009) e James V. Schall (1928-2019) o il veneziano don Angelo Tosato (1938-1999) o padre Richard John Neuhaus (1936-2009) o i sacerdoti della Università della Santa Croce, Martin Rhonheimer (1950), Angel Rodríguez Luño (1951) e Martin Schlag (1964) possono essere considerati assai vicini al pensiero libertario.

---

71 Murray N. ROTHBARD, *L'etica della libertà*, introduzione di Luigi Marco Bassani, Liberilibri, Macerata 2000, p. 5 (*The Ethics of Liberty*, 1982).

72 A differenza di Rothbard, Mises si diceva convinto che il «progressivo accostamento al socialismo» accomuni tutte le confessioni cristiane. Ludwig von MISES, *Socialismo. Analisi economica e sociologica*, a cura di Lorenzo Infantino, Rubbettino, Soveria Mannelli (Catanzaro) 2020, p. 286 (*Die Gemeinwirtschaft. Untersuchungen über den Sozialismus*, 1922).

Libertari cattolici

I pensatori libertari cattolici non sono certamente pochi (Bagus, Bastos, Chafuen, Ferrero, Huerta de Soto, Hülsmann, Magni, Piombini, Respinti, Woods, ecc.), ma ciò che deve essere maggiormente sottolineato è l'eccellenza del contributo che essi hanno offerto e continuano a dare per la migliore qualificazione del pensiero libertario. Se questa non è la sede per soffermarcisi[73], richiamarli consente di citare due di essi per il ruolo che hanno avuto nella vita di Rothbard. Ci riferiamo all'americano Liggio e al francese Garello.

Più giovane di alcuni anni rispetto a Rothbard, Leonard P. Liggio (1933-2014) era nato nello stesso distretto di New York—il popoloso Bronx—in una famiglia cattolica (anche la madre, di origine tedesca e luterana, si convertì al cattolicesimo). Interessato alla storia ed alla teologia, alla Georgetown University di Washington D.C. il giovane Liggio trovò il migliore ambiente per coltivare i suoi studi. Lì—come già detto—prese parte alle lezioni del gesuita John J. Toohey che Rothbard potrebbe aver conosciuto proprio attraverso Liggio[74]. Il giovane studioso intrecciò rapporti con Rothbard partecipando, insieme a Raico, al seminario di Mises a New York. Contemporaneamente, a Liggio fu data la possibilità di recarsi in Europa dove approfondì gli studi sul diritto naturale (in particolare secondo i testi di Rommen) e sui rapporti tra Chiesa e Stato (in particolare la lotta tra Gregorio VII e l'Impero). Tornato in America, frequentò la Columbia University, prima, e la Fordham University, poi (in quest'ultima insegnava padre Sadowsky[75]).

Il grande interesse di Liggio per il diritto naturale suscitò sicuramente l'attenzione di Rothbard sulla fondamentale questione. Dovrebbe, verosimilmente, essere stato questo il modo con cui lo studioso giunse a fare propria l'idea tomista e classica dell'esistenza di una legge di natura oggettiva ed immutabile. Liggio, propriamente in quanto credente, era meglio attrezzato sotto l'aspetto filosofico e il giovane Rothbard dovette

---

73 Cfr. Dario ANTISERI, *Cattolici a difesa del mercato*, a cura di Flavio Felice, Rubbettino, Soveria Mannelli (Catanzaro) 2005 (1995); cfr. Massimo BALDINI, *Il liberalismo, Dio e il mercato*, Armando, Roma 2001.

74 Cfr. Anthony G. Flood, *Murray Newton Rothbard: Notes toward a Biography*, 31.5.2019 (https://anthonygflood.com/2019/05/murray-newton-rothbard-notes-toward-a-biography/).

75 Cfr. David Gordon, *Father James A. Sadowsky, SJ, RIP*, 18.9.2012 (https://mises.org/mises-daily/father-james-sadowsky-sj-rip).

sapere ben far tesoro del patrimonio dell'amico. All'origine del giusnaturalismo di Rothbard vi sarebbe, quindi, innanzitutto il rapporto con Liggio; sarebbe stato quest'ultimo, pertanto, a trasferire nel giovane filosofo la comprensione della ragionevolezza del diritto naturale. D'altra parte, ed esattamente in base a quanto Liggio riferì[76], risulterebbe che — come già ricordato a proposito di padre Sadowsky — Rothbard doveva la fondamentale acquisizione al rapporto con il gesuita della Fordham University. C'è, però, da supporre che il ruolo di Liggio in tale importante momento della vicenda intellettuale di Rothbard sia risultato non solo precedente ma anche prioritario rispetto a quello pur svolto da Sadowsky. A dimostrare tale ipotesi c'è il fatto che le attestazioni di impronta giusnaturalistica negli scritti dello studioso sono antecedenti all'incontro con il gesuita. Rothbard, infatti, manifestò una sensibilità giusnaturalistica, se non pienamente matura, almeno già raggiunta, sin dagli anni Cinquanta[77].

I rapporti con Rothbard si resero costanti già a metà degli anni Cinquanta[78], quando Liggio divenne—ancora una volta con Raico—tra i più assidui frequentatori del cosiddetto Circolo Bastiat[79]. Iniziando ad interessarsi di economia, Liggio, dopo Mises e Rothbard, ebbe possibilità di conoscere personalmente altre eminenti figure del panorama liberale. Tra questi, Hayek, Friedman, Kirzner e De Roover. La cattedra di Western Civilization[80], a cui venne chiamato dalla Catholic University of New Rochelle a New York, rappresentò il primo di una lunga serie di incarichi accademici (Volker Found, Foundation for Foreign Affairs, New York University, American Studies Program, Cato Institute, Institute for Human Studies, Atlas Economic Research Foundation, George Mason University) culminati con la presidenza della Mont Pelerin Society che tenne nel biennio 2002-2004.

---

76 Come già riportato sopra, Alejandro Chafuen ha ricordato quanto appreso dalla diretta voce di Leonard Liggio.

77 Cfr. Murray N. ROTHBARD, *Diritto, natura e ragione. Scritti inediti versus Hayek, Mises, Strauss e Polanyi*, a cura di Roberta A. Modugno, Rubbettino, Soveria Mannelli (Catanzaro) 2005.

78 Cfr. Justin RAIMONDO, *An Enemy of The State. The Life of Murray N. Rothbard*, Prometheus Books, New York (N. Y.) 2000, p. 81-84.

79 Cfr. Piero VERNAGLIONE, *Il libertarismo. La teoria, gli autori, le politiche*, Rubbettino, Soveria Mannelli (Catanzaro) 2003, p. 297.

80 Cfr. Leonard P. LIGGIO, *Eighteenth Century: The Counter Enlightenment*, in Edward B. McLean (edited by), *An Uncertain Legacy. Essay on the Pursuit of Liberty*, Intercollegiate Studies Institute, Wilmington (Delaware) 1997.

La produzione letteraria di Liggio è, in buona misura, orientata a mostrare le ragioni propriamente teologiche del liberalismo classico e della libera economia. Perciò stesso, il suo ruolo va considerato assai importante in relazione alla formazione del pensiero di Rothbard[81]. E questa citazione può ben rappresentare la sintesi del suo sforzo intellettuale: «è importante mostrare che l'Antico Testamento, il Nuovo Testamento e i Padri della Chiesa rappresentano una tradizione rispetto alla ricchezza e alla povertà che è coerente con il capitalismo ed è incoerente con il moderno socialismo e comunismo»[82].

Il legame con Rothbard si è mantenuto costante durante l'intera vita, sin dagli anni dell'università, sin dalla comune partecipazione ai seminari di Mises, passando poi alla assidua frequentazione al Circolo Bastiat; nel 1965 i due diedero vita alla rivista «Left and Right. A Journal of Libertarian Thought» (più tardi Liggio diresse «Literature of Liberty»); un decennio dopo Liggio sarà ancora a fianco di Rothbard nella conduzione del Cato Institute (mentre da solo si affiancherà a Garello nell'Institute for Human Studies e a Chafuen nell'Atlas Economic Research Foundation)[83].

Più volte si è dovuto accennare al nome dell'economista francese Jacques Garello (1934). Lo si è fatto a proposito del ricordo dei corsi dell'Université d'été de la Nouvelle économie da lui organizzati ad Aix-en-Provence. Per queste lezioni estive sono stati a lungo impegnati padre Sadowsky[84], padre Sirico[85], Liggio[86] e l'italiano Lottieri[87]. Allievo

---

81 Leonard P. LIGGIO, *A Classical Liberal Life*, in Walter BLOCK (edited by), *I Chose Liberty. Autobiographies of Contemporary Libertarians*, Ludwig von Mises Institute, Auburn (Alabama) 2002, p. 185-196.

82 Leonard P. LIGGIO, *Mercato e moneta nel pensiero ebraico e cristiano nell'era ellenistica e romana* (1986), in Dario ANTISERI, *Cattolici a difesa del mercato*, a cura di Flavio Felice, Rubbettino, Soveria Mannelli (Catanzaro) 2005 (1995), p. 536-537. p. 409.

83 Poco dopo la morte di Liggio (avvenuta, come già detto, nel 2014), Marco Respinti mi sollecitò a creare occasioni per contribuire a rendere nota anche ai lettori italiani la figura dell'accademico libertario. Al di là di alcuni cenni al nome di Liggio fatti in altri testi, solo ora riesco (benché davvero parzialmente) ad assecondare il desiderio di Respinti.

84 Cfr. *a conversation with James Sadowsky, philosopher of freedom*, interview by Martin Masse, 7.6.2003 (https://mises.org/mises-wire/interview-fr-james-sadowsky).

85 Cfr. Dario ANTISERI, *Liberali e solidali. La tradizione del liberalismo cattolico*, Rubbettino, Soveria Mannelli (Catanzaro) 2006, p. 37-38.

86 Cfr. Dario ANTISERI, *Cattolici a difesa del mercato*, a cura di Flavio Felice, Rubbettino, Soveria Mannelli (Catanzaro) 2005 (1995), p. 490.624.

87 Cfr. Carlo LOTTIERI, *James A. Sadowsky s.j.*, in «L'ircocervo. Rivista di metodologia giuridica, teoria generale del diritto e dottrina dello Stato», anno 11 (2012), n. 2.

degli economisti Daniel Villey (1911-1968)[88] e Jacques Rueff (1896-1978)[89], Garello ha unito all'insegnamento universitario una ricca attività di promozione delle idee liberali anche dando vita al gruppo di "Nuovi economisti" ("Nouveaux économistes") e fondando l'Institut Européen des Études Humaines (Institute for Human Studies - IHS). Direttamente impegnato a diffondere la prospettiva liberale nella riottosa vita pubblica francese, Garello ha scritto alcuni testi specificamente rivolti a politici, governanti e legislatori[90].

Lo studioso è certamente tra i maggiori economisti europei di Scuola Austriaca. A sottolineare questa sua appartenenza è anche il titolo del già ricordato volume miscellaneo dedicato alla carriera scientifica di Garello la cui pubblicazione avvenne con la curatela anche di padre Sadowsky[91]. Sua preoccupazione costante è stata quella di mostrare lo stretto rapporto sussistente tra etica e liberalismo e tra cristianesimo e libera economia[92]. Se la civiltà cristiana si è sviluppata grazie a questo fecondo rapporto, allora si comprende quel che sostiene Garello quando ripete che «è coniugando liberalismo e cattolicesimo che l'Occidente ritrova e ritroverà il suo equilibrio intellettuale, morale e spirituale»[93].

---

88 A Villey, Rothbard dedicò molto spazio nel suo *paper* del 1960 dedicato alla Dottrina Sociale della Chiesa. Cfr. Murray N. ROTHBARD, *Letture su Etica e Capitalismo. Parte I: Cattolicesimo. Memorandum al Volker Fund*, a cura di Gaetano Masciullo, in «StoriaLibera. Rivista di scienze storiche e sociali», anno 7 (2021), n. 14, p. 182-190 (*Readings on Ethics and Capitalism. Part I: Catholicism. Memo to the Volker Fund*, 1960 - il pezzo è presente in questo volume).

89 Anche i cenni che Rothbard riservò a Rueff sono significativi: cfr. Murray N. ROTHBARD, *I contributi fondamentali di Ludwig von Mises*, in appendice a Ludwig von MISES, *Libertà e proprietà*, Rubbettino, Soveria Mannelli (Catanzaro) 2007, p. 86-87.99.101 (*The Essential von Mises*, 1973).

90 Cfr. Jacques GARELLO, *Programme pour un Président*, Albatros, Paris 1988; cfr. Jacques GARELLO, *Lettre ouverte à nos dirigeants*, Albatros, Paris 1986; cfr. Jacques GARELLO, *Programme pour un Parlement*, Éditions France-Empire, Paris 1993.

91 Cfr. Kurt R. Leube - Angelo M. PETRONI - James A. SADOWSKY (edited by), *An Austrian In France. Un Autrichien En France. Essais rédigés en l'honneur de Jacques Garello*, La Rosa, Torino 1997.

92 Cfr. Jacques GARELLO - Jean-Yves NAUDET, *Abécédaire de sciences économiques*, Albatros, Paris 1991; cfr. Jacques GARELLO - Jean-Philippe DELSOL, *Au risque de la liberté. Une alternative libérale et chrétienne aux sociétés dont les lendemains ne chantent jamais*, éditions François-Xavier de Guibert, Paris 2007; cfr. Jacques GARELLO - Georges Lane, *Futur des retraites & retraites du futur*, Librairie de l'Université d'Aix-en-Provence, Aix-en-Provence 2008-2009, 3 vol.

93 Jacques GARELLO, *Cattolicesimo e liberalismo* (1994), in Dario ANTISERI, *Cattolici a difesa del mercato*, a cura di Flavio Felice, Rubbettino, Soveria Mannelli (Catanzaro) 2005 (1995), p. 9.646.

L'"altro fronte"

Si hanno, dunque, tanti motivi per ritenere che l'aiuto, l'influenza e il beneficio ricevuto da Rothbard da questo qualificato e attendibile *entourage* di amici e pensatori credenti siano da considerare profondi e rilevanti. Pur tuttavia, di fianco (o contro) ai libertari esplicitamente credenti, hanno avuto un ruolo nella vicenda intellettuale di Rothbard anche pensatori non credenti o addirittura anti-religiosi. Un esempio del primo tipo può essere considerato Rockwell mentre un esempio della seconda categoria può essere visto in Mencken. Soffermiamoci prima su quest'ultimo.

Uno dei principali esponenti della *Old Right*—insieme a figure come Taft, Nock, Flynn, Chodorov, Garrett e Hazlitt—fu Henry Louis Mencken (1880-1956) che appartenne al novero di quei giornalisti, saggisti ed opinionisti che non ebbero timore a mantenere costante la critica al governo di Roosevelt proprio quando gli intellettuali non gradivano le obiezioni alle loro acclamazioni al *New Deal* e la gran parte della stampa era posizionata favorevolmente nei confronti del rooseveltismo. Forse per questa ragione Mencken non mostrava alcuna stima per le maggioranze giungendo ad affermare che «la democrazia è una forma di religione. È l'adorazione degli sciacalli da parte dei somari»[94]. Brillante e tagliente nel suo stile, Mencken è senz'altro ascrivibile alla tradizione libertaria per la quale l'ideale è «un governo che semplicemente evita di poco il non essere affatto un governo»[95].

L'ateismo di Mencken ne caratterizzò l'azione sino al punto da considerare se stesso come nemico della religione[96]. Al di là delle affrettate conclusioni, Rothbard puntualizzava: «l'ateismo di Mencken è altrettanto noto, ma la sua ferocia era riservata a quei gruppi religiosi che persistevano nell'imporre i propri codici morali al resto della popolazione. Il proibizionismo ne era, all'epoca, l'esempio più lampante, e per questo Mencken si scagliava essenzialmente contro metodisti e battisti. Non aveva invece particolare antipatia per i cattolici romani (soprattutto le

---

94 Cit. in Robert G. EISENHAUER, *Archeologies of Invective*, Peter Lang Publishing, New York (N. Y.) 2007, p. 178.

95 Cit. in David BOAZ, *Libertarismo. Silloge*, Liberilibri, Macerata 2010, p. 99 (*Libertarianism. A Primer*, 1997).

96 Cfr. Robert NISBET, *Conservatorismo: sogno e realtà*, a cura di Spartaco Pupo, Rubbettino, Soveria Mannelli (Catanzaro) 2012, p. 96.126 (*Conservatism: Dream and Reality*, 1986).

sezioni non irlandesi): "I cattolici non sono proibizionisti e hanno più umorismo dei metodisti", avrebbe affermato una volta Mencken, che a quanto pare era in rapporti amichevoli con diversi membri del clero cattolico»[97].

Mencken si scagliava contro il puritanesimo definito come «l'ossessiva paura che qualcuno, da qualche parte, possa essere felice»[98]. La caustica definizione di Mencken è stata ripresa e commentata dal filosofo britannico Roger Scruton (1944-2020) che l'ha citata in uno dei suoi testi più significativi[99]. È interessante notare che lo spirito dissacratore («"heaving the dead cat into the temple"»[100]) di Mencken non ha impedito a Rothbard di considerare il saggista della *Old Right* suo autore preferito[101]. Il filosofo che apprezzava tanti pensatori cristiani e che elevava san Tommaso d'Aquino a suo costante riferimento, non disdegnò di rispecchiarsi nella prosa del saggista che indicava chi «è capace di pensare da solo» come «l'uomo più pericoloso, per qualsiasi governo»[102] perché «inevitabilmente costui giunge alla conclusione che il governo al quale deve sottostare è disonesto, assurdo e incontrollabile»[103].

L'altra figura da considerare è quella di Llewellyn H. Rockwell, Jr. (1944) che, al pari di Rothbard, si considerava non ateo, ma agnostico o semplicemente non credente[104]. È noto che il sodalizio tra Rothbard e Rockwell è stato duraturo e particolarmente fecondo. Ha avuto inizio intorno al 1968 con la sponsorizzazione delle ragioni del Peace and

---

97 Murray N. ROTHBARD, *H. L. Mencken: The Joyous Libertarian*, in «New Individualist Review», vol. 2, n. 2, Summer 1962, p. 25.

98 Murray N. ROTHBARD, *America's Most Persecuted Minority* (1994), in Llewellyn H. ROCKWELL, Jr. (edited by), *The Irrepressible Rothbard*, The Center for Libertarian Studies, Burlingame (California) 2000, p. 269.

99 Cfr. Roger SCRUTON, *Manifesto dei conservatori*, prefazione di Giuliano Ferrara, Raffaello Cortina Editore, Milano 2007, p. 182 (*A Political Philosophy. Arguments for Conservatism*, 2006).

100 ROTHBARD, *H. L. Mencken: The Joyous Libertarian*, cit., p. 15.

101 Murray N. ROTHBARD, *America's Most Persecuted Minority* (1994), in Llewellyn H. ROCKWELL, Jr. (edited by), *The Irrepressible Rothbard*, The Center for Libertarian Studies, Burlingame (California) 2000, p. 269.

102 Henry Louis MENCKEN, *A Mencken Chrestomathy*, Vintage Books, New York (N. Y.) 1942, p. 145. Cit. in Murray N. ROTHBARD, *Per una nuova libertà. Il manifesto libertario*, introduzione di Luigi Marco Bassani, Liberilibri, Macerata 2004, p. 84.102 (*For a New Liberty. The Libertarian Manifesto*, 1973).

103 *Ibidem.*

104 Cfr. Piero VERNAGLIONE, *Paleolibertarismo: libertarismo contro la cultura liberal*, in «StoriaLibera. Rivista di scienze storiche e sociali», anno 7 (2021), n. 13, p. 20 (il saggio è presente in questo volume).

Freedom Party (in ciò era coivolto anche Justin Raimondo, più tardi biografo di Rothbard)[105]; ha avuto il suo momento più importante, nel 1982, con la fondazione del Ludwig von Mises Institute[106] ed è proseguito, nel 1990, con il «Rothbard-Rockwell Report» (*"the Triple R"*)[107], la «newsletter fulcro dell'elaborazione paleolibertaria»[108].

Fu proprio Rockwell ad identificare la posizione dei libertari intorno a Rothbard quale "paleo-libertarismo"[109]. La posizione che esprimeva insofferenza e delusione per la deriva *hippy* e libertina, *Leftist* e progressista, fu denominata "paleo" ricalcando la stessa operazione—con il "paleo-conservatorismo"—che stava avvenendo, tra i Repubblicani, contro i neo-*Conservatives*[110]: il ritorno alle origini in nome del recupero della morale familiare, della responsabilità personale e della tradizione cristiana come condizione essenziale per liberare il libertarismo da ogni ambiguità. Contro i *Left-libertarians* considerati falsi libertari[111] e i «libertari laicisti»[112] ritenuti demolitori della società tradizionale senza Stato, intorno a Rothbard e Rockwell, i paleo-libertari (come Walter Block, Hans-Hermann Hoppe, Ralph Raico, Stephan Kinsella, Steven Greenhut, Justin Raimondo, Joseph Salerno, Thomas DiLorenzo, Joseph

---

105 Cfr. Paolo ZANOTTO, *Il movimento libertario americano dagli anni Sessanta ad oggi: radici storico-dottrinali e discriminanti ideologico-politiche*, Dipartimento di Scienze Storiche, Giuridiche, Politiche e Sociali dell'Università degli Studi di Siena, Siena 2001, p. 148.

106 Cfr. Roberta Adelaide MODUGNO, *Murray N. Rothbard*, Istituto Bruno Leoni Libri, Torino 2022, p. 25.

107 Llewellyn H. ROCKWELL, Jr. (edited by), *The Irrepressible Rothbard*, preface by JoAnn Rothbard, The Center for Libertarian Studies, Burligame (California) 2000, p. IX.

108 VERNAGLIONE, *Paleolibertarismo: libertarismo contro la cultura liberal*, cit., p. 12 (il saggio è presente in questo volume).

109 Llewellyn H. ROCKWELL, Jr., *The Case for Paleolibertarianism*, in «Liberty», vol. 3, January 1990, p. 34-38, ora Llewellyn H. ROCKWELL, Jr., *The Case for Paleolibertarianism* (1990), in «StoriaLibera. Rivista di scienze storiche e sociali», anno 7 (2021), n. 13, p. 135-154. In traduzione italiana: Llewellyn H. ROCKWELL, Jr., *Un manifesto per il paleolibertarismo* (1990), a cura di Paolo Amighetti, in «StoriaLibera. Rivista di scienze storiche e sociali», anno 7 (2021), n. 13, p. 115-135.

110 Cfr. ROCKWELL, *The Case for Paleolibertarianism*, cit., p. 34, ora ROCKWELL, *Un manifesto per il paleolibertarismo* (1990), cit., p. 117.

111 Hans-Hermann HOPPE, *Libertarianism and the Alt-Right. In Search of a Libertarian Strategy for Social Change*, Speech delivered at the 12th annual meeting of the Property and Freedom Society in Bodrum, Turkey, September 17, 2017 (https://www.hanshoppe.com/2017/10/libertarianism-and-the-alt-right-pfs-2017/).

112 Guglielmo PIOMBINI, *La tradizione cattolica nella riflessione di Murray N. Rothbard*, in «StoriaLibera. Rivista di scienze storiche e sociali», anno 7 (2021), n. 14, p. 69 (il saggio è presente in questo volume).

Sobran, Roderick T. Long, Gennady Stolyarov, Thorsten Polleit, Sean Gabb) riaffermarono la necessità «di recuperare il radicalismo e il rigore politico e intellettuale della *Old Right*, la "vecchia Destra"» [113], la sana cultura individualista e religiosa che aveva costituito l'ossatura della prospera società americana. A dispetto di ciò, sempre più i libertari sposavano in modo frettoloso e avventato le istanze anti-sistema identificandosi banalmente con le mode contro-culturali tipiche della Sinistra [114]. Commenta Vernaglione: «la principale accusa rivolta ai *left-libertarian* è di non limitarsi a favorire un assetto giuridico che, fra le varie libertà "negative", difenda anche quella di assumere comportamenti e stili di vita bizzarri o devianti; ma di celebrare tali comportamenti, compiacendosi dell'anticonformismo "in sé", glorificando la "diversità" fine a se stessa, valorizzando la "provocazione" in quanto tale, enfatizzando la stravaganza, collocando in una posizione di supremazia qualunque moralità "alternativa" e civettando con il nichilismo alla moda e l'edonismo. Questi libertari—raccolti principalmente nel Libertarian Party americano e comunque prevalenti nell'intero movimento—sottoporrebbero il libertarismo a una torsione culturale innaturale e indebita. Essi, precisano i critici, assimilano erroneamente la libertà dall'oppressione statale alla libertà dalla religione, dalla tradizione, dalla famiglia, da qualsiasi morale codificata. Ma i libertari avversano l'autorità statale, non l'autorità sociale» [115].

L'approdo al rigore della rimpianta *Old Right* americana—«un movimento populista di Destra che fosse liberale in economia, isolazionista in politica estera e attaccato ai valori tradizionali» [116]—non va inteso né come una svolta, né come una novità, ma come una salutare purificazione della teoria libertaria dagli elementi a sé estranei che stavano facendo degenerare il significato stesso della libertà individuale. Osserva, giustamente, Piombini: «l'evoluzione paleo non aveva quindi il significato di un nuovo credo, ma testimoniava il recupero di radici perdute, e aveva lo scopo di riaffermare la continuità politica e culturale con la

---

113 Guglielmo PIOMBINI, *Il paleolibertarismo e la sua eredità culturale*, in «Storia-Libera. Rivista di scienze storiche e sociali», anno 2 (2016), n. 4, p. 11.

114 Cfr. Hans-Hermann HOPPE, *Un libertarismo realistico* (*A Realistic Libertarianism*, 2013), in «StoriaLibera. Rivista di scienze storiche e sociali», anno 11 (2025), n. 21, p. 10-43.

115 Piero VERNAGLIONE, *Paleolibertarismo: libertarismo contro la cultura liberal*, in «StoriaLibera. Rivista di scienze storiche e sociali», anno 7 (2021), n. 13, p. 13-14 (il saggio è presente in questo volume).

116 PIOMBINI, *Il paleolibertarismo e la sua eredità culturale*, cit., p. 17.

Old Right, che nei primi decenni del Novecento annoverava personalità di rilievo come Robert Taft, Henry Mencken, Albert Jay Nock, Garet Garrett, Frank Chodorov, rappresentando la tradizione americana più autentica, custode dei principi costituzionali del governo limitato dai pericoli provenienti dalle politiche progressiste. Il paleolibertarismo, infatti, sostiene che vi è uno stretto collegamento tra la libertà e l'eredità culturale giudaico-cristiana, dato che la distruzione degli ordinamenti tradizionali apre la strada all'edificazione dello Stato onnipotente»[117].

È, quindi, naturale che i libertari maturi si interroghino seriamente sul ruolo che la fede religiosa e, in modo perticolare, la fede cristiana abbia nella vita personale così come in quella pubblica[118]. Anche il non credente Rockwell, nel manifesto paleo-libertario (gennaio 1990), non poteva che rammaricarsi del fatto che «molti libertari non solo sono areligiosi, ma antireligiosi militanti, come indicato nei loro estesi commenti scritti»[119]. Rockwell riportava un sondaggio che rivelava come, in contrasto alla fede in Dio della quasi totalità degli americani, la maggioranza dei *libertarians* si professava atea. Eppure, scriveva l'esponente libertario, «la famiglia, il libero mercato, la dignità dell'individuo, i diritti di proprietà privata, lo stesso concetto di libertà sono tutti prodotti della nostra cultura religiosa. Il cristianesimo diede origine all'individualismo enfatizzando l'importanza di ogni singola anima»[120]. Come vedremo, Rothbard—con gli altri paleo-libertari[121]—ricalcava e rilanciava la medesima profonda convinzione[122]. Quella per la quale se è vero che la filosofia libertaria non richiede a chi vi aderisce di essere

---

117 *Ibidem*, p. 17-18.

118 Ad es., cfr. Guglielmo PIOMBINI, *La Croce contro il Leviatano. Perché il Cristianesimo può salvarci dallo Stato onnipotente*, con un saggio introduttivo di James Redford, Tramedoro, Bologna 2021.

119 ROCKWELL, *The Case for Paleolibertarianism*, cit., p. 36, ora ROCKWELL, *Un manifesto per il paleolibertarismo* (1990), cit., p. 123.

120 *Ibidem*.

121 Ad es., cfr. Hans-Hermann HOPPE, *Democrazia: il dio che ha fallito*, prefazione di Raimondo Cubeddu, Liberilibri, Macerata 2008 (*Democracy: The God That Failed. The Economics and Politics of Monarchy, Democracy and Natural Order*, 2001); cfr. Llewellyn H. ROCKWELL, Jr., *Against the Left. A Rothbardian Libertarism*, preface by Hans-Hermann Hoppe, LewRockwell.com, Auburn (Alabama) 2019.

122 Ad es., cfr. Murray N. ROTHBARD, *The Religious Right: Toward a Coalition* (1993), in Llewellyn H. ROCKWELL, Jr. (edited by), *The Irrepressible Rothbard*, preface by JoAnn Rothbard, The Center for Libertarian Studies, Burligame (California) 2000, p. 26-32; cfr. Murray N. ROTHBARD, *Why Paleo?*, in «Rothbard-Rockwell Report», vol. 1, n. 1, May 1990, p. 3.

credente, non postulando la fede come condizione necessaria, è anche vero che il libertario, esattamente in quanto afferma l'oggettività della realtà, l'immutabilità dei principi e degli assiomi, l'irreformabilità delle costanti etiche non può non interrogarsi sui fondamenti ultimi, non può non riconoscere una verità trascendente e non può non aprirsi in qualche modo alla verità cristiana.

La ragione come *logos* tra filosofia e teologia

Per provare a capire cosa Murray N. Rothbard abbia pensato della fede cristiana, ci sia consentito partire da come il filosofo newyorkese ha descritto la ragione umana. Potrà sembrare singolare che per introdurci al modo con cui Rothbard concepiva la *fede* si privilegi l'analisi della sua concezione della *ragione*; tuttavia esattamente tale scelta ci appare il migliore percorso da seguire, la migliore porta da aprire per affacciarci sul rapporto che Rothbard ebbe con la Rivelazione cristiana. In altri termini: ci sentiamo autorizzati a partire dalla sua visione dell'uso della ragione perché tale visione denota una profonda affinità con quanto la tradizione tomista e scolastica ha esposto e insegnato.

Il tomismo di Rothbard

Potrebbe, quindi, essere proprio questo non solo uno dei possibili temi di confronto, ma il *focus* da privilegiare per iniziare a valutare la convergenza tra l'opera di Rothbard e la filosofia di Tommaso.

Il teorico libertario riservò un'attenzione davvero particolare a Tommaso d'Aquino (1225 ca. - 1274), il santo frate domenicano che, mediante l'adozione del paradigma aristotelico, impresse un'impronta indelebile nella riflessione razionale nella cristianità e, di conseguenza, nell'intero Occidente. Come giustamente fa notare Piombini, la simpatia dello studioso riguardava «la generale struttura sistematica»[123] della filosofia aristotelico-tomista, andando oltre le singole questioni che, soprattutto per gli aspetti economici, rimangono discutibili. è lo stesso Rothbard a fornire la chiave di lettura confessando che «forse il contributo più importante di san Tommaso riguardava il fondamento o la struttura

---

123 Guglielmo PIOMBINI, *La tradizione cattolica nella riflessione di Murray N. Rothbard*, in «StoriaLibera. Rivista di scienze storiche e sociali», anno 7 (2021), n. 14, p. 32 (il saggio è presente in questo volume).

dell'economia piuttosto che le questioni strettamente economiche. Infatti, riprendendo e sviluppando Aristotele, san Tommaso introdusse e stabilì nel mondo cristiano una filosofia della legge naturale, una filosofia in cui la ragione umana è in grado di padroneggiare le verità fondamentali dell'universo» [124].

Un autore stimato da Rothbard e da questi più volte citato è l'italiano Alessandro Passerin d'Entrèves (1902-1985) [125] dal quale—volentieri—traiamo questo quadro sintetico del pensiero di Tommaso d'Aquino considerato «non soltanto [...] il più grande rappresentante della filosofia scolastica ed il pensatore più robusto e costruttivo del medioevo. Noi»—proseguiva Passerin d'Entrèves—«dobbiamo anche e soprattutto vedere in lui il più alto esponente di quello che taluni storici moderni hanno chiamato, con un'espressione che possiamo far nostra, lo spirito del cattolicesimo. Poiché san Tommaso non ci dà soltanto il compiuto programma di quella piena cristianizzazione della vita, che fu il grande ideale dell'età di mezzo, e che nel maestoso complesso edificio dell'opera sua viene mirabilmente elaborata con tutti i mezzi di conoscenza storica, scientifica e filosofica dell'epoca. L'insegnamento di san Tommaso è *l'espressione di un atteggiamento spirituale, di una visione della vita, che sono indissolubilmente legati alla nostra civiltà europea e cristiana. È una* visione *umanistica e religiosa ad un tempo, cattolica veramente nella sua aspirazione a comprendere tutti gli aspetti della vita nella sua multiforme varietà, tutti rispettando ma tutti ordinando nella difesa dell'assoluto primato dei valori spirituali*» [126]. La testimonianza di Passerin d'Entrèves è, probabilmente, fin troppo devota. È celebrativa al punto da risultare eccessiva (almeno a giudizio di chi scrive), ma non sarebbe apparsa smisurata a Rothbard che, in queste parole su Tommaso, si sarebbe, con piacere, ritrovato.

Alla radice del convinto apprezzamento e dell'ammirazione tante volte ribaditi dal filosofo libertario per l'impostazione realista della filosofia del Dottore della Chiesa occorre scorgere, innanzitutto, il riconoscimento

---

124 Murray N. ROTHBARD, *An Austrian Perspective on the History of Economic Thought. Volume I. Economic Thought Before Adam Smith*, Ludwig von Mises Institute, Auburn (Alabama) 2006, p. 57 (1995).

125 Rothbard lo cita chiamandolo "D'Entrèves" considerando, erroneamente, "Passerin" come secondo nome e non come primo cognome.

126 Alessandro PASSERIN d'ENTRÈVES, *Il valore del pensiero politico di s. Tommaso. Introduzione* a TOMMASO D'AQUINO (san), *Scritti politici*, a cura di Lorenzo Alberto Perotto, Massimo, Milano 1985, p. 29 (corsivo nell'originale).

del ruolo della ragione umana. Si può, infatti, sostenere che, ancor prima della pur rilevante questione della natura e del diritto naturale (e ben più della visione antropologica in generale), ciò che unisce Rothbard a san Tommaso sia la concezione della ragione umana, il modo con cui concepire il ruolo della ragione.

Nella fondamentale ricostruzione della storia del successo della civiltà occidentale all'insegna della *vittoria della ragione*, il sociologo americano Rodney Stark (1934-2022) attestava che «la dedizione cristiana al progresso attraverso la razionalità raggiunse l'apice con la *Somma teologica* di san Tommaso d'Aquino, pubblicata alla fine del XIII secolo a Parigi. Questo monumento alla teologia della ragione è costituito da "prove" logiche della dottrina cristiana e stabilisce il modello per tutti i successivi teologi. San Tommaso sostiene che sia necessario giungere alla conoscenza attraverso il ragionamento, passo dopo passo, dal momento che l'intelletto dell'uomo non è in grado di capire direttamente l'essenza delle cose. Per questo, nonostante consideri la teologia una scienza superiore perché affronta in modo diretto le rivelazioni divine, egli difende l'utilizzo di strumenti filosofici, in particolare i principi della logica per cercare di costruire la teologia. Quindi, utilizzando le potenzialità della ragione, san Tommaso scoprì il profondo umanesimo in ciò che Dio aveva creato»[127]. Al cuore della simpatia di Rothbard per la complessiva struttura filosofica tomista è giusto, pertanto, vedere il rapporto tra la ragione e la fede nell'equilibrio tra ciò che è proprio della natura e ciò che la Rivelazione aggiunge. Il filosofo americano rimase colpito e convinto da questo impianto di pensiero così come Tommaso aveva trovato persuasiva ed efficace l'intelaiatura fornita da Aristotele. Bene sintetizza Piombini: «Rothbard elogia san Tommaso per la generale struttura sistematica del suo pensiero, più che per i singoli ragionamenti economici. Riprendendo la teoria aristotelica e costruendo su di essa, l'Aquinate introdusse e stabilì nel mondo cristiano una filosofia basata sulla legge naturale, dove la ragione umana è in grado di padroneggiare le verità fondamentali dell'universo. Nelle mani di san Tommaso, la filosofia, con la ragione come suo strumento di conoscenza, divenne nuovamente la regina delle scienze. La ragione umana poteva ora conoscere la natura del mondo, e quindi anche l'etica più adatta per l'umanità. Questa tradizione razionalista ruppe il "fideismo" della Chiesa cristiana delle origini

---

127 Rodney STARK, *La vittoria della ragione. Come il cristianesimo ha prodotto libertà, progresso e ricchezza*, Lindau, Torino 2006, p. 32-33 (*The Victory of Reason. How Christianity Led to Freedom, Capitalism, and Western Success*, 2005).

e la sua debilitante idea che solo la fede e la rivelazione sovrannaturale possano fornire la guida etica per l'uomo: debilitante perché se la fede va perduta anche l'etica è perduta»[128].

Parlavamo di una particolare attenzione e di una convinta simpatia da parte di Rothbard per l'intera struttura filosofica dell'Aquinate. Ma, volendo chiamare le cose con il proprio nome, dovremmo ammettere che, più che una simpatia per la filosofia tomista, quella di Rothbard andrebbe considerata una vera e propria adesione al tomismo. Ci sembra giusto, pertanto, intendere e spiegare il riferimento di Rothbard al generale quadro concettuale tomista nei termini di una sostanziale condivisione al punto che non appare certo improvvido annoverare il filosofo americano all'interno dell'ampia scuola del realismo tomista. A sostegno di questa conclusione—ove mai sembrasse eccessiva—concorrono le stesse attestazioni del teorico libertario che, sin da giovane e nonostante l'influenza di Ludwig von Mises con il suo utilitarismo (nel 1957 Rothbard aveva, in fondo, solo trent'anni), dichiarava di riconoscersi nell'impostazione filosofica cattolico-scolastica («la mia posizione epistemologica si basa su Aristotele e san Tommaso piuttosto che su Kant...»[129]). D'altra parte, il più stretto sodale del pensatore libertario americano, il già menzionato Llewellyn H. Rockwell, nel descrivere i grandi riferimenti dell'amico e maestro, richiamava la Scuola Austriaca per quanto riguarda l'economia, la *Old Republic* per la cultura e il tomismo giusnaturalista per la filosofia: «... rimase sempre lo stesso: un radicale, libertario antistatalista, nel senso più puro del termine. In economia, un anarchico di Scuola Austriaca favorevole alla proprietà privata e al libero mercato; in politica, un decentralista radicale; in filosofia, un tomista giusnaturalista; nella cultura, un uomo della *Old Republic* e del Vecchio Mondo»[130].

La natura razionale

Rothbard si sarebbe rispecchiato nella definizione classica dell'uomo secondo la quale va riconosciuto come "essere uomo" ogni persona o individuo appartenente alla specie umana, prescindendo dalle varianti

---

128 PIOMBINI, *La tradizione cattolica nella riflessione di Murray N. Rothbard*, cit., p. 32-35 (il saggio è presente in questo volume).

129 Murray N. ROTHBARD, *In Defense of "Extreme Apriorism"*, in «Southern Economic Journal», n. 23, January 1957, p. 317.

130 Llewellyn H. ROCKWELL, Jr. (edited by), *The Irrepressible Rothbard*, The Center for Libertarian Studies, Burlingame (California) 2000, p. XV.

tipiche della situazione umana[131]. Certamente il filosofo americano non ha perso occasione per ribadire come caratteristica essenziale dell'essere umano che solo l'uomo gode di diritti naturali; solo l'essere umano, non gli animali[132].

Rothbard non trascurava di puntalizzare la questione della razionalità e lo faceva in ogni circostanza utile[133]. Ancor più in *The Ethics of Liberty*, nell'introdurre la questione, il filosofo libertario sottolineava: «qui scopriamo una differenza fondamentale tra gli oggetti inanimati, o anche le creature viventi non umane, e l'umanità; infatti, le prime sono obbligate a procedere in accordo con i fini dettati dalle loro nature, mentre l'uomo, "l'animale razionale", possiede la ragione per scoprire quei fini e la libera volontà per scegliere»[134]. Rothbard, poi, aggiungeva in nota una citazione di padre Copleston per il quale «i corpi inanimati agiscono in taluni modi proprio perché essi sono quel che sono e non possono agire altrimenti; non possono svolgere azioni contrarie alla propria natura. Gli animali sono governati dall'istinto. Infine, tutte le creature inferiori all'uomo partecipano inconsapevolmente della legge eterna, che si rispecchia nelle rispettive tendenze naturali, e non hanno la libertà di poter agire in modo incompatibile con questa legge. È pertanto necessario che egli [l'uomo] conosca la legge eterna per quanto lo riguarda»[135]. Si può

---

131 Cfr. Adriano BAUSOLA, *Natura e progetto dell'uomo*, Vita e Pensiero, Milano 1977; cfr. Cornelio FABRO, *L'anima. Introduzione al problema dell'uomo*, EdiVI, Segni (Roma) 2005.

132 Cfr. Murray N. ROTHBARD, *L'etica della libertà*, introduzione di Luigi Marco Bassani, Liberilibri, Macerata 2000, p. 231-233.257-258 (*The Ethics of Liberty*, 1982); cfr. Llewellyn H. ROCKWELL, Jr., *Un manifesto per il paleolibertarismo* (1990), a cura di Paolo Amighetti, in «StoriaLibera. Rivista di scienze storiche e sociali», anno 7 (2021), n. 13, p. 132-133; cfr. Roger SCRUTON, *Gli animali hanno diritti?*, Raffaello Cortina, Milano 2008 (*Animal Rights and Wrongs*, 1996).

133 Ad esempio, commentando l'inizio dell'enciclica *Rerum novarum* di papa Leone XIII, il filosofo scriveva: «l'animale è puramente istintivo, determinato ad agire in risposta ai suoi sensi e all'ambiente; l'uomo è diverso—come animale razionale, può agire secondo ragione, può agire con lungimiranza, e quindi ha il diritto di acquisire proprietà permanenti. Poiché l'uomo è razionale e si autogoverna, l'individuo può possedere la terra stessa, e non solo i suoi frutti, poiché la fertilità della terra è per soddisfare i bisogni ricorrenti dell'uomo». Murray N. ROTHBARD, *Letture su Etica e Capitalismo. Parte I: Cattolicesimo. Memorandum al Volker Fund*, a cura di Gaetano Masciullo, in «Storia-Libera. Rivista di scienze storiche e sociali», anno 7 (2021), n. 14, p. 166-167 (*Readings on Ethics and Capitalism. Part I: Catholicism. Memo to the Volker Fund*, 1960 - il pezzo è presente in questo volume).

134 ROTHBARD, *L'etica della libertà*, cit., p. 21.

135 *Ibidem*, p. 47.

senz'altro intravedere nelle pagine di Rothbard la medesima concezione dell'"animale razionale" che fu innanzitutto in Aristotele[136].

Il concetto di ragione è, dunque, indispensabile per comprendere l'essere umano e la sua natura[137]. Tale facoltà rende la sua natura, da un lato, *differente* dall'essere di ogni altra specie e, dall'altro, in qualche modo *somigliante* ad una Sapienza creatrice[138]. Rothbard avrebbe, allora, sottoscritto la ben nota definizione di Severino Boezio (ca. 475 - ca. 525) secondo cui la persona umana è «*rationalis naturae individua substantia*», «individuo sussistente in una natura razionale»[139]. D'altronde, il pensatore cristiano Boezio rappresenta un importante elemento di passaggio (insieme a Liberio, Cassiodoro, Simmaco) tra la sapienza classica antica e la nuova età che presto sarà caratterizzata dalla prima Scolastica[140] Non può certo sorprendere che la riflessione cristiana abbia inseparabilmente legato creaturalità, individualità, natura e razionalità per definire l'essere umano; questo è imprescindibile dalla ragione che lo connota[141]. «La ragione è il grande dono di Dio all'uomo, e»—affermava Benedetto XVI (2005-2013.2022) nel 2007—«la vittoria della ragione

---

136 Cfr. Roberta Adelaide MODUGNO, *Rothbard critico di Hayek e Mises*, in «Nuova Civiltà delle Macchine», anno 29 (2011), n. 1-2 (gennaio - giugno), p. 478.

137 Cfr. Joseph de FINANCE, *Etica generale*, Edizioni del Circito, Cassano Murge (Bari) 1975, p. 182s. (*Éthique générale*, 1967); cfr. Robert P. GEORGE, *Il diritto naturale nell'età del pluralismo*, a cura di Andrea Simoncini, con un saggio di Francesco Viola, Lindau, Torino 2011, p. 78.100.

138 Nel racconto biblico della creazione è scritto che l'uomo non solo è superiore ad ogni animale, ma, soprattutto, che porta in sé l'immagine e la somiglianza con Dio (cfr. libro della *Genesi*, 1,26).

139 Cit. in Bruno BORDIGNON, *Persona è relazione*, Rubbettino, Soveria Mannelli (Catanzaro) 2013, p. 17; cfr. Nunzio GALANTINO, *Sulla via della persona. La riflessione sull'uomo: storia, epistemologia, figure e percorsi*, Edizioni San Paolo, Cinisello Balsamo (Milano) 2006, p. 204-207.

140 Cfr. Marie-Magdeleine DAVY, *Iniziazione al Medioevo. La filosofia nel secolo XII*, a cura di Costante Marabelli, Jaca Book, Milano 1990, p. 123s. (*La philosophie au douzième siècle*, 1980); cfr. Giorgio FALCO, *La Santa Romana Repubblica. Profilo storico del Medio Evo*, Ricciardi, Milano - Napoli 1986, p. 6.14s.16s.53.135 (1942).

141 Un eminente storico della filosofia medioevale,—uno studioso che Rothbard conosceva e che ha citato—, il cattolico Étienne Gilson, ha così descritto la natura razionale: l'uomo «dotato di ragione, capace di percepire una moltitudine di oggetti diversi, a lui si offrono possibilità di scelta, che non sono a disposizione degli altri esseri; [...] la sua razionalità è il principio stesso della sua libertà. L'uomo si distingue dunque dagli individui di ogni altra specie per il fatto che è padrone dei suoi atti [...]». Étienne GILSON, *Lo spirito della filosofia medioevale*, Morcelliana, Brescia 1983, p. 254 (*L'esprit de la philosophie médiévale*, 1932).

sull'irrazionalità è anche uno scopo della fede cristiana»[142]. E volendo già proiettarci in considerazioni che riguardano le prossime argomentazioni, possiamo anticipare, con le parole di un grande educatore, don Luigi Giussani (1922-2005), come la ragione sia «il fattore distintivo di quel livello della natura che chiamo uomo, e cioè la capacità di rendersi conto del reale secondo la totalità dei suoi fattori»[143].

Non è senza motivo che sin da ora vada riaffermato un esiziale aspetto che Rothbard avrebbe trovato congeniale[144]. Oltre al rapporto di reciproco arricchimento tra fede e ragione richiamato in modo consueto ed ordinario[145], intediamo riferirci all'insostituibile ruolo della ragione *all'interno* del dinamismo della fede, almeno della fede cattolicamente concepita. Alla luce dell'incarnazione del Verbo e della resurrezione del Dio fattosi uomo[146], i sensi e la ragione non rappresentano elementi puramente aggiuntivi o meramente complementari, ma costituiscono aspetti indispensabili del riconoscimento di fede. Contro la diffusa tendenza spiritualistica (la tendenza gnostica sempre presente[147]) all'interno della teologia che relativizza—sino a sopprimerlo—il carattere storico e fisico della Rivelazione (ad iniziare dalla concezione verginale di Maria e dalla resurrezione corporale di Gesù quali eventi materiali e storici ridotti, però, a *teologumeni,* cioè a semplici simboli teologici), non c'è nulla di più urgente ed importante che riaffermare il coinvolgimento dei sensi e della ragione nella dinamica dell'esperienza della fede cristiana[148].

---

142 BENEDETTO XVI, Lettera enciclica *Spe salvi* sulla speranza cristiana, 30.11.2007, n. 23.

143 Luigi GIUSSANI, *Il senso religioso*, Jaca Book, Milano 1991, p. 23 (1957).

144 Ad es., cfr. Murray N. ROTHBARD, *Kulturkampf!* (1992), in Llewellyn H. ROCKWELL, Jr. (edited by), *The Irrepressible Rothbard*, The Center for Libertarian Studies, Burligame (California) 2000, p. 295-296.

145 Ad es., cfr. GIOVANNI PAOLO II, Lettera enciclica *Fides et ratio* circa i rapporti tra fede e ragione, 14.9.1998.

146 Cfr. Vittorio MESSORI, *Dicono che è risorto. Un'indagine sul Sepolcro vuoto*, Società Editrice Internazionale, Torino 2000; cfr. Antonio PERSILI, *Sulle tracce del Cristo Risorto. Con Pietro e Giovanni testimoni oculari*, Edizioni Centro Poligrafico Romano, Tivoli (Roma) 1988; cfr. Heinrich SCHLIER, *Sulla risurrezione di Gesù Cristo*, prefazione del cardinale Joseph Ratzinger, a cura di Lorenzo Cappelletti, Morcelliana, Brescia 2005 (Über *die Auferstehung Jesu Christi*, 1968).

147 Cfr. Ignace de la POTTERIE, *«Contro i tentativi di una gnosi sempre rinascente». La resurrezione di Gesù*, in IDEM, *Storia e mistero. Esegesi cristiana e teologia giovannea*, Società Editrice Internazionale, Torino 1997, p. 151-155.

148 Cfr. Ignace de la POTTERIE, *Giovanni vide e credette. La risurrezione nel cap. 20 di Giovanni*, in «30 Giorni», marzo 1994, p. 62-65; cfr. Ignace de la POTTERIE, *Guardare per credere. La risurrezione nel cap. 20 di Giovanni*, intervista di Antonio Socci, in

Due concezioni alternative

La definizione di ragione fornita da don Giussani offre l'occasione per un fondamentale chiarimento terminologico e concettuale. Se è vero che Rothbard è stato un maestro di profondità nell'analisi e di acutezza nei giudizi, è anche vero che è stato alquanto carente nella *explicatio terminorum*, adottando spesso concetti e termini in modo non univoco o in modo non coerente[149]. Ebbene, se tale difetto può costituire un inciampo nel procedere, allora occorre senz'altro dire che, al pari della parola "libertà", anche la stessa parola "ragione" si presta ad equivocità[150]. E queste vanno diradate.

Parafrasando Hayek, si potrebbe dire che, dopo Cartesio e a seguito dell'illuminismo, la parola ragione non ha più il significato originario[151] essendo diventata ambivalente, se non addirittura ambigua.

Vi sono, infatti, almeno due diversi e contrastanti modi di intendere la ragione umana: uno critico, l'altro ideologico.

C'è innanzitutto una concezione della ragione che potremmo definire classica (o anche "cattolica", cattolico-scolastica): in virtù di essa, la ragione è considerata la capacità che l'uomo possiede di rendersi conto del reale e, quindi, di giungere alla verità delle cose. In tal modo, la ragione è il mezzo[152] (si può anche parlare di "strumento"[153], purché non si confonda tale "strumentalità della ragione" con la "ragione strumentale"[154]) per percepire correttamente i dati del mondo, per poter conoscere la realtà, per poter investigarne le leggi e, in questa ascesi, risalire alle verità su cui si fonda l'esistenza umana. Ancora possiamo dire che la

---

«Il Sabato», 14.11.1992, n. 46, p. 60-65.

149 Ci riferiamo ad un uso sovente impreciso di termini e di nozioni quali, ad esempio, "rivoluzione", "ideologia", "illuminismo", "anarchia".

150 Cfr. Beniamino DI MARTINO, *Agire per la libertà: dentro la Chiesa e con la Chiesa*, in «StoriaLibera. Rivista di scienze storiche e sociali», anno 9 (2023), n. 18, p. 75-76.

151 Friedrich A. von HAYEK, *Legge, legislazione e libertà. Critica dell'economia pianificata*, edizione italiana a cura di Angelo M. Petroni e Stefano Monti Bragadin, Il Saggiatore, Milano 2010, p. 508 (*Law, Legislation and Liberty*, 1973-1979).

152 Sono nozioni utilizzate dallo stesso Rothbard. Ad es.: «la ragione è lo strumento della conoscenza e della stessa sopravvivenza dell'uomo». Murray N. ROTHBARD, *L'etica della libertà*, introduzione di Luigi Marco Bassani, Liberilibri, Macerata 2000, p. 61-62 (*The Ethics of Liberty*, 1982).

153 Cfr. Jacques MARITAIN, *Elementi di filosofia. Introduzione generale alla filosofia*, introduzione di Piero Viotto, Massimo, Milano 1988, p. 114.115.120 (*Eléments de philosophie. Introduction générale*, 1922-1966).

154 Al chiarimento della questione si provvederà tra breve.

ragione è quella capacità dell'uomo che gli permette «di rendersi conto del reale secondo la totalità dei suoi fattori, [...] così che l'uomo sia introdotto alla verità delle cose»[155] o, se si preferisce, quella «facoltà che giudica degli oggetti riferendoli all'assoluto»[156].

La ragione non è la realtà e non deve mai mirare a sostituirsi a questa; la ragione è, piuttosto, come la grande finestra sulla realtà. Nell'orizzonte del razionalismo critico, la ragione è rigorosamente subordinata alla realtà già nella misura in cui riconosce il primato del reale, dell'oggetto (corrispondente al primato della conoscenza) sul soggetto conoscente. Per tale motivo di fondo, questa concezione è coincidente con il realismo, cioè con quella posizione filosofica che esprime l'adeguamento del soggetto (con la sua ragione) all'oggetto (ossia con la realtà nella sua obiettività). In una sola frase, si può ben sintetizzare dicendo che nel realismo il metodo è decisamente e inappellabilmente imposto dall'oggetto[157]. Un razionalismo critico deve, perciò, caratterizzarsi e concepirsi come corrispondenza dell'intelletto alla realtà. In tale coincidenza—la convergenza del soggetto pensante con l'oggetto pensato, la corrispondenza tra l'oggetto pensato e il soggetto pensante—la ragione raggiunge la verità delle cose.

In contrapposizione a tale orizzonte realista si pone quella che potremmo, invece, definire la concezione "moderna" o anche semplicemente illuminista[158]. In base a tale visione, la ragione diviene metro, criterio, norma della conoscenza. La ragione, da strumento per conoscere la realtà, ne diviene misura. Il razionalismo illuminista è, allora, quella posizione mentale che nasce dal concetto di ragione intesa come misura delle cose. Tale paradigma comporta quasi un processo introiettivo e introspettivo (dato che la sussistenza delle cose dipende dall'esercizio di siffatta ragione) e non già l'apertura sulla realtà. Da mezzo per la conoscenza della realtà, la ragione illuminista—in un paradosso che, in effetti, è solo apparente—si sostituisce *tout court* alla realtà. Questa sarà

---

155 Luigi GIUSSANI, *Il senso religioso*, Jaca Book, Milano 1991, p. 23.28.130-131 (1957).

156 Joseph de FINANCE, *Etica generale*, Edizioni del Circito, Cassano Murge (Bari) 1975, p. 160 (Éthique *générale*, 1967).

157 Cfr. Francesco VENTORINO, *Dalla parte della ragione. Questioni metafisiche*, Itaca, Castel Bolognese (Ravenna) 1997, p. 56.

158 Hayek preferisce parlare di razionalismo costruttivista. Ad es., cfr. Friedrich A. von HAYEK, *Gli errori del costruttivismo* (Die *Irrtümer des Konstruktivismus und die Grundlagen legitimer Kritik gesellschaftlicher Gebilde*, 1970), in IDEM, *Nuovi studi di filosofia, politica, economia e storia delle idee*, Armando, Roma 1988, p. 11-31.

dichiarata esistente—e in quale modo esistente—solo nelle modalità prefissate e prestabilite dallo schema formulato da tale tipo di ragione. La realtà sarà il frutto della Ragione e questa—ormai con l'iniziale maiuscola—sarà la generatrice del mondo finalmente rinnovato. L'idealismo—come completo capovolgimento del realismo—condurrà, allora, a sostenere che il primato è dell'idea, del soggetto, della ragione soggettiva su ogni residua pretesa di oggettività che la realtà, invece, inesorabilmente dischiude[159]. Ora è solo il soggetto a dettare il metodo di conoscenza. Tutto ciò, ovviamente, comporta l'affermazione radicale del primato della volontà sull'ormai superata ed antiquata realista oggettività. Se la realtà è solo quella riconosciuta dalla ragione soggettiva e nella misura in cui è riconosciuta da questo schema razionalista, allora non solo ciò che non è ritenuto conforme allo schema viene rinnegato, ma viene dichiarato *sic et simpliciter* inesistente o irrazionale. Il connotato più pertinente di tale razionalismo è, pertanto, l'ideologia a causa del rifiuto della realtà esistente e della contestuale volontà di crearne una tutta nuova. Il razionalismo ideologico è proprio, dunque, della Ragione che elabora un'idea soggettiva contrapposta alla realtà esistente. Infine, la verità, per la Ragione illuministica[160], non essendo più ricercata nella coincidenza tra l'intelletto conoscente e la cosa da conoscere, perde sia il suo significato oggettivo sia il suo stesso carattere di desiderabilità. L'approdo del razionalismo illuminista è, pertanto, lo scetticismo o il relativismo.

Un primo aspetto per delineare la distanza tra il libertarismo di Rothbard e la cosiddetta modernità filosofica è ravvisabile, quindi, proprio nel concetto di ragione. Infatti, anche su questa rivelativa questione, la distanza tra Rothbard e l'illuminismo non potrebbe essere più ampia[161]. L'illuminismo promuove una concezione di ragione che è in rottura con la tradizione classica[162] mentre Rothbard è pienamente all'interno

---

159 Cfr. Paolo DEZZA, *Filosofia*, Università Gregoriana Editrice, Roma 1977, p. 33s. (1942).

160 Cfr. Antonino POPPI, *La verità*, La Scuola, Brescia 1984, p. 263-276.

161 Circa il confronto tra Scuola Austriaca e razionalismo costruttivista, cfr. Raimondo CUBEDDU, *Il liberalismo della Scuola Austriaca. Menger, Mises, Hayek*, Morano, Napoli 1992, p. 139-167.

162 Lo stesso Hayek descriveva la contrapposizione tra il razionalismo costruttivista e la «tradizione che risale anch'essa all'antichità classica, ad Aristotele e Cicerone, che è stata trasmessa alla nostra età moderna principalmente attraverso l'opera di san Tommaso d'Aquino, e che negli ultimi secoli è stata sviluppata soprattutto dai filosofi della politica». Friedrich A. von HAYEK, *Tipi di razionalismo* (*Kinds of rationalism*, 1964), in IDEM, *Studi di filosofia, politica ed economia*, prefazione di Lorenzo Infantino,

di questa tradizione che è, al tempo stesso, classica e teologica[163]. Nel pensiero del teorico libertario è, infatti, presente una concezione della ragione pienamente assimilabile al razionalismo critico tomista (secondo la sua stessa attestazione[164]) e risolutamente distante dal relativismo e dallo scetticismo[165].

Ragione forte e ragione debole

Oltre al criterio sopra descritto, in ordine all'individuazione del ruolo della ragione, potremmo applicare anche un'altra regola di valutazione. Quest'altra regola sembra quanto mai efficace per comprendere la prospettiva di Rothbard. Ci riferiamo alla domanda circa le capacità della ragione umana.

Se si può subito intuire che ci si trova dinanzi a due atteggiamenti riassumibili nella distinzione tra "ragione forte" (con le varie forme e sfumature di razionalismo) e "ragione debole" (dallo scetticismo al fideismo), si deve anche comprendere che tali atteggiamenti sono trasversali (anche all'interno della stessa Scuola Austriaca come richiameremo poco più avanti). Il caso più significativo ed emblematico è la compresenza di questi due contrastanti atteggiamenti all'interno del cristianesimo o, se non si vuole chiamare in causa il cristianesimo in quanto tale, almeno

---

Rubbettino, Soveria Mannelli (Catanzaro) 1998, p. 186.

163 Lo stesso concetto di cultura "classica" trova apprezzamento negli scritti di Rothbard. Ad es., cfr. Murray N. ROTHBARD, *America's Two Just Wars: 1775 and 1861* (1994), in John V. DENSON (edited by), *The Costs of War. America's Pyrrhic Victories*, Transaction Publishers, New Brunswick (New Jersey) 1999 (1997), p. 119-133, ora Murray N. ROTHBARD, *La due guerre giuste dell'America: 1775 e 1861*, in «StoriaLibera. Rivista di scienze storiche e sociali», a cura e traduzione di Beniamino Di Martino, anno 11 (2025), n. 21, p. 166-188 (*America's Two Just Wars: 1775 and 1861*, 1994). Mises, avendo avuto una formazione umanistica, era ancor più esplicito e difendeva apertamente le basi culturali della civiltà occidentale contro «i tentativi furiosi di eliminare gli studi classici...». Ludwig von MISES, *La mentalità anticapitalistica*, presentazione di Lorenzo Infantino, Armando, Roma 1988, p. 86 (*The Anti-Capitalistic Mentality*, 1956). Anche Hayek fu critico nei confronti dell'ignoranza moderna e della scarsa preparazione classica. Cfr. Friedrich A. von HAYEK, *Hayek su Hayek*, a cura di Stephen Kresge e Leif Wenar, Ponte alle Grazie, Firenze 1996, p. 120 (*Hayek on Hayek. An Autobiographical Dialogue*, 1994).

164 Cfr. Murray N. ROTHBARD, *In Defense of "Extreme Apriorism"*, in «Southern Economic Journal», n. 23, January 1957, p. 317.

165 Cfr. Murray N. ROTHBARD, *Diritto, natura e ragione. Scritti inediti versus Hayek, Mises, Strauss e Polanyi*, a cura di Roberta A. Modugno, Rubbettino, Soveria Mannelli (Catanzaro) 2005.

tra i cristiani. Fu uno degli scrittori più noti dei primi secoli della Chiesa—Tertulliano (Quinto Settimio Fiorente Tertulliano, 155 ca. - 240 ca.)—a indicare in modo solare quale ruolo spettasse alla ragione all'interno dell'esperienza cristiana. «La ragione è cosa di Dio»[166] dichiarava Tertulliano. Eppure questa lapidaria certezza non impediva allo stesso autore (oltretutto in un breve arco di anni) di esordire con un altro detto destinato a diventare slogan quanto il primo, un'altra asserzione in cui la fede è presentata come un'adesione razionalmente paradossale: *credo quia absurdum*»[167]. Tommaso d'Aquino—e, nella sua scia, Rothbard— va considerato come un razionalista critico la cui stima per la ragione umana[168] rese possibile la più compiuta sistematizzazione razionale della riflessione teologica.

Da un lato, quindi, vi è l'atteggiamento proprio di chi ritiene che la ragione umana abbia un ruolo forte ed insostituibile. Forte al punto da ritenere che tale facoltà consenta all'uomo di arrivare a cogliere i significati della "natura", i principi primi, l'essere, l'essenza delle cose e la stessa verità dell'esistenza[169].

Solidamente ancorato a tale certezza, Rothbard scriveva: «l'uomo, non avendo una conoscenza innata e istintiva dei propri fini e dei mezzi necessari per ottenerli, deve apprenderli e, per farlo, deve esercitare le sue facoltà di osservazione, d'astrazione e di ragionamento: in breve deve fare uso della propria ragione. La ragione è lo strumento della conoscenza e della stessa sopravvivenza dell'uomo»[170]. Rothbard andava anche oltre. Lo faceva innanzitutto riconoscendo il compito della speculazione, funzione propria della buona filosofia. Riportava il teorico

---

166 TERTULLIANO, *De paenitentia* (anno 200/206), cit. in Tertulliano, *Tre opere parenetiche: Ad Martyras, De Patientia, De Paenitentia*, a cura di Francesco Sciuto, Centro di studi sull'antico cristianesimo. Università di Catania, Catania 1961, p. 73.

167 TERTULLIANO, *De praescriptione haereticorum*, cap. 7 (anno 200 ca.), cit. in Battista Mondin, *Storia della teologia. Epoca patristica*, Edizioni Studio Domenicano, Bologna 1996, p. 154.

168 Scriveva l'Aquinate: «tra tutte le attività umane la più perfetta, sublime, utile e piacevole è quella del sapere (*Inter omnia vero studia hominum, sapientiae studium est perfectius, sublimius et utilius et jucundius*)» TOMMASO d'AQUINO (san), *Somma contro i Gentili*, a cura di Tito S. Centi, UTET, Torino 1978, libro I, cap. 2 (*Summa contra Gentiles*, 1258-1264).

169 Cfr. Sofia VANNI ROVIGHI, *Elementi di filosofia*, La Scuola, Brescia 1986, vol. 1, p. 159s. (1941); cfr. Francesco VENTORINO, *Dalla parte della ragione. Questioni metafisiche*, Itaca, Castel Bolognese (Ravenna) 1997, p. 56.

170 Murray N. ROTHBARD, *L'etica della libertà*, introduzione di Luigi Marco Bassani, Liberilibri, Macerata 2000, p. 61 (*The Ethics of Liberty*, 1982).

libertario: «il posto particolare della ragione nella filosofia del diritto naturale è stato affermato dal moderno filosofo tomista, il defunto padre John Toohey. Toohey ha definito la sana filosofia come segue: "la filosofia, nel senso in cui viene usata la parola quando la scolastica è contrapposta ad altre filosofie, è un tentativo da parte della nuda ragione dell'uomo di dare una spiegazione fondamentale della natura delle cose" (Toohey, *Notes on Epistemology*)»[171]. Il già citato Stark non è un teologo, ma nelle sue accurate ricerche sociologiche sui fondamenti della civiltà occidentale arriva significativamente ad attestare che «i teologi scolastici nutrivano molta più fiducia nella ragione dei filosofi contemporanei»[172]. In linea con ciò, Rothbard sottolineava come il ruolo della ragione si rifletta nella sana argomentazione che conduce alla verità. Citando ancora Toohey, il teorico libertario precisava che «la filosofia scolastica è la filosofia che insegna la certezza della conoscenza umana acquisita per mezzo dell'esperienza dei sensi, della testimonianza, della riflessione e del ragionamento»[173].

A riprova della dignità della ragione attestata nella cristianità possiamo provare anche solo ad accennare a tre elementi rivelativi: il riconoscimento del principio di causalità, la dimostrazione razionale dell'esistenza di Dio e il valore scientifico della teologia.

Un aspetto assai significativo in ordine alla valorizzazione della ragione è costituito dalla consapevolezza del principio di causalità[174]. Se la scienza ha avuto in Occidente il suo migliore *humus* ciò è dovuto all'inderogabilità del principio di causalità. «Tutte le cose sono soggette alla legge di causa ed effetto», attestava Carl Menger (1840-1921)[175], il

---

171 *Ibidem*, p. 22.

172 Rodney STARK, *La vittoria della ragione. Come il cristianesimo ha prodotto libertà, progresso e ricchezza*, Lindau, Torino 2006, p. 29 (*The Victory of Reason. How Christianity Led to Freedom, Capitalism, and Western Success*, 2005).

173 ROTHBARD, *L'etica della libertà*, cit., p. 47.

174 Cfr. Cornelio FABRO, *La difesa critica del principio di causalità*, in «Rivista di filosofia neoscolastica», anno 27 (1936), n. 2, p. 102-141; cfr. Ludwig von MISES, *Teoria e Storia*, prefazione di Murray N. Rothbard, prefazione all'edizione italiana di Dario Antiseri, Rubbettino, Soveria Mannelli (Catanzaro) 2009, p. 51-52.120-121 (*Theory and History. An Interpretation of Social and Economic Evolution*, 1957).

175 Non va certo dimenticato che l'edificazione dell'intera teoria della Scuola Austriaca ha il suo abbrivio esattamente nella riaffermazione del principio di causalità. Così, infatti, Menger dava inizio al suo fondamentale testo: «tutte le cose sottostanno alla legge causale. Questo grande principio non ammette alcuna eccezione, e invano cercheremmo esempio in contrario nel campo dell'empirìa. Il progressivo sviluppo umano non tende a mettere in discussione questo principio, ma piuttosto a confermarlo e ad ampliare sempre più la

fondatore della Scuola Austrica. Il riconoscimento del principio di causalità è davvero la condizione stessa della crescita della civiltà. D'altronde, il cosiddetto medioevo non fu solo un'epoca ricca di scoperte scientifiche e di straordinari progressi tecnologici, ma fu l'età in cui la scienza pose le basi stesse del suo sviluppo[176]. Ricerca e scienza sono, infatti, possibili solo in una civiltà che ritiene l'universo qualcosa di ordinato e di razionale. Se non è superfluo ricordare che ogni attività scientifica si rende possibile solo nella coscienza della ferrea concatenazione di cause ed effetti[177], è bene anche ricordare i risvolti propriamente metafisici delle considerazioni sulle cosiddette cause seconde[178] perché, se è proprio del fideismo l'esclusione delle cause seconde, è caratteristica del naturismo il rifiuto di una causa prima[179].

È proprio la causalità a richiamare un soggiacente finalismo e, muovendo da queste cognizioni, l'uomo ricerca il significato della vita e risale razionalmente all'esistenza di Dio[180]. Come non vedere in tale ricerca la dimostrazione più alta di stima per la ragione umana? Niente, infatti, attesta il valore attribuito alla ragione quanto la consapevolezza di poter giungere a comprendere razionalmente la sussistenza di una causa prima[181]. E Tommaso dichiarava che tale approdo rappresenta un

conoscenza del suo ambito di validità: così il suo riconoscimento indiscusso e crescente è connesso al progresso umano». Carl MENGER, *Principi fondamentali di economia politica*, a cura di Raimondo Cubeddu, introduzione di Karl Milford, Rubbettino, Soveria Mannelli (Catanzaro) 2001, p. 49 (*Grundsätze der Volkswirtschaftslehre*, 1871).

176 Cfr. James HANNAM, *La genesi della scienza. Come il Medioevo cristiano ha posto le basi della scienza moderna*, a cura di Maurizio Brunetti, D'Ettoris Editori, Crotone 2015 (*God's Philosophers. How the Medieval World Laid the Foundations of Modern Science*, 2009).

177 Cfr. ROTHBARD, *L'etica della libertà*, cit., p. 23.

178 Cfr. Beniamino DI MARTINO, *Libertà e coronavirus. Riflessioni a caldo su temi sociali, economici, politici e teologici*, Monolateral, Dallas (Texas, USA) 2022 (2020), p. 372-374.

179 Cfr. Francesca RIVETTI BARBÒ, *Essere nel tempo. Introduzione alla filosofia dell'essere, fondamento di libertà*, Jaca Book, Milano 1990, p. 162.

180 Cfr. Cornelio FABRO, *Le prove dell'esistenza di Dio*, La Scuola, Brescia 1993; cfr. Beniamino DI MARTINO, *La conoscenza razionale di Dio nella "Quaestio Secunda" della "Prima Pars" della "Summa Theologiae" di Tommaso d'Aquino*, in «Veritatis Diaconia. Rivista semestrale di scienze religiose e umanistiche», anno 3 (2017), n. 5, p. 63-87.

181 Cfr. Franco AMERIO, *Intorno alla dimostrazione dell'esistenza di Dio*, in «Giornale di Metafisica», anno 6 (1951), n. 2 (marzo - aprile), p. 168-186; cfr. Agostino COCCIO, *Sulle prove dell'esistenza di Dio*, in «Rivista di filosofia neoscolastica», anno 41 (1949), p. 473-475; cfr. Bernard LONERGAN, *Ragione e fede di fronte a Dio*, Queriniana, Brescia 1977 (*Philosophy of God and Theology*, 1973); cfr. Giuseppe RICCIOTTI, *Dio nella ricerca umana*, Coletti, Roma 1950; cfr. Roberto G. TIMOSSI, *Prove logiche*

indispensabile punto per un ulteriore avvio: «a tutte le indagini sulla realtà divina in se stessa si deve premettere, come fondamento necessario
di tutta l'opera, la dimostrazione dell'esistenza di Dio»[182].

A proposito della dimostrazione razionale dell'esistenza di Dio nella
qualità di riconoscimento del ruolo della ragione[183], vorremmo ancora
ricordare due figure care a Rothbard: i gesuiti Copleston e Sadowsky.
Padre Frederick Copleston—citato in *The Ethics of Liberty*—rilanciò le
"cinque vie" indicate da Tommaso d'Aquino[184], dando ad esse un notevole
contributo teorico[185]. Ricordavamo anche i suoi dibattiti televisivi con
Bertrand Russell[186] sull'esistenza di Dio. È stato, poi, David Gordon—
uno tra gli studiosi più legati a Rothbard—a rendere noto l'impegno di
padre James Sadowsky sulla questione dell'argomentazione cosmologica
(quindi, probabilmente, più nella linea dell'argomento detto *a posteriori*
di sant'Anselmo di Aosta che nella linea della causalità e del finalismo di

*dell'esistenza di Dio da Anselmo d'Aosta a Kurt Gödel. Storia critica degli argomenti on-
tologici*, Marietti, Genova 2005.

182 TOMMASO d'AQUINO (san), *Somma contro i Gentili*, a cura di Tito S. Centi,
UTET, Torino 1978, libro I, cap. 9 (*Summa contra Gentiles*, 1258-1264: «Inter ea vero,
quae de Deo secundum semeipsum consideranda sunt premittenda est consideratio qua
demonstratur Deum esse»).

183 Cfr. BENEDETTO XVI, *Le vie che portano alla conoscenza di Dio*, Udienza Generale, 14.11.2012, in *Insegnamenti di Benedetto XVI. Volume VIII/2. 2012*, Libreria Editrice
Vaticana, Città del Vaticano 2013, p. 587-591, ora BENEDETTO XVI, *Le vie che portano
alla conoscenza di Dio*, in «Veritatis Diaconia. Rivista semestrale di scienze religiose e
umanistiche», anno 3 (2017), n. 5, p. 89-92; cfr. BENEDETTO XVI, *La ragionevolezza
della fede in Dio*, Udienza Generale, 21.11.2012, in *Insegnamenti di Benedetto XVI. Volume VIII/2. 2012*, Libreria Editrice Vaticana, Città del Vaticano 2013, p. 615-619, ora
BENEDETTO XVI, *La ragionevolezza della fede in Dio*, in «Veritatis Diaconia. Rivista
semestrale di scienze religiose e umanistiche», anno 3 (2017), n. 5, p. 93-96.

184 Cfr. AA. VV., *Sulle cinque vie di S. Tommaso*, in «Doctor Communis», anno 6
(1954), p. 1-246; cfr. Luciano CAPRILE, *Validità della dimostrazione tomistica dell'esistenza di Dio*, Pontificia Università Lateranense, Città del Vaticano 1966; cfr. Umberto
DEGL'INNOCENTI, *La validità della "terza via"*, in «Doctor Communis», anno 6
(1954), p. 48-62; cfr. Cornelio FABRO, *Sviluppi, significato e validità della "quarta via"*,
in «Doctor Communis», anno 6 (1954), p. 71-109; cfr. Pietro PARENTE, *La "quinta
via" di S. Tommaso*, in «Doctor Communis», anno 6 (1954), p. 110-130; cfr. Sofia VAN-
NI ROVIGHI, *Perenne validità delle "cinque vie" di S. Tommaso*, in «Aquinas», anno 3
(1960), n. 1-3, p. 198-213.

185 Cfr. Frederick C. COPLESTON, *Religione e filosofia*, La Scuola, Brescia 1977
(*Religion and Philosophy*, 1974).

186 Cfr. Bertrand RUSSELL, *Perché non sono cristiano*, Longanesi, Milano 1959 (*Why
I Am Not a Christian*, 1957); cfr. Horst SEIDL, *Metafisica e realismo. Dibattito su critiche
moderne alla metafisica tradizionale e al suo realismo*, Lateran University Press, Città
del Vaticano 2007, p. 163-166 (*Realistiche Metaphyik*, 2006).

san Tommaso d'Aquino) che il gesuita amico di Rothbard considerava la prova più forte a spiegazione dell'esistenza di Dio[187].

Un terzo esempio di apprezzamento della ragione è offerto dal modo con cui la teologia viene concepita come scienza[188]. In senso proprio si parla di statuto epistemologico del "discorso su Dio". E Tommaso affronta la questione nelle primissime battute della *Summa* dichiarando la scientificità della "sacra dottrina"[189]. A difesa della credibilità razionale della teologia si è posto anche Stark che—sorprendentemente per un non cattolico—riportava la propria opinione forgiata nei lunghi studi: «la *teologia* gode di poco credito tra la maggior parte degli intellettuali occidentali. Si ritiene che il significato della parola faccia riferimento a una forma antiquata di pensiero religioso che abbraccia l'irrazionalità e il dogmatismo. Lo stesso vale per la Scolastica. Nei dizionari, "scolastico" significa "pedante e dogmatico", a indicare così la sterilità del sapere della Chiesa medievale. [...] Non è così! Gli scolastici erano studiosi eccellenti che fondarono le migliori università europee e diedero inizio alla scienza occidentale»[190].

A completare questo quadro che vorrebbe riassumere l'atteggiamento di chi ha visto—dentro e fuori la cristianità, potremmo dire da Socrate a Rothbard—nella ragione umana la facoltà dell'uomo di giungere sino ai significati delle cose, viene da cogliere una singolare affinità. Rothbard, che si espresse scrivendo che «la ragione è lo strumento della conoscenza e della stessa sopravvivenza dell'uomo; l'uso e l'allargamento della sua mente, il conseguimento della conoscenza di ciò che è meglio per lui e di come ottenerlo, è un modo di esistere e di scoprire esclusivamente *umano*»[191], non avrebbe affatto disdegnato l'affermazione di don Giussani in base a cui «la ragione così non è anchilosata, non è rattrappita

187 Cfr. David Gordon, *Father James A. Sadowsky, SJ, RIP*, 18.9.2012 (https://mises.org/mises-daily/father-james-sadowsky-sj-rip).

188 Cfr. Marie-Dominique CHENU, *La teologia come scienza. La teologia nel XIII secolo*, Jaca Book, Milano 1971 (*La théologie comme science au XIII.e siècle*, 1943); cfr. Bernard LONERGAN, *Il metodo in teologia*, Queriniana, Brescia 1975 (*Method in Theology*, 1972).

189 Cfr. TOMMASO d'AQUINO (san), *La Somma Teologica*, a cura dei domenicani italiani, testo latino dell'edizione leonina, Edizioni Studio Domenicano, Bologna 1984, I, q. 1, a. 2 (*Summa Theologiae*, 1265-1274).

190 Rodney STARK, *La vittoria della ragione. Come il cristianesimo ha prodotto libertà, progresso e ricchezza*, Lindau, Torino 2006, p. 25 (*The Victory of Reason. How Christianity Led to Freedom, Capitalism, and Western Success*, 2005).

191 Murray N. ROTHBARD, *L'etica della libertà*, introduzione di Luigi Marco Bassani, Liberilibri, Macerata 2000, p. 61 (*The Ethics of Liberty*, 1982).

come l'ha immaginata tanta filosofia moderna che l'ha ridotta ad una sola mossa [...]. è molto più vasta, la ragione; è vita, è una vita di fronte alla complessità e alla molteplicità della realtà, di fronte alla ricchezza del reale. La ragione è agile, e va da tutte le parti, percorre tante strade» [192].

In contrapposizione a una concezione *forte* delle capacità raziocinanti dell'uomo, si è posto e si pone chi coltiva una visione della ragione che potremmo definire *debole*. Si tratta, come per l'altra concezione—quella congeniale a Rothbard—, di una posizione trasversale e che investe anche buona parte della cristianità, soprattutto riformata, ma anche cattolica. Sin dai primi tempi del cristianesimo—ancora ricordava Stark—«naturalmente, vi furono alcuni influenti ecclesiastici che si opposero al primato dato alla ragione e che sostennero che la fede si accordasse meglio al misticismo e alle esperienze spirituali» [193]. È l'ostilità alla ragione che, come più volte ha scritto Rothbard, unisce relativismo e spiritualismo, scettici e fideisti [194]. Il teorico libertario faceva propri i giudizi del filosofo canadese George P. Grant (1918-1988) circa la «strana alleanza contemporanea di chi dubita della capacità della ragione umana in nome dello scetticismo (originariamente forse scientifico) e di chi sminuisce la sua capacità in nome della religione rivelata. Basta studiare il pensiero di Ockham per capire quanto sia antica questa strana alleanza» [195]. èè noto che Rothbard prese le distanze da Leo Strauss (1899-1973) sul modo con cui intendere il diritto naturale, ma del filosofo politico tedesco-americano approvò pienamente il "fondazionismo" razionale riportandone il pensiero: «la scienza sociale positivistica [...] è caratterizzata dall'abbandono della ragione o dalla fuga da essa [...]. Secondo l'interpretazione positivistica del relativismo che prevale nelle scienze sociali odierne [...] la ragione ci può dire quali mezzi conducano a determinati fini, ma non può dirci quali obiettivi realizzabili siano preferibili ad altri obiettivi parimenti realizzabili. La ragione non può dirci che dovremmo scegliere fini realizzabili [...]. Se la condotta razionale consiste nella scelta dei mezzi giusti per i giusti fini, il relativismo insegna di fatto che la condotta razionale è impossibile» [196].

All'interno della Chiesa non molti, in verità, hanno avuto la lucidità di mettere in relazione la scristianizzazione con il tramonto della fiducia

---

192 Luigi GIUSSANI, *Il senso religioso*, Jaca Book, Milano 1991, p. 29 (1957).
193 STARK, *La vittoria della ragione*, cit., p. 29.
194 Cfr. ROTHBARD, *L'etica della libertà*, cit., p. 18.
195 George P. Grant, 1954, cit. in *ibidem*, p. 29; cfr. p. 51.
196 Leo STRAUSS, 1961, cit. in *ibidem*, p. 22; cfr. p. 47.

verso le capacità della ragione. Si è, infatti—e quasi ovviamente—, indotti a considerare la secolarizzazione come un attacco alla fede mentre non si riflette abbastanza su come l'attacco alla ragione umana attraverso scetticismo e relativismo (ma non di meno per mezzo del fideismo) comporti innanzitutto un problema per gli stessi fondamenti della fede cristiana. Al grande scrittore inglese Gilbert Keith Chesterton (1874-1936)—un'eminente figura di convertito che richiamò l'attenzione di Rothbard[197]—è attribuita una massima che ben trova spazio in questo contesto: «quando gli uomini terminano di credere in Dio, non è che credono in nulla, iniziano a credere a tutto»[198]. In una dinamica inversa a quella ordinaria, il famoso letterato inglese attribuiva la causa del moderno offuscamento della ragione al tramonto della fede cristiana. Ed è estremamente significativo che colui che condivise più di ogni altro l'elaborazione paleo-libertaria con Rothbard, Llewellyn H. Rockwell (anch'egli agnostico), nell'enunciazione dei principi in cui ci si voleva contrapporre al libertarismo di Sinistra, abbia in conclusione citato la sentenza di Chesterton, ancora sottolineando la necessità della salutare influenza cristiana nella società[199]. Merita, infine, di essere anche citata la limpida testimonianza di un grande vescovo contemporaneo, il cardinale Giacomo Biffi (1928-2015), che, introducendo la fortunata opera di uno dei più solari apologeti moderni, scriveva: «il guaio più radicale conseguente alla scristianizzazione, a mio parere, non è la perdita della fede, è la *perdita della ragione*: riprendere a ragionare senza pregiudizi è già un bel passo verso la riscoperta di Cristo e del disegno del Padre. D'altronde, è anche vero che l'iniziativa salvifica di Dio ha una integrale funzione sanante: salva tutto l'uomo; e, dunque, anche la sua naturale capacità conoscitiva. L'alternativa alla fede, pertanto, non è la ragione e la libertà di pensiero, come ci è stato ossessivamente ripetuto negli ultimi

---

197 Cfr. Murray N. ROTHBARD, *Karl Marx: Communist as Religious Eschatologist*, in «Review of Austrian Economics», vol. 4, 1990, p. 129, ora Murray N. ROTHBARD, *Il comunismo religioso ed escatologico di Karl Marx*, a cura di Michele Arpaia, in «Storia-Libera. Rivista di scienze storiche e sociali», anno 10 (2024), n. 20, p. 108 (*Karl Marx: Communist as Religious Eschatologist*, 1990).

198 Se ne ravvisa un'eco in Gilbert Keith CHESTERTON, *Eretici*, prefazione di Roberto Giovanni Timossi, Lindau, Torino 2010 (*Heretics*, 1905).

199 Cfr. Llewellyn H. ROCKWELL, Jr., *The Case for Paleolibertarianism*, in «Liberty», vol. 3, January 1990, p. 38, ora Llewellyn H. ROCKWELL, Jr., *Un manifesto per il paleolibertarismo* (1990), a cura di Paolo Amighetti, in «StoriaLibera. Rivista di scienze storiche e sociali», anno 7 (2021), n. 13, p. 134.

secoli; è, invece, almeno nei casi di estrema e sventurata coerenza, il suicidio della ragione e la rassegnazione all'assurdo»[200].

Facciamo un altro passo avanti. Affermando che la ragione umana non è limitata o circoscritta ad individuare solo mezzi, metodiche e strumenti funzionali al raggiungimento di scopi contingenti ed immediati, Rothbard prendeva le distanze dalla moderna tendenza di restringere la ragione alla pura funzionalità[201]. Tendenza, questa, che è l'esito del cosiddetto pensiero debole che postula un uso meramente tecnico della ragione dell'essere umano.

Papa Giovanni Paolo II (1978-2005) nel 1998 promulgò un'enciclica sul rapporto tra la fede e la ragione. I passi che riguardano la "ragione strumentale" si presterebbero ad essere magnificamente commentati anche solo con le citazioni già riportate di Rothbard. Papa Wojtyla, ad esempio, sosteneva: «se guardiamo alla nostra condizione odierna, vediamo che i problemi di un tempo ritornano, ma con peculiarità nuove. Non si tratta più solamente di questioni che interessano singole persone o gruppi, ma di convinzioni diffuse nell'ambiente al punto da divenire in qualche misura mentalità comune. Tale è, ad esempio, la radicale sfiducia nella ragione che rivelano i più recenti sviluppi di molti studi filosofici. Da più parti si è sentito parlare, a questo riguardo, di "fine della metafisica": si vuole che la filosofia si accontenti di compiti più modesti, quali la sola interpretazione del fattuale o la sola indagine su campi determinati del sapere umano o sulle sue strutture. [...] Una filosofia priva della domanda sul senso dell'esistenza incorrerebbe nel grave pericolo di degradare la ragione a funzioni soltanto strumentali, senza alcuna autentica passione per la ricerca della verità»[202]. Similmente, Rothbard riconosceva la distanza tra la filosofia classica e quella moderna, responsabile (soprattutto dopo Hume) di aver declassato la ragione e averla resa «semplicemente schiava delle passioni», privandola della ricerca del senso morale della vita e dei mezzi per raggiungere tale fine[203]. Tornano alla mente altri passi del magistero di Giovanni Paolo II e di Benedetto XVI. Limitiamoci, però, a menzionare un filosofo caro ad entrambi

---

200 Giacomo BIFFI, Prefazione a Vittorio MESSORI, *Pensare la storia. Una lettura cattolica dell'avventura umana*, Edizioni San Paolo, Cinisello Balsamo (Milano) 1992, p. 11.

201 Cfr. Piero VERNAGLIONE, *Il libertarismo. La teoria, gli autori, le politiche*, Rubbettino, Soveria Mannelli (Catanzaro) 2003, p. 206.207.

202 GIOVANNI PAOLO II, Lettera enciclica *Fides et ratio* circa i rapporti tra fede e ragione, 14.9.1998, n. 55.81.

203 Cfr. ROTHBARD, *L'etica della libertà*, cit., p. 21.22.47.

i pontefici, Armando Rigobello (1924-2016), che scriveva: «il discorso filosofico procede oggi contestando la funzione che la ragione ha sempre avuto di trascendere il dato empirico ed esistenziale e facendo della ragione stessa un semplice uso metodologico»[204]. Neanche vorremmo trascurare la parola dell'allora cardinale Joseph Ratzinger (1927-2022) che, discutendo sugli itinerari della fede tra i rivolgimenti del tempo presente, affermò: «è di fatto una rinuncia alla ragione, affermare che essa è capace di "funzionare" unicamente nell'ambito di ciò che è strumentale, senza considerarla in grado di attingere la verità dell'essere»[205].

Poc'anzi si faceva riferimento a Hume, direttamente evocato da Rothbard. In ambito liberale e libertario sono molti i motivi che chiamano in causa David Hume (1711-1776)[206]. Lo stesso Rothbard, soffermandosi sulla descrizione della natura dello Stato, non mancò di considerare libertario[207] il filosofo scozzese. Hume aveva, infatti, espresso idee simili alla teoria di Étienne de la Boétie (1530-1563) circa la legittimazione del potere governativo[208] e Rothbard aveva sottolineato la somiglianza tra i due pensatori[209]. Le opinioni sull'autorità dello Stato non rappresentavano le uniche affinità tra Hume e il libertarismo di Rothbard[210]. Hume è, difatti, noto per le sue argomentazioni a favore del libero commercio e

---

204 Armando RIGOBELLO, *Perché la filosofia*, La Scuola, Brescia 1980, p. 42 (1979).

205 Joseph RATZINGER, *Svolta per l'Europa? Chiesa e modernità nell'Europa dei rivolgimenti*, Edizioni Paoline, Roma 1992, p. 86 (*Wendezeit für Europa?*, 1991).

206 Cfr. Friedrich A. von HAYEK, *La filosofia del diritto e della politica di David Hume* (*The legal and political philosophy of David Hume*, 1963), in IDEM, *Studi di filosofia, politica ed economia*, prefazione di Lorenzo Infantino, Rubbettino, Soveria Mannelli (Catanzaro) 1998, p. 205-230; cfr. p. 615; cfr. Lorenzo INFANTINO, *Potere. La dimensione politica dell'azione umana*, Rubbettino, Soveria Mannelli (Catanzaro) 2013, p. 176-217.317; cfr. Lorenzo INFANTINO, *Illuminismo scozzese e teoria sociale: la svolta di David Hume*, in Antonio MASALA - Marco MENON - Flavia MONCERI (a cura di), *La passione della libertà. Saggi in onore di Raimondo Cubeddu*, Istituto Bruno Leoni Libri, Torino 2021, p. 81-90; cfr. Marcello PERA, *Critica della ragion secolare. La modernità e il cristianesimo di Kant*, Le Lettere, Firenze 2019, p. 36-41.71-77.85; cfr. Walt W. ROSTOW, *Theorists of Economic Growth from David Hume to the Present. With a Perspective on the Next Century*, Oxford University Press, Oxford 1990.

207 Cfr. ROTHBARD, *L'etica della libertà*, cit., p. 21.22.47.

208 Cfr. David HUME, *Dell'origine del governo* (*Of the Origin of Government*, 1742), - in IDEM, *Saggi e trattati morali, letterari, politici e economici*, a cura di Mario Dal Pra e Emanuele Ronchetti, UTET, Torino 1974, p. 214s.

209 Cfr. Murray N. ROTHBARD, *Concepts of the Role of Intellectuals in Social Change Toward Laissez Faire*, in «Journal of Libertarian Studies», vol. 9, n. 2, Fall 1990, p. 43-67.

210 Cfr. Roberta Adelaide MODUGNO, *Murray N. Rothbard e l'anarco-capitalismo americano*, Rubbettino, Soveria Mannelli (Catanzaro) 1998, p. 115.

per le dimostrazioni dei benefici che gli scambi arrecano a tutti i popo-li[211]. Oltretutto, il filosofo di Edimburgo fu un difensore della proprietà privata[212]e scrisse interessanti pagine di teoria monetaria[213]. Si contrad-distinse, inoltre, nella battaglia delle idee in un famoso scontro che lo contrappose a Rousseau, campione dell'illuminismo[214].

Ma se tali sono i "meriti" di Hume—pregi ampiamente riconosciuti da Rothbard—, non di meno l'acuto teorico libertario non ha risparmia-to critiche al filosofo scozzese. D'altra parte, Hume non si sarebbe mai potuto accordare con la prospettiva rothbardiana a causa dell'utilitari-smo e dello scetticismo che ne hanno così profondamente caratterizzato il pensiero. Rothbard, perciò, non mancò di definire Hume «antenato dei positivisti»[215].

Non è certamente questa la sede per un'analisi critica dell'opera della figura simbolo dell'empirismo[216]. Ma neanche ci si può esimere dal ri-chiamare il modo con cui Rothbard si pose dinanzi a tale tendenza filo-sofica. L'empirista scozzese è noto per aver negato la relazione tra causa ed effetto (con la critica al principio di causalità)[217] e per aver respinto l'universalità delle idee (con la teoria della "relazione fra idee" e dei "dati di fatto")[218]. Occorrerebbe richiamare anche il rapporto tra i fatti e il va-lore, tra l'*essere* e il *dover essere* (che il filosofo espresse con ciò che viene

---

211 Cfr. David HUME, *Sul commercio e sulla civiltà*, Istituto Bruno Leoni Libri, To-rino 2015..

212 Cfr. David HUME, *Trattato sulla natura umana*, testo inglese a fronte, a cura di Paolo Guglielmoni, Bompiani, Milano 2001, p. 617s.957s. (*A Treatise of Human Natu-re*, 1739). In *The Ethics of Liberty*, Rothbard ricordava l'importanza attribuita da Hume ai diritti di proprietà.

213 Cfr. Maria Pia PAGANELLI, *David Hume e la moneta*, in Angelo MIGLIETTA - Alberto MINGARDI (a cura di), *Dal sesterzio al Bitcoin. Vecchie e nuove dimensioni del denaro. Sette saggi sull'evoluzione del denaro*, Rubbettino, Soveria Mannelli (Catan-zaro) 2020, p. 27-36.

214 Cfr. David HUME, *A proposito di Rousseau*, presentazione di Lorenzo Infantino, Rubbettino Soveria Mannelli (Catanzaro) 2017.

215 Murray N. ROTHBARD, *Il simposio sul relativismo: una critica* (1960), in IDEM, *Diritto, natura e ragione. Scritti inediti versus Hayek, Mises, Strauss e Polanyi*, a cura di Roberta A. Modugno, Rubbettino, Soveria Mannelli (Catanzaro) 2005, p. 138.

216 Cfr. Bertrand RUSSELL, *La saggezza dell'Occidente. Panorama storico della fi-losofia occidentale nei suoi sviluppi sociali e politici*, a cura di Paul Foulkes, Longanesi, Milano 1961, p. 309-317 (*The Wisdom of the West. A Historical Survey of Western Philo-sophy in Its Social and Political Setting*, 1959).

217 Cfr. Sofia VANNI ROVIGHI, *Elementi di filosofia*, La Scuola, Brescia 1986, vol. 2, p. 73s. (1941).

218 Cfr. Giovanni REALE - Dario ANTISERI, *Il pensiero occidentale dalle origini ad oggi*, La Scuola, Brescia 1990, vol. 2, p. 421-422 (1983).

ordinariamente ricordata come "legge di Hume"). Con un'inevitabile deriva nominalistica[219], l'empirismo di Hume, vieppiù, escludeva che la ragione potesse cogliere i fini ultimi, condannando questa—secondo le stesse parole del filosofo—ad essere soggetta unicamente alle passioni.

Se l'empirismo si connota come predilezione per l'osservazione di soli eventi particolari e per la sperimentazione di dati meramente empirici—con il rinnegamento di principi universali—è anche vero che Rothbard volle distinguere due forme di esso ed ammise l'esistenza di un empirismo accettabile[220]. Infatti, se Mises era stato piuttosto categorico («niente è più chiaramente un'inversione della verità quanto la tesi dell'empirismo, secondo cui si giunge a proposizioni teoriche attraverso l'induzione, sulla base di un'osservazione dei "fatti" priva di presupposti. È solo con l'aiuto di una teoria che possiamo stabilire quali siano i fatti. Anche chi è completamente estraneo al pensiero scientifico e che ingenuamente crede in niente che non sia "pratico" ha una precisa concezione teorica di ciò che sta facendo»[221]), diversamente si era interposto Rothbard che, nel 1957, scriveva: «il considerare l'assioma dell'azione "*a priori*" o "empirico" dipende dalla posizione filosofica di fondo. Il professor Mises, seguendo la tradizione neokantiana considera questo assioma una *legge del pensiero* e perciò la verità categorica *a priori* rispetto all'esperienza. La mia posizione epistemologica si basa su Aristotele e san Tommaso piuttosto che su Kant e per questo interpreterei la proposizione in modo differente. Considererei l'assioma una *legge della realtà* piuttosto che una legge del pensiero e perciò "empirica" piuttosto che "*a priori*". Ma questo tipo di "empirismo" è talmente lontano dall'empirismo moderno che, per i nostri fini, potrei anche continuare a chiamarlo *a priori*»[222].

Forse non è improvvido collegare il modo con cui Rothbard definiva la propria prospettiva in un certo senso empirista e il modo con cui

---

219 Cfr. Francesca RIVETTI BARBÒ, *Dubbi, discorsi, verità. Lineamenti di filosofia della conoscenza*, Jaca Book, Milano 1986, p. 66 (1985); cfr. Piero VERNAGLIONE, *Il libertarismo. La teoria, gli autori, le politiche*, Rubbettino, Soveria Mannelli (Catanzaro) 2003, p. 63.

220 Cfr. Carlo LOTTIERI, *Gli individui di fronte al diritto e allo Stato: le ragioni del libertarismo e di Murray N. Rothbard*, in Carlo LOTTIERI - Enrico DICIOTTI, *Rothbard e l'ordine giuridico libertario. Una discussione*, Dipartimento di Scienze Storiche, Giuridiche, Politiche e Sociali dell'Università degli Studi di Siena, Siena 2002, p. 121.

221 Ludwig von MISES, *Problemi epistemologici dell'economia*, prefazione di Sergio Ricossa, Armando Editore, Roma 1988, p. 52 (*Grundprobleme der Nationalökonomie*, 1933).

222 Murray N. ROTHBARD, *In Defense of "Extreme Apriorism"*, in «Southern Economic Journal», n. 23, January 1957, p. 317.

il cristianesimo stesso, nella persona di Cristo risorto, vada considerato come un evento storico e fisico e, in quanto tale, sperimentabile *empiricamente* e *sensibilmente*[223].

All'inizio di *The Ethics of Liberty*, Rothbard dichiarava implicitamente di voler contrapporsi a Hume lungo due direttrici: la dicotomia "fatti-valori" e il ruolo della ragione. In questo momento interessa richiamare l'attenzione sulla seconda. Scriveva il teorico libertario nel 1982: «secondo i filosofi moderni è stato David Hume a demolire la teoria giusnaturalista. La lama della "demolizione" di Hume aveva due tagli: da una parte la presunta dicotomia "fatti-valori" rendeva impossibile inferire un valore da un fatto; dall'altra l'affermazione che la ragione non può che essere schiava delle passioni. In breve, a differenza dell'opinione giusnaturalistica, secondo la quale la ragione umana può scoprire gli scopi corretti da perseguire, Hume sosteneva che, in definitiva, solo le passioni possano stabilire i fini umani e che la funzione della ragione sia quella di indicare alle emozioni come raggiungerli (sotto questo aspetto, Hume è stato seguito dai moderni scienziati sociali, a partire da Max Weber). Secondo questa costruzione, le emozioni sono dati primari impossibili da analizzare»[224]. La posizione di Hume segnata dallo scetticismo può essere, per alcuni versi, assimilata all'anti-razionalismo di Mandeville, di Ferguson e, infine, di Hayek, secondo un paradigma che, in relazione al ruolo da assegnare alla ragione umana, è molto distante dalla prospettiva rothbardiana[225]. Per il teorico libertario, infatti, «la ragione non è destinata, come avviene nella moderna filosofia successiva a Hume, ad essere semplicemente schiava delle passioni, limitandosi a scoprire i mezzi per raggiungere fini scelti arbitrariamente»[226]. Per il tomista o il giusnaturalista, invece, la ragione—la *recta ratio*—è costitutivamente aperta ad indicare gli stessi fini oltre che i mezzi per raggiungere quei fini.

La posizione di Hume si inserisce, quindi, nell'ampio panorama dello scetticismo e si configura, pertanto, come negazione dell'*inferenza*[227]. Se

---

223 Cfr. Ignace DE LA POTTERIE, *Storia e mistero. Esegesi cristiana e teologia giovannea*, Società Editrice Internazionale, Torino 1997, p. 155.

224 Murray N. ROTHBARD, *L'etica della libertà*, introduzione di Luigi Marco Bassani, Liberilibri, Macerata 2000, p. 27-28 (*The Ethics of Liberty*, 1982).

225 Cfr. Roberta A. MODUGNO, *Legge e natura nel pensiero politico di Murray N. Rothbard*, in Murray N. ROTHBARD, *Diritto, natura e ragione. Scritti inediti versus Hayek, Mises, Strauss e Polanyi*, a cura di Roberta A. Modugno, Rubbettino, Soveria Mannelli (Catanzaro) 2005, p. 18.

226 ROTHBARD, *L'etica della libertà*, cit., p. 21.

227 Cfr. Nicola ABBAGNANO, *Dizionario di filosofia*, UTET, Torino 1977, p. 487

l'inferenza è quella forma di ragionamento attraverso cui viene dimostrata la logica conseguenzialità di una conclusione, Hume respingeva la possibilità che si potesse risalire a verità grazie a implicazioni e connessioni di natura deduttiva. Il filosofo empirista, infatti, non poteva che rigettare il concetto di *implicazione* nel suo portato metafisico.

Non occorre molto acume per ravvisare nelle obiezioni poste al principio di causalità, mosse dai prevalenti orientamenti del pensiero post-classico, un radicato e spesso astioso pregiudizio anti-metafisico. D'altra parte le linee caratterizzanti il pensiero moderno predominante sono distanti, se non chiaramente polemiche, nei confronti dell'ontologia. Allergica alla domanda sull'essere, la filosofia moderna si presenta all'insegna del superamento della metafisica[228].

D'altra parte l'insostenibilità della pretesa di limitare la ragione comporta un'incoerenza dello stesso Hume. Rothbard metteva in luce tale incongruenza riportando un commento di *A Treatise of Human Nature* in cui si mostra come sia lo stesso filosofo empirista a non poter comprimere la ragione al campo del piacere (o del dolore) perché egli stesso si trova poi costretto a giudicare azioni in base alla conformità all'essere dell'uomo. In tal modo, lo stesso Hume, *obtorto collo*, finiva col recuperare il concetto di giustizia così come espresso dal diritto naturale[229].

Ancora in relazione al ruolo della ragione nella teologia, Rothbard coltivò un'altra importante riflessione, anche in conseguenza dei suoi accurati interessi storici. Il filosofo diede argutamente rilievo al modo con cui il luteranesimo e il calvinismo avevano considerato la ragione umana e come, complessivamente, il fideismo protestante—il *sola fide* di luterana memoria—si era contrapposto alla visione "razionalista" cattolica. Con il suo acume, Rothbard era condotto a interrogarsi sulla differenza tra cattolicesimo e Riforma[230]. Ed è esattamente il nodo costituito dalla ragione a creare una distanza tra le due confessioni cristiane. Il cristiano coscienzioso—sosteneva il teorico libertario all'inizio del 1990—che vuole essere eticamente irreprensibile non può che trovarsi al cospetto di due possibili sistemi etici: quello cattolico nel «quale la ragione umana è

(1960); cfr. Ugo VIGLINO, voce *Ragionamento*, in *Enciclopedia Cattolica*, Ente per l'Enciclopedia Cattolica, Città del Vaticano 1953, vol. X, col. 487.

228 Cfr. Horst SEIDL, *Metafisica e realismo. Dibattito su critiche moderne alla metafisica tradizionale e al suo realismo*, Lateran University Press, Città del Vaticano 2007, p. 69s. (*Realistiche Metaphyik*, 2006).

229 Cfr. ROTHBARD, *L'etica della libertà*, cit., p. 50-51; cfr. p. 29.

230 Cfr. Guglielmo PIOMBINI, *Il paleolibertarismo e la sua eredità culturale*, in «StoriaLibera. Rivista di scienze storiche e sociali», anno 2 (2016), n. 4, p. 41.

142 Un libertario quasi cristiano. Il percorso culturale di Murray N. Rothbard.

attrezzata per scoprire la legge naturale» e quello calvinista nel «quale la ragione umana è così corrotta che l'*unica* etica praticabile, l'unica verità riguardo *qualsiasi cosa*, deve provenire esclusivamente dalla rivelazione divina così come presentata nella Bibbia»[231]. Il fideismo protestante, perciò, si presenta anche all'insegna del *sola Scriptura*.

Se la questione della ragione umana dev'essere considerata per Rothbard il primo grande motivo di stima verso il cattolicesimo, viceversa, la stessa questione divenne, per il filosofo libertario, il fondamentale presupposto di diffidenza nei confronti della cultura della Riforma nata dalla rivoluzione di Lutero.

Nella scia del nominalismo, che già aveva contribuito a porre in crisi l'equilibrio medioevale tra fede e ragione[232], il riformatore di Wittenberg, ribaltando l'indirizzo tomistico, considerava la ragione come nemica della fede. Contrapposta alla ragione (e al mondo materiale), la fede diveniva qualcosa di indimostrabile, una realtà totalmente separata dall'esperienza e dalle facoltà naturali dell'uomo. Il condizionamento culturale del protestantesimo sul cammino della civiltà occidentale e della cristianità sarebbe stato comprensibilmente enorme: una fede senza ragione prelude ad una ragione senza fede. In tal modo il fideismo riformato preparava l'avvento dell'ateismo moderno[233]. Se la ragione contamina la pura fede che proviene dalla Rivelazione, ogni atteggiamento raziocinante doveva essere contrastato in nome dell'integrità evangelica[234]. In questo modo, la ragione, da dono di Dio, si trasforma in seduttrice del diavolo, secondo la cruda frase dell'ex monaco agostiniano[235]. Non

---

231 Murray N. ROTHBARD, *Kingdom Come. The Politics of the Millennium*, in «Liberty», n. 3, January 1990, p. 45.

232 Cfr. Sofia VANNI ROVIGHI, *Introduzione a Tommaso d'Aquino*, Laterza, Roma - Bari 1981, p. 132 (1973); cfr. Luigi NEGRI, *Controstoria. Una rilettura di mille anni di vita della Chiesa*, Edizioni San Paolo, Cinisello Balsamo (Milano) 2000, p. 47-48.

233 Cfr. Ermanno PAVESI, *Martin Lutero e la civiltà moderna*, in «Cultura & Identità», anno 2 (2010), n. 7 (settembre - ottobre), p. 42-51; cfr. Annalisa TERRANOVA, *La Riforma come origine della modernità*, Il Cerchio, Rimini 2000.

234 Cfr. Ermanno PAVESI, *Lutero e la giustificazione per sola fede*, in «Cultura & Identità», anno 8 (2016), nuova serie, n. 14, p. 8-15; cfr. Jared WICKS, *Fede e giustificazione in Lutero*, in «Rassegna di teologia», anno 24 (1983), n. 2, p. 110-125; cfr. Jared WICKS, *Fede e giustificazione in Lutero. II*, in «Rassegna di teologia», anno 24 (1983), n. 3, p. 219-237; cfr. Paolo ZANOTTO, *Cattolicesimo, protestantesimo e capitalismo. Dottrina cristiana ed etica del lavoro*, prefazione di Giorgio Faro, Rubbettino - Leonardo Facco, Soveria Mannelli (Catanzaro) - Treviglio (Bergamo) 2005, p. 119s.

235 Cfr. Franco Buzzi, *La ragione umana: "Dono di Dio" e "puttana del diavolo" nel pensiero teologico di Martin Lutero*, in «Syzetesis», anno 5 (2018), n. 2, p. 169-189.

più, quindi, una facoltà da coltivare e sviluppare, ma una tentazione da allontanare e ripudiare.

Non venendo incalzata dalla ragione, la fede cristiana, nella modalità nominalistica o protestante, si appiattisce sul piano del mero sentimento. Così facendo, la supposta purificazione dell'esperienza religiosa—ormai priva di "carne" e di autentica umanità (la *sola gratia* luterana)—scade nel sentimentalismo e ciò che viene rimproverato al cattolicesimo rappresenta ciò che manca ad un'esperienza pienamente umana. «L'uomo comincia a essere come separato: da una parte la ragione, che non può conoscere la fede (la fede non si conosce, la fede si sente, si prova), dall'altra una fede che ha alla sua base una domanda che non è quella totalizzante [...]. Legando l'esperienza religiosa al sentimento, Lutero ha compiuto una restrizione della religione dalla totalità dell'uomo all'aspetto affettivo e sentimentale, restrizione di cui noi portiamo ancora le conseguenze»[236]. Così, per scongiurare la materialità cattolica (o l'"intellettualismo" scolastico[237]), la fede luterana e calvinista comporta la "riduzione" sentimentale del cristianesimo.

Rothbard nutrì una dichiarata avversione nei confronti dell'anti-razionalismo—se non proprio irrazionalismo—protestante, un'insofferenza che aveva il suo contrario nella stima nei confronti del razionalismo cattolico, apprezzamento ripetutamente espresso. Lo dimostrava, ad esempio, quando, presentando la continuità della teoria dei diritti naturali, scrisse: «lo stesso è vero per il razionalismo, dato che la ragione è stata il principale strumento usato da san Tommaso, mentre i protestanti la combatterono fondando la propria teologia ed etica su basi più emozionali o sulla Rivelazione diretta»[238]. Nell'intellettualismo scolastico, oggetto della critica protestante, Rothbard scorgeva la radice della stessa positività cattolica verso la vita mentre nell'anti-razionalismo riformato vedeva la negatività luterana e gli effetti del pessimismo puritano[239].

---

236 Luigi NEGRI, *Lutero e il cristianesimo moderno. "Sola Fide et sola Scriptura"*, in IDEM, *False accuse alla Chiesa. Quando la verità smaschera i pregiudizi*, Piemme, Casale Monferrato (Alessandria) 1997, p. 130.

237 Cfr. Jacques MARITAIN, *Tre riformatori. Lutero, Cartesio, Rousseau*, introduzione di Antonio Pavan, Morcelliana, Brescia 1983, p. 69-71 (*Trois rèformateurs. Luther, Descartes, Rousseau*, 1925); cfr. Paolo RICCA, *La Riforma protestante (1517-1580)*, in Giovanni FILORAMO (a cura di), *Cristianesimo*, Laterza, Roma - Bari 2011, p. 229-230 (1995).

238 Murray N. ROTHBARD, *Cattolicesimo, protestantesimo e capitalismo*, a cura di Paolo L. Bernardini, in «StoriaLibera. Rivista di scienze storiche e sociali», anno 7 (2021), n. 14, p. 120 (*Memorandum on Catholicism, Protestantism, and Capitalism*, 1957 - il pezzo è presente in questo stesso volume).

239 Cfr. Murray N. ROTHBARD, *Le origini del Welfare State in America*, a cura di

In *The Ethics of Liberty*, Rothbard fu polemico verso la non troppo paradossale alleanza tra gli scettici e i fideisti[240], uniti nel contrapporsi alle capacità della ragione umana (e alla plausibilità del diritto naturale). Per tale motivo il teorico libertario volle citare il filosofo canadese George P. Grant che, a riguardo, osservava: «il fatto storicamente interessante è che queste due tradizioni antirazionalistiche—quella dello scettico liberale e del protestante portatore di verità rivelate—dovrebbero avere origine in due contrastanti concezioni dell'uomo. La dipendenza del protestante dalla rivelazione nasceva da un grande pessimismo nei confronti della natura umana. [...] I valori immediati del liberale hanno origine in un grande ottimismo. E in fondo, la tradizione dominante nell'America del Nord è proprio quella di un protestantesimo trasformato dalla tecnologia pragmatica e da aspirazioni liberali»[241].

Una riprova dell'atteggiamento di rifiuto da parte di Lutero e della teologia riformata della ragione è offerta dall'irritazione dei protestanti nei confronti di ogni argomentazione tesa a dimostrare razionalmente l'esistenza di Dio. Mentre, all'opposto, la differente strada percorsa dai teologi cattolici attesta la consapevolezza della validità dell'uso della ragione e di essa, in riferimento al diretto confronto con il mistero di Dio[242], danno il più alto riconoscimento di valore[243] (della ragione umana Giussani

Maurizio Brunetti e Michele Arpaia, in «StoriaLibera. Rivista di scienze storiche e sociali», anno 8 (2022), n. 15, p. 89-90 (*Origins of the Welfare State in America*, 1993); cfr. Murray N. ROTHBARD, *America's Most Persecuted Minority* (1994), in Llewellyn H. ROCKWELL, Jr. (edited by), *The Irrepressible Rothbard*, The Center for Libertarian Studies, Burlingame (California) 2000, p. 268-272; cfr. Murray N. ROTHBARD, *America's Two Just Wars: 1775 and 1861* (1994), in John V. DENSON (edited by), *The Costs of War. America's Pyrrhic Victories*, Transaction Publishers, New Brunswick (New Jersey) 1999, p. 128.129, ora in Murray N. ROTHBARD, *La due guerre giuste dell'America: 1775 e 1861*, in «StoriaLibera. Rivista di scienze storiche e sociali», a cura e traduzione di Beniamino Di Martino, anno 11 (2025), n. 21, p. 180.181 (*America's Two Just Wars: 1775 and 1861*, 1994).

240 Cfr. Carlo LOTTIERI, *Gli individui di fronte al diritto e allo Stato: le ragioni del libertarismo e di Murray N. Rothbard*, in Carlo LOTTIERI - Enrico DICIOTTI, *Rothbard e l'ordine giuridico libertario. Una discussione*, Dipartimento di Scienze Storiche, Giuridiche, Politiche e Sociali dell'Università degli Studi di Siena, Siena 2002, p. 112.

241 Cit. in Murray N. ROTHBARD, *L'etica della libertà*, introduzione di Luigi Marco Bassani, Liberilibri, Macerata 2000, p. 29.51 (*The Ethics of Liberty*, 1982).

242 Cfr. Beniamino DI MARTINO, *La conoscenza razionale di Dio nella "Quaestio Secunda" della "Prima Pars" della "Summa Theologiae" di Tommaso d'Aquino*, in «Veritatis Diaconia. Rivista semestrale di scienze religiose e umanistiche», anno 3 (2017), n. 5, p. 63-87.

243 Cfr. James HANNAM, *La genesi della scienza. Come il Medioevo cristiano ha posto le basi della scienza moderna*, a cura di Maurizio Brunetti, D'Ettoris Editori, Crotone

scriveva che «la percezione dell'esistenza del mistero rappresenta il vertice della ragione»[244]). Affermava, al contrario, Lutero: «la ragione [...] gioca a mosca cieca con Dio e compie mosse false, e va a sbattervi contro in modo da chiamare Dio ciò che Dio non è; essa non lo farebbe, se non sapesse che Dio esiste, oppure se sapesse bene ciò o che cosa è Dio. Per questo motivo essa cade in fallo e attribuisce il nome e gli onori divini e dà l'appellativo di Dio a ciò che le sembra essere Dio e così non incontra mai e poi mai il vero Dio, ma sempre il diavolo o la propria personale superbia, di cui il diavolo è il manovratore»[245].

Razionalismo e anti-razionalismo. Una Scuola, due paradigmi

Abbiamo, così, provato a delineare la posizione di Rothbard in rapporto alla ragione umana in sé e in rapporto al ruolo della ragione all'interno del cristianesimo. Abbiamo, però, bisogno di proporre altre considerazioni per completare il quadro, a partire dal modo con cui la ragione è stata concepita all'interno di quella Scuola Austriaca nella quale Rothbard si è costantemente riconosciuto.

Rothbard ha dovuto confrontarsi con due scenari all'interno di ciascuno dei quali erano chiaramente presenti due modelli. Quello che direttamente interessa il presente contributo riguarda il modo con cui all'interno del cristianesimo è stato inteso il rapporto tra la fede del credente e la ragione dell'uomo. Pur tuttavia, tale ardua questione per troppi motivi tira in causa un altro scenario. Infatti, per comprendere quale atteggiamento Rothbard assunse in ordine alla relazione tra fede e ragione, non dovrebbe essere trascurato il modo con cui il filosofo affrontò, all'interno della Scuola Austriaca, il tema del razionalismo e dell'anti-razionalismo.

Può apparire sorprendente per una comunità di studiosi fortemente coesi dal punto di vista teorico, ma va subito precisato che, in tema di razionalità, la visione non è univoca: all'interno della Scuola fondata da Carl Menger, infatti, si confrontano due differenti paradigmi che potremmo senz'altro definire "razionalista" e "anti-razionalista". Così Roberta

---

2015, p. 133 (*God's Philosophers. How the Medieval World Laid the Foundations of Modern Science*, 2009).

244 Luigi GIUSSANI, *All'origine della pretesa cristiana*, Jaca Book, Milano 1989, p. 12 (1988).

245 Cit. in Gerhard EBELING, *Lutero. Un volto nuovo*, Herder - Morcelliana, Roma - Brescia 1970, p. 212-213 (*Luther. Einführung in sein Denken*, 1964).

Modugno definisce i «due diversi paradigmi esistenti attualmente all'interno della Scuola Austriaca: l'uno razionalista e fondazionista, rappresentato da Rothbard e dalla sua scuola; l'altro fallibilista, evoluzionista e radicato nella teoria della soggettività dei valori»[246]. Facendo un passo indietro rispetto a Rothbard, le due posizioni possono essere ricondotte, rispettivamente, a Mises (sulla cui linea si pone Rothbard) e Hayek (con Popper accanto a questi). Intorno al ruolo da attribuire alla ragione umana i seguaci di Menger continuano a dividersi[247]. Neanche si tratta dell'unica differenza tra gli studiosi "austriaci"[248]: infatti, benché questa diversità sia tra le principali, non è l'unica, esistendone altre, alcune delle quali sarebbe stato pure necessario richiamare in questo nostro lavoro.

Due modelli, quindi, che manifestano un differente orientamento nei confronti della ragione umana e che hanno come sfondo quella fondamentale distinzione già richiamata tra quanti hanno considerato la ragione umana come capace di giungere a certezze assolute (in questo caso si parlerebbe opportunamente di "ragione forte") e quanti hanno, invece, escluso la possibilità che la ragione possa condurre l'uomo a verità sull'esistenza (in questo caso, al contrario, si parlerebbe semplicemente di "ragione debole"). In tal modo, anche all'interno della Scuola marginalista è emerso un paradigma razionalista accanto ad un paradigma anti-razionalista. Confermava Rothbard: «al centro della costellazione delle differenze cruciali tra i paradigmi misesiano e hayekiano è il rispettivo atteggiamento verso la ragione umana. L'uomo, afferma Mises seguendo Aristotele, è l'animale in maniera unica razionale; la ragione è l'unico ed essenziale strumento dell'uomo per scoprire quali sono i suoi bisogni e le sue preferenze, e per scoprire ed impiegare i mezzi per realizzarli. L'insistenza di Mises sull'azione, sull'uomo che agisce, perciò, sottolinea necessariamente l'importanza vitale della ragione umana. L'uomo misesiano agisce e, perciò, seleziona consapevolmente gli obiettivi

246 Roberta Adelaide MODUGNO, *Rothbard critico di Hayek e Mises*, in «Nuova Civiltà delle Macchine», anno 29 (2011), n. 1-2 (gennaio - giugno), p. 469.
247 Anche in questo, Vernaglione ci aiuta sintetizzando: «fra gli esponenti del paradigma misesiano vanno indicati M. Rothbard, H. Hazlitt, H. Sennholz, J. Salerno, H.-H. Hoppe, D. Armentano, G. Hulsmann, W. Block, P.G. Klein. Vicini all'impostazione hayekiana possono essere considerati B. Leoni, I. Kirzner, P. O'Driscoll jr., L. Yeager, S. Horwitz, W.N. Butos, B. Caldwell, J. Hasnas, K. Vaughn». Pietro VERNAGLIONE, *La contrapposizione teorica tra Rothbard e Hayek*, in «Nuova Civiltà delle Macchine», anno 29 (2011), n. 1-2 (gennaio - giugno), p. 45.
248 Cfr. Piero VERNAGLIONE, *Il libertarismo. La teoria, gli autori, le politiche*, Rubbettino, Soveria Mannelli (Catanzaro) 2003, p. 148-153.

e decide come perseguirli»[249]. Proviamo, a questo punto, a comparare i due modelli attraverso alcune affermazioni degli stessi protagonisti.

Rothbard, che—sulle orme di Mises—professava la certezza nelle capacità della ragione umana, così si esprimeva in quella che, forse, è la sua testimonianza a riguardo più esplicita: «l'uomo, non avendo una conoscenza innata e istintiva dei propri fini e dei mezzi necessari per ottenerli, deve apprenderli e, per farlo, deve esercitare le sue facoltà di osservazione, d'astrazione e di ragionamento: in breve deve fare uso della propria ragione. La ragione è lo strumento della conoscenza e della stessa sopravvivenza dell'uomo; l'uso e l'allargamento della sua mente, il conseguimento della conoscenza di ciò che è meglio per lui e di come ottenerlo, è un modo di esistere e di scoprire esclusivamente *umano*. E questa è, unica nel suo genere, la natura umana; l'uomo, come ha rilevato Aristotele, è l'animale razionale, ovvero, per essere più precisi, l'essere razionale. Per mezzo della ragione il singolo uomo osserva i fenomeni e il funzionamento del mondo esterno e i dati di fatto della propria consapevolezza, che comprendono le sue emozioni: in breve, egli fa uso sia dell'introspezione sia dell'estrospezione»[250]. Mentre Rothbard poggia la propria posizione epistemologica su Aristotele e su Tommaso d'Aquino[251], il richiamo alla razionalità di Mises è nella linea neokantiana[252]. Affermava l'economista austriaco nel suo capolavoro: «la ragione è un attributo particolare e caratteristico dell'uomo. Se essa sia o meno strumento idoneo a conoscere la verità ultima e assoluta è domanda che la prasseologia non si pone. Questa si occupa della ragione soltanto perché essa permette all'uomo di agire»[253].

A fronte di una concezione forte della ragione, anche tra i principali esponenti austro-liberali è emersa una differente consapevolezza espressa soprattutto da Hayek e da Popper. Riconosceva Hayek: «la mia posizione è il prodotto di una profonda consapevolezza dei limiti della mente

---

249 Murray N. ROTHBARD, *The Present State of Austrian Economics* (1992), in IDEM, *Economic Controversies*, Ludwig von Mises Institute, Auburn (Alabama) 2011, p. 191-192.

250 Murray N. ROTHBARD, *L'etica della libertà*, introduzione di Luigi Marco Bassani, Liberilibri, Macerata 2000, p. 61-62 (*The Ethics of Liberty*, 1982).

251 Cfr. Murray N. ROTHBARD, *In Defense of "Extreme Apriorism"*, in «Southern Economic Journal», n. 23, January 1957, p. 317.

252 Cfr. Carlo LOTTIERI, *Le ragioni del diritto. Libertà individuale e ordine giuridico nel pensiero di Bruno Leoni*, Rubbettino, Soveria Mannelli (Catanzaro) 2006, p. 58.

253 Ludwig von MISES, *L'azione umana. Trattato di economia*, prefazione di Lorenzo Infantino, Rubbettino, Soveria Mannelli (Catanzaro) 2016, p. 221 (*Human Action. A Treatise on Economics*, 1949.1966).

individuale, che induce un atteggiamento di umiltà nei confronti dei processi impersonali e anonimi per mezzo dei quali gli individui riescono a creare cose più grandi di quelle da essi conosciute, mentre il falso individualismo è il prodotto di un'esagerata fiducia nei poteri della ragione e di un conseguente disprezzo per qualsiasi cosa non intenzionalmente progettata da essa o che non risulti per essa intelligibile»[254]. Se le incertezze della conoscenza («per "ragione correttamente usata" intendo una ragione che riconosce i suoi limiti»[255]) saranno una costante nelle opere di Hayek, l'epistemologia del suo grande amico, Karl Raimund Popper (1902-1994), porterà quest'ultimo ad elaborare la teoria del fallibilismo o razionalismo critico[256]. Osservava Popper nella sua opera più diffusa: «la fallibilità della nostra conoscenza—o tesi che tutta la conoscenza è meramente congetturale, anche se parte di essa consiste in congetture che sono state verificate con estremo rigore—non deve essere addotta a sostegno dello scetticismo o del relativismo. Dal fatto che possiamo errare e che non esiste un criterio di verità, non segue che la scelta fra teorie diverse sia arbitraria o non-razionale: cioè che non si possa imparare, e avvicinarsi alla verità: che la nostra conoscenza non possa crescere. [...] Questa fondamentale intuizione è, in realtà, la base di ogni epistemologia e metodologia; infatti, essa ci insegna come imparare più sistematicamente, come avanzare più rapidamente [...]. Essa ci insegna, molto semplicemente, *che dobbiamo andare alla ricerca dei nostri errori*, o, in altri termini, che *dobbiamo cercare di criticare le nostre teorie.* La critica è ovviamente il solo mezzo che abbiamo per scoprire i nostri errori e imparare da essi in maniera sistematica»[257].

Rothbard ha sempre obiettato contro questa forma di anti-razionalismo presente all'interno della Scuola Austriaca, giudicando le

---

254 Friedrich A. von HAYEK, *Individualismo: quello vero e quello falso*, prefazione di Dario Antiseri, Rubbettino, Soveria Mannelli (Catanzaro) 1997, p. 49 (*Individualism: true and false*, 1945/1949).

255 Friedrich A. von HAYEK, *La presunzione fatale. Gli errori del socialismo*, a cura di Dario Antiseri, Rusconi, Milano 1997, p. 36 (*The Fatal Conceit. The Errors of Socialism*, 1988).

256 Cfr. Dario ANTISERI, *L'epistemologia di Popper. Razionalismo critico e liberalismo*, in Philippe NEMO - Jean PETITOT (a cura di), *Storia del liberalismo in Europa*, Rubbettino, Soveria Mannelli (Catanzaro) 2013, p. 1069-1112; cfr. p. 47 (*Histoire du libéralisme en Europe*, 2006); cfr.Dario ANTISERI, *Karl Popper*, Rubbettino, Soveria Mannelli (Catanzaro) 2011 (1999).

257 Karl R. POPPER, *La società aperta e i suoi nemici. 2. Hegel e Marx falsi profeti*, a cura di Dario Antiseri, Armando, Roma 1981, p. 496-497 (*The Open Society and Its Enemies. The High Tide of Prophecy: Hegel, Marx and the Aftermath*, 1944-1945).

affermazioni di Hayek un «continuo e onnipervasivo attacco [...] contro la ragione»[258]. Seppur segnate da contraddizioni e ambiguità[259], le opere di Hayek possono, però, anche essere giudicate alla luce della distinzione non tra «"razionalismo" e "anti-razionalismo", bensì tra razionalismo costruttivista e razionalismo evoluzionista, o, nei termini di Karl Popper, tra razionalismo ingenuo e razionalismo critico»[260]. Anche Hayek, d'altronde, non fece mancare obiezioni al razionalismo in genere[261] e a quello di Mises e di Rothbard in particolare[262] criticando quell'«"individualismo" razionalistico che vuole vedere in ogni cosa il prodotto di una ragione individuale consapevole»[263].

Un ulteriore confronto tra questi due paradigmi—quasi quale banco di prova—può essere offerto, ad esempio, intorno a due importanti questioni quali sono la pianificazione economica e il socialismo. Ebbene, se per Mises e Rothbard la pianificazione economica o lo stesso socialismo rappresentano la negazione e il rinnegamento della razionalità, per Hayek l'interventismo moderato o il dirigismo radicale costituiscono, invece, il frutto del razionalismo costruttivista che pretende di sostituirsi all'ordine spontaneo. Per non dilungarci, restringiamoci a soli due esempi tratti dalle due principali opere di Mises. A proposito del dirigismo e della programmazione economica, il grande economista viennese dichiarava: «il paradosso della "pianificazione" è quello di non poter pianificare poiché manca il calcolo economico. Ciò che è

---

258 Murray N. ROTHBARD, *Memorandum per il Volker Fund su "Constitution of Liberty" di F.A. Hayek* (1958), in IDEM, *Diritto, natura e ragione. Scritti inediti versus Hayek, Mises, Strauss e Polanyi*, a cura di Roberta A. Modugno, Rubbettino, Soveria Mannelli (Catanzaro) 2005, p. 80. Il volume di Hayek uscì nel 1960, ma Rothbard, due anni prima, visionò il manoscritto dei primi 14 capitoli.

259 Cfr. Carlo LOTTIERI, *Per una critica lockiana della filosofia liberale contemporanea*, in «Rivista Internazionale di Filosofia del Diritto», anno 77 (2000), V serie, fasc. 1, p. 30-58.

260 Friedrich A. von HAYEK, *Legge, legislazione e libertà. Critica dell'economia pianificata*, edizione italiana a cura di Angelo M. Petroni e Stefano Monti Bragadin, Il Saggiatore, Milano 2010, p. 42 (*Law, Legislation and Liberty*, 1973-1979).

261 Cfr. Friedrich A. von HAYEK, *Presentazione* (1978) di Ludwig von MISES, *Socialismo. Analisi economica e sociologica*, a cura di Lorenzo Infantino, Rubbettino, Soveria Mannelli (Catanzaro) 2020, p. 46.

262 Cfr. Friedrich A. von HAYEK, *Hayek su Hayek*, a cura di Stephen Kresge e Leif Wenar, Ponte alle Grazie, Firenze 1996, p. 105 (*Hayek on Hayek. An Autobiographical Dialogue*, 1994).

263 Friedrich A. von HAYEK, *Individualismo: quello vero e quello falso*, prefazione di Dario Antiseri, Rubbettino, Soveria Mannelli (Catanzaro) 1997, p. 71 (*Individualism: true and false*, 1945.1949).

detto economia pianificata non è affatto economia. É semplicemente un sistema di annaspare nel buio. Non v'è questione di scelta razionale di mezzi per l'ottenimento migliore possibile dei fini ultimi cercati. Ciò che è detto pianificazione cosciente è precisamente l'eliminazione dell'azione intenzionale conscia»[264]. E, riguardo al pieno controllo economico da parte dello Stato, Mises attestava: «il socialismo è l'abolizione dell'economia razionale»[265], lì ove Hayek faceva coincidere l'errore del socialismo con il suo connaturato razionalismo[266].

Senz'altro entrambe le posizioni possono essere soggette a degenerazioni. Ma, se ciò è vero, è ancor più vero che le soluzioni non possono essere equivoche. Così un'idea forte di razionalità può arrivare a sopravvalutare le capacità cognitive ed investigative della ragione umana con la tentazione di un assolutismo razionalista o di un dogmatismo scientista[267]. Ma è anche vero che una concezione eccessivamente fallibilista conduce a screditare la ragione e ad abbandonare la ricerca umana[268]. Con esiti, soprattutto nel presente, non meno illiberali e totalitari del razionalismo costruttivista del passato[269]. Se c'è la tentazione di un uso ideologico della ragione, di un uso erroneo del raziocinio, di un "abuso della ragione"—come amerebbe dire Hayek[270]—, ancor più c'è il rischio, sempre in agguato, dello scetticismo e del relativismo, negando il ruolo che la ragione, invece, sicuramente e immancabilmente, riveste[271].

264 Ludwig von MISES, *L'azione umana. Trattato di economia*, prefazione di Lorenzo Infantino, Rubbettino, Soveria Mannelli (Catanzaro) 2016, p. 741 (*Human Action. A Treatise on Economics*, 1949.1966).

265 Ludwig von MISES, *Socialismo. Analisi economica e sociologica*, a cura di Lorenzo Infantino, Rubbettino, Soveria Mannelli (Catanzaro) 2020, p. 155 (*Die Gemeinwirtschaft. Untersuchungen* über *den Sozialismus*, 1922).

266 Cfr. Friedrich A. von HAYEK, *La presunzione fatale. Gli errori del socialismo*, prefazione di Gilberto Corbellini e Alberto Mingardi, Istituto Bruno Leoni Libri, Torino 2023 (*The Fatal Conceit. The Errors of Socialism*, 1988).

267 Cfr. Dario ANTISERI, *Cristiano perché relativista, relativista perché cristiano. Per un razionalismo della contingenza*, con una replica di Rino Fisichella e una lettera di Sergio Galvan, Rubbettino, Soveria Mannelli (Catanzaro) 2003.

268 Cfr. Marcello PERA, *Il relativismo, il Cristianesimo e l'Occidente*, in «Cultura & Identità», anno 3 (2010), n. 9 (gennaio - febbraio), p. 9-19.

269 Cfr. Raimondo CUBEDDU, *Il totalitarismo come 'abuso della ragione'*, in Giampiero CHIVILÒ - Marco MENON (a cura di), *Tirannide e filosofia*, con un saggio di Leo Strauss ed un inedito di Gaston Fessard sj, Edizioni Ca' Foscari, Venezia 2015, p. 189-213.

270 Cfr. Friedrich A. von HAYEK, *L'abuso della ragione*, prefazione di Dario Antiseri, Rubbettino, Soveria Mannelli (Catanzaro) 2008 (*The Counter-Revolution of Science. Studies on the Abuse of Reason*, 1952).

271 Cfr. Roberto de MATTEI, *La dittatura del relativismo*, Solfanelli, Chieti 2007,

Se Rothbard ha disapprovato anche duramente la deriva fallibili-sta («l'intero lavoro di Hayek è volto a screditare la ragione umana»[272], scriveva), non di meno la sua posizione è stata oggetto di critiche e di accuse. Ad iniziare da quelle dello stesso Hayek che, ad esempio, a pro-posito della contrapposizione al socialismo, obiettava anche a Mises di continuare a basarsi «sull'errore fondamentale del razionalismo e del socialismo: ovvero che siamo tutti dotati del potere della ragione che ci permette di sistemare qualsiasi cosa razionalmente»[273]. Ma se anche è vero che «la difesa della ragione umana operata dai libertari à la Rothbard non conduce verso una prospettiva costruttivista»[274], lo scivolamento che accomuna Hayek all'anti-razionalismo di Hume, Mandeville e Fer-guson, invero, comporta rischi più concreti[275].

Non ogni razionalismo (così come si potrebbe dire per le forme in-nocue di "empiria") è improntato in modo ideologico e non ogni ridi-mensionamento della ragione è salutare. Occorre, perciò, risalire—come suggerisce la Modugno—all'«*autentica teoria razionalista*»[276] nella con-sapevolezza della distanza—ampiamente sottolineata dai protagonisti—tra i due modelli. Tanto più che la definizione del ruolo della ragione è indissociabile dalla promozione della stessa libertà umana. Perciò, an-cora la studiosa italiana può dire: «i fondamenti della libertà per Hayek e per Rothbard sono completamente differenti. Hayek fonda le ragioni della libertà sulla nostra ignoranza. [...] Al contrario per Rothbard l'i-gnoranza umana è una base troppo incerta per la libertà»[277]. È, quindi, in discussione un criterio centrale in rapporto alla coerenza dell'intera costruzione teorica della Scuola Austrica mancando la definizione del

spec. p. 43.

272 Murray N. ROTHBARD, *The Present State of Austrian Economics* (1992), in IDEM, *Economic Controversies*, Ludwig von Mises Institute, Auburn (Alabama) 2011, p. 203.

273 Friedrich A. von HAYEK, *Hayek su Hayek*, a cura di Stephen Kresge e Leif We-nar, Ponte alle Grazie, Firenze 1996, p. 105 (*Hayek on Hayek. An Autobiographical Dialogue*, 1994).

274 Carlo LOTTIERI, *Per una critica lockiana della filosofia liberale contemporanea*, in «Rivista Internazionale di Filosofia del Diritto», anno 77 (2000), V serie, fasc.1, p. 58.

275 Cfr. Roberta A. MODUGNO, *Legge e natura nel pensiero politico di Murray N. Rothbard*, in Murray N. ROTHBARD, *Diritto, natura e ragione. Scritti inediti versus Hayek, Mises, Strauss e Polanyi*, a cura di Roberta A. Modugno, Rubbettino, Soveria Mannelli (Catanzaro) 2005, p. 28.

276 Roberta Adelaide MODUGNO, *Rothbard critico di Hayek e Mises*, in «Nuova Civiltà delle Macchine», anno 29 (2011), n. 1-2 (gennaio - giugno), p. 477.

277 MODUGNO, *Legge e natura nel pensiero politico di Murray N. Rothbard*, cit., p. 34.35.

quale si rischierebbe di «collocarsi al di fuori della logica del "vero" individualismo»[278].

La questione è centrale per la teoria austro-liberale, ma è addirittura decisiva per la filosofia rothbardiana. Si potrebbe sostenere che se sulla soluzione data al rapporto tra natura e grazia e tra ragione e fede poggia interamente la sintesi tomista, parimenti, sul ruolo della ragione si erge o si incrina la versione rothbardiana della filosofia libertaria. Questi sono esattamenti i termini—analogia tra sintesi tomista e filosofia rothbardiana—che giustificano lo spazio concesso in questa analisi al confronto circa le capacità della ragione umana. D'altra parte, se un acuto e sagace pensatore come Raimondo Cubeddu sostiene che la filosofia di Rothbard «rappresenta un grandioso quanto controverso tentativo di fondare una nuova concezione della libertà su una legge naturale basata sulla ragione»[279], occorre pure posizionare ogni attenzione su ciò che è alla base di questo imponente e perciò impegnativo *tentativo*. Un tentativo che va avvicinato con interesse e del quale non vanno celate le critiche. Anzi, esattamente per valutarne serenamente la portata, ogni obiezione va attentamente accolta, soprattutto quando essa giunge da pensatori accreditati per il loro indubbio valore. È il caso di Antiseri e Infantino, un credente e un agnostico, che pur all'interno del paradigma Austriaco, hanno sempre preso le distanze dall'impianto razionalista e giusnaturalista rothbardiano, propendendo per posizioni vicine a Popper e Hume, nominalistiche e fallibiliste. Se le conclusioni di Dario Antiseri lo conducono a ritenere «che quei "fideisti" e quegli "scettici" di cui parla Rothbard fanno un *buon uso* della ragione e non ne *abusano*, come invece fa Rothbard»[280], per Lorenzo Infantino «l'ordine sociale concepito da Rothbard è costruito in maniera "iperrazionalista" senza tener conto delle conseguenze inintenzionali delle azioni umane»[281].

Occorre, però, chiedersi quale concezione di ragione sia propriamente congenere al paradigma Austriaco e, senza atteggiamenti esclusivisti, pur

---

278 Simona FALLOCCO, *Spontaneità, costruttivismo e ordine sociale*, in «Nuova Civiltà delle Macchine», anno 29 (2011), n. 1-2 (gennaio - giugno), p. 191.

279 Antonio MASALA - Carlo CORDASCO - Raimondo CUBEDDU, *Diritto naturale o evoluzionismo?*, in «Nuova Civiltà delle Macchine», anno 29 (2011), n. 1-2 (gennaio - giugno), p. 441.

280 Dario ANTISERI, *Contro Rothbard. Elogio dell'ermeneutica*, Rubbettino, Soveria Mannelli (Catanzaro) 2011, p. 25.

281 Cfr. Lorenzo INFANTINO, *Potere. La dimensione politica dell'azione umana*, Rubbettino, Soveria Mannelli (Catanzaro) 2013.

lasciando tutto lo spazio al dibattito e al diritto di cittadinaza per ogni opinione, avanzare l'ipotesi che il «razionalismo ben temperato»[282] di Rothbard—come lo definisce Carlo Lottieri—rappresenti in modo pertinente e adeguato la tradizione inaugurata da Menger che ha più motivi di riflettersi in una concezione "forte" della ragione[283] piuttosto che in una evolutiva, spontaneista e fallibilista.

La risposta da dare alla domanda sul ruolo della ragione non è, quindi, aggirabile e non deve essere elusa. Si tratta di un aspetto decisivo e lo è anche per la presente analisi. Un aspetto decisivo in sé in quanto da ciò dipende ogni altro approfondimento (dalla natura umana al giusnaturalismo, dai diritti naturali alle diseguaglianze individuali, dalle questioni epistemologiche ai temi economici) e ogni altra valutazione circa la teoria rothbardiana. E lo è anche per l'oggetto di questo contributo perché la concezione filosofica della ragione umana fa il paio con la relazione teologica tra fede e ragione. Oltretutto si può anche cogliere un'analogia tra i due paradigmi presenti all'interno della Scuola Austriaca, da un lato, e la contrapposta visione del rapporto tra fede e ragione all'interno del cristianesimo, dall'altro.

Poc'anzi dicevamo come la questione intorno alla ragione umana costituisca una sorta di bussola per orientarsi tra gli altri temi (nonché per procedere al meglio anche in una possibile investigazione sistematica del cristianesimo "implicito" del pensatore libertario). Quanto possa essere stato cosciente di tale causalità anche il teorico libertario è ben espresso dalla Modugno che riferisce come «Rothbard fa[ccia] risalire le differenze esistenti all'interno della Scuola Austriaca alla dicotomia tra il paradigma hayekiano e quello misesiano, in particolare alla diversa attitudine dei due approcci verso la ragione umana»[284].

Ragione e morale

Dopo questa parentesi, utile per meglio qualificare e comprendere il

---

282 Carlo LOTTIERI, *Il pensiero libertario contemporaneo. Tesi e controversie sulla filosofia, sul diritto e sul mercato*, Liberilibri, Macerata 2001, p. 56.57.

283 Cfr. Carlo LOTTIERI, *Gli individui di fronte al diritto e allo Stato: le ragioni del libertarismo e di Murray N. Rothbard*, in Carlo LOTTIERI - Enrico DICIOTTI, *Rothbard e l'ordine giuridico libertario. Una discussione*, Dipartimento di Scienze Storiche, Giuridiche, Politiche e Sociali dell'Università degli Studi di Siena, Siena 2002, p. 124 passim.

284 Roberta Adelaide MODUGNO, *Rothbard critico di Hayek e Mises*, in «Nuova Civiltà delle Macchine», anno 29 (2011), n. 1-2 (gennaio - giugno), p. 477.

razionalismo rothbardiano, torniamo al filone principale della nostra analisi, quello sul confronto tra la filosofia di Rothbard e la teologia cattolica circa il ruolo della ragione, interrogandoci ancora sulla connessione tra ragione e morale e aggiungendo a questo il legame tra ragione e verità.

Quando si parla di *ratio* non sempre si distingue tra il significato che al concetto si dà per indicare la facoltà o l'attività propria dell'uomo (quella facoltà per cui per Aristotele l'uomo è "animale razionale") e il significato che al termine si dà per designare l'oggetto di conoscenza (ciò che è il contenuto della conoscenza, la verità del *nous*)[285].

In epoca di Tarda scolastica[286] tra i tomisti si dibatteva anche sul modo con cui determinare il ruolo della ragione in relazione alla morale. Cosa costituisce la regola prossima della moralità? Il giudizio della retta ragione o la natura razionale? Senza voler addentrarci nella questione che può ben apparire oziosa e vana, possiamo anche solo aggiungere che se per alcuni il ruolo della ragione va inteso in modo «puramente *dichiarativo*», per altri il ruolo della ragione va, invece, considerato come «*costitutivo del valore morale in quanto tale*»[287]. Più semplicemente, supposto che il valore morale si presenta come vincolante ed obbligante per cui «*bonum est faciendum et prosequendum et malum vitandum*»[288], come l'uomo conosce la legge morale mediante la ragione?[289] La tradizionale formula che esprime il supremo principio di finalità si ritrova anche sul finire del primo capitolo di *Ethics of Liberty*[290] lì ove Rothbard la richiamava citando padre Copleston: «ogni uomo possiede [...] la luce della ragione, per mezzo della quale può riflettere [...] e promulgare per se stesso la legge naturale, che è la totalità dei precetti o delle norme universali della giusta ragione concernenti il bene da perseguire e il male da evitare»[291].

La consonanza con il pensiero cattolico da parte del filosofo libertario

---

285 Cfr. Michele Federico Sciacca, voce *Ragione*, in *Enciclopedia Cattolica*, Ente per l'Enciclopedia Cattolica, Città del Vaticano 1953, vol. X, col. 488-490.

286 Cfr. Fulbert CAYRÉ, *Patrologia e storia della teologia*, Desclèe, Roma 1938, vol. 2, p. 848-849 (*Patrologie et histoire de la théologie*, 1927). #5

287 Joseph de FINANCE, *Etica generale*, Edizioni del Circito, Cassano Murge (Bari) 1975, p. 184 (*Éthique générale*, 1967).

288 TOMMASO d'AQUINO (san), *La Somma Teologica*, a cura dei domenicani italiani, testo latino dell'edizione leonina, Edizioni Studio Domenicano, Bologna 1984, I-II, q. 94, a. 2 (*Summa Theologiae*, 1265-1274).

289 Cfr. Sofia VANNI ROVIGHI, *Elementi di filosofia*, La Scuola, Brescia 1986, vol. 3, p. 220-221 (1941).

290 Cfr. Murray N. ROTHBARD, *L'etica della libertà*, introduzione di Luigi Marco Bassani, Liberilibri, Macerata 2000, p. 47 (*The Ethics of Liberty*, 1982).

291 Frederick C. Copleston, *Aquinas*, Penguin Books, London 1955, p. 213-214.

può essere ulteriormente sottolineata ricordando un paio di affermazioni di papa Benedetto XVI tratte da storici discorsi del dotto Pontefice. Nel solco della tradizione, papa Ratzinger ribadiva che «la tradizione cattolica sostiene che le norme obiettive che governano il retto agire sono accessibili alla ragione»[292] e che, essendo il giudizio della ragione regola della morale, «non agire secondo ragione, non agire con il *logos*, è contrario alla natura di Dio»[293].

È assai interessante cogliere le coincidenze tra i principi tradizionali dell'etica e la teoria rothbardiana. Anche per il filosofo americano, infatti, il diritto naturale è legge, oltre che fisica, innanzitutto morale e, senza alcun intento riduttivistico verso la fede—anzi seguendo l'insegnamento dell'Aquinate—, per Rothbard lo strumento tramite il quale l'uomo apprende la legge morale non è la Rivelazione ma la *ragione*[294]. Se Dio è l'autore tanto della ragione quanto delle leggi dell'intero universo, allora per il filosofo libertario si comprende come la ragione possa essere sia la guida per scoprire le leggi di un'etica razionale sia il carattere vincolante di queste per ogni uomo in quanto «la comprensione di tale diritto naturale è possibile sia a chi crede in Dio come creatore sia a chi non vi crede. In tal modo, un'etica razionale per l'uomo è stata fornita su basi veramente scientifiche piuttosto che soprannaturali»[295].

La norma morale è, quindi, tanto per l'etica cattolica tradizionale quanto per Rothbard, nell'affinità alla ragione perché l'essenza del valore morale è nella razionalità e l'azione virtuosa è quella caratterizzata dalla conformità alla ragione: «il valore morale avrà per misura la conformità dell'azione umana [...] con la natura specifica dell'uomo, la *natura razionale*»[296]. Perfettamente in linea con ciò, all'obiezione posta dai detrattori del diritto naturale sull'arbitrarietà della definizione di una verità, Rothbard rispondeva facendo appello all'istanza della ragione: «una critica [...] è: *chi* stabilisce le presunte verità sull'uomo? La risposta

292 BENEDETTO XVI, Discorso alle autorità civili, Westminster Hall, City of Westminster, 17.9.2010, in *Insegnamenti di Benedetto XVI. Volume VI/2. 2010*, Libreria Editrice Vaticana, Città del Vaticano 2011, p. 239.
293 BENEDETTO XVI, Incontro con i rappresentanti della scienza, Università di Regensburg, 12.9.2006, in *Insegnamenti di Benedetto XVI. Volume II/2. 2006*, Libreria Editrice Vaticana, Città del Vaticano 2007, p. 267.
294 Cfr. ROTHBARD, *L'etica della libertà*, cit., p. 20-21.
295 Murray N. ROTHBARD, *An Austrian Perspective on the History of Economic Thought. Volume I. Economic Thought Before Adam Smith*, Ludwig von Mises Institute, Auburn (Alabama) 2006, p. 58 (1995). (1995).
296 de FINANCE, *Etica generale*, cit., p. 182 (Éthique *générale*, 1967).

è non *chi*, ma *cosa*: la ragione. La ragione umana è *obiettiva*, ossia può essere usata da chiunque per produrre verità riguardo al mondo»[297].

Qualcosa che somiglia molto all'appello alla coscienza. Non come pretesto per piegare la morale alle proprie volubili inclinazioni o ai capricci del momento, ma quale istanza di ricerca di valori morali immutabili che la ragione può e deve scoprire[298].

Nel considerare «il posto e la funzione della ragione nella condotta morale»[299], non può non essere chiamato in causa un concetto caro a tutta la tradizione del diritto naturale. Sin da Cicerone (106-43 aC)[300], passando, ovviamente, per Tommaso[301], il concetto di "retta ragione"— la *recta ratio*, la ragione normativa—ha accompagnato le spiegazioni di tutti i pensatori che hanno investigato intorno ai rapporti tra la ragione e la ricerca del bene.

Dando alla nozione di "ragione" un'accezione più estensiva e generica, è chiaramente escluso che moralità e ragione possano coincidere *sic et simpliciter*, ma, assumendo il concetto quale "regola prossima di moralità", allora "ragione" si identifica con la natura ragionevole[302]. «Infatti per Sofia Vanni Rovighi (1908-1990) «la legge morale naturale si identifica con la *recta ratio*, con la ragione come regola di moralità. In altre parole: è lo stesso dire che la regola prossima della moralità è la ragione e dire che la regola prossima della moralità è la legge naturale»[303]. Ma se altri autori di ispirazione scolastica (come già ricordavamo) hanno difficoltà a condividere tale identificazione, i tomisti volentieri ribadiscono «il ruolo della ragione come *costitutivo*. La regola della moralità è nel giudizio della *retta ragione*. E la retta ragione è la ragione (pratica) informata dalla legge divina o dai principi della legge naturale»[304].

---

297 ROTHBARD, *L'etica della libertà*, cit., p. 22.

298 Cfr. Kurt KRENN, *Libertà di coscienza e formazione della coscienza*, in «Cristianità», anno 16 (1988), n. 163-164 (novembre - dicembre), p. 5-6; cfr. John Henry NEWMAN, *Lettera al duca di Norfolk: coscienza e libertà*, a cura di Valentino Gambi, Paoline, Cinisello Balsamo (Milano) 1999.

299 Frederick C. Copleston, *Aquinas*, Penguin Books, London 1955, p. 204.

300 Cfr. Marco Tullio Cicerone, *Opere politiche e filosofiche*, a cura di Nino Marinone, UTET, Torino 2016, *De re publica*, III, 22; *De legibus*, I, 6, 12, 15.

301 Cfr. TOMMASO d'AQUINO (san), *La Somma Teologica*, a cura dei domenicani italiani, testo latino dell'edizione leonina, Edizioni Studio Domenicano, Bologna 1984, I-II, q. 13, a. 3; I-II, q. 93, a. 3, ad 2 (*Summa Theologiae*, 1265-1274).

302 Cfr. Michele Federico Sciacca, voce *Ragione*, in *Enciclopedia Cattolica*, Ente per l'Enciclopedia Cattolica, Città del Vaticano 1953, vol. X, col. 488-490.

303 Sofia VANNI ROVIGHI, *Elementi di filosofia*, La Scuola, Brescia 1986, vol. 3, p. 231 (1941).

304 Joseph de FINANCE, *Etica generale*, Edizioni del Circito, Cassano Murge (Bari)

Anche in tempi recenti (almeno sino al pontificato di Benedetto XVI[305]), il magistero della Chiesa ha fatto riferimento alla nozione di *recta ratio*. Giovanni Paolo II ne ha dato quasi una definizione scrivendo che «quando la ragione riesce a intuire e a formulare i principi primi e universali dell'essere e a far correttamente scaturire da questi conclusioni coerenti di ordine logico e deontologico, allora può dirsi una ragione retta o, come la chiamavano gli antichi, *orthòs logos, recta ratio*»[306]. Ed ancora papa Wojtyla affermò che «le virtù morali, e tra queste in particolare la prudenza, consentono al soggetto di agire in armonia con il criterio del bene e del male morale: secondo la *recta ratio agibilium* (il giusto criterio dei comportamenti)»[307]. Si ha, però, come l'impressione che, precedentemente—da Leone XIII (sia nell'enciclica *Libertas*[308], sia nella *Rerum novarum*[309]) passando per Pio XI (sia nell'enciclica *Quadragesimo anno*[310], sia nella *Mit Brennender Sorge*[311]) sino a Giovanni XXIII[312] e al Concilio Vaticano II[313]—, la *recta ratio* sia stata invocata più in chiave esortativo-parenetica che densamente teoretica[314].

1975, p. 174.180 (*Éthique générale*, 1967).

305 Ad es., cfr. BENEDETTO XVI, Discorso per la sessione inaugurale della V Conferenza generale dell'episcopato latino-americano, Santuario dell'Aparecida, Brasile, 13.5.2007, in *Insegnamenti di Benedetto XVI. Volume III/1. 2007*, Libreria Editrice Vaticana, Città del Vaticano 2008, p. 864.

306 GIOVANNI PAOLO II, Lettera enciclica *Fides et ratio* circa i rapporti tra fede e ragione, 14.9.1998, n. 4.

307 GIOVANNI PAOLO II, Lettera agli artisti, 4.4.1999, n. 2.

308 Cfr. LEONE XIII, Lettera enciclica *Libertas* sulla libertà umana, 20.6.1888, in *Enchiridion delle encicliche/3. Leone XIII (1878-1903)*, Edizioni Dehoniane, Bologna 1999, n. 601.605.611.616.

309 Cfr. LEONE XIII, Lettera enciclica *Rerum novarum* sulla condizione degli operai, 15.5.1891, in *Enchiridion delle Encicliche/3. Leone XIII (1878-1903)*, Edizioni Dehoniane, Bologna 1999, n. 907.927.

310 Cfr. PIO XI, Lettera enciclica *Quadragesimo anno* sull'instaurazione dell'ordine sociale cristiano, 15.5.1931, in *Enchiridion delle encicliche/5. Pio XI (1922-1939)*, Edizioni Dehoniane, Bologna 1995, n. 592.679.692.718.

311 Cfr. PIO XI, Lettera enciclica *Mit Brennender Sorge* sulla situazione della Chiesa Cattolica nel *Reich* germanico, 14.3.1937, in *Enchiridion delle encicliche/5. Pio XI (1922-1939)*, Edizioni Dehoniane, Bologna 1995, n. 1178.

312 Cfr. GIOVANNI XXIII, Lettera enciclica *Pacem in terris* sulla pace fra tutte le genti fondata sulla verità, la giustizia, l'amore, la libertà, 11.4.1963, in *Enchiridion delle encicliche/7. Giovanni XXIII, Paolo VI (1958-1978)*, Edizioni Dehoniane, Bologna 1994, n. 591.654.699.

313 Cfr. CONCILIO VATICANO II, Costituzione pastorale *Gaudium et spes* sulla Chiesa nel mondo contemporaneo, 7.12.1965, n. 63.

314 Ad esempio, il Concilio ora citato così si esprime: «la Chiesa, lungo lo svolgersi della storia, ha formulato nella luce del Vangelo e, soprattutto in questi ultimi tempi, ha

Tornando, invece, alla prospettiva che considera la "retta ragione" in relazione alla norma di moralità, si può ancora descrivere la *recta ratio* come la ragione improntata alla legge divina e alla legge naturale[315]. Insistendo sull'identità tra natura ragionevole e legge naturale («se si prende il termine *ragione* nel senso di natura ragionevole, dov'è più la differenza tra la legge naturale, che è la legge della natura ragionevole in quanto tale, e la ragione?»), Vanni Rovighi sosteneva «che sia la stessa cosa porre la regola della moralità nella legge naturale, nella natura umana, o nel fine dell'uomo. Infatti [...] la legge morale naturale è la legge della natura umana, e [...] la legge non è altro che la via al fine»[316]. La retta ragione, poi, non va confusa con la coscienza personale (troppo frequentemente fallibile nella sua qualità di regola *soggettiva*) perché la *recta ratio* ha qualcosa di oggettivo essendo una norma tesa verso ciò che è assoluto[317]. Infatti, «la retta ragione è la ragione fedele alla sua essenza [...], [è] la ragione esercitantesi *razionalmente*, secondo la propria legge, anziché subordinarsi ad una legge estranea, alienarsi seguendo, ad esempio, la legge dei sensi. [...] Ciò che non è morale nel senso di *moralmente buono* non è pienamente razionale»[318]. Ecco perché Tommaso affermava che «la ragione corrotta non è veramente ragione, così come, propriamente parlando, un sillogismo falso non è un sillogismo; è per questo che la regola degli atti umani non è una ragione qualunque, ma la retta ragione»[319].

Se si cerca la locuzione *right reason* (retta ragione) in *The Ethics of Liberty* di Rothbard[320] si nota che il concetto appare più volte. Innanzitutto

largamente insegnato i principi di giustizia e di equità richiesti dalla retta ragione umana e validi sia per la vita individuale o sociale che per la vita internazionale» (Costituzione pastorale *Gaudium et spes*, 1965, n. 63). Tale affermazione sembra assecondare più una preoccupazione sociologica che non esprimere una sollecitudine propriamente antropologica.

315 Cfr. Louis I. Bredvold, *The Meaning of the Concept of Right Reason in the Natural Law Tradition*, in «University of Detroit Law Journal», vol. 36, n. 2, December 1958, p. 120-129.

316 Sofia VANNI ROVIGHI, *Elementi di filosofia*, La Scuola, Brescia 1986, vol. 3, p. 232 (1941).

317 Cfr. Samuel GREGG, È ancora valido il ricorso alla legge naturale e alla retta *ragione?*, in «Cultura & Identità», anno 7 (2015), n. 7 (nuova serie, 7 febbraio 2015), p. 3-6.

318 Joseph de FINANCE, *Etica generale*, Edizioni del Circito, Cassano Murge (Bari) 1975, p. 181 (*Éthique générale*, 1967).

319 TOMMASO d'AQUINO (san), *Commento alle sentenze di Pietro Lombardo*, testo italiano e latino, Edizioni Studio Domenicano, Bologna 2001, d. 24, q. 2, a. 3 (*Commentum in quattuor libros Sententiarum magistri Petri Lombardi*, 1254-1256).

320 Murray N. ROTHBARD, *L'etica della libertà*, introduzione di Luigi Marco Bassani,

in una frase del gesuita Francisco Suarez [321] (che sarebbe bene riprendere e commentare), ma soprattutto nei brani di padre Frederick C. Copleston (un altro gesuita, quindi) che il filosofo libertario utilizzò convintamente[322]. È anche da notare che l'edizione italiana ha tradotto l'inglese *right reason* non con la formula tradizionale ("retta ragione"), ma, in modo inconsueto, con "giusta ragione". Non è dato capire se alla base di tale adattamento vi sia una scelta deliberata e motivata oppure se il traduttore sia incorso in una pura imprecisione. Al di là di tale quesito, è importante sapere che, quando in italiano si legge "giusta ragione", occorre fare riferimento al concetto classico e scolastico di *recta ratio*[323].

Ebbene, a proposito della rivendicazione dell'autonomia della ragione rispetto all'ambito della Rivelazione, Rothbard citava le parole del gesuita inglese, giustamente considerato «eminente storico della filosofia», per il quale «san Tommaso "pone in evidenza il posto e la funzione della ragione nella condotta morale. Egli [l'Aquinate] condivideva con Aristotele l'idea che il possesso della ragione distingue l'uomo dagli animali" e gli permette di agire deliberatamente per raggiungere un fine consapevolmente adottato e lo innalza al di sopra del comportamento puramente istintuale. L'Aquinate quindi capiva che gli uomini agiscono sempre per uno scopo, ma andava oltre sostenendo che la ragione può anche valutare se gli scopi siano obiettivamente buoni o cattivi per l'uomo. Per usare di nuovo le parole di Copleston, per l'Aquinate "vi è dunque spazio per il concetto di 'giusta ragione', la ragione che dirige le azioni umane verso il raggiungimento di ciò che è obiettivamente buono per l'uomo". Pertanto, la condotta *morale* in accordo con la giusta ragione è possibile: "se si afferma che la condotta morale è condotta razionale, quello che si vuol dire è che si tratta di una condotta in accordo con la giusta ragione, nella quale la ragione valuta quale sia il bene oggettivo per l'uomo e determina i mezzi per raggiungerlo"»[324]. L'analisi del concetto di *recta ratio* in Rothbard potrebbe anche terminare qui perché altri due passi di *The Ethics of Liberty* aggiungono ciò che è già intuibile. Pur tuttavia, per desiderio di completezza, può essere riportato il modo con cui il

---

Liberilibri, Macerata 2000 (*The Ethics of Liberty*, 1982).

321 Cit. in *ibidem*, p. 19; cfr. p. 46.

322 Cit. in *ibidem*, p. 21; cfr. p. 47.

323 Cfr. Louis I. Bredvold, *The Meaning of the Concept of Right Reason in the Natural Law Tradition*, in «University of Detroit Law Journal», vol. 36, n. 2, December 1958, p. 120-129.

324 ROTHBARD, *L'etica della libertà*, cit., p. 20-21.

filosofo libertario, prendendo ancora le distanze da Hume, dichiarava come nella tradizione del diritto naturale la ragione non si limita a utilizzare i mezzi messi a disposizione dalla conoscenza, ma valuta gli stessi scopi. Sosteneva Rothbard: «gli stessi fini sono scelti tramite l'uso della ragione e la "giusta ragione" impone all'uomo i giusti fini e i mezzi per ottenerli»[325]. Infine, nel sottolineare la differenza esiziale tra gli esseri umani e ogni altra forma di vita, Rothbard ancora citava padre Copleston che, riguardo la scoperta della legge naturale, ripeteva che «ogni uomo possiede [...] la luce della ragione, per mezzo della quale può riflettere [...] e promulgare per se stesso la legge naturale, che è la totalità dei precetti o delle norme universali della giusta ragione concernenti il bene da perseguire e il male da evitare»[326].

Il Logos di Dio

Occorre chiedersi da dove nasca e perché fiorisca questa stima cattolica per la ragione. Da dove abbia origine. È una questione decisiva, ma la risposta può essere anche breve in quanto intuitiva. La fede cristiana si fonda sul riconoscimento dell'incarnazione di Dio: Dio è divenuto uomo. Senza riduzione della sua divinità, ha pienamente assunto la natura umana. Il tempo e la storia, la corporeità e la materialità, proprie dell'umanità, a partire da un preciso momento, non si contrappongono più alla divinità, ma sono fatte proprie da Dio e, in questo modo, "salvate". Tutto dell'uomo è coinvolto, perché Dio ha assunto ogni aspetto della creatura, sollevando ed esaltando, elevando e sublimando l'intera dimensione umana, dalla ragione alla morte. D'altra parte, già la natura razionale dell'uomo è un insopprimibile richiamo a cogliere un misterioso legame tra l'essere umano e un Creatore, un legame che si percepisce quale partecipazione della creatura razionale ad una Sapienza infinita, causa prima dell'universo e della realtà. Infatti, la ragione è esattamente quella capacità che esprime al meglio la natura dell'essere umano che porta in sé un'immagine di Dio e una somiglianza con il Creatore.

L'appello alla creazione implica il richiamo ad una Sapienza eterna («In principio Dio creò il cielo e la terra»[327]), così come il pensiero all'incarnazione impone il ricordo del modo con cui Dio esprime se stesso

---

325 *Ibidem*, p. 21.
326 Frederick C. Copleston, *Aquinas*, Penguin Books, London 1955, p. 213-214.
327 è il primo versetto della Bibbia: libro della *Genesi* 1,1.

mediante il *Logos* («In principio era il Verbo e il Verbo era presso Dio e il Verbo era Dio»[328]). *Logos* è termine che si usa assai spesso nelle lingue moderne (impossibile da evitare anche solo per menzionare quasi ogni disciplina dello scibile). Ma il termine greco evoca immediatamente un concetto di natura filosofica che fu presto trasposto in ambito teologico perché tra tutti i titoli utilizzati per indicare la *persona* divina che ha assunto la natura umana, "Verbo" o, in greco, "*Logos*" appare come il più profondo. A riguardo, così si esprimeva il Catechismo del concilio di Trento: «fra tutte le analogie indicate per illustrare la natura e il modo dell'eterna generazione del Figlio dal Padre, la più espressiva sembra essere quella ricavata dal modo come si origina in noi il pensiero. San Giovanni chiama appunto "Verbo" il Figlio di Dio. Ora i teologi chiamano "verbo" l'idea che la nostra mente si forma di sé, intuendo in certo modo se stessa»[329]. Il Verbo, quindi, è il nome che si dà alla seconda *persona* della Trinità, in quanto procede dal Padre per via di intellezione: è la parola ("Verbo") che il Padre pronunzia auto-conoscendosi[330]. È, dunque, di gran rilievo che, per presentare ed enunciare il Figlio di Dio, l'esperienza cristiana[331] adotti un concetto che ha a che fare con l'attività della mente e del pensiero, del ragionamento e della discussione, del giudizio e del discorso. Il *Logos* o il Verbo è, pertanto, la "parola" e la "ragione"[332].

---

328 è il versetto con cui inizia il vangelo secondo Giovanni: *Gv* 1,1.

329 *Catechismo tridentino*, Cantagalli, Siena 1981, n. 38 (*Catechismo romano*, 1566); cfr. *Il Catechismo romano commentato*, a cura di Luigi Andrianopoli, Ares, Milano 1992, p. 56 (1983).

330 Spiegava un validissimo teologo contemporaneo: «per adombrare almeno, se non per intendere, che cosa significhi trinità di persone in unità di natura, possiamo aiutarci con un paragone che ci offre la nostra vita spirituale: ciò che succede nella vita del nostro spirito può servirci per decifrare ciò che succede nella vita divina. Orbene, lo spirito conosce se stesso e questo conoscere se stesso è insieme—in qualche modo, più o meno adeguato—esprimere in sé se stesso, dire se stesso; e questa espressione o dizione si denomina appunto parola, *verbum* latinamente, *logos* grecamente, *concetto* per usare il termine usuale. Anche Dio, che è spirito, conosce se stesso ed esprime in sé—in modo perfettamente adeguato—se stesso: questa parola è il Verbo di Dio, il *Logos*». Franco AMERIO, *La dottrina della fede*, Ares, Milano 1987, p. 68 (1982).

331 A voler essere precisi, occorre ricordare che l'apostolo Giovanni è l'unico tra i quattro evangelisti ad adottare tale dizione. Cfr. anche il libro dell'*Apocalisse* al cap. 19, vers. 13 (l'*Apocalisse* è attribuito allo stesso evangelista).

332 Cfr. Lothar COENEN - Erich BEYREUTHER - Hans BIETENHARD (a cura di), *Dizionario dei concetti biblici del Nuovo Testamento*, Edizioni Dehoniane, Bologna 1980, p. 1168-1208 (*Theologisches Begrifflexikon zur NT*, 1970); cfr. *Dizionario enciclopedico della Bibbia e del mondo biblico*, introduzione di Enrico Galbiati, Massimo, Milano 1986, p. 457.565-566.803; cfr. Pietro ROSSANO - Gianfranco RAVASI - Antonio GIRLANDA

Una bella testimonianza dell'allora cardinale Joseph Ratzinger (in un intervento del 1990) merita di essere riletta nella sua interezza anche perché, in poche battute, pone mirabilmente in relazione la creazione per mezzo del *Logos* con la redenzione mediante il Verbo. Affermava il porporato bavarese: «sempre sono state, e continuano ad essere un'affermazione fondamentale della fede le parole con cui Giovanni, riprendendo e approfondendo il racconto della creazione contenuto nell'Antico Testamento, apre il suo vangelo: "In principio era il *Logos*", la ragione creatrice, l'energia dell'intelligenza di Dio, che riempie di significato le cose. Si può intendere correttamente il mistero di Cristo soltanto a partire da questo inizio, in cui la ragione si manifesta allo stesso tempo anche come amore. La prima affermazione della fede ci dice dunque: tutto ciò che esiste è pensiero divenuto realtà. Lo Spirito creatore è l'origine e il principio che fonda tutte le cose. Tutto ciò che esiste è in origine razionale, perché procede dalla ragione creatrice. Di nuovo siamo di fronte all'opposizione fondamentale tra materialismo e fede. Il credo del materialismo postula che al principio si trovi l'irrazionale, e che soltanto le leggi del caso abbiano prodotto la razionalità sulla base dell'irrazionalità. La ragione è dunque un sottoprodotto dell'assenza di ragione, e la sua struttura così come le sue leggi sono semplicemente il risultato di combinazioni prodotte da un'istanza estranea, priva di contenuto etico o estetico. L'uomo diventa così un addetto al montaggio del mondo, che egli fa progredire in accordo con i propri fini. Sempre è però l'irrazionale l'autentica potenza originaria. La fede insegna esattamente l'opposto: lo Spirito è l'origine creatrice di tutte le cose, e perciò esse portano in sé una ragione che non deriva da loro stesse e che le supera infinitamente, pur costituendone la più intima legge. La ragione creatrice, che dota le cose di una loro razionalità oggettiva, di una loro logica nascosta e di un loro proprio ordine intrinseco, è al tempo stesso ragione morale ed è Amore»[333].

Il primo effetto della fede in un Dio creatore è la certezza che la realtà—l'universo in tutti i suoi aspetti—segue leggi naturali immutabili e che, non essendo in balia del caos, possa e debba essere scoperta e

---

(a cura di), *Nuovo Dizionario di Teologia Biblica*, Edizioni Paoline, Cinisello Balsamo (Milano) 1988, p. 1097s.1712; cfr. Battista MONDIN, *Dizionario enciclopedico di filosofia, teologia e morale*, Massimo, Milano 1989, p. 433-434.792; cfr. Pietro PARENTE, *Dizionario di teologia dommatica*, Studium, Roma 1952, p. 198-199.344.

333 Joseph RATZINGER, *Svolta per l'Europa? Chiesa e modernità nell'Europa dei rivolgimenti*, Edizioni Paoline, Roma 1992, p. 84-85 (*Wendezeit für Europa?*, 1991).

sempre meglio investigata[334]. L'esercizio della razionalità, quindi, diviene un compito, una vera e propria missione da realizzare («Dio li benedisse e Dio disse loro: "Siate fecondi e moltiplicatevi, riempite la terra e soggiogatela"»[335], così il Creatore affida la terra all'opera dell'uomo). Nel riconoscere «un ordine sistematico delle leggi naturali, suscettibile di essere scoperto dalla ragione umana»[336], Rothbard si dimostrava assai sensibile verso la fede cristiana nel Creatore, fede che, innanzitutto, comporta la convinzione che l'investigazione della realtà e la scoperta delle leggi naturali siano sia possibili sia doverose.

Già si faceva riferimento al riconoscimento del principio di causalità quale fondamento per lo sviluppo delle scienze. Lo stesso principio trova il suo vigore nella razionalità dell'universo. Non è, quindi, un caso che le scienze abbiano trovato nel contesto culturale cristiano il loro migliore *milieu* per poter svilupparsi. E, nonostante il diffuso preconcetto relativo alla presunta inimicizia tra Chiesa e scienza[337], non si sottolineerà mai a sufficienza come esattamente lo sviluppo scientifico e tecnologico rappresentino una conseguenza, se non diretta della fede, almeno della stima cristiana per la ragione[338]. Avversario di ogni mistificazione, Rothbard con i suoi studi contribuì anche a diradare il pregiudizio che sempre grava sui cosiddetti "secoli bui", l'idea, cioè, che il medioevo cristiano (che meglio andrebbe definito come "epoca di cristianità"[339]) sia stato un'epoca di oscurità umana, sociale e scientifica. Il pensatore libertario

---

334 Cfr. Frank J. TIPLER, *La fisica del cristianesimo. Dio, i misteri della fede e le leggi scientifiche*, Mondadori, Milano 2008 (*The Physics of Christianity*, 2007).

335 Libro della *Genesi* 1,28.

336 Murray N. ROTHBARD, *L'etica della libertà*, introduzione di Luigi Marco Bassani, Liberilibri, Macerata 2000, p. 18 (*The Ethics of Liberty*, 1982).

337 Cfr. Paul POUPARD (a cura di), *Galileo Galilei: 350 anni di storia (1633-1983). Studi e ricerche*, Piemme, Casale Monferrato (Alessandria) 1984; cfr. Paul POUPARD (a cura di), *Scienza e fede*, Piemme, Casale Monferrato (Alessandria) 1986 (*Science et foi*, 1982); cfr. Enrico ZOFFOLI, *Galileo. Fede nella Ragione, ragioni della Fede*, Edizioni Studio Domenicano, Bologna 1990.

338 Cfr. Thomas E. WOODS jr., *Come la Chiesa Cattolica ha costruito la civiltà occidentale*, prefazione di Lucetta Scaraffia, Cantagalli, Siena 2007, p. 75-122 (*How the Catholic Church Built Western Civilization*, 2005).

339 Cfr. Régine PERNOUD, *Luce del medioevo*, Volpe, Roma 1978 (*Lumière du Moyen Age*, 1945); cfr. Giorgio FALCO, *La Santa Romana Repubblica. Profilo storico del Medio Evo*, Ricciardi, Milano - Napoli 1986 (1942); cfr. Giorgio FALCO, *La polemica sul Medioevo*, introduzione di Fulvio Tessitore, Guida, Napoli 1988 (1933); cfr. Beniamino DI MARTINO, *Il medioevo di Giorgio Falco*, in «StoriaLibera. Rivista di scienze storiche e sociali», anno 2 (2016), n. 3, p. 67-92.123-133.

concordava con molti storici sulla necessità di riabilitarne l'immagine[340], convenendo anche sul fatto che—a proposito di condizioni culturali per lo sviluppo delle scienze—«nel corso del medioevo, la Chiesa Cattolica [aveva] energicamente incoraggiato l'attività scientifica in moltissime sue forme»[341]. Il cosiddetto medioevo è stato, in realtà, un periodo di slancio culturale e di grande creatività umana. Le grandi sintesi medioevali sono il riflesso della condizione di armonia tra la fede e la ragione: la ragione valorizzata dalla fede, la fede sperimentata come condizione di ragionevolezza. Ma non è vero solo che i secoli in cui più forte fu il carisma cristiano furono quelli in cui più intensa fu la ripresa—dopo il crollo della civiltà romana—del cammino delle scoperte, delle invenzioni e delle ricerche[342]; se, infatti, confrontiamo il contesto culturale cristiano e quello di ogni altra forma di religiosità (pensiamo alla dimensione spirituale orientale incline all'immersione panteistica), si comprende come il progresso scientifico e tecnologico non poteva che trovare nella cristianità la sua migliore propulsione. Il primo effetto umano della fede in Dio creatore è quello di sviluppare la capacità investigativa e il primo effetto storico della fede in Dio incarnato è quello di valorizzare ogni facoltà materiale e razionale. In altri termini, dinanzi al riconoscimento di Dio ordinatore dell'universo e salvatore dell'intera condizione umana, l'individuo si sente chiamato a cooperare attivamente, abbandonando ogni passivo fatalismo tipico delle altre concezioni religiose. La fede che porta l'uomo sia ad essere consapevole che la materia non è divina ma è dono di Dio, creata per essere funzionale, sia ad essere cosciente che la temporalità non è affatto estranea a Dio che, incarnandosi, in essa si è pienamente inserito, ebbene questa fede è la via *anche* dell'affermazione

---

340 Cfr. Murray N. ROTHBARD, *An Austrian Perspective on the History of Economic Thought. Volume I. Economic Thought Before Adam Smith*, Ludwig von Mises Institute, Auburn (Alabama) 2006, p. 31s. (1995).

341 James HANNAM, *La genesi della scienza. Come il Medioevo cristiano ha posto le basi della scienza moderna*, a cura di Maurizio Brunetti, D'Ettoris Editori, Crotone 2015, p. 11 (*God's Philosophers. How the Medieval World Laid the Foundations of Modern Science*, 2009).

342 Cfr. Luciano BENASSI, *Aspetti dello sviluppo industriale nel Medioevo*, in «Quaderni di Cristianità», anno 2 (1986), n. 4, p. 20-31; cfr. Luciano BENASSI, *Sviluppo tecnologico e conoscenza scientifica nel Medioevo*, in Giovanni CANTONI - Francesco PAPPALARDO (a cura di), *Magna Europa. L'Europa fuori dall'Europa*, D'Ettoris Editori, Crotone 2007, p. 33-57; cfr. Jean GIMPEL, *Sviluppo tecnologico medioevale e Terzo Mondo*, intervista di Luciano Benassi, in «Cristianità», anno 14 (1986), n. 134-135 (giugno - luglio), p. 11-13; cfr. Léo MOULIN, *Medioevo tecnologico*, in «Litterae Communionis», aprile 1986, p. 51-55.

della ragione o—per utilizzare il fortunato titolo di Stark[343]—della *vittoria della ragione*.

Senza trionfalismi, ma con l'unico interesse a ponderare i dati, non può non emergere come «[...] questa fondamentale particolarità della religiosità occidentale, secondo molti autori, sarebbe stata importantissima nello sviluppo non solo delle dottrine del diritto naturale, ma anche della scienza moderna. D'altra parte, se Dio fosse arbitrario e umorale, il legislatore di un universo mutabile e caotico, che senso avrebbe la ricerca delle "regolarità" sia nel mondo sociale sia in quello fisico?»[344]. È questa una consapevolezza molto forte in ambito libertario (o, almeno, in quel libertarismo legato a Rothbard nonché prevalente almeno sotto l'aspetto della maturità teoretica[345]) che, anche attraverso la riflessione sul diritto naturale, è indotto a cogliere una sapiente e misteriosa razionalità che presiede l'intero universo. Infatti, se la ragione dell'uomo è chiamata a mettersi alla prova—scrive Lottieri—«è perché l'intera realtà [...] torna ad essere investigabile razionalmente»[346].

Alla base del vigore della razionalità occidentale vi è un altro fondamentale elemento che scaturisce dalla fede nel Dio creatore. Nel racconto biblico dei primordi è detto che l'uomo fu creato con una qualità che lo distingue da ogni altra creatura inferiore: l'uomo venne, appunto, «fatto a immagine [e somiglianza] di Dio»[347]. Un'immagine e una somiglianza che si configurano come un legame ontologico, un *rapporto di analogia* tra l'essere umano e l'essere divino e, in base a tale rapporto, l'uomo, pur non essendo Dio, può essere in relazione con lui partecipando della sua

---

343 Cfr. Rodney STARK, *La vittoria della ragione. Come il cristianesimo ha prodotto libertà, progresso e ricchezza*, Lindau, Torino 2006 (*The Victory of Reason. How Christianity Led to Freedom, Capitalism, and Western Success*, 2005).

344 Luigi Marco BASSANI - Alberto MINGARDI, *Dalla Polis allo Stato. Introduzione alla storia del pensiero politico*, Giappichelli Editore, Torino 2015, p. 82-83.

345 Cfr. Piero VERNAGLIONE, *Paleolibertarismo: libertarismo contro la cultura liberal*, in «StoriaLibera. Rivista di scienze storiche e sociali», anno 7 (2021), n. 13, p. 20-21 (il saggio è presente in questo volume).

346 Carlo LOTTIERI, *Gli individui di fronte al diritto e allo Stato: le ragioni del libertarismo e di Murray N. Rothbard*, in Carlo LOTTIERI - Enrico DICIOTTI, *Rothbard e l'ordine giuridico libertario. Una discussione*, Dipartimento di Scienze Storiche, Giuridiche, Politiche e Sociali dell'Università degli Studi di Siena, Siena 2002, p. 123.

347 «E Dio creò l'uomo a sua immagine; a immagine di Dio lo creò: maschio e femmina li creò» (*Genesi*, 1,27). Questo il versetto precedente: «Dio disse: "Facciamo l'uomo a nostra immagine, secondo la nostra somiglianza: dòmini sui pesci del mare e sugli uccelli del cielo, sul bestiame, su tutti gli animali selvatici e su tutti i rettili che strisciano sulla terra"» (*Genesi*, 1,26).

stessa razionalità. La ragione è, nell'uomo, l'impronta di Dio[348]. In un importante e già menzionato intervento, Benedetto XVI si soffermò sul concetto di analogia innanzitutto menzionandone la negazione da parte dell'impostazione volontaristica: «la trascendenza e la diversità di Dio vengono accentuate in modo così esagerato, che anche la nostra ragione, il nostro senso del vero e del bene non sono più un vero specchio di Dio, le cui possibilità abissali rimangono per noi eternamente irraggiungibili e nascoste dietro le sue decisioni effettive. In contrasto con ciò, la fede della Chiesa si è sempre attenuta alla convinzione che tra Dio e noi, tra il suo eterno Spirito creatore e la nostra ragione creata esista una vera analogia, in cui [...] certo le dissomiglianze sono infinitamente più grandi delle somiglianze, non tuttavia fino al punto da abolire l'analogia e il suo linguaggio. Dio non diventa più divino per il fatto che lo spingiamo lontano da noi in un volontarismo puro ed impenetrabile, ma il Dio veramente divino è quel Dio che si è mostrato come *logos* e come *logos* ha agito e agisce pieno di amore in nostro favore»[349].

Riconoscendosi nel *Logos* e definendo "Verbo" il Dio incarnato, l'esperienza cristiana trova nell'ordine divino la risposta circa la facoltà a cui dare il primato nell'ordine umano. Sin dalle grandi contese medioevali, la disputa ha visto contrapposti i paladini del primato della volontà e gli assertori del primato dell'intelletto. Contro chi ha sostenuto l'assoluta onnipotenza di Dio, che arriverebbe anche a non dare alcun rilievo alle leggi naturali[350], la tradizione tomista ha, invece, riconosciuto che in Dio non c'è contraddizione tra ordine logico e ordine deliberativo. Quest'ultima ha sottolineato il momento intellettivo, mentre l'enfasi sul momento volitivo è stato tipico dei nominalisti. La discussione può apparire frutto di uno sterile dibattito scolastico; in realtà, essa cela una questione fondamentale le cui conseguenze sono decisive in ogni campo. Basti anche solo ricordare come il marxismo si presenti quale superamento

---

348 Rothbard dimostrava di averne consapevolezza. L'esergo di *The Ethics of Liberty* è costituito da una citazione del reverendo Elisha Williams che fu rettore dello Yale College nella prima metà del XVIII secolo. Nel proclamare i diritti naturali di ogni persona, il ministro congregazionalista esordiva affermando: «come ci dice la ragione...».

349 BENEDETTO XVI, Incontro con i rappresentanti della scienza, Università di Regensburg, 12.9.2006, in *Insegnamenti di Benedetto XVI. Volume II/2. 2006*, Libreria Editrice Vaticana, Città del Vaticano 2007, p. 262.

350 Cfr. LOTTIERI, *Gli individui di fronte al diritto e allo Stato: le ragioni del libertarismo e di Murray N. Rothbard*, cit., p. 112-113; cfr. Murray N. ROTHBARD, *L'etica della libertà*, introduzione di Luigi Marco Bassani, Liberilibri, Macerata 2000, p. 19.29 (*The Ethics of Liberty*, 1982).

per antonomasia della conoscenza del mondo a favore della rivoluzione volontaristica prodotta per la trasformazione violenta della società.

Sul sentiero tracciato da Tommaso, Rothbard (ma con lui anche gli altri esponenti della Scuola Austriaca[351]) ha riaffermato la priorità dell'intelletto nel modo con cui ha costantemente ribadito il primato del teorico e il metodo aprioristico. All'antitesi rispetto al marxismo che, invece, ha innalzato a criterio la pura prassi (la "filosofia della *praxis*")[352], Rothbard e gli altri esponenti "austriaci" hanno sempre proclamato il primato della filosofia sulla rivoluzione, della conoscenza sulla volontà, del pensiero sull'azione.

All'origine di tale esiziale demarcazione si deve, innanzitutto, scorgere il modo con cui riconoscere le facoltà divine tra necessità e onnipotenza. Dio è ragione prima di volontà, o meglio: è intelletto puro la cui volontà non è in contrasto con la conoscenza. Nel *Logos*, quindi, il primato è del pensiero e non della volontà perché è l'intelletto che crea e genera l'azione.

Dal platonismo all'aristotelismo al platonismo

C'è ancora un altro elemento che può essere aggiunto alle nostre considerazioni circa la stima nei riguardi della ragione dell'uomo che accomuna Rothbard e il cattolicesimo. In teologia, l'opera di Tommaso d'Aquino rappresenta l'apice della sintesi tra la fede e la ragione, tra la riflessione teologica e la speculazione filosofica. Come già si sosteneva, con essa il Dottore Angelico—come il santo domenicano venne definito dai suoi seguaci—non declassava la teologia, ma rendeva la "scienza sacra" inderogabilmente legata al ragionamento e alle capacità dell'intelletto umano[353]. Perciò un sociologo come Stark poteva affermare che «Tommaso

---

351 Ad es., cfr. Friedrich A. von HAYEK, *Legge, legislazione e libertà. Critica dell'economia pianificata*, edizione italiana a cura di Angelo M. Petroni e Stefano Monti Bragadin, Il Saggiatore, Milano 2010, p. 198n. (*Law, Legislation and Liberty*, 1973/1979).

352 Cfr. Murray N. ROTHBARD, *Karl Marx: Communist as Religious Eschatologist*, in «Review of Austrian Economics», vol. 4, 1990, p. 172, ora Murray N. ROTHBARD, *Il comunismo religioso ed escatologico di Karl Marx*, a cura di Michele Arpaia, in «StoriaLibera. Rivista di scienze storiche e sociali», anno 10 (2024), n. 20, p. 172-173 (*Karl Marx: Communist as Religious Eschatologist*, 1990).

353 Nella già citata enciclica su fede e ragione, papa Wojtyla scriveva: «alla luce di queste riflessioni, ben si comprende perché il Magistero abbia ripetutamente lodato i meriti del pensiero di san Tommaso e lo abbia posto come guida e modello degli studi teologici. Ciò che interessava non era prendere posizione su questioni propriamente filosofiche, né imporre l'adesione a tesi particolari. L'intento del Magistero era, e continua

d'Aquino e i suoi numerosi eccellenti compagni non si sarebbero distinti nella teologia razionale se avessero concepito [Dio] come un'essenza inspiegabile. I loro sforzi erano giustificabili solo perché ritenevano che Dio fosse l'assoluta personificazione della ragione»[354]. Accanto a ciò, occorreva anche salvaguardare un campo proprio della funzione dell'intelletto, non come pretesto di arbitrio, ma quale condizione di integrità del processo di investigazione. Una sufficiente autonomia che tornava anche a beneficio della stessa scienza teologica. Commentava Alessandro Passerin d'Entrèves, il filosofo del diritto citato da Rothbard: «la chiave di volta di tutta l'etica tomistica [...] consiste nell'idea di un'*armonia fondamentale tra i valori puramente umani e quelli soprannaturali, fra la ragione e la fede.* Nel dare una chiara formulazione a questa idea, la filosofia tomistica esprimeva veramente le più intime e profonde aspirazioni del cristianesimo medioevale così lontano, nel suo atteggiamento di fronte al mondo e alla natura, dalla diffidenza e dall'ostilità del pensiero cristiano più antico, dalle rigide antinomie di cui è penetrato, ad esempio, il pensiero agostiniano»[355].

Il corretto rapporto tra teologia e filosofia, tra la Rivelazione soprannaturale e la saggezza umana[356] ha avuto un effetto enorme sullo sviluppo della civiltà occidentale. Il confronto può essere fatto anche con gli altri monoteismi o con le altre religioni "del libro" che escludono una relazione di complementarietà rifiutando una funzione attiva del raziocinio. La Scolastica, giunta a maturità con Tommaso, invece, garantì questo

---

ad essere, quello di mostrare come san Tommaso sia un autentico modello per quanti ricercano la verità. Nella sua riflessione, infatti, l'esigenza della ragione e la forza della fede hanno trovato la sintesi più alta che il pensiero abbia mai raggiunto, in quanto egli ha saputo difendere la radicale novità portata dalla Rivelazione senza mai umiliare il cammino proprio della ragione». GIOVANNI PAOLO II, Lettera enciclica *Fides et ratio* circa i rapporti tra fede e ragione, 14.9.1998, n. 78.

354 Rodney STARK, *La vittoria della ragione. Come il cristianesimo ha prodotto libertà, progresso e ricchezza*, Lindau, Torino 2006, p. 33 (*The Victory of Reason. How Christianity Led to Freedom, Capitalism, and Western Success*, 2005).

355 Alessandro PASSERIN d'ENTRÈVES, *Il valore del pensiero politico di s. Tommaso. Introduzione* a TOMMASO D'AQUINO (san), *Scritti politici*, a cura di Lorenzo Alberto Perotto, Massimo, Milano 1985, p. 10.

356 Cfr. Frederick C. COPLESTON, *Religione e filosofia*, La Scuola, Brescia 1977 (*Religion and Philosophy*, 1974); cfr. Étienne GILSON, *Le Philosophe et la Théologie*, Fayard, Paris 1960; cfr. Battista MONDIN, *Il linguaggio e teologico. Come parlare di Dio, oggi?*, Edizioni Paoline, Alba (Cuneo) 1977; cfr. Saturnino MURATORE (a cura di), *Teologia e filosofia. Alla ricerca di un nuovo rapporto*, AVE Anonima Veritas Editrice, Roma 1990; cfr. Sofia VANNI ROVIGHI, *La filosofia e il problema di Dio*, Vita e Pensiero, Milano 1986.

rapporto in un equilibrio mirabile che fu reso solido nel passaggio dal platonismo all'aristotelismo. Si trattò di una transizione tutt'altro che indolore o pacifica, ma solo la struttura aristotelica avrebbe potuto assicurare un indispensabile ancoraggio alla materialità e alla razionalità lì ove, per generazioni e secoli, i teologi avevano considerato naturale rivolgersi ed attingere al platonismo ritenuto lo sfondo più congeniale alla spiritualità religiosa.

Quanto fosse difficoltosa l'accettazione dell'aristotelismo all'interno della cultura ecclesiastica è dimostrato dalla condanna canonica che si abbatté sui testi di Aristotele. Un primo divieto alla lettura («in pubblico o in privato») dei libri di filosofia naturale del filosofo greco giunse nel 1210 ad opera di un sinodo locale convocato dal vescovo di Parigi. Al di là della leggerezza con cui vennero censurati i libri[357], effettivamente la filosofia naturale di Aristotele poneva una tale enfasi sulla necessità al punto da vanificare del tutto la libertà divina. «È la questione della necessità, che, per lo sviluppo della scienza, si è rivelata fondamentale»[358]. Nonostante una conferma della censura giunta, da parte del Legato pontificio, qualche anno dopo—nel 1215 (l'anno in cui, al di là della Manica, i baroni inglesi riuscirono ad ottenere la firma della *Magna Carta libertatum* dall'infido re Giovanni Senza Terra)—, a Parigi e nelle altre università la penetrazione dell'ilemorfismo non rallentò affatto. I teologi erano sempre più assetati della struttura filosofica di Aristotele che, al di là delle inevitabili incongruenze, conciliava le incertezze e risolveva le difficoltà. Considerando anche una precedente posizione del Papa (una lettera del 1228), pure l'epistola indirizzata all'università di Parigi nel 1231 può essere ritenuta un'ulteriore condanna da parte di Gregorio IX (1227-1241). Il Papa accettava la possibilità di utilizzare ciò che di Aristotele potesse essere utile, ma imponeva di emendare doviziosamente l'opera del filosofo greco. Il discutibile obbligo non solo non riuscì ad essere affatto avviato, ma le università (in testa sempre quella di Parigi) non tennero in alcun conto la direttiva pontificia. A dimostrarlo vi è un'altra presa di posizione ufficiale da parte di un Papa (Innocenzo

---

357 «È inutile chiedersi che cosa esattamente il sinodo avesse trovato discutibile nei libri che vietò perché, quasi certamente, i vescovi non li avevano letti. Non c'è niente di meglio del panico morale per dar luogo a una cattiva legge». James HANNAM, *La genesi della scienza. Come il Medioevo cristiano ha posto le basi della scienza moderna*, a cura di Maurizio Brunetti, D'Ettoris Editori, Crotone 2015, p. 108 (*God's Philosophers. How the Medieval World Laid the Foundations of Modern Science*, 2009).

358 *Ibidem*, p. 109.

IV, 1243-1254) che, nel 1245, ancora proibiva l'insegnamento basato sui libri di filosofia naturale di Aristotele[359]. Aristotele fu, dunque, messo ufficialmente al bando nelle università, ma i pronunciamenti della Gerarchia riuscirono solo ad ostacolare, non ad impedire la diffusione di un impianto di pensiero che si affermava per sua stessa virtù.

Se la resistenza all'aristotelismo ebbe anche il sostegno ufficiale del Papa, il pensiero di Tommaso venne inizialmente censurato solo dall'autorità episcopale. Infatti l'impostazione del maestro domenicano subì una duplice condanna dal vescovo di Parigi, nel 1270 e nel 1277 (quindi, rispetto alla morte del teologo domenicano avvenuta nel 1274, nel primo caso solo qualche anno prima mentre nel secondo solo pochi anni dopo). Ma già nel 1278 (e poi nel 1279) la censura contro Tommaso si ribaltò addirittura in minaccia di punizione contro chi, all'interno dell'ordine domenicano, avesse anche solo criticato la dottrina dell'Aquinate, ormai già assurta a dottrina ufficiale dell'Ordine[360]. Al di là di questo sbalzo nonché degli aspetti anche ironici e goffi, il tomismo si diffuse capillarmente tra le scuole e quando si impose una restaurazione, dopo un altrettanto lungo periodo di decadenza, questa restaurazione avvenne nel modo più solenne con papa Leone XIII che, nel 1879[361], ne decretò la rinascita, segnando l'inizio di una nuova fase della Scolastica (la "neo Scolastica" novecentesca). Dalle frettolose condanne dell'aristotelismo al sigillo posto dall'enciclica *Aeterni Patris*, il percorso del tomismo non aveva ancora completato la sua parabola; nella seconda metà del secolo scorso, infatti, le tendenze post-conciliari presero il sopravvento sulle indicazioni magisteriali mandando in crisi la stessa plausibilità di una filosofia cristiana[362].

---

359 Circa le condanne, cfr. Gerardo BRUN - Novato PICARD, voce *Aristotelismo*, in *Enciclopedia Cattolica*, Ente per l'Enciclopedia Cattolica, Città del Vaticano 1948, vol. I, col. 1938-1939.

360 Cfr. Cornelio FABRO, *Breve introduzione al tomismo*, Editrice del Verbo Incarnato, Segni (Roma) 2007, p. 29.48.68 (1960).

361 LEONE XIII, Lettera enciclica *Aeterni Patris* sulla filosofia cristiana secondo il pensiero di san Tommaso d'Aquino da istituire nelle scuole cattoliche, 4.8.1879, in *Enchiridion delle encicliche/3. Leone XIII (1878-1903)*, Edizioni Dehoniane, Bologna 1999, n. 49-110.

362 Tra i sostenitori di una filosofia cristianamente qualificata, cfr. Étienne GILSON, *Introduzione alla filosofia cristiana*, introduzione di Antonio Livi, Massimo, Milano 1986 (*Introduction à la philosophie chrétienne*, 1960); cfr. Yves FLOUCAT, *Per una filosofia cristiana. Elementi per un dibattito fondamentale*, Massimo, Milano 1990 (*Pour une philosophie chrétienne. Éléments d'un débat fondamental*, 1983).

Facendo proprie—e non senza fatica—le categorie aristoteliche, la Scolastica raggiunse nel secolo XIII la sua fioritura, focalizzando i principi di interpretazione e di elaborazione razionale del dato teologico, organizzando sistematicamente le discipline, ancorandosi ad una struttura scientifica mediante la conoscenza dimostrativa, logico-deduttiva, a partire da principi noti[363]. Infatti, a fronte della riluttanza platonizzante, come magnificamente sintetizza Chesterton, l'«aristotelismo [di Tommaso] significava semplicemente che lo studio dei fatti più insignificanti portava allo studio delle verità più importanti»[364].

Spesso si parla di un vero e proprio "metodo scolastico", un metodo con cui i filosofi e i teologi medioevali organizzavano e presentavano le riflessioni con gli strumenti della dialettica[365], della *disputatio*[366] e con la forma prediletta della *Quaestio*[367]. Con indiscutibili pregi, accanto ad innegabili limiti, questo "metodo scolastico"[368] ha rappresentato un continuo esercizio di raziocinio. Un metodo in cui permanere e a cui rimanere fedeli per ciò che esso comporta di valido. E non è un caso se in qualche circostanza i libertari più avveduti si sono auto-definiti proprio figli di quello stesso metodo[369].

---

363 In ordine al raggiungimento di questo traguardo epocale, ordinariamente, si attribuisce grande importanza al contributo arabo. Ma, innanzitutto, va precisato il fatto che autori come Avicenna e Averroè vanno considerati arabi più che musulmani e, poi, il loro apporto fu tutt'altro che insostituibile. Dante ha reso famoso il commento delle opere di Aristotele («Averrois che 'l gran comento feo», *Inferno*, canto IV, 144), ma le traduzioni arabe delle opere dello Stagirita furono presto ritenute lacunose. Cfr. Sylvain GOUGUENHEIM, *Aristotele contro Averroè. Come cristianesimo e islam salvarono il pensiero greco*, Rizzoli, Milano 2009 (*Aristote au Mont Saint-Michel. Les racines grecques de l'Europe chrétienne*, 2008).

364 Gilbert Keith CHESTERTON, *San Tommaso d'Aquino*, prefazione di Luigi Negri, Lindau, Torino 2008, p. 89 (*Saint Thomas Aquinas*, 1933).

365 Cfr. Ugo VIGLINO, voce *Dialettica*, in *Enciclopedia Cattolica*, Ente per l'Enciclopedia Cattolica, Città del Vaticano 1950, vol. IV, col. 1546-1548.

366 Cfr. Fulbert CAYRÉ, *Patrologia e storia della teologia*, Desclèe, Roma 1938, vol. 2, p. 509-510 (*Patrologie et histoire de la théologie*, 1927); cfr. Carlo LOTTIERI, *Diritto naturale e realismo giuridico. Materiali per una teoria libertaria del diritto*, in Fulvio DI BLASI - Paolo HERITIER (a cura di), *La vitalità del diritto naturale*, Phronesis, Palermo 2008, p. 242.

367 Cfr. Cipriano VAGAGGINI, voce *Teologia*, in Giuseppe BARBAGLIO - Severino DIANICH (a cura di), *Nuovo Dizionario di Teologia*, Edizioni Paoline, Roma 1979, p. 1620.1879.

368 Cfr. Étienne GILSON, *La filosofia del Medioevo. Dalle origini patristiche alla fine del XIV secolo*, presentazione di Mario Dal Pra, La Nuova Italia, Firenze 1994, p. 281s. (*La philosophie au moyen age*, 1922).

369 Cfr. Alejandro CHAFUEN, *Noi liberali, figli della Scolastica*, intervista di Leonardo

Si può anche aggiungere altro. È vero che «se la Chiesa aveva perplessità ad accettare l'opera di Aristotele,» come sostiene Hannam, «era
perché mancava di un confine chiaro tra filosofia e teologia. Molto del
lavoro di Tommaso d'Aquino era andato proprio nella direzione di indicare quel confine: nei suoi scritti, del resto, aveva sempre ben distinto
ciò che può essere conosciuto tramite la sola ragione da ciò per cui era
necessaria la fede»[370].

C'è anche da aggiungere che si aveva una radicata perplessità ad
accogliere una struttura "materialista" come quella aristotelica con il
conseguente accantonamento del modello platonico che era in linea—
almeno così appariva—con la spiritualità. Tanti, infatti, sembravano i
motivi di convergenza tra platonismo e cristianesimo al punto da non
poter rinunciare all'eredità di Platone[371]. Sarcasticamente, Étienne Gilson (1884-1978)—lo storico della filosofia che Rothbard ha citato in *The
Ethics of Liberty*—scriveva che «il torto di san Tommaso» era stato quello
di aver seguito un pagano anziché il Dottore della Chiesa, Aristotele anziché Agostino, e, così facendo, aver reso la Scolastica meno spirituale.
La colpa dell'Aquinate sarebbe stata quella di allontanarsi dall'abitudine
di fare della filosofia una disciplina consacrata solo alla diretta glorifi-
cazione di Dio, tracciando, invece, la nuova strada della filosofia della
natura («che cosa sono l'aristotelismo e il tomismo? sono filosofie della
natura; ossia sistemi, in cui si suppone che esistano forme sostanziali, o
nature, che sono specie di entità dotate di efficacia e produttrici di tutti gli
effetti»[372]). Una filosofia pagana qual era quella di Aristotele non avrebbe potuto che dare consistenza agli esseri finiti. Ma come un pensatore
cristiano poteva rinunciare ad attribuire al solo Creatore ogni efficacia
ed ogni sussistenza? Era, quindi, assai facile attribuire a Tommaso l'errore di aver preferito vestirsi di «brandelli strappati al pensiero antico,

Facco, in «Il Giornale», 2.12.2000; cfr. Murray N. ROTHBARD, *Scholasticism and Austrian Economics*, in «Literature of Liberty», April - June 1979, p. 78-79.

370 James HANNAM, *La genesi della scienza. Come il Medioevo cristiano ha posto
le basi della scienza moderna*, a cura di Maurizio Brunetti, D'Ettoris Editori, Crotone
2015, p. 135 (*God's Philosophers. How the Medieval World Laid the Foundations of Modern Science*, 2009).

371 Cfr. Joseph RATZINGER, *Escatologia: morte e vita eterna*, edizione italiana a cura
di Carlo Molari, Cittadella, Assisi (Perugia) 1979, p. 88s.155.162.170.187 (*Eschatologie.
Tod und ewiges Leben*, 1977).

372 Étienne GILSON, *Lo spirito della filosofia medioevale*, Morcelliana, Brescia 1983,
p. 23-24 (*L'espirit de la philosophie médiévale*, 1932).

a rischio di somigliare a cristiani camuffati da greci, ossia a uomini che non sarebbero stati più né greci né cristiani»[373].

Le accuse rivolte a Tommaso in chiave spirituale suggeriscono un'analogia che rischia di apparire azzardata, ma che neanche può essere considerata una pura provocazione. Ebbene, come Aristotele il "materialista" fu ritenuto più affidabile non solo del "mistico" Platone, ma anche e addirittura di Agostino, *dottore* e padre della Chiesa, così—si potrebbe, analogamente, sostenere—l'agnostico Rothbard, *apologeticamente*, si può ritenere più attendibile dei tanti pensatori cristiani e più interessante e attraente di tante guide della Chiesa. Come il pagano stagirita venne considerato più logico e razionale (e, come tale, più cristianamente funzionale) che non il santo e vescovo d'Ippona, analogamente, l'opera del non credente economista americano può essere giudicata più cristianamente incisiva ed interessante (perché di fatto più utile alla civiltà cristiana e alla razionalità che la sostiene) che le montagne di letteratura ecclesiastica.

Il "battesimo" di Aristotele non va considerato un dato acquisito. Le spinte tese al superamento del "razionalismo" aristotelico-tomista sono state sempre presenti[374], anche se è possibile individuare tre principali "onde di de-ellenizzazione" che hanno segnato la storia della teologia[375]. La prima di queste può esser fatta coincidere con la Riforma e con il postulato fondamentale di essa, rintracciabile nel *sola fide* contro ogni contaminazione filosofica. Sono famose le invettive di Lutero contro Aristotele[376]. La seconda onda fu propria della teologia cosiddetta liberale[377] del XIX e del XX secolo che si riprometteva di separare l'artificio

---

373 *Ibidem*, p. 491.

374 Con il termine "ellenismo" ed "ellenizzazione" si intende l'influenza della cultura greca in ambito biblico. Per estensione, gli stessi vocaboli sono stati utilizzati per indicare, spesso in chiave polemica, rifiutando il carattere universale del patrimonio culturale greco, il predominio delle concezioni filosofiche aristoteliche nella fede cristiana. Cfr. Giuliano GENNARO - Pietro DE AMBROGGI - Luisa BANTI, voce *Ellenismo*, in *Enciclopedia Cattolica*, Ente per l'Enciclopedia Cattolica, Città del Vaticano 1950, vol. V, col. 255-262.

375 Cfr. BENEDETTO XVI, Incontro con i rappresentanti della scienza, Università di Regensburg, 12.9.2006, in *Insegnamenti di Benedetto XVI. Volume II/2. 2006*, Libreria Editrice Vaticana, Città del Vaticano 2007, p. 257-267.

376 Cfr. Jacques MARITAIN, *Tre riformatori. Lutero, Cartesio, Rousseau*, introduzione di Antonio Pavan, Morcelliana, Brescia 1983, p. 71-75 (*Trois rèformateurs. Luther, Descartes, Rousseau*, 1925).

377 Cfr. Giuseppe PIROLA - Francesco COPPELLOTTI, *Il "Gesù storico". Problema della modernità*, Piemme, Casale Monferrato (Alessandria) 1988.

teologico dal nucleo storico dell'uomo Gesù e dal semplice messaggio filantropico di questi. Infine, la terza "onda" è quella post-conciliare[378] che, all'insegna dell'equiparazione di tutte le culture, promuove il superamento, mediante l'*inclusione*, delle categorie con cui si è razionalizzato il dato della Rivelazione e del dogma.

Il bisogno di purificazione della fede dalle costruzioni filosofiche, il desiderio di un'esperienza immediata e spontanea, dai caratteri più emotivi che razionali, più biblica (il principio luterano del *sola Scriptura*) che metafisica, più spirituale che raziocinante, è alla base dell'allergia verso ciò che, al contrario, in ambito cattolico tradizionale, è considerata la via della *"philosophia perennis"*. Un'avversione verso il realismo e un'esigenza di misticismo che si ritrova tanto nella letteratura patristica quanto nei movimenti ereticali medioevali, tanto tra i motivi di fondo della Riforma luterana quanto nelle varie riproposizioni della pascaliana distinzione tra il "Dio dei filosofi" ed il "Dio di Abramo, Isacco e Giacobbe", tanto nelle istanze pauperiste quanto nelle premesse del progressismo teologico. Ad un singolare confratello di Tommaso dobbiamo un'attestazione che induce a riflettere. Martin Butzer (1491-1551, latinizzato Bucero), un sacerdote domenicano che già nel 1518 divenne luterano, andava affermando che per distruggere la Chiesa gli sarebbe stato sufficiente eliminare il tomismo: «*tolle Thomam et dissipabo Ecclesiam*»[379]. L'ex confratello (ormai riformato) dell'Aquinate riconosceva, indirettamente, al tomismo, se non l'autenticità e la validità, almeno una straordinaria efficacia, una forza che andava assolutamente abbattuta come condizione di trasformazione del cristianesimo e di distruzione del cattolicesimo («*dissipabo Ecclesiam*»). A sostegno della virtù della *philosophia perennis* (e, indirettamente, dell'intuizione distruttiva dell'ex domenicano Butzer), vi è un altro interessantissimo passo di Étienne Gilson, lo storico cattolico che Rothbard conosceva e citava[380]. Scriveva, quindi, lo studioso francese: «quando la fiducia nell'indistruttibilità della natura e nell'efficacia delle cause seconde, sorte da una fecondità creatrice, scomparve, il mondo era maturo per

---

378 Cfr. AA. VV., *Teologi in rivolta*, saggio introduttivo di Angelo Scola, Edizioni Logos, Roma 1990; cfr. Battista MONDIN, *La nuova teologia cattolica. Da Karl Rahner a Urs von Balthasar*, Edizioni Logos, Roma 1978.

379 Cit. in Gonzague DE REYNOLD, *Modernità e cristianesimo nella Riforma cattolica*, in «Cultura & Identità», anno 2 (2010), n. 8 (novembre - dicembre), p. 16.

380 Cfr. Murray N. ROTHBARD, *L'etica della libertà*, introduzione di Luigi Marco Bassani, Liberilibri, Macerata 2000, p. 18.28.45 (*The Ethics of Liberty*, 1982).

la Riforma; ovunque, e nella misura in cui questa fiducia resistette, la Riforma fu sconfitta»[381].

Per lo più si ritiene che la Scuola Austriaca abbia un'implicita derivazione aristotelica (e, quindi, quasi automaticamente, tomista)[382]. Se ciò può essere sostenuto in grandi linee[383], nondimeno occorre qualche precisazione. Innanzitutto differenziando le posizioni degli studiosi della Scuola. Certamente tomista e, perciò, aristotelico va considerato Rothbard e non perché questi abbia abbracciato l'aristotelismo in tutte le sue applicazioni pratiche, ma perché ne aveva trovato convincente l'impianto generale. Allo Stagirita, infatti, il filosofo americano riservò critiche decisive; così, ad esempio, per ciò che riguarda l'orientamento comunitaristico del suo giusnaturalismo[384] o sulla pretesa equivalenza del valore dei beni nello scambio[385] o sulla improponibile teoria del "giusto prezzo"[386]. Prima di Rothbard, è il fondatore della tradizione marginalista ad essere considerato di formazione e ascendenza aristotelica e non ne mancano certo i motivi[387]. Menger, infatti, nella letteratura

---

381 GILSON, *Lo spirito della filosofia medioevale*, cit., p. 383.

382 Ad es., cfr. Raimondo CUBEDDU, *Il liberalismo della Scuola austriaca. Menger, Mises, Hayek*, Morano, Napoli 1992; cfr. Jesús HUERTA de SOTO, *La Scuola Austriaca. Mercato e creatività imprenditoriale*, a cura di Paolo Zanotto, prefazione di Raimondo Cubeddu, Rubbettino, Soveria Mannelli (Catanzaro) 2003, p. 87-88 (*La Escuela Austríaca: mercado y creatividad empresarial*, 2000); cfr. Edward W. YOUNKINS, *Carl Menger's Austrian Aristotelianism*, in IDEM (edited by), *Philosophers of Capitalism. Menger, Mises, Rand, and Beyond*, Lexington Books, Lanham (Maryland) 2005, p. 15-47.

383 Ancora, cfr. Raimondo CUBEDDU, *Il valore della differenza. Studi su Carl Menger*, Belforte, Livorno 2021, p. 63-97; cfr. David GORDON, *Le origini filosofiche della Scuola austriaca di economia* (*The Philosophical Origins of Austrian Economics*, 1993), in David GORDON - Roberta A. MODUGNO CROCETTA, *Individualismo metodologico: dalla Scuola austriaca all'anarco-capitalismo*, LUISS University Press, Roma 2001, p. 23-26; cfr. Murray N. ROTHBARD, *Scholasticism and Austrian Economics*, in «Literature of Liberty», April - June 1979, p. 78-79.

384 Cfr. ROTHBARD, *L'etica della libertà*, cit., p. 35.

385 Cfr. Murray N. ROTHBARD, *Lo Stato falsario. Ecco cosa i governi hanno fatto ai nostri soldi*, Leonardo Facco Editore, Treviglio (Bergamo) 2005, p. 7 (*What Has Government Done to Our Money?*, 1963).

386 Cfr. Murray N. ROTHBARD, *Cattolicesimo, protestantesimo e capitalismo*, a cura di Paolo L. Bernardini, in «StoriaLibera. Rivista di scienze storiche e sociali», anno 7 (2021), n. 14, p. 118.120 (*Memorandum on Catholicism, Protestantism, and Capitalism*, 1957 - il pezzo è presente in questo volume).

387 Cfr. Carl MENGER, *Principi fondamentali di economia politica*, a cura di Raimondo Cubeddu, introduzione di Karl Milford, Rubbettino, Soveria Mannelli (Catanzaro) 2001, p. 383-384 (*Grundsätze der Volkswirtschaftslehre*, 1871); cfr. Carl MENGER, *Sul metodo delle scienze sociali*, a cura di Raimondo Cubeddu, introduzione di Karl Milford, Liberilibri, Macerata 1996, p. 279-280 (*Untersuchungen über die Methode der*

"austriaca"[388], viene ritenuto «fautore di un "ritorno ad Aristotele"»[389]. Una seconda posizione, ben differente quanto a fondamenti filosofici, è costituita da Mises e Hayek ai quali, però, per diversi motivi, non può non essere attribuito un aristotelismo di fatto[390].

Più recentemente, però, Raimondo Cubeddu, con i suoi lavori e le sue ricerche, ha ribaltato la collocazione almeno di Menger; secondo l'ipotesi del filosofo politico, il fondatore della Scuola Austrica non sarebbe in linea di continuità con la tradizione aristotelico-tomista, quanto, piuttosto, in connessione con Epicuro e con Lucrezio[391] attraverso l'abate Pierre Gassendi (1592-1655)[392]. Si tratta di un'originale interpretazione

---

Sozialwissenschaften und der politischen Oekonomie insbesondere, 1883).

388 Ad es., cfr. Raimondo CUBEDDU, *The Philosophy of the Austrian School*, Routledge, New York (N. Y.) 1993; cfr. Luigi Marco BASSANI, *L'anarco-capitalismo di Murray Newton Rothbard*, in Murray N. ROTHBARD, *L'etica della libertà*, Liberilibri, Macerata 2000, p. XXVI.

389 Carlo LOTTIERI, *Le ragioni filosofiche e le radici religiose del libertarismo*, in «StoriaLibera. Rivista di scienze storiche e sociali», anno 11 (2025), n. 21, p. 159 (l'articolo è presente in questo volume).

390 L'affinità tra le affermazioni di Mises e quelle di Tommaso in relazione alla struttura dell'azione e alle caratteristiche dell'atto umano sono state studiate e scandagliate. Al di là dell'immediata consonanza formale delle definizioni tra la prasseologia misesiana che definisce l'azione umana quale scelta di mezzi per raggiungere determinati scopi e quelle dell'Aquinate che, nella *Summa contra Gentiles*, osservava come «ogni agente tende nel suo agire verso un fine» e come «tutto ciò che agisce lo fa per un fine» (TOMMASO d'AQUINO (san), *Summa contro i Gentili*, a cura di Tito S. Centi, UTET, Torino 1978, libro III, capitolo III - *Summa contra Gentiles*, 1258-1264) e nella *Summa Theologiae* dichiarava che «ogni agente agisce per un fine, il quale ha sempre ragione di bene» (TOMMASO d'AQUINO (san), *La Somma Teologica*, a cura dei domenicani italiani, testo latino dell'edizione leonina, Edizioni Studio Domenicano, Bologna 1984, I-II, q. 94, a. 2 - *Summa Theologiae*, 1265-1274), uno studioso argentino, Gabriel J. Zanotti, ha investigato più in profondità i rapporti tra tomismo e prasseologia. La conclusione a cui giunge Zanotti è assai interessante: lo studioso sostiene che l'antropologia di Tommaso fornirebbe il miglior fondamento filosofico della descrizione dell'azione umana svolta dalla Scuola Austriaca (cfr. Gabriel J. ZANOTTI, *Fundamentos filosóficos y epistemológicos de la praxeología*, Unsta, Tucumán 2004.). Ancor più recentemente, un sacerdote polacco, Jacek Gniadek, ha mostrato come il ragionamento di Mises si basi sulle inclinazioni della natura umana che Tommaso indicava, inclinazioni che—ancora per l'Aquinate—erano la base per elaborare il principio della legge naturale (cfr. Jacek Gniadek, *The Pope and the Economist. Human Action in the Thought of John Paul II and Ludwig von Mises*, Acton Institute, Grand Rapid - Michigan 2023).

391 Cfr. Raimondo CUBEDDU, *Epicureismo e Individualismo. Per una storia della filosofia politica*, Rubbettino, Soveria Mannelli (Catanzaro) 2023.

392 Cfr. Raimondo CUBEDDU, *Il valore della differenza. Studi su Carl Menger*, Belforte, Livorno 2021, p. 155.163.169-170.172-174.177.181-183.239. Un riferimento a Gassendi si trova in BENEDETTO XVI, Lettera enciclica *Deus caritas est* sull'amore

che riformulerebbe radicalmente lo scenario delle fonti filosofiche di Menger che, da una sorta di metafisica implicita (nel recupero dell'aristotelismo e del realismo scolastico), dovrebbe essere reinterpretato in base ad una ben differente ispirazione.

La crisi dell'epoca di cristianità[393] ebbe il suo segnale nella rottura della sintesi tra la fede e la ragione[394]. Con l'avvento dell'umanesimo e con il prevalere del nominalismo, il realismo si eclissava e la prospettiva tornava ad essere quella del soggetto conoscente preminente sull'oggetto conosciuto e al primato dell'intelletto si sostituiva il primato della volontà. Come il ruolo della ragione aveva avuto il suo più alto riconoscimento teorico con l'adozione del sistema aristotelico da parte di Tommaso, così la svolta idealistica era contenuta in un ritorno a Platone e in un nuovo rapporto con l'antichità. Delineando la vita dell'Aquinate, il grande scrittore inglese Chesterton—che, come già ricordavamo, Rothbard non mancò di menzionare nei suoi saggi—commentò poeticamente il passaggio alla modernità con queste mirabili parole: «quando i moderni, tirando la più scura tenda dell'oscurantismo che mai abbia oscurato la storia, decisero che non c'era stato niente d'importante prima del Rinascimento e della Riforma, cominciarono il loro iter moderno cadendo in un errore madornale: quello del platonismo»[395]. Per semplificare con un'equazione, si potrebbe dire che il cuore filosofico del medioevo scolastico sta all'aristotelismo come l'essenza della modernità sta al platonismo e come con la Scolastica tomista vi fu l'affermazione del realismo, così la svolta platonica conteneva una forma di spiritualismo anti-razionalista che si nascondeva dietro gli orientamenti idealisti.

Modernità irrazionalista

Per quanto possa apparire inverosimile e paradossale, occorre ammettere che la modernità[396] possiede un cattivo rapporto con la ragione

cristiano, 25.12.2005, n. 5.

393 Cfr. Johan HUIZINGA, *Autunno del Medioevo*, introduzione di Eugenio Garin, Sansoni, Firenze 1992 (*Herfsttij der Middeleeuwen*, 1919).

394 Cfr. Tullio GREGORY, *Filosofia e teologia nella crisi del XIII secolo*, in Francesco ADORNO - Tullio GREGORY - Valerio VERRA, *Storia della filosofia*, Laterza, Roma - Bari 1980, vol. 1, p. 462-466 (1964).

395 Gilbert Keith CHESTERTON, *San Tommaso d'Aquino*, prefazione di Luigi Negri, Lindau, Torino 2008, p. 78 (*Saint Thomas Aquinas*, 1933).

396 Si impone una precisazione perché la "modernità" non coincide con la "contemporaneità". Il primo è un concetto valutativo e filosofico, il secondo è puramente descrittivo

benché l'epoca moderna si accrediti come il tempo della cancellazione dell'oscurantismo e dello stato di "minorità"[397] e l'età dell'avvento dell'emancipazione e della maturità. A dispetto di questi ideali—ma, più verosimilmente, proprio *a causa* del carattere ideologico di questi propositi palingenetici—il razionalismo illuministico si è rivelato come il germe avvelenato che ha condotto l'umanità alle inenarrabili tragedie cui la storia ha assistito.

Già dicevamo che occorre distinguere un razionalismo realista da un razionalismo ideologico. Essi, al di là della denominazione, non hanno nulla in comune. Infatti, se il primo valorizza la ragione come *mezzo* per conoscere la realtà ed aprirsi ad essa in un'inesausta sete di apprendimento senza alcun pregiudizio e senza escludere alcuno dei fattori del reale, nella consapevolezza che la mente dell'uomo deve conformarsi alla realtà—questa enormemente più vasta di quella—viceversa, il razionalismo ideologico considera la ragione dell'uomo come *misura* della realtà, la quale dovrebbe, piuttosto, piegarsi ai progetti costruttivisticamente elaborati; in tal modo, la ragione, lungi dall'essere uno strumento di elevazione, diviene la peggiore delle gabbie per l'uomo. Dinanzi ad una ragione criterio di sé, la realtà diventa superflua o addirittura un ostacolo per progetti ideologicamente partoriti da una mente assolutistica, senza più contatto con l'essere e, perciò, capace di ogni mostruosità. Ciò che chiamiamo, infatti, modernità, è il vizio ideologico contenuto in un modello di ragione che la realtà vuole cambiare e trasformare (nel primato della volontà) anziché conoscere e utilizzare (nel primato dell'intelletto)[398].

---

e neutro. Il primo si distingue dal secondo perché la modernità assume il significato ideologico di un nuovo orizzonte di vita per l'umanità. Cfr. Beniamino DI MARTINO, *La Rivoluzione quale concetto chiave della modernità politica* (I parte), in «StoriaLibera. Rivista di scienze storiche e sociali», anno 10 (2024), n. 19, p. 38-106; cfr. Beniamino DI MARTINO, *La Rivoluzione quale concetto chiave della modernità politica* (II parte), in «StoriaLibera. Rivista di scienze storiche e sociali», anno 10 (2024), n. 20, p. 30-73.

397 Com'è noto questa è la definizione che Kant volle dare dell'illuminismo. Immanuel KANT, *Risposta alla domanda: che cos'è l'illuminismo*, in IDEM, *Scritti politici e di filosofia della storia e del diritto*, a cura di Gioele Solari e Giovanni Vidari, UTET, Torino 1965, p. 141 (*Beantwortung der Frage: Was ist Aufklärung?*, 1784).

398 Le critiche di Rothbard all'indirizzo filosofico che postula il primato della volontà possono essere ravvisate nel modo con cui il teorico libertario commenta la rivoluzione marxista segnata dalla *praxis*. Cfr. Murray N. ROTHBARD, *Karl Marx: Communist as Religious Eschatologist*, in «Review of Austrian Economics», vol. 4, 1990, p. 172, ora Murray N. ROTHBARD, *Il comunismo religioso ed escatologico di Karl Marx*, a cura di Michele Arpaia, in «StoriaLibera. Rivista di scienze storiche e sociali», anno 10 (2024),

Ora, se di tutto ciò Rothbard sembra assai cosciente per ciò che riguarda il contesto medioevale (ad esempio, nella contrapposizione tra realismo tomista e nominalismo occamista[399]), minore chiarezza concettuale, invece, il filosofo libertario sembra avere avuto nei riguardi del contesto moderno. Concetti come "illuminismo"[400] e "modernità"[401] (non diversamente da "ideologia"[402] e "rivoluzione"[403]) sono stati trattati in modo approssimativo e impreciso. Tra l'altro, tale tipo di imprecisione accomuna i maggiori esponenti della Scuola Austriaca ad iniziare da Mises.

Descrivendo l'epoca moderna come «contrassegnata da un singolare tira e molla fra razionalismo e irrazionalità», l'allora cardinal Ratzinger osservava: «l'alternativa fondamentale, di fronte alla quale ci pone l'itinerario percorso dall'epoca moderna, è la seguente: al principio di tutte le cose c'è l'irrazionale, l'origine vera del mondo è l'irrazionale, oppure esso proviene dalla ragione creatrice? Credere significa abbracciare la seconda posizione: solo essa è "ragionevole", nel più profondo senso della parola, e degna dell'uomo. Di fronte all'attuale crisi della ragione quest'essenziale natura ragionevole della fede deve tornare a risplendere con chiarezza. La fede salva la ragione, proprio perché l'abbraccia in tutta la sua ampiezza e profondità e la protegge contro i tentativi di ridurla semplicemente a ciò che può essere verificato sperimentalmente. Il mistero non si pone come nemico della ragione; al contrario, esso salva e difende l'intima razionalità dell'essere e dell'uomo»[404]. Ribaltando gli stereotipi, quindi, all'origine della modernità vi è non l'avvento

---

n. 20, p. 172-173 (*Karl Marx: Communist as Religious Eschatologist*, 1990).

399 Ad es., cfr. Murray N. ROTHBARD, *L'etica della libertà*, introduzione di Luigi Marco Bassani, Liberilibri, Macerata 2000, p. 29.51 (*The Ethics of Liberty*, 1982).

400 Ad es., cfr. Murray N. ROTHBARD, *An Austrian Perspective on the History of Economic Thought. Volume I. Economic Thought Before Adam Smith*, Ludwig von Mises Institute, Auburn (Alabama) 2006, p. 365s. (1995).

401 Ad es., cfr. Murray N. ROTHBARD, *Per una nuova libertà. Il manifesto libertario*, introduzione di Luigi Marco Bassani, Liberilibri, Macerata 2004, p. 14.19-20 (*For a New Liberty. The Libertarian Manifesto*, 1973).

402 Ad es., cfr. Murray N. ROTHBARD, *Sinistra e Destra: le prospettive della libertà*, introduzione di Roberta Adelaide Modugno, Istituto Acton, Roma 2003, p. 29.32.44-48.50.51 (*Left and Right: the Prospects for Liberty*, 1965).

403 Ad es., cfr. Murray N. ROTHBARD, *The Meaning of Revolution* (1969), in IDEM, *Egalitarianism as a Revolt Against Nature and Other Essays*, Ludwig von Mises Institute, Auburn (Alabama) 2000, p. 191-193.

404 Joseph RATZINGER, *Svolta per l'Europa? Chiesa e modernità nell'Europa dei rivolgimenti*, Edizioni Paoline, Roma 1992, p. 84-85 (*Wendezeit für Europa?*, 1991).

della razionalità[405], ma la crisi della ragione e tale crisi ha indelebilmente continuato a segnare il cammino della civiltà europea.

Rothbard apologeta

Si hanno motivi per supporre che Rothbard sia stato affascinato dall'*intellectus fidei* cristiano e cattolico, cioè dal coinvolgimento della razionalità dinanzi alla rivelazione trascendente[406]. E ciò ci permette di avanzare un'altra ipotesi che possa affiancare la teoria rothbardiana alla teologia cristiana intorno al ruolo della ragione.

Anche tra i documenti del magistero della Chiesa capita di imbattersi in attestazioni che manifestano la consapevolezza di un dovere teologale nel tutelare la ragione dell'uomo. È, infatti, considerato un compito proprio della *fede* verso Dio quello di difendere la *ragione* dell'uomo. Viene, perciò, ribadito come sia parte della missione evangelizzatrice della Chiesa difendere la grandezza della ragione umana contro i riduttivismi di natura scettica o relativistica[407].

Tale difesa della ragione postula anche una grande attenzione per ciò che, nella letteratura teologica, sono stati chiamati *praeambula fidei*, cioè quelle verità metafisiche che possono essere conosciute attraverso il naturale uso della ragione e che, per tale motivo, costituiscono una sorta di premessa *naturale*—un "preambolo", appunto—per l'adesione alle verità rivelate in modo *soprannaturale*. Ebbene, pur essendo un sostenitore della distinzione tra le acquisizioni della teologia e quelle della filosofia, Rothbard, esattamente nel dichiararsi tomisticamente convinto delle capacità della ragione di giungere alle verità morali della vita, si colloca come un propugnatore delle verità naturali dell'esistenza umana. Così facendo, il filosofo libertario, focalizzando il corretto rapporto tra fede

---

405 Torna alla mente il titolo della versione italiana di un famoso testo del gesuita Henri de Lubac (1896-1991) che esprimeva la controversa nascita dell'evo moderno all'insegna di un grandioso ed irrealizzato tentativo dell'umanesimo cristiano compromesso dal risveglio del paganesimo. Cfr. Henri de LUBAC, *Pico della Mirandola. L'alba incompiuta del rinascimento*, Jaca Book, Milano 1977 (*Pic de la Mirandole*, 1977).

406 Fu Agostino vescovo di Ippona (354-430) ad utilizzare per primo l'espressione *intellectus fidei* intendendo con essa non solo ciò che noi definiremmo genericamente "teologia", ma il coinvolgimento dell'uomo dinanzi alla Rivelazione: «*intellige ut credas, crede ut intelligas*».

407 Ad es., cfr. GIOVANNI PAOLO II, Lettera enciclica *Fides et ratio* circa i rapporti tra fede e ragione, 14.9.1998, n. 6.49.67; cfr. BENEDETTO XVI, Lettera enciclica *Spe salvi* sulla speranza cristiana, 30.11.2007, n. 23.

e ragione e concentrandosi sulle capacità ontologiche della ragione, può essere considerato un apologeta. Verrebbe da definirlo apologeta grande ed involontario: grande per la profondità della sua speculazione ed involontario non perché inconsapevole, ma perché la sua argomentazione non nasce da motivazioni teologali, pur manifestando una convintissima stima per il cristianesimo cattolico.

Quasi come appendice a queste considerazioni intorno al ruolo della ragione, può essere, allora, richiamata una dimensione della teologia decisamente rivelativa per il nostro tema. Ci riferiamo al ruolo che la tradizione dell'*apologetica* ha avuto all'interno della storia della teologia[408]. La disciplina prende il nome dalla parola greca che suggerisce la difesa di qualcosa; è la difesa che, nel campo teologico, dev'essere svolta per dare risalto alla verità[409].

L'apologetica ha una grande tradizione[410] che risale agli scrittori dell'epoca patristica (da Ireneo a Giustino a Tertulliano), passando ai grandi nomi della letteratura cristiana (da John Henry Newman a Gilbert Keith Chesterton a Clive Staples Lewis) sino a giungere a raffinati scrittori più vicini a noi (come Alphonse Gratry, André Frossard, René Girard, Avery Dulles, Claude Tresmontant, Jean Guitton, Giacomo Biffi, Vittorio Messori, Rino Camilleri, ecc.). Accanto a una lunga e portentosa storia, l'apologetica possiede, inevitabilmente, la caratteristica di esprimere contenuti teologici forti quale consapevolezza di dati valoriali irrinunciabili da comunicare e da diffondere.

Con lo slittamento post-conciliare della teologia cattolica verso posizioni simili a quelle della Riforma, era comprensibile che anche l'apologetica entrasse in crisi[411]. Ne sono prova il diffuso sospetto e la larga diffidenza verso ciò che è stato considerato "razionalismo teologico", accusato di aver piegato il rapporto con Dio ad una pura argomentazione intellettuale. Dagli anni Settanta, infatti, temi come i *praeambula fidei* e questioni come la dimostrazione razionale dell'esistenza di Dio

---

408 Cfr. Rino CAMMILLERI (a cura di), *Piccolo manuale di apologetica*, Piemme, Casale Monferrato (Alessandria) 2004.

409 Cfr. Battista MONDIN, *Dizionario enciclopedico di filosofia, teologia e morale*, Massimo, Milano 1989, p. 44-45; cfr. Pietro PARENTE, *Dizionario di teologia dommatica*, Studium, Roma 1952, p. 25-26.

410 Cfr. Avery DULLES, *Storia dell'Apologetica*, prefazione di Luigi Negri, premessa di Timothy George, Fede & Cultura, Verona 2010 (*A History of Apologetics*, 1971).

411 Cfr. Cipriano VAGAGGINI, voce *Teologia*, in Giuseppe BARBAGLIO - Severino DIANICH (a cura di), *Nuovo Dizionario di Teologia*, Edizioni Paoline, Roma 1979, p. 1630s.1884.

(al pari del diritto naturale e del ruolo della ragione nell'adesione alla Rivelazione) sono stati abbandonati, ritenendoli manifestazioni di una teologia ormai superata. Per quanto possa apparire sorprendente, anche il cardinale Ratzinger espresse un giudizio negativo su ciò che definì "razionalismo neoscolastico" e sulle ragioni del suo fallimento. Affermava il porporato bavarese (l'intervento risale al 1996): «ritengo che il razionalismo neoscolastico sia fallito nel suo tentativo di voler ricostruire i *praeambula fidei* con una ragione del tutto indipendente dalla fede, con una certezza puramente razionale; tutti gli altri tentativi, che procedono su questa medesima strada, otterranno alla fine gli stessi risultati. Su questo punto aveva ragione Karl Barth, nel rifiutare la filosofia come fondamento della fede, indipendentemente da quest'ultima: la nostra fede si fonderebbe allora, in fondo, su mutevoli teorie filosofiche. Ma Barth sbagliava nel definire per ciò stesso la fede come un puro paradosso, che può sussistere solo contro la ragione e in totale indipendenza da essa. Una delle funzioni della fede, e non tra le più irrilevanti, è quella di offrire un risanamento alla ragione come ragione, di non usarle violenza, di non rimanerle estranea, ma di ricondurla appunto nuovamente a se stessa. [...] La ragione non si risana senza la fede, ma la fede senza la ragione non diventa umana»[412]. Non è un caso che le affermazioni dell'allora prefetto della Congregazione per la Dottrina della Fede abbiano richiamato la compiaciuta attenzione di un popperiano come Dario Antiseri che commentò l'intervento del cardinale prima in un articolo[413] poi in un testo dal titolo davvero emblematico[414].

Si noterà pure una qualche contraddizione tra l'affermazione ora riportata e altre di Ratzinger, prima, e di Benedetto XVI, poi. Ad esempio, quando il cardinale bavarese scriveva: «è di fatto una rinuncia alla ragione, affermare che essa è capace di "funzionare" unicamente nell'ambito di ciò che è strumentale, senza considerarla in grado di attingere la verità dell'essere»[415]. O quando Benedetto XVI dichiarava: «la tradizione

---

412 Joseph RATZINGER, *Fede Verità Tolleranza. Il cristianesimo e le religioni del mondo*, Cantagalli, Siena 2012, p. 141-142 (2003).

413 Cfr. Dario ANTISERI, *L'angoscia, una dimensione dell'anima che aiuta a vivere meglio*, «Corriere della Sera», 2.11.2000.

414 Cfr. Dario ANTISERI, *Cristiano perché relativista, relativista perché cristiano. Per un razionalismo della contingenza*, con una replica di Rino Fisichella e una lettera di Sergio Galvan, Rubbettino, Soveria Mannelli (Catanzaro) 2003, p. 117.

415 Joseph RATZINGER, *Svolta per l'Europa? Chiesa e modernità nell'Europa dei rivolgimenti*, Edizioni Paoline, Roma 1992, p. 86 (*Wendezeit für Europa?*, 1991).

cattolica sostiene che le norme obiettive che governano il retto agire sono accessibili alla ragione, prescindendo dal contenuto della rivelazione. Secondo questa comprensione, il ruolo della religione nel dibattito politico non è tanto quello di fornire tali norme, come esse non potessero essere conosciute dai non credenti—ancora meno è quello di proporre soluzioni politiche concrete, cosa che è del tutto al di fuori della competenza della religione—bensì piuttosto di aiutare nel purificare e gettare luce sull'applicazione nella scoperta dei principi morali oggettivi»[416].

Il cardinale Ratzinger, nell'intervento del 1996, menzionava, dunque, il teologo protestante Karl Barth (1886-1968). A proposito di ciò, va anche ricordato che Rothbard citò e commentò le opinioni di Barth, dimostrando, in tal modo e ancora una volta, una minuziosa conoscenza anche delle posizioni teologiche contemporanee[417].

Torniamo alla disputa sull'esistenza e sul valore delle verità metafisiche conoscibili naturalmente e, quindi, razionalmente. Se è vero che va evitato di cadere nell'ontologismo[418]—cioè in quell'atteggiamento che presume di risolvere con la sola ragione ogni relazione con Dio, attribuendo al lume naturale ciò che è proprio della Rivelazione, assegnando alla ragione una piena autosufficienza rispetto ai contenuti propri della fede[419]—è anche vero che è più facile incorrere nell'errore contrario (all'opposto dell'ontologismo si pone il fideismo) ritenendo la ragione superflua, insignificante o, addirittura, dannosa.

Poc'anzi ricordavamo i nomi di scrittori e letterati che ben possono essere considerati apologeti dei tempi moderni. Già in più di una circostanza, di Gilbert Keith Chesterton abbiamo avuto modo di richiamare

---

416 BENEDETTO XVI, Discorso alle autorità civili, Westminster Hall, City of Westminster, 17.9.2010, in *Insegnamenti di Benedetto XVI. Volume VI/2. 2010*, Libreria Editrice Vaticana, Città del Vaticano 2011, p. 239.

417 Cfr. Murray N. ROTHBARD, *L'etica della libertà*, introduzione di Luigi Marco Bassani, Liberilibri, Macerata 2000, p. 45 (*The Ethics of Liberty*, 1982).

418 Cfr. Michael SCHMAUS, *Dommatica Cattolica. I. Introduzione. Dio. Creazione*, a cura di Natale Bussi, Marietti, Casale Monferrato (Alessandria) 1966, p. 176 (*Katholische Dogmatik*, 1938-1941); cfr. Sofia VANNI ROVIGHI, *Elementi di filosofia*, La Scuola, Brescia 1986, vol. 2, p. 142 (1941).

419 Qui il termine "fede" è, ovviamente, assunto nel suo significato oggettivo, quale sinonimo di Rivelazione (e non quale virtù soggettiva). In senso oggettivo, infatti, la fede è "ciò che" la Rivelazione cristiana manifesta all'uomo (*fides quae creditur*); in senso soggettivo, invece, la fede è "ciò con cui" l'uomo dà la risposta a quel che la Rivelazione propone (*fides qua creditur*). Cfr. Beniamino DI MARTINO, *Le prospettive della catechesi nell'odierno cammino della Chiesa*, in «Veritatis diaconia. Rivista semestrale di scienze religiose e umanistiche», anno 5 (2019), n. 9, p. 95-117.

i sapidi commenti. Altri meriterebbero di essere citati, come ad esempio quelli relativi all'opposizione tra cristianesimo e buddismo e alla contrapposizione (già contenuta nella precedente diade) tra individualismo/occidente e collettivismo/oriente. Tutto ciò anche per dare spessore al giudizio offerto da Rothbard che definiva Chesterton «grande apologeta ortodosso cristiano»[420].

Vogliamo, però, fare un cenno anche al francese Claude Tresmontant (1925-1997)—filosofo, epistemologo e filologo—, per un elemento interessante e singolare. Nel 1989, un famoso giornalista francese di tendenza liberale riunì in un volume le interviste che gli erano state rilasciate dai pensatori da lui ritenuti i più significativi del momento. Tra i ventotto pensatori appariva il nome di Rothbard e quello di Tresmontant[421]. Di quest'ultimo, filosofo della Sorbona, può essere il caso citare questo passo ove sottolineava l'importanza da attribuire alla ragione nel rapporto con Dio. Dichiarava dunque: «è all'intelligenza che Gesù fa costantemente appello. E la sollecita. Il rimprovero costante sulla sua bocca è: "non comprendete, non avete intelligenza?". "Non credete ancora?" aggiunge anche. La fede che sollecita non ha nulla a che vedere con la credulità. Questa fede è precisamente l'accesso dell'intelligenza a una verità, il riconoscimento di questa verità, il sì dell'intelligenza convinta e non una rinuncia all'intelligenza, un sacrificio dell'intelletto. L'opposizione tra fede e ragione è una opposizione profondamente non cristiana, non evangelica. Bisogna dimenticare questa dialettica troppo celebre, troppo famosa per comprendere ciò che nel Nuovo Testamento si intende per fede, che è l'intelligenza stessa nel suo atto, nella sua riuscita, e la conoscenza stessa della verità insegnata, il riconoscimento del Maestro: il credere nei Vangeli è questa scoperta, questa intelligenza della verità che è proposta»[422].

Se l'attacco alla ragione mina i fondamenti della civiltà cristiana, allora non è improprio sostenere che la stima per la facoltà razionale dell'essere

---

420 Murray N. ROTHBARD, *Karl Marx: Communist as Religious Eschatologist*, in «Review of Austrian Economics», vol. 4, 1990, p. 129, ora Murray N. ROTHBARD, *Il comunismo religioso ed escatologico di Karl Marx*, a cura di Michele Arpaia, in «Storia-Libera. Rivista di scienze storiche e sociali», anno 10 (2024), n. 20, p. 108 (*Karl Marx: Communist as Religious Eschatologist*, 1990).

421 Claude Tresmontant, *L'ateismo è diventato impossibile*, in Guy SORMAN, *I veri pensatori del nostro tempo. Ventotto incontri con i protagonisti del pensiero contemporaneo*, Longanesi, Milano 1990, p. 253-260 (*Les vrais penseurs de notre temp*, 1989).

422 Claude TRESMONTANT, *L'intelligenza di fronte a Dio*, Jaca Book, Milano 1983, p. 98-99 (*Essai sur la connaissance de Dieu*, 1959).

umano costituisce una barriera contro il distruttivismo relativista. Oltre-tutto, tale stima è, di fatto, un riconoscimento—magari implicito—della insopprimibile somiglianza tra la natura razionale dell'uomo e il *Logos* creatore. Se, quindi, lo sforzo dell'apologetica è teso a dare significato alle verità raggiunte alla luce della sola ragione, allora l'opera di Rothbard dovrebbe essere inserita a pieno titolo in tale ambito. Anzi essa merita di essere considerata tra le massime manifestazioni della tradizione apolo-getica ove la verità cristiana è umanamente sperimentabile a partire dai dati percepibili dalla ragione. Un grande assertore della ragione umana quale è stato Rothbard non può, pertanto, non essere anche considerato un apologeta delle verità naturali.

La Scuola Austriaca raggiunge con Rothbard la sua più alta maturità speculativa e, se nell'opera del filosofo americano quanto riferito delle caratteristiche proprie dell'apologetica trova maggiore compimento, è pur vero che le basi di tale peculiarità sono largamente rintracciabi-li nell'intera tradizione "austro-marginalista" sin da Menger ed anche prima di Menger—cioè in quei pensatori precursori del marginalismo e dell'individualismo, del soggettivismo dei valori e del significato morale della libertà[423]. Sotto tale aspetto, allora, non sembrerà eccessivo descri-vere la Scuola Austriaca come un cenacolo teologico contemporaneo, se non in senso proprio, almeno in senso analogico[424]: un cenacolo di riflessione in cui le verità naturali di premessa alla fede sono state fo-calizzate benché in modo non sempre consapevole; un cenacolo quale straordinaria palestra di esercizio della ragione umana, straordinaria fucina consacrata alla difesa delle verità naturali. La virtuosa tradizio-ne dell'apologetica può trovare, pertanto, proprio nella "teologia senza teologalità"[425] di Rothbard la più intrigante, acuta, efficace e interessante forma di realizzazione moderna. Se l'impegno apologetico della teolo-gia è rappresentato dal dovere «di rendere ragione della fede», secondo l'esortazione contenuta nella *Prima lettera di Pietro*[426], allora indicare

---

423 Cfr. Ubiratan Jorge IORIO, *Dos Protoaustríacos a Menger. Uma breve história das origens da Escola Austríaca de Economia*, prefácio de Fabio Barbieri, proêmio de Claudio A. Téllez-Zepeda, posfácio de José Manuel Moreira, Instituto Ludwig von Mi-ses Brasil, Sao Paulo 2015.

424 Cfr. Murray N. ROTHBARD, *Scholasticism and Austrian Economics*, in «Litera-ture of Liberty», April - June 1979, p. 78-79.

425 L'opera di Rothbard è stata anche presentata come: «una filosofia tomista senza teologia» («a thomist philosophy without theology»). Cfr. Peter D. McCLELLAND, *The American Search for Economic Justice*, Basic Blackwell, Oxford 1990, p. 75.

426 *1 Pt* 3,15 (la lettera è uno dei libri del Nuovo Testamento).

appassionatamente la qualità caratterizzante della natura dell'uomo significa riproporre la verità trascendente dell'essere umano.

Conclusioni. Un "ebreo scolastico"

È certamente impegnativo provare a capire quale tipo di rapporto possa sussistere tra la teoria libertaria rothbardiana e il cristianesimo muovendo l'indagine dal concetto di ragione e facendo ruotare l'analisi intorno alla razionalità umana. Pur tuttavia—e senza nascondere le difficoltà—è esattamente in questo modo che la ricerca si è resa quanto mai stimolante ed attraente. In maniera davvero affascinante, le affinità che emergono sono significative e salienti e ciò che potrebbe apparire sorprendente si dipana in una consonanza che sempre più si comprende e si qualifica addirittura come naturale e congenere.

Non sarà mai superfluo ridadire che il cristianesimo non potrà mai essere identificato con i suoi pur mirabili effetti storici e culturali o con le sue pur impareggiabili realizzazioni umane e civili[427]. È vero, infatti, che la fede cristiana coincide unicamente con l'esperienza dell'unione, che ciascun uomo è chiamato a vivere, con il Dio fattosi carne che «è venuto ad abitare in mezzo a noi»[428]. È anche vero, tuttavia, che, se l'Incarnazione di Dio non producesse un effetto sanante già nella dimensione temporale, lo stesso *avvenimento* cristiano non potrebbe mai essere soggetto ad un pieno giudizio storico e dimostrerebbe di venir meno nella pretesa, che esso invece contiene, di elevare ogni dimensione della vita umana. Il riconoscimento delle benefiche conseguenze della fede cristiana è, dunque, qualcosa di tutt'altro che accidentale o estraneo alla veridicità del cristianesimo che non può non manifestarsi in esiti umani visibili e ben constatabili.

A questi esiti visibili e constatabili Rothbard si è dimostrato massimamente sensibile. Rimase esistenzialmente agnostico, ma culturalmente si dimostrò assai vicino alla fede cristiana (giustamente Piombini ne parla come portatore di «una visione culturale *latu sensu* cattolica»[429]).

---

427 Cfr. Thomas E. WOODS jr., *Come la Chiesa Cattolica ha costruito la civiltà occidentale*, prefazione di Lucetta Scaraffia, Cantagalli, Siena 2007 (*How the Catholic Church Built Western Civilization*, 2005).

428 Come proclama l'evangelista Giovanni nel prologo della sua narrazione: *Gv* 1, 14.

429 Guglielmo PIOMBINI, *La tradizione cattolica nella riflessione di Murray N. Rothbard*, in «StoriaLibera. Rivista di scienze storiche e sociali», anno 7 (2021), n. 14, p. 21 (il saggio è presente in questo volume).

Stando a qualche espressione teologica piuttosto fredda (se non sussie-gosa), nei confronti del razionalismo apologetico cattolico si dovrebbe nutrire una qualche diffidenza (la stessa che portava anche Ratzinger a guardare con circospezione e sospetto il tentativo di voler ricostruire i *praeambula fidei* mediante la ragione[430]). La fiducia nei confronti della ragione sarebbe mal riposta? Probabilmente no, se proprio la riflessione circa l'uso della ragione ha condotto un pensatore come Rothbard ad av-vicinarsi così tanto alla fede al punto che, pur mancando la conversione sacramentale, il teorico libertario ha prodotto un sistema di pensiero e una vera e propria filosofia che può essere definita, in modo proprio, culturalmente cristiana.

Se è vero che Rothbard non ricevette mai il battesimo, c'è da chiedersi con tutta onestà se la sua posizione e la sua testimonianza non debba-no essere, comunque, considerate più preziose delle espressioni di tanti credenti le cui attestazioni culturali mostrano, quasi sempre, insignifi-canza o, spesso, equivocità al limite del relativismo. C'è da domandarsi se non sia da giudicare più umanamente interessante un non credente razionalista che dimostra di avere una concezione oggettiva della veri-tà piuttosto che un credente che ritiene di considerare l'ancoraggio alla verità un atteggiamento di intolleranza da cui liberarsi. In base a ciò, c'è infine da interrogarsi se non sia preferibile un non credente lealmente coinvolto nella razionalizzazione dei *praeambula fidei* piuttosto che un credente che ritiene la fede un'esperienza emotiva richiedente il supe-ramento della ragione e della dottrina come condizione di inclusività.

Una delle più limpide attestazioni del cristianesimo implicito di Rothbard è quella che ha fornito padre Robert Sirico quando ha defini-to il filosofo americano un tomista agnostico: «agnostic thomist»[431]. In effetti, il pensatore libertario è stato un vero tomista senza rinunciare al suo agnosticismo e, al tempo stesso, tale agnosticismo non gli ha impe-dito di essere un vero seguace del santo Dottore domenicano.

È certamente sorprendente che un pensatore americano, fattosi filo-soficamente da sé, privo di *background* ontologico e senza un bagaglio metafisico, di pura formazione matematica ed economica, seppure con

430 Cfr. Joseph RATZINGER, *Fede Verità Tolleranza. Il cristianesimo e le religioni del mondo*, Cantagalli, Siena 2012, p. 141-142 (2003).
431 Robert A. SIRICO, *Murray N. Rothbard, 1926-1995*, in «Liberty magazine», vol. 8, n. 4, March 1995, p. 23, ora Robert A. SIRICO, *Rothbard. A Testimony*, in «Storia-Libera. Rivista di scienze storiche e sociali», anno 7 (2021), n. 14, p. 108 (l'articolo è presente in questo volume).

attitudini speculative e teoretiche assolutamente fuori dal comune, abbia raggiunto tali vertici di elaborazione intellettuale e di sistematizzazione dottrinale.

Da un lato, quale interprete dell'Aquinate, il modo con cui Rothbard dimostrava di padroneggiare alcune questioni teologiche ha del sorprendente. Ciò colpì anche padre Sirico che attestava come l'amico libertario conoscesse il pensiero tomista meglio della gran parte degli odierni teologi[432]. Oltretutto, Rothbard aveva la capacità di cogliere, anche in teologia, il nucleo dei problemi con una perspicacia estranea alla maggioranza dei sacerdoti, quasi sempre occupati in sterili organizzazioni intra-ecclesiali o ripiegati su inutili discussioni.

Se queste considerazioni si sono aperte annoverando Rothbard, a pieno titolo, tra i filosofi tomisti, ora possiamo ben chiudere questa serie di riflessioni dichiarando il filosofo americano come uno scolastico di ultima generazione. Farebbe più impressione ed effetto dichiararlo "l'ultimo degli scolastici". Così è già avvenuto per Locke[433] e addirittura anche per Marx (a causa della presunta ascendenza tomista della teoria del valore-lavoro)[434]. Ma, come e più di Locke e ben diversamente da Marx, Rothbard merita di essere considerato un grande erede della Scolastica. Lo studioso libertario definì Locke «lo scolastico protestante»[435]; noi potremmo definire Rothbard, "l'ebreo scolastico"[436], il non credente che ha tenuto alta la tradizione tomista in settori così distanti dalla filosofia cristiana[437].

---

432 *Ibidem.*

433 Cfr. Carlo LOTTIERI, *Le ragioni filosofiche e le radici religiose del libertarismo*, in «StoriaLibera. Rivista di scienze storiche e sociali», anno 11 (2025), n. 21, p. 161 (l'articolo è presente in questo volume.); cfr. Karen I. VAUGHN, *The Economic Background to Locke's "Two Treatises of Government"*, in Edward J. HARPHAM (edited by), *John Locke's "Two Treatises of Government". New Interpretations*, University Press of Kansas, Lawrence (Kansas) 1992, p. 141.

434 Cfr. Richard Henry TAWNEY, *La religione e la genesi del capitalismo. Studio storico*, Feltrinelli, Milano 1967, p. 46 (*Religion and the Rise of Capitalism. An historical Study*, 1926); cfr. Domenico SETTEMBRINI, *Due ipotesi per il socialismo in Marx ed Engels*, Laterza, Roma - Bari 1974, p. 114.

435 Murray N. ROTHBARD, *An Austrian Perspective on the History of Economic Thought. Volume I. Economic Thought Before Adam Smith*, Ludwig von Mises Institute, Auburn (Alabama) 2006, p. 313.314.323 (1995).

436 Cfr. Beniamino DI MARTINO, *Lo Stato nella vita dell'uomo. "Welfare State": un confronto critico tra la Dottrina Sociale della Chiesa e il pensiero libertario di Murray Rothbard*, estratto della tesi di Dottorato di Ricerca, Pontificia Università Lateranense, Città del Vaticano 2013, p. 19.

437 Cfr. Murray N. ROTHBARD, *Scholasticism and Austrian Economics*, in «Literature

Non solo. Se da un lato—dicevamo—, padroneggiando la teologia, Rothbard si dimostra acuto interprete dell'Aquinate, dall'altro, il modo con cui il teorico americano impostava le argomentazioni rende le sue pagine anche più efficaci dei testi del Dottore Angelico. Sembrerà irriverente, ma modalità e linguaggio di Tommaso—come, ad esempio, segnalato da Sergio Cotta[438] o da Carlo Lottieri[439]—portano il peso di inadeguatezze di cui sarebbe bene liberarsi e che sono spesso e finalmente assenti nella rilettura rothbardiana. Lo stesso dicasi per ciò che riguarda l'intera Scolastica. Se è grande il debito per il "metodo scolastico" della dialettica razionalizzante, è pur vero che il perpetuarsi della Scolastica nelle sue varie stagioni ha anche tramandato una serie di insufficienze e di limiti. La testimonianza di uno dei più illustri tomisti contemporanei, padre Cornelio Fabro (1911-1995), appare quanto mai significativa nel mettere in luce il lato «delle carenze reali della Scolastica e dello stesso tomismo storico. Infatti, e anzitutto, quale filosofia (e teologia) si è insegnata [...]? Una dottrina eclettica e incolore, fatta di tesi e di definizioni astratte, senza problematica e senza mordente alcuno [...]. Che vigore e quale convinzione può mai dare una simile formulazione? Nessuna meraviglia, allora, che covi dappertutto ormai un malumore, un senso manifesto d'insoddisfazione, e ai manuali aridi e stantii, presentati da professori spesso incapaci e anch'essi poco convinti, si preferisca una letteratura più agile e moderna, di maggiore rendimento (sembra) e di minore fatica (questo è certo)»[440]. Se tomismo e Scolastica portano i segni di svigorimento e di stanchezza, Rothbard ha avuto anche il merito di dare nuova linfa e di fornire maggiore precisione.

Se gli scolastici sono famosi in tema di sottigliezze, un'altra grande caratteristica da riconoscere all'"ebreo scolastico" è l'attitudine logica e la capacità dialettica. In questo, il migliore erede della tradizione scolastica, Rothbard, nei suoi ragionamenti, si è distinto quasi sempre per acume e per finezza, acuto per la profondità e fine per il linguaggio.

C'è ancora un aspetto che non può essere trascurato in questa nostra disamina. Si tratta di un aspetto fondamentale che possiamo presentare, con Lottieri, come «il nesso che unisce libertarismo giusnaturalista

---

of Liberty», April - June 1979, p. 78-79.

438 Cfr. Sergio COTTA, *Il concetto di legge nella "Summa Theologiae" di S. Tommaso d'Aquino*, Giappichelli, Torino 1955, p. 41.

439 Cfr. Carlo LOTTIERI, *Diritto naturale e realismo giuridico. Materiali per una teoria libertaria del diritto*, in Fulvio DI BLASI - Paolo HERITIER (a cura di), *La vitalità del diritto naturale*, Phronesis, Palermo 2008, p. 239.

440 Cornelio FABRO, *San Tommaso davanti al pensiero moderno*, in AA. VV. *Le ragioni del tomismo. Dopo il centenario dell'enciclica "Aeterni Patris"*, Ares, Milano 1979, p. 84.

e realismo filosofico»[441]. In queste battute conclusive tale richiamo, più che per dovere di colmare una lacuna espositiva, si impone per almeno due motivi. Il primo è ravvisabile nel fatto che l'adesione al realismo rivela quanto la prospettiva rothbardiana sia strutturalmente innestata nella filosofia aristotelico-tomista. Il secondo manifesta la grande affidabilità del paradigma rothbardiano ritenendo il realismo come l'antitesi di ogni rischio di natura ideologica.

C'è da ritenere che non sia affatto eccessivo richiamare l'importanza del realismo quale criterio di ancoraggio alla realtà e neanche spendere queste ultime battute nel focalizzare una propensione filosoficamente non certo di moda. Infatti, il realismo rothbardiano va considerato il perno (la "chiave di volta" si direbbe con linguaggio delle tecniche gotiche) che mantiene l'intera architettura e che verifica la solidità dell'intera costruzione. Giustamente, Hülsmann riconosce nell'austro-marginalismo l'ambiente culturale che meglio ha saputo raccogliere l'eredità della tradizione realista quando scrive che «la Scuola Austriaca è meritatamente famosa come portabandiera della tradizione realista nelle scienze economiche»[442].

Già dicevamo che il realismo filosofico si qualifica come quell'approccio in cui il metodo è imposto dall'oggetto. Nel non sostituirsi all'oggetto, il soggetto conoscente si riconosce non come arbitrario inventore, ma quale scrupoloso esploratore della realtà, realtà che viene prima ed è ben più grande della mente dell'uomo. Ciò consente di comprendere al meglio non solo il ruolo della ragione, ma anche le prerogative della fede, due facoltà—queste—che conservano la loro grandezza all'unica condizione di conformarsi alla realtà. Se la ragione è il grande strumento per rapportarsi pienamente al reale, la fede altro non dovrebbe essere che vedere «le cose così come esse sono realmente»[443]. Fede e ragione, quindi, sono strade per giungere alla verità e a questa subordinarsi, strade

---

441 Carlo LOTTIERI, *Gli individui di fronte al diritto e allo Stato: le ragioni del libertarismo e di Murray N. Rothbard*, in Carlo LOTTIERI - Enrico DICIOTTI, *Rothbard e l'ordine giuridico libertario. Una discussione*, Dipartimento di Scienze Storiche, Giuridiche, Politiche e Sociali dell'Università degli Studi di Siena, Siena 2002, p. 106.

442 Jörg Guido HÜLSMANN, *L'etica della produzione di moneta*, a cura di Carmelo Ferlito, presentazione di Attilio Di Mattia, Solfanelli, Chieti 2011, p. 7 (*The Ethics of Money Production*, 2008).

443 L'affermazione è di uno dei più grandi Padri della Chiesa, Ireneo vescovo di Lione, del II secolo. IRENEO di LIONE (sant'), *Dimostrazione della predicazione apostolica*, 3, in *La teologia dei padri. Testi dei padri latini, greci, orientali scelti e ordinati per temi*, a cura di Gaspare Mura, Città Nuova, Roma 1982, vol. 2, p. 182.

per giungere alla verità quale traguardo cui l'uomo perviene ogni qual volta il suo intelletto e la sua vita si conformano alla realtà e alla natura delle cose. Tomisticamente si direbbe: «*adaequatio rei et intellectus*»[444].

L'aborto e la (discutibile) applicazione dei principi libertari

Nel dibattito pubblico (soprattutto americano, ma non solo in quello) la questione dell'aborto ha avuto e continua ad avere un gran peso[445]. Era, pertanto, impensabile che un intellettuale come Rothbard[446] e una frangia combattiva come quella libertaria[447] non dedicassero spazio e tempo al controverso problema.

Il contesto degli Anni Settanta

Le posizioni dei libertari non sono sempre coincidenti con quelle del

---

444 TOMMASO d'AQUINO (san), *La Somma Teologica*, a cura dei domenicani italiani, testo latino dell'edizione leonina, Edizioni Studio Domenicano, Bologna 1984, I, q. 16, a. 1 e 2 (*Summa Theologiae*, 1265-1274).

445 Basti pensare al modo con cui il tema s'impone nel dibattito politico statunitense. Ma come non ricordare anche le contrapposizioni e le lacerazioni che si ebbero anche in Italia intorno alla legge varata nel maggio 1978 (conosciuta come "legge 194") e al fallito referendum popolare del maggio 1981 che ne chiedeva l'abrogazione? Commentava un pensatore cristiano particolarmente lucido: «l'affermazione della legge sull'aborto qui non segna appena, il che in questo caso è cosa gravissima, la violazione di un diritto, bensì, più radicalmente, la fine di un mondo. Non solo la temperie "umanistica" si è consumata, ma anche il "mondo cattolico" non esiste più; esiste come insieme di strutture, che ci sono perché ci sono, non come avvenimento di vita che può essere, persuasivamente, comunicato. Esso ormai trattiene solo le "anime belle", i semplici, e i "professionisti della fede", gli intellettuali». Massimo BORGHESI, *1981. Fine di un mondo*, in «Il Sabato», 6.8.1988, n. 32/33, p. 36.

446 Cfr. David GORDON, *The Essential Rothbard*, Ludwig von Mises Institute, Auburn (Alabama) 2007, p. 108; cfr. Roberta Adelaide MODUGNO, *Murray N. Rothbard*, Istituto Bruno Leoni Libri, Torino 2022, p. 112.114-115; cfr. Guglielmo PIOMBINI, *La tradizione cattolica nella riflessione di Murray N. Rothbard*, in «StoriaLibera. Rivista di scienze storiche e sociali», anno 7 (2021), n. 14, p. 65-66 (il saggio è presente in questo volume).

447 Cfr. David BOAZ, *Libertarismo. Silloge*, Liberilibri, Macerata 2010, p. 113-114. 133. 151. 153. 294. 420 (*Libertarianism. A Primer*, 1997); cfr. Carlo LOTTIERI, *Il pensiero libertario contemporaneo. Tesi e controversie sulla filosofia, sul diritto e sul mercato*, Liberilibri, Macerata 2001, p. 22.89.216; cfr. Piero VERNAGLIONE, *Il libertarismo. La teoria, gli autori, le politiche*, Rubbettino, Soveria Mannelli (Catanzaro) 2003, p. 33-34.228.479-481; cfr. Leland B. YEAGER, *Ethics as Social Science: The Moral Philosophy of Social Cooperation* (2001), in David GORDON (edited by), *An Austro-Libertarian View. Vol. I: Economics, Philosophy, Law*, Ludwig von Mises Institute, Auburn (Alabama) 2017, p. 335-336.

loro migliore pensatore, tanto più su di un tema così sensibile e, perciò, divisivo. Se, tra i libertari, i più, comprensibilmente, si ritrovano nell'opinione di Rothbard, altri—da ultimo anche chi scrive—hanno maturato posizioni differenti ed anche opposte. Differente è, ad esempio, quella di Block (pur restando *pro-choice*); opposta (*pro-life*) è, invece, quella—ancora ad esempio—di Bagus, di Bastos, di Chafuen, di Ferrero, di Doris Gordon, di Huerta de Soto, di Hülsmann, di Lottieri, di Magni, di Paul, di Piombini, di Respinti, di Woods, ecc. Ovviamente nostro intento non è quello di disegnare una panoramica di queste posizioni, ma di richiamarle in funzione dell'analisi del pensiero di Rothbard.

Nel delineare le amicizie cristiane e sacerdotali del pensatore libertario, si è fatto cenno al confronto che contrappose il gesuita James A. Sadowsky e Rothbard in tema di aborto. Quest'ultimo, nel 1978, aveva ospitato su «The Libertarian Forum»[448] un articolo in cui l'amico sacerdote, commentando l'opinione sia di Rothbard sia di Block, aveva sottoposto a critica le loro idee. Innanzitutto, il gesuita si chiedeva come, pur volendo considerare il feto un indesiderato clandestino, sia possibile l'assenza di debita proporzionalità tra la ricerca del *comfort* della madre e la soluzione tramite l'eliminazione fisica del concepito. Ma, soprattutto, Sadowsky problematizzava la tesi di fondo del ragionamento rothbardiano escludendo che il feto potesse considerarsi un intruso nel momento in cui la sua presenza nel corpo della madre non fosse desiderata. Così, contro Rothbard e Block, Sadowsky ribadiva il diritto del bambino ad essere nel grembo materno[449]. Rothbard non mancò di replicare prontamente all'amico (le cui idee dovevano essergli, già precedentemente, largamente note) ribadendo la propria opinione secondo cui «quando non desiderato, il feto diventa semplicemente un parassita i cui bisogni e interessi sono in conflitto inconciliabile con quelli della madre. E anche se il feto è considerato umano, nessun essere umano ha il diritto di risiedere indesiderato nel corpo di un altro»[450].

448 Era il periodico (prima quindicinale, poi mensile, poi bimestrale, poi nuovamente mensile) fondato nel marzo del 1969 (proseguirà sino al dicembre del 1984). A proposito di questa iniziativa editoriale di Rothbard, cfr. Roberta A. MODUGNO CROCETTA, *Postfazione* a Murray N. ROTHBARD, *Individualismo e filosofia delle scienze sociali*, prefazione di Friedrich A. von Hayek, a cura di Roberta A. Modugno Crocetta, Luiss University Press, Roma 2001, p. 99.

449 Cfr. James A. Sadowsky, *Abortion and the Rights of the Child*, in «The Libertarian Forum», vol. 11, July - August 1978, p. 2-3 (http://www.anthonyflood.com/sadowskyabortion.htm).

450 Murray N. Rothbard, *Reply* (to *Abortion and the Rights of the Child* by James A.

Il confronto con Sadowsky non è che una delle numerose occasioni in cui Rothbard ebbe modo di presentare il proprio parere a riguardo; di queste occasioni proveremo a passare in rassegna le principali[451]. In molti casi, esse appaiono nel contesto dei burrascosi anni Settanta segnati—nel costume e non solo all'interno degli USA—dalla famosa sentenza "Roe vs. Wade" con cui la Corte Suprema[452], nel 1973, liberalizzò l'aborto in tutti gli Stati dell'Unione americana[453]. Favorevole alla liberalizzazione dell'aborto, Rothbard, coerentemente, fu contrario alla sentenza federale (si direbbe per ragioni di "metodo" e non di "merito") in quanto provvedimento centralista che imponeva un'unica decisione politica azzerando ed escludendo decisioni locali diversificate. Il teorico libertario non avrebbe certo gradito una sentenza dall'esito opposto, ma seppe argomentare contro la modalità statalista del risultato[454]. Bene sintetizza Hoppe: «pur essendo a favore del diritto della donna ad abortire, Rothbard era tuttavia fermamente contrario alla decisione della Corte Suprema degli Stati Uniti nel caso Roe vs. Wade, che riconosceva tale diritto. Ciò non perché ritenesse sbagliata la conclusione della Corte relativa alla legalità dell'aborto, ma per un motivo più fondamentale [...]: la Corte Suprema non aveva giurisdizione in materia e, assumendola, aveva dato luogo ad una centralizzazione sistematica del potere statale»[455]. Quindi Rothbard si compiaceva dell'affermazione del "diritto" (tale era davvero secondo la sua opinione), ma ne rifiutava la modalità di imposizione[456]. Chi invece avrebbe gradito una sconfessione

Sadowsky), in «The Libertarian Forum», vol. 11, July - August 1978, p. 3 (http://www. anthonyflood.com/sadowskyabortion.htm).

451 Accanto a queste, può essere tenuto in considerazione anche Murray N. ROTHBARD, *Should Abortion Be a Crime? The Abortion Question Once More*, in «The Libertarian Forum», vol. 10, July 1977, p. 2-3.

452 La sentenza fu votata con una maggioranza di sette contro due. Votarono a favore non solo tre giudici di orientamento progressista, ma anche quattro giudici nominati da presidenti repubblicani (tre da Eisenhower e uno da Nixon).

453 Cfr. *L'aborto nelle sentenze delle Corti costituzionali: USA, Austria, Francia e Repubblica federale tedesca*, Giuffrè, Milano 1976.

454 Cfr. Murray N. ROTHBARD, *Wichita Justice? On Denationalizing the Courts* (1991), in Llewellyn H. ROCKWELL, Jr. (edited by), *The Irrepressible Rothbard*, The Center for Libertarian Studies, Burlingame (California) 2000, p. 304-306.

455 Hans-Hermann HOPPE, *Introduction* to Murray N. ROTHBARD, *The Ethics of Liberty*, New York University Press, New York (N. Y.) 1998, p. XLI.

456 Cfr. Murray N. ROTHBARD, *The Religious Right: Toward a Coalition* (1993), in Llewellyn H. ROCKWELL, Jr. (edited by), *The Irrepressible Rothbard*, The Center for Libertarian Studies, Burligame (California) 2000, p. 29-30.

delle rivendicazioni mediante un verdetto giurisdizionale (abbraccian-
do, quindi, il metodo, ma rigettando il merito della sentenza) erano (e
sono) i conservatori. Un esempio di questa prospettiva può essere offerto dal giudizio di un intellettuale cattolico di grande spessore come
George Weigel che, in relazione ad un caso analogo (il caso "Griswold
vs. Connecticut" del 1965), così commentava: «con quella sentenza la
Corte Suprema ha cominciato a dare veste giuridica all'idea che la morale sessuale e che il modello di vita familiare siano questioni di scelta
o di gusto privati, e non questioni di rilevanza pubblica per cui lo Stato
nutre un interesse legittimo»[457]. I due pareri possono ben rappresentare
il confronto tra la posizione libertaria (che esprimeva una soddisfazio-
ne di merito, ma non di metodo) e quella conservatrice (che esprimeva
una condivisione dei mezzi istituzionali, ma non del risultato). Ancora:
se per i libertari la sentenza andava condannata perché rappresentava
un'intollerabile ingerenza da parte dello Stato nel campo familiare, per i
conservatori, all'opposto, essa andava rigettata perché costituiva la strada
per la privatizzazione delle scelte morali.

Un'obiezione ai libertari di Sinistra (come in buona misura furono
e sono i dirigenti e i sostenitori del Libertarian Party in USA[458] o come
potevano essere i membri del Partito Radicale in Italia[459]) riguarda il
modo con cui essi, intendendo ottenere successi sociali per via legislativa,
perseguono un'alleanza di fatto con i mezzi dello Stato contribuendo ad
allargare il perimetro delle decisioni politiche. È un rischio riscontrabile
anche nel giovane Block: volendo contrastare alcune discriminazioni[460]
mediante correttivi politico-legislativi, si stimolava e si favoriva una
mentalità legalista che ritiene di fatto indispensabile l'azione dello Stato
e dei pubblici poteri[461].

---

457 Cfr. George WEIGEL, *Gli Anni 1960: una "storia" che continua ancora*, in «Cristianità», anno 36 (2008), n. 347-348 (maggio - agosto), p. 32 (*The Sixties, Again and
Again*, 2008).

458 È il motivo per cui Rothbard, nonostante fosse stato tra i principali fondatori (nel
1971), si allontanò polemicamente da esso (alla fine degli anni Ottanta).

459 Cfr. Aldo CANOVARI, *Radicali: libertari, ma un bel po' statalisti*, in «Enclave.
Rivista libertaria», maggio 1999, n. 5, p. 13-15; cfr. Beniamino DI MARTINO, *Un confronto liberale a proposito di dibattuti "temi etici"*, in «StoriaLibera. Rivista di scienze
storiche e sociali», anno 9 (2023), n. 17, p. 87-88.103-104.

460 A favore delle libere discriminazioni, il pensatore libertario poi scriverà: Walter
BLOCK, *Le ragioni della discriminazione. Una difesa radicale della libera scelta*, prefazione di Llewellyn H. Rockwell, Jr., Liberilibri, Macerata 2023 (*The Case for Discri-
mination*, 2010).

461 Walter BLOCK, *Difendere l'indifendibile*, introduzione di Murray N. Rothbard,

L'aborto e i principi libertari

Ma in base a quale ragionamento Rothbard reiteratamente affermava che «l'aborto dovrebbe essere considerato non come "l'omicidio" di una persona, bensì come l'espulsione dal corpo della madre di un ospite indesiderato»[462]? Si può sostenere che il filosofo faceva derivare la liceità dell'interruzione della gravidanza da tre-quattro caposaldi il primo e principale dei quali è il principio per cui ciascuno è proprietario esclusivo del proprio corpo. Il secondo è rappresentato dall'assioma di non-aggressione e il terzo è costituito dall'opinione secondo cui il feto non va considerato essere umano. A questi, si potrebbe, infine, anche aggiungere ciò che riguarda la distinzione tra la legalità e la moralità della "libera scelta". Proviamo a dettagliare seguendo questo stesso ordine.

a. Auto-proprietà

Innanzitutto Rothbard faceva scaturire il diritto alla "libera scelta" da parte della donna dal principio della totale proprietà del proprio corpo[463]. «La considerazione vitale dal mio punto di vista», scriveva Rothbard nel 1970, «non è se e in quale misura il feto sia vivo o sia umano, ma precisamente il fondamentale assioma libertario per cui ogni individuo ha l'assoluto diritto di proprietà nel suo corpo, di un lui o di una lei si tratti. Il punto cruciale è che il feto è contenuto nel corpo di sua madre: è, di fatto, un suo parassita. La madre ha l'assoluto diritto di liberarsi di questa crescita parassitaria, di questa parte interna del suo corpo. Punto. Quindi, l'aborto deve essere legalizzato»[464]. Sembra, oltretutto, ben strano che il più rigoroso teorico libertario concluda la sua filippica con un'invocazione alla *legalizzazione*[465] che altro non è se non un appello—un

---

Liberilibri, Macerata 2010, p. 61 (*Defending the Undefendable*, 1976).

462 Murray N. ROTHBARD, *L'etica della libertà*, introduzione di Luigi Marco Bassani, Liberilibri, Macerata 2000, p. 154 (*The Ethics of Liberty*, 1982).

463 Così Rothbard descriveva «l'assioma essenziale del "diritto alla proprietà di se stessi"»: «il diritto alla proprietà di se stessi postula il diritto assoluto che ogni individuo ha, in virtù del fatto che è un essere umano, di "possedere" il proprio corpo; ciò significa poter avere il dominio assoluto del proprio corpo ed essere liberi da ogni interferenza coercitiva». Murray N. ROTHBARD, *Per una nuova libertà. Il manifesto libertario*, introduzione di Luigi Marco Bassani, Liberilibri, Macerata 2004, p. 47 (*For a New Liberty. The Libertarian Manifesto*, 1973).

464 Murray N. Rothbard, *Abortion Repeal*, in «The Libertarian Forum», vol. 2, 15 June 1970, p. 4.

465 Nell'originale: «Period. Therefore, abortions should be legal».

ricorso di fatto—allo Stato invocato come rimedio ai mali sociali. Più in generale, queste parole appaiono anche più *tranchant* delle pur perentorie pagine del 6° capitolo di *For a New Liberty* di pochi anni dopo (1973)[466] ove, parlando della legislazione sessuale, Rothbard dichiarava: «la discussione del problema è spesso incentrata su minuzie riguardanti la determinazione di quando ha inizio la vita, su quando e se il feto può essere considerato vivo, ecc. Tutto ciò è irrilevante per ciò che riguarda la *legalità* (non necessariamente la *moralità*) dell'aborto. L'antiabortista cattolico, ad esempio, sostiene che il feto ha gli stessi diritti di qualsiasi essere umano—il diritto di non essere ucciso. Il punto cruciale, però, è che ci sono altri fattori in gioco. Se dobbiamo trattare il feto come detentore degli stessi diritti degli esseri umani, rispondiamo allora a questa domanda: Quale *essere umano* ha il diritto di rimanere, non invitato, come parassita indesiderato all'interno del corpo di un altro essere umano? Il punto è questo: il diritto assoluto di ogni persona, e quindi di ogni donna, alla proprietà del suo corpo. Quando una donna ricorre a un aborto, ella semplicemente espelle un ospite indesiderato dal suo corpo: se il feto muore, ciò non è in contraddizione con il fatto che nessun essere ha il diritto di vivere, indesiderato, come parassita, *nel* o *sul* corpo di un altro individuo. Si controbatte spesso a ciò argomentando che la madre inizialmente ha desiderato la presenza del feto all'interno del proprio corpo, o che comunque ne è responsabile, ma anche questo è un discorso che non regge. Anche nel caso in cui la madre avesse inizialmente desiderato il bambino, ella, in quanto proprietaria del suo corpo, ha il diritto di cambiare idea e di espellere il feto da esso»[467].

Dovrebbe essere subito commentata la premessa del ragionamento secondo cui sarebbe irrilevante la reale vita umana del feto, ma, dato che per Rothbard «il punto cruciale» è costituito da «altri fattori in gioco», seguiamo pure il modo con cui il filosofo articola la sua opinione. Tutto, allora, si fonda sul principio di auto-proprietà, giustamente considerato «il fondamentale assioma libertario per cui ogni individuo ha l'assoluto diritto di proprietà nel suo corpo»[468], ma si ha subito la sensazione che, così facendo, il grande principio di libertà venga squalificato quasi al rango di premessa al libertinismo, con ogni conseguente tipo

466 Cfr. Pietro ADAMO, *Left and Right: alle origini del libertarianism*, in «Rivista di Politica. Trimestrale di studi, analisi e commenti», anno 3 (2013), n. 2, p. 81.
467 ROTHBARD, *Per una nuova libertà. Il manifesto libertario*, cit., p. 153.
468 Rothbard, *Abortion Repeal*, cit., p. 4.

di scadimento verso la più trita e adolescenziale banalizzazione (che si esprimerebbe nel logoro slogan «il corpo è mio e me lo gestisco io»[469]). Se la premessa dell'affermazione secondo cui chiunque può liberarsi della situazione sgradita è la libertà di farlo ad ogni costo, allora l'esito è un implicito scivolamento verso la libertà positivamente intesa con l'abbandono della concezione della libertà cara ai libertari (la libertà negativa): la libertà non è più intesa come assenza di coercizione esterna[470], ma è ricercata come possibilità di far tutto ciò che si desidera[471]. Si può, ovviamente, ritenere che il feto stia svolgendo un'aggressione (e tra breve proveremo ad affrontare tale supposizione che richiede uno spazio a sé) e Rothbard—descrivendolo come un puro parassita—se ne dice convinto. Anche se ciascuno è proprietario del proprio corpo e anche se «nessun essere umano ha il diritto di risiedere indesiderato nel corpo di un altro»[472], è davvero insignificante il fatto che il feto (ora finalmente riconosciuto—seppur con leggerezza—«essere umano»[473]) non abbia imposto la sua posizione non avendo scelto di essere nel grembo della madre o, per giunta, che siffatta pretesa libertà da parte della donna-madre non consideri affatto la volontà del padre? Certamente entrambe queste domande (la prima in diretta relazione alla indesiderabilità, la seconda in relazione alla soggiacente concezione di libertà) aprono al fondamentale interrogativo sulla natura del feto perché se questo non è un uomo, allora è possibile eliminarlo così come possiamo tagliare i capelli ed è possibile estrometterlo senza tenere in alcun conto la volontà del padre

---

469 Anche Rothbard ridicolizzava l'abusato slogan: cfr. Murray N. ROTHBARD, *Liberal Hysteria: The Mystery Explained* (1992), in Llewellyn H. ROCKWELL, Jr. (edited by), *The Irrepressible Rothbard*, The Center for Libertarian Studies, Burlingame (California) 2000, p. 337.

470 Cfr. Beniamino DI MARTINO, *I diritti individuali e la storia della libertà*, in «Nuova Storia Contemporanea», anno 1, nuova serie: già anno 21 (2019), n. 1, p. 215-223; cfr. Beniamino DI MARTINO, *Agire per la libertà: dentro la Chiesa e con la Chiesa*, in «StoriaLibera. Rivista di scienze storiche e sociali», anno 9 (2023), n. 18, p. 73-90.

471 Lo stesso Rothbard, nel 1970, sosteneva: si «abusa del termine "libertà". Ovviamente, ogni diritto di proprietà viola la "libertà di rubare" degli altri. Ma non abbiamo neppure bisogno dei diritti di proprietà per stabilire questa "limitazione"; l'esistenza di un'altra persona, in un regime di libertà, limita la "libertà" degli altri di aggredirla». Murray N. ROTHBARD, *Potere e mercato. Lo Stato e l'economia*, a cura di Nicola Iannello, Istituto Bruno Leoni Libri, Torino 2017, p. 335 (*Power and Market. Government and the Economy*, 1970).

472 Rothbard, *Abortion Repeal*, cit., p. 4.

473 Da notare questo riconoscimento nella frase or ora citata: «nessun *essere umano* ha il diritto di risiedere indesiderato nel corpo di un altro» (corsivo nostro). Nell'originale: «no human has the right to reside unwanted within the body of another».

(o anche dei nonni o dei congiunti). Ma anche l'esiziale interrogativo richiede qualche considerazione in più. È, invece, opportuno soffermarci ancora sul modo con cui Rothbard applica il principio di auto-proprietà.

Nell'enunciazione da parte dello stesso pensatore libertario, il principio è definito come il diritto al dominio della propria persona per «essere liberi da ogni interferenza coercitiva»[474]. La corretta prospettiva libertaria coincide, pertanto, con il diritto a non subire arbitraria ingerenza o addirittura violenza. Una ben strana applicazione avviene, invece, quando, in nome dell'assioma della proprietà del proprio corpo, si lede l'altrui persona sino ad eliminarne il corpo[475]. Si potrà controbattere sostenendo che il feto non è una persona. Ma tale obiezione non è mai in buona fede; se lo fosse, il dubbio imporrebbe di trattare il frutto del concepimento con grandissima cautela. Si può nutrire il dubbio sulla reale umanità del feto, ma la buona fede (e la corretta applicazione del principio di proprietà di sé) si dimostra nel fatto che il dubbio deve spingere alla circospezione e alla prudenza, inibendo, non sollecitando un'azione dalle conseguenze irreparabilmente tragiche. In altri termini e in diretta relazione con il principio libertario: ciascuno può disporre del proprio corpo, non di quello di altri. Invece, con la cattiva applicazione del principio di auto-proprietà, l'assioma viene utilizzato—più o meno involontariamente—non per l'esclusiva auto-difesa, ma per un'indifferenziata facoltà reattiva o addirittura aggressiva.

Se il principio di assoluta proprietà del proprio corpo davvero consentisse la "rimozione" del feto indesiderato, cosa impedirebbe la soppressione del proprio neonato fastidioso o del proprio infante insolente? Se è nel diritto di auto-proprietà della madre ricorrere all'aborto per espellere l'ospite indesiderato dal proprio corpo, si eserciterebbe il medesimo diritto qualora anche solo uno dei genitori (anche contro il parere dell'altro o, per assurdo, anche all'insaputa dell'altro) considerasse il neonato ospite indesiderato (in linea con tutto ciò, per Rothbard, come non è uomo il feto, così anche «un neonato non può essere considerato in nessun senso proprietario di sé»[476]). Coerentemente, il filosofo americano (come richiameremo più avanti) giungeva a tirare conclusioni proprio di questo tipo. Ancora una volta, si deve ammettere che tutto si

---

474 ROTHBARD, *Per una nuova libertà. Il manifesto libertario*, cit., p. 47.

475 Cfr. Piero VERNAGLIONE, *Il libertarismo. La teoria, gli autori, le politiche*, Rubbettino, Soveria Mannelli (Catanzaro) 2003, p. 480.

476 Murray N. ROTHBARD, *L'etica della libertà*, introduzione di Luigi Marco Bassani, Liberilibri, Macerata 2000, p. 153; cfr. p. 156 (*The Ethics of Liberty*, 1982).

fonda o si disfa, che ogni argomentazione si erge o si vanifica a seconda della natura che si riconosce al feto. Ma volendo focalizzarci anche solo sulla motivazione addotta da Rothbard che si basa sul principio di totale proprietà di ciascuno del proprio corpo, si potrebbe sostenere che il filosofo applichi male un provato e collaudato principio. Se l'esclusiva proprietà di sé viene rivendicata non per tutelarsi da un'aggressione (soprattutto, ma non esclusivamente politica), ma come motivo o pretesto per fare ciò che si vuole (anche contro la giustizia o contro il dovere alla responsabilità) la libertà libertaria ("libertà negativa") diviene, *de facto*, libertà libertina ("libertà positiva")[477]. Si potrebbe fare l'esempio del coniuge che non dispone della proprietà del proprio corpo per essersi vincolato in matrimonio. Seguendo l'interpretazione rothbardiana, il coniuge non sarebbe tenuto ad alcun dovere contrario alla volontà del momento così come anche la mamma potrebbe liberarsi del "parassita" anche se precedentemente non lo aveva considerato tale. Si può dire che in nome dell'auto-proprietà, Rothbard promuova una trasformazione della concezione della libertà che da negativa diviene positiva; applicando un'estensione indebita della proprietà individuale sino a renderla causa di danno alla proprietà, al corpo e alla vita degli altri[478].

Il richiamo al principio di proprietà del proprio corpo è la tesi che, sostanzialmente, hanno condiviso alcune donne esponenti di spicco del panorama libertario. Così, innanzitutto, Ayn Rand (1905-1982)[479] per la quale «l'aborto è un diritto morale, che dovrebbe essere lasciato alla sola discrezione della donna coinvolta; moralmente non si deve considerare altro che il suo desiderio in merito. Chi può avere il diritto di dettarle quale disposizione dovrà dare alle funzioni del proprio corpo? La Chiesa cattolica è responsabile delle leggi anti-aborto vergognosamente barbare di questo Paese, che dovrebbero essere abrogate e abolite»[480].

---

477 Cfr. Michael J. SANDEL, *Justice: What's the Right Thing to Do?* (2010), in David GORDON (edited by), *An Austro-Libertarian View. Vol. II: Political Theory*, Ludwig von Mises Institute, Auburn (Alabama) 2017, p. 345.

478 «La libertà è definita come la libertà di controllare *ciò che si possiede* senza molestie da parte di altri. La "libertà di rubare o di aggredire" permetterebbe che qualcuno— vittima di un furto o di un'aggressione—possa essere privato con la forza o in maniera fraudolenta della sua persona o della sua proprietà e violerebbe con ciò la clausola della libertà totale: ossia che ogni uomo è libero di fare quello che vuole con la sua proprietà. Fare quello che uno vuole con la proprietà di *qualcun altro* pregiudica la libertà dell'altra persona». ROTHBARD, *Potere e mercato. Lo Stato e l'economia*, cit., p. 335.

479 Alla nascita Alissa Zinovievna Rozenbaum.

480 Ayn RAND, *The Voice of the Reason. Essays in Objectivist Thought*, edited by

L'opinione della Rand può essere commentata in parallelo al pensiero di Rothbard. Sorprende, tuttavia, che il bersaglio sia concentrato sulla Chiesa cattolica in un contesto religioso—qual è quello statunitense—in cui, soprattutto negli anni Settanta, essa rappresentava solo una confessione accanto a molte altre chiese cristiane, tutte comprensibilmente anti-abortiste[481]. Caratterialmente livorosa, la teorica della filosofia oggettivista giunse ad esortare, «con la massima enfasi possibile», i suoi ascoltatori a contrastare l'elezione di Reagan perché, in quanto *pro-life*, sarebbe stato inevitabilmente contrario ad ogni diritto[482]. Uno sguardo al cosiddetto femminismo libertario[483] ci porta a fare il nome di Paglia e di McElroy, entrambe su posizioni abortiste in nome della proprietà, da parte della donna, del proprio corpo. Camille Anna Paglia (1947), di origini familiari campane, è la più esposta a Sinistra[484] con quel tipo di pensiero ove gli elementi progressisti si nascondono sotto l'appello alla libertà. Una spuria commistione da cui Rothbard non solo avrebbe preso le distanze, che non solo avrebbe sconfessato, ma contro cui si sarebbe duramente scagliato e che avrebbe duramente condannato[485] (basti ricordare anche solo il manifesto paleo-libertario del 1990[486]). Già nel 1970, il pensatore americano era polemico con le femministe: «che vita tetra e noiosa vogliono imporci queste megere! Un mondo in cui tutte le ragazze appaiano dei lottatori trascurati, dove la bellezza e l'attrattiva sono state sostituite dalla bruttezza e dall'"unisex", dove la

Leonard Peikoff, with an additional essay by Leonard Peikoff and Peter Schwartz, Penguin Books, New York (N. Y.) 1990, p. 234.

481 Faremo anche notare come Rothbard si comportò in modo simile, indirizzandosi alla sola Chiesa cattolica quasi come se tutti i cristiani americani fossero cattolici e come se qualsiasi altra comunità religiosa non avesse alcun rilievo a confronto del cattolicesimo.

482 Cfr. Diana THERMES, *Ayn Rand e il fascismo eterno. Una narrazione distopica*, Istituto Bruno Leoni Libri, Torino 2021, p. 238.

483 Cfr. Karen I. Vaughn, *Who owns the children? Libertarianism, feminism, and property*, in «Reason Papers», n. 18, Fall 1993, p. 189-200.

484 Cfr. Camille Paglia, *Free Women, Free Men. Sex, Gender, Feminism*, Pantheon Books, New York (N. Y.) 2017.

485 Cfr. Guglielmo PIOMBINI, *Il paleolibertarismo e la sua eredità culturale*, in «StoriaLibera. Rivista di scienze storiche e sociali», anno 2 (2016), n. 4, p. 11-50; cfr. Piero VERNAGLIONE, *Paleolibertarismo: libertarismo contro la cultura liberal*, in «StoriaLibera. Rivista di scienze storiche e sociali», anno 7 (2021), n. 13, p. 10-47 (il saggio è presente in questo volume).

486 Cfr. Llewellyn H. ROCKWELL, Jr., *The Case for Paleolibertarianism*, in «Liberty», Volume 3, January 1990, p. 34-38, ora Llewellyn H. ROCKWELL, Jr., *Un manifesto per il paleolibertarismo* (1990), a cura di Paolo Amighetti, in «StoriaLibera. Rivista di scienze storiche e sociali», anno 7 (2021), n. 13, p. 115-135.

deliziosa femminilità è stata abolita a vantaggio del femminismo cupo, aggressivo e mascolino»[487]. Più libertaria che femminista, invece, può essere considerata Wendy McElroy (1951)[488] che ha avuto Rothbard come mentore e che, pur in modo travagliato, è rimasta abortista[489]. Per completare l'arco delle posizioni, possiamo aggiungere la figura di Doris Gordon (1928-2014), libertaria e non femminista. L'unica ad essere contro l'aborto: ebrea atea, nel 1976 in Maryland, addirittura fondò un'associazione *pro-life* di chiara ed esplicita ispirazione libertaria[490].

b. Non-aggressione

Il secondo pilastro su cui—almeno implicitamente—si fonda l'opinione di Rothbard sulla plausibilità dell'aborto sembra possa essere considerato proprio l'assioma di non-aggressione secondo cui «nessuno può aggredire la persona e la proprietà altrui»[491]. Si tratta del principio fondante l'intera etica libertaria, il principio su cui si edifica l'intera struttura della filosofia politica rothbardiana: non è lecito avviare un'azione di forza (è, invece, lecito, anzi doveroso, fermare in tutti i modi la violenza)[492].

In base a tale assioma, la liceità dell'aborto troverebbe giustificazione nel ritenere il feto un aggressore. In quanto invasore violento, la sua eliminazione fisica sarebbe, quindi, giustificata.

Subito, però, emerge uno stridente contrasto tra la non-violenta teoria

---

487 Murray N. Rothbard, *The Great Women's Liberation Issue: Setting It Straight*, in «Individualist», May 1970, p. 5.

488 Cfr. Wendy McELROY, *Le gambe della libertà. Una difesa dei diritti delle prostitute*, prefazione di Roberta Tatafiore, postfazione di Marco Faraci, Leonardo Facco Editore, Treviglio (Bergamo) 2002; cfr. Greta Mastroianni, *La prostituzione secondo Wendy McElroy: quando il libertarismo incontra il femminismo*, in «Storia e Politica», anno 13 (2021), n. 3, p. 513-559.

489 Cfr. Roberta Adelaide MODUGNO, *Murray N. Rothbard*, Istituto Bruno Leoni Libri, Torino 2022, p. 115.

490 Libertarians for Life (www.l4l.org).

491 Murray N. ROTHBARD, *Per una nuova libertà. Il manifesto libertario*, introduzione di Luigi Marco Bassani, Liberilibri, Macerata 2004, p. 39 (*For a New Liberty. The Libertarian Manifesto*, 1973).

492 Cfr. David BOAZ, *Libertarismo. Silloge*, Liberilibri, Macerata 2010, p. 29.128s. (*Libertarianism. A Primer*, 1997); cfr. Roberta Adelaide MODUGNO, *Murray N. Rothbard e l'anarco-capitalismo americano*, Rubbettino, Soveria Mannelli (Catanzaro) 1998, p. 43.59.80-81. Ancor più interessanti sono le pagine di Piombini sull'intima relazione tra il cristianesimo e il principio di non-aggressione: cfr. Guglielmo PIOMBINI, *La Croce contro il Leviatano. Perché il Cristianesimo può salvarci dallo Stato onnipotente*, con un saggio introduttivo di James Redford, Tramedoro, Bologna 2021, p. 160-169.

libertaria e la sua così cruenta applicazione in materia di maternità (seppur non desiderata). Da un lato, si professa il rifiuto della violenza per cui «il libertario [...] non può assolutamente giustificare l'uso della forza, la quale deve essere impiegata *solo ed esclusivamente* per combattere l'uso della forza stessa»[493]. Identicamente, la stessa Ayn Rand—che ha avuto il merito di aver formulato la prima volta il concetto—sosteneva che «nessun uomo ha il diritto di usare per primo la forza fisica contro un altro uomo»[494]. Dall'altro lato, si pone in essere un'azione cruenta senz'appello e senza dubbi: «la madre ha l'assoluto diritto di liberarsi di questa crescita parassitaria, di questa parte interna del suo corpo»[495]. La stessa Ayn Rand, come poc'anzi ricordato, approvava in modo ferreo l'aborto.

Una validissima teoria di auto-difesa sembra qui diventare la base giustificativa dell'aggressione. Si sarebbe immediatamente indotti a definire "innocente" il destinatario di tale violenza, ma per Rothbard il feto non può essere qualificato se non come colpevole a causa della posizione che occupa. «L'aggressione al corpo di qualcuno», scriveva replicando a Sadowsky, «è un crimine più atroce del furto della sua proprietà, così l'intrusione sul corpo di una persona o all'interno di esso è un'offesa molto più atroce del semplice passeggiare sulla sua terra»[496]. Pare non abbia, allora, alcuna rilevanza il fatto che il feto, non avendo deciso di aggredire, non possa essere considerato violento usurpatore, così come non è colpevole di morte chi, suo malgrado, si ritrovasse per qualche imprevisto o piombasse per un puro incidente—quindi sempre e solo involontariamente—nella proprietà altrui. Per quanto possa essere indesiderato, massimamente indesiderato, per quanto possa essere invadente e fastidioso, il feto non è aggressore e, in quanto innocente, non merita la morte.

Un argomento lanciato da Sadowsky e ripreso da Lottieri che, seppur non convince chi scrive, viene volentieri presentato, non solo per completezza di argomentazione, ma anche per l'autorevolezza dei suoi propugnatori: si tratta di un'obiezione in relazione all'assenza più totale

---

493 ROTHBARD, *Per una nuova libertà. Il manifesto libertario*, cit., p. 153.

494 Ayn Rand, *Textbook of Americanism*, Nathanael Branden Institute, New York (N. Y.) 1961, p. 6 (1946).

495 Murray N. Rothbard, *Abortion Repeal*, in «The Libertarian Forum», vol. 2, 15 June 1970, p. 4.

496 Cfr. Murray N. Rothbard, *Reply* (to *Abortion and the Rights of the Child* by James A. Sadowsky), in «The Libertarian Forum», vol. 11, July - August 1978, p. 3 (http://www.anthonyflood.com/sadowskyabortion.htm).

di proporzionalità. «Ammettiamo per il momento che il bambino sia effettivamente un trasgressore» ragionava Sadowsky. «Questo di per sé giustifica la risposta draconiana? [...] La nostra risposta all'aggressione dovrebbe essere proporzionata al nostro bisogno di resistere e alla natura dell'attacco»[497]. E Lottieri, giudicando «particolarmente insoddisfacente» l'analisi di Rothbard sulla specifica questione dell'aborto (non a caso rifiutata da molti studiosi libertari tra cui lo stesso Lottieri), sostiene che il modo con cui il filosofo americano procedette «non rispetta neppure quel principio di proporzionalità che è al cuore della teoria penale rothbardiana»[498].

L'assioma di non-aggressione richiama come non mai il "diritto alla vita" eppure i libertari che sostengono la posizione di Rothbard sull'aborto giudicano tale diritto ambiguo perché esso imporrebbe il rispetto della vita anche al feto che occupa "parassitariamente" il corpo di una donna[499]. Ma se è vero che il "diritto alla vita" può essere indebitamente reclamato (da Sinistra)[500] per pretendere ogni tipo di assistenza utile alla vita, è ancor più vero che esso va ricondotto al suo significato genuino quale diritto (negativo) per ogni essere umano a non essere aggredito. La stessa Ayn Rand, infatti, riconosceva che «il diritto alla vita è l'origine di tutti i diritti, mentre il diritto di proprietà ne rappresenta l'attuazione. In assenza di diritti di proprietà non è possibile l'esistenza di alcun diritto»[501]. Alla filosofa dell'oggettivismo—che, comunque, ammetteva «il diritto alla vita [all'] origine di tutti i diritti»—andrebbe attribuita anche un'altra contraddizione. Negando all'embrione ogni diritto, la Rand affermava che «i vivi hanno la precedenza sui non ancora vivi (o sui non

---

497 Cfr. James A. Sadowsky, *Abortion and the Rights of the Child*, in «The Libertarian Forum», vol. 11, July - August 1978, p. 2-3 (http://www.anthonyflood.com/sadowskyabortion.htm).

498 Carlo LOTTIERI, *Gli individui di fronte al diritto e allo Stato: le ragioni del libertarismo e di Murray N. Rothbard*, in Carlo LOTTIERI - Enrico DICIOTTI, *Rothbard e l'ordine giuridico libertario. Una discussione*, Dipartimento di Scienze Storiche, Giuridiche, Politiche e Sociali dell'Università degli Studi di Siena, Siena 2002, p. 149.

499 Non da meno, i libertari di Sinistra temono il ricorso al "diritto alla vita" da parte di conservatori «per difendere i diritti dei feti (o dei bambini non ancora nati) contro l'aborto». David BOAZ, *Libertarismo. Silloge*, Liberilibri, Macerata 2010, p. 113-114 (*Libertarianism. A Primer*, 1997).

500 Cfr. Piero VERNAGLIONE, *Il libertarismo. La teoria, gli autori, le politiche*, Rubbettino, Soveria Mannelli (Catanzaro) 2003, p. 33-34.

501 Ayn RAND, *La virtù dell'egoismo. Un concetto nuovo di egoismo*, a cura di Nicola Iannello, Liberilibri, Macerata 2010, p. 110 (*The Virtue of Selfishness. A New Concept of Egoism*, 1964).

ancora nati)» [502]. Ora, se il feto non è umano (come la Rand sosteneva) non c'è bisogno di stabilire alcuna priorità o "precedenza", ma se il feto è già un uomo, allora, ridurre la scelta ad una questione di precedenza significa adottare un criterio davvero poco oggettivo e per nulla affidabile. Cosa significherebbe? Forse che il più giovane ha meno diritto rispetto a chi è più anziano?

Ancora una volta siamo richiamati alla definizione della natura del feto, ma al momento limitiamoci a seguire ancora il ragionamento di Rothbard per il quale «è inammissibile interpretare l'espressione "diritto alla vita" per concederci il diritto di far agire qualcuno per dare sostegno alla nostra vita» [503]. Ma, in linea con Locke e con Jefferson, riaffermare tale diritto significa solo ribadire la libertà da ogni tipo di attentato alla propria incolumità [504]. Il candido e disinvolto accantonamento dell'espressione "diritto alla vita" [505], espressione superata in base ad un'operazione concettuale che ha tutto il sapore di una strumentale forzatura, non rende un buon servizio alla causa della libertà. La comoda reinterpretazione del "diritto alla vita" finisce non solo per disinnescare il suo carattere di assolutezza, ma in tema di aborto manifesta una forzatura di carattere ideologico.

Se il "diritto alla vita" va considerato con sospetto—se non con aperta diffidenza—in quanto ritenuto pretesto per gravare su altri (ad iniziare dai genitori) e se, in nome della difesa della proprietà, il figlio può essere considerato una minaccia, non meraviglia che, anche dopo la nascita, il figlio corra il rischio di ricevere la stessa sorte del feto indesiderato. Già, perché se il feto può essere eliminato in quanto lesivo del diritto di auto-proprietà della madre, cosa impedirebbe la soppressione del bambino, una volta alla luce, se questi venisse percepito come aggressore? Cosa capiterebbe se il figlio diventasse indesiderato dopo la nascita? Si

---

502 Ayn RAND, *The Voice of the Reason. Essays in Objectivist Thought*, edited by Leonard Peikoff, with an additional essay by Leonard Peikoff and Peter Schwartz, Penguin Books, New York (N. Y.) 1990, p. 234.

503 Murray N. ROTHBARD, *L'etica della libertà*, introduzione di Luigi Marco Bassani, Liberilibri, Macerata 2000, p. 156 (*The Ethics of Liberty*, 1982).

504 Cfr. VERNAGLIONE, *Il libertarismo. La teoria, gli autori, le politiche*, cit., p. 33-34.

505 Commenta ancora Hoppe: Rothbard «respingeva la tesi del "diritto alla vita" non sulla base del fatto che il feto non era vita [...], ma piuttosto sulla base fondamentale che non esiste qualcosa come un universale "diritto alla vita", ma esclusivamente un universale "diritto a vivere una vita indipendente e separata"». Hans-Hermann HOPPE, *Introduction* to Murray N. ROTHBARD, *The Ethics of Liberty*, New York University Press, New York (N. Y.) 1998, p. XL.

può intuire quel che, *logicamente*, Rothbard possa teorizzare. Ed infatti, *coerentemente*, il filosofo affermava: «un genitore [...] non dovrebbe avere l'*obbligo legale* di nutrire, vestire o istruire i propri figli, giacché tale obbligo comporterebbe per il genitore la costrizione di compiere certi atti, privandolo così dei suoi diritti. Il genitore [...] non può mutilare o uccidere suo figlio, e la legge giustamente lo proibisce. Ma il genitore dovrebbe avere il diritto legalmente riconosciuto di *non* cibare il figlio, cioè di lasciarlo morire. La legge, perciò, non può con giustizia obbligare il genitore a nutrire un bambino o a tenerlo in vita (anche in questo caso, è una questione del tutto diversa che il genitore abbia o meno un obbligo *morale* a tenere in vita il bambino). Questa regola ci permette di risolvere fastidiose questioni come: un genitore dovrebbe avere il diritto di lasciare morire un figlio deforme (ad esempio, non nutrendolo)?»[506]. Ma, grazie a Dio, il puro istinto naturale genitoriale o il semplice buon senso o anche la saggezza della civiltà prevale sull'ideologia delle astratte teorizzazioni proprie degli intellettuali[507]. E dispiace molto che a questo cappio si sia condannato lo stesso Rothbard per il semplice fatto di aver sposato alcune premesse erronee e aver voluto ostinatamente vincolarsi ad esse. Bastava, con onestà, riconoscerne l'inesattezza prendendo atto che il pur valido principio di non-aggressione (o anche di auto-proprietà)

---

506 Purtroppo Rothbard non si è limitato a sollevare la domanda. Il filosofo, imperterrito, continuava in questo modo: «la risposta naturalmente è sì, conseguendo *a fortiori* dal più generale diritto di poter lasciare morire *qualsiasi* bambino, deforme o meno (anche se [...] l'esistenza in una società libertaria di un libero mercato dei bambini ridurrebbe a proporzioni minime tali casi di "abbandono"). [...] Se i genitori hanno il diritto legale di lasciar morire un bambino, allora *a fortiori* essi hanno lo stesso diritto nei confronti di feti fuori dall'utero. Analogamente, in futuro i bambini potrebbero nascere in ambienti extra-uterini ("figli in provetta"), e i genitori dovrebbero ancora avere il diritto legalmente riconosciuto di "staccare la spina" ai feti, o meglio di smettere di pagare perché la spina resti attaccata alla presa». ROTHBARD, *L'etica della libertà*, cit., p. 158.

507 Due sottolineature. Nei passi di Rothbard or ora riportati troviamo due enfatizzazioni che dovrebbero ulteriormente sconcertare. Primo: il filosofo libertario sosteneva che, avendo il genitore il diritto di lasciar morire il figlio, «la legge [...] non può *con giustizia* obbligare» (corsivo nostro) lo stesso genitore a fare diversamente. Rothbard, quindi, paradossalmente, invocava la giustizia a sostegno della sua opinione. Poi ancora, chiedendosi se un genitore gode del diritto di lasciare morire un figlio deforme, Rothbard rispondeva: «*naturalmente* sì» (corsivo nostro). Lascia basiti anche l'uso di un linguaggio così perentorio. *Ibidem.* Un'occhiata al testo originale consente di considerare attendibile la traduzione italiana: «the law, therefore, may not properly compel the parent to feed a child or to keep it alive» e «the answer is of course yes». Murray N. ROTHBARD, *The Ethics of Liberty*, with a new introduction by Hans-Hermann Hoppe, New York University Press, New York (N. Y.) 1998, p. 100 e 101 (1982).

non può mai giustificare la distruzione della vita innocente e della proprietà altrui. Ad iniziare da chi è innocentemente nel corpo della propria madre. Pertanto, intendere la non-aggressione o la proprietà del proprio corpo come ragione per limitare o aggredire qualcuno significa trasformare il diritto all'auto-difesa o all'auto-proprietà da un "diritto negativo" (ciò che nessun uomo deve subire; ciò che non deve essere arrecato ad una possibile vittima), a un "diritto positivo" (ciò che può essere indebitamente preteso imponendo qualcosa ad altri).

Infatti, anche dal punto di vista della generale dottrina libertaria, sostenere che l'obbligo nei confronti del figlio «comporterebbe per il genitore la costrizione di compiere certi atti, privandolo [il genitore] così dei suoi diritti...»[508] non implica un'adesione di fatto alla concezione positiva della libertà abbandonando tacitamente il concetto della classica libertà negativa libertaria? Ciò avviene nel momento in cui si esercita una qualche forma di violenza ai danni di altri: se, infatti, «tutti gli uomini possono godere del diritto alla proprietà di sé, senza che vi sia coercizione ai danni di qualcuno»[509], allora si comprende che, quando tale coercizione viene applicata, il principio di non-aggressione è stato disatteso e tradito. Ancora una volta, però, il cuore del problema è lo *status* del feto ed anche lo strisciante passaggio dalla libertà negativa a quella positiva si compie o si arresta in base a come viene definito il concepito nel ventre della donna.

In sintesi, si può allora sostenere—in difformità rispetto all'argomentazione sviluppata da Rothbard—che il principio di non-aggressione non solo non rappresenti il presupposto della liceità dell'aborto, ma sia esattamente il fondamento razionale della inammissibilità morale di ogni interruzione volontaria della gravidanza[510]. Ciò che va, pertanto, sottolineato è che a tale conclusione si giunge, *non contro*, ma esattamente *in forza* del principio di non-aggressione.

c. Natura del feto

Non ci si può certamente illudere di riuscire ad affrontare correttamente la pungente questione dell'aborto aggirando il cuore del problema, quello

---

508 ROTHBARD, *L'etica della libertà*, cit., p. 158.

509 Murray N. ROTHBARD, *Per una nuova libertà. Il manifesto libertario*, introduzione di Luigi Marco Bassani, Liberilibri, Macerata 2004, p. 189 (*For a New Liberty. The Libertarian Manifesto*, 1973).

510 Cfr. VERNAGLIONE, *Il libertarismo. La teoria, gli autori, le politiche*, cit., p. 480.

relativo, cioè, al modo di considerare il frutto del concepimento. Il feto è un essere umano o è un semplice grumo di cellule? C'è da ritenere che l'intera argomentazione di Rothbard sia viziata da un'erronea esiziale premessa: non reputare uomo colui che alberga nel corpo della donna-madre. Per definire la posizione del filosofo a riguardo, bisogna, però, subito precisare almeno due punti. Primo: pur propendendo manifestamente per l'opinione secondo cui al feto non va riconosciuta la natura umana («direi che il feto acquisisce lo *status* di essere umano solo all'atto della nascita»[511]), Rothbard ha evitato di prendere a riguardo una posizione incontrovertibile[512]. Secondo: Rothbard ha reiteratamente considerato secondaria, se non addirittura accessoria, la valutazione del momento in cui la vita possa dirsi umana elevando a unico criterio il principio di auto-proprietà. Affermava, infatti, il filosofo: «la considerazione vitale dal mio punto di vista non è se e in quale misura il feto sia vivo o sia umano, ma precisamente il fondamentale assioma libertario per cui ogni individuo ha l'assoluto diritto di proprietà nel suo corpo»[513].

Se al secondo punto («the vital consideration» per Rothbard) abbiamo dedicato già qualche osservazione a proposito del diritto alla totale proprietà del proprio corpo, ci sia consentito aprire ora una parentesi relativamente al primo.

Intendiamo riferirci alla posizione di Walter Block e alla differenza di questa rispetto all'opinione di Rothbard. Nel replicare a padre Sadowsky, il filosofo di New York aveva precisato: «anche se Walter Block ed io siamo d'accordo su molte cose, non siamo un monolite. A differenza di Walter, che è d'accordo con padre Sadowsky sul fatto che il feto è umano, io ho semplicemente fatto questa ipotesi per amore di discussione, per garantire agli anti-abortisti la loro migliore tesi»[514]. Puntualizzando

---

511 Murray N. Rothbard, *Reply* (to *Abortion and the Rights of the Child* by James A. Sadowsky), in «The Libertarian Forum», vol. 11, July - August 1978, p. 3 (http://www.anthonyflood.com/sadowskyabortion.htm).

512 Anzi, a giudizio di Hoppe, Rothbard avrebbe abbracciato la dottrina cattolica secondo cui la vita è umana sin dal momento del concepimento. Cfr. Hans-Hermann HOPPE, *Introduction* to Murray N. ROTHBARD, *The Ethics of Liberty*, New York University Press, New York (N. Y.) 1998, p. XL. Il parere di Hoppe è senz'altro di grande autorevolezza, ma nulla—almeno nelle opere principali—può suffragare tale giudizio. Piombini segue Hoppe ricalcandone l'interpretazione. Cfr. Guglielmo PIOMBINI, *La tradizione cattolica nella riflessione di Murray N. Rothbard*, in «StoriaLibera. Rivista di scienze storiche e sociali», anno 7 (2021), n. 14, p. 66 (il saggio è presente in questo volume).

513 Murray N. Rothbard, *Abortion Repeal*, in «The Libertarian Forum», vol. 2, 15 June 1970, p. 4.

514 Murray N. Rothbard, *Reply* (to *Abortion and the Rights of the Child* by James A.

la differenza con la posizione di Block (e mettendo questa in parallelo con quella di padre Sadowsky), emerge, almeno indirettamente, l'idea di Rothbard. Approfittiamo, allora, per ascoltare dallo stesso Walter Block il suo approccio alla generale questione dell'aborto. Scriveva il pensatore libertario nel 1976: «l'aborto è un altro esempio calzante. Sebbene siano stati finalmente fatti passi avanti, l'aborto è limitato da regole ostruzionistiche. Sia il divieto assoluto dell'aborto sia l'aborto sotto i controlli attuali negano il grande principio morale dell'auto-proprietà. Sono quindi un ritorno alla schiavitù, una situazione definita essenzialmente dalle barriere poste tra le persone e il loro diritto all'auto-proprietà. Se una donna possiede il proprio corpo, allora possiede il proprio grembo, e lei sola ha il diritto completo ed esclusivo di decidere se avere un figlio o meno»[515]. Le parole di Block sarebbero applaudite da tutti i *Leftists* californiani e da tutti i progressisti europei e non sarà un caso che il tema dell'aborto sia curiosamente assente nella seconda edizione di *Defending the Undefendable* che Block diede alle stampe quasi quarant'anni dopo[516]. Questa seconda edizione porta la premessa di un altro libertario di spicco, Ron Paul, la cui precisazione in esordio al provocatorio testo di Block merita di essere letta. Puntualizza Paul: «per quanto riguarda le controversie, come potrebbe non essere controverso un libro che pretende di difendere i predoni aziendali, i commercianti di organi umani e i poligami? Non ho dubbi che anche molti libertari, almeno inizialmente, reagiranno con *shock* e indignazione ad alcune parti del libro. Alcuni potrebbero anche chiedersi come un libertario pro-vita, cristiano e culturalmente conservatore come me possa sostenere questo libro. Appoggio il libro del Dr. Block per la stessa ragione per cui libertari culturalmente conservatori come F. A. Hayek e Murray Rothbard hanno approvato il primo di questa serie: nonostante il titolo fuorviante, lo scopo del Dr. Block non è difendere attività "indifendibili", ma la degna base del libertarismo: l'assioma di non aggressione»[517].

Chiudiamo, a questo punto, la parentesi e torniamo al pensiero di Rothbard in merito alla natura del feto. Per introdurci in esso, partiamo

---

Sadowsky), in «The Libertarian Forum», vol. 11, July - August 1978, p. 3 (http://www.anthonyflood.com/sadowskyabortion.htm).

515 Walter BLOCK, *Difendere l'indifendibile*, introduzione di Murray N. Rothbard, Liberilibri, Macerata 2010, p. 61 (*Defending the Undefendable*, 1976).

516 Cfr. Walter BLOCK, *Defending the Undefendable II: Freedom in All Realms*, Ludwig von Mises Institute, Auburn (Alabama) 2018 (2013).

517 Ron PAUL, *Foreword* to Walter BLOCK, *Defending the Undefendable II: Freedom in All Realms*, Ludwig von Mises Institute, Auburn (Alabama) 2018, p. IX.

dal giudizio che il filosofo espresse sulla dottrina cattolica[518]. Si nota una sensibile differenza tra il tono piuttosto aggressivo di *For a New Liberty* (1973) e quello decisamente più cauto delle pagine di *The Ethics of Liberty* (1982). Mettiamo a confronto i due testi. Nel 1973 Rothbard scriveva perentoriamente che «gli argomenti "cattolici" contro l'aborto [...] sono da respingere perché non validi»[519] mentre nel 1982, ponderatamente, affermava: «dobbiamo notare che la posizione cattolica conservatrice è stata, almeno di solito, respinta con eccessiva leggerezza»[520]. Ebbene, come si presenta tale "posizione"?[521] «La tesi cattolica sostiene che il feto è una persona vivente e che quindi l'aborto è un omicidio e deve essere proibito come ogni altro tipo di omicidio»[522]. Se la dottrina cattolica vede nel concepito un uomo che è, come tale, sempre intangibile[523], è anche vero che—come il filosofo americano ben sapeva riconoscere—le conseguenze di una siffatta consapevolezza hanno ripercussioni anche all'esterno della comunità dei credenti[524]. Rothbard, infatti, ammetteva che «gli argomenti "cattolici" contro l'aborto», in realtà, si concepiscono come argomenti di "ragione" e non solo di "fede". Scriveva, perciò, ancora nel 1973: «il nocciolo della questione, infatti—in realtà non così tanto "cattolica" dal punto di vista teologico—, è che l'aborto distrugge una vita umana ed è quindi un omicidio, e di conseguenza inammissibile.

---

518 Cfr. CONGREGAZIONE per la DOTTRINA della FEDE, *Dichiarazione sull'aborto procurato*, 18.11.1974; cfr. GIOVANNI PAOLO II, Lettera enciclica *Evangelium vitae* sul valore e l'inviolabilità della vita umana, 25.3.1995; cfr. Giovanni CAPRILE, *Non uccidere. Il magistero della Chiesa sull'aborto*, La Civiltà Cattolica, Roma 1973.

519 Murray N. ROTHBARD, *Per una nuova libertà. Il manifesto libertario*, introduzione di Luigi Marco Bassani, Liberilibri, Macerata 2004, p. 152 (*For a New Liberty. The Libertarian Manifesto*, 1973).

520 Murray N. ROTHBARD, *L'etica della libertà*, introduzione di Luigi Marco Bassani, Liberilibri, Macerata 2000, p. 153 (*The Ethics of Liberty*, 1982).

521 Da notare che Rothbard—come aveva d'altronde fatto anche Ayn Rand—considera come proprio interlocutore il solo cattolicesimo. Non si riferisce ad una più ampia posizione cristiana (come sarebbe stato quasi scontato in un contesto sociale fortemente pluri-confessionale qual è quello nord americano), ma solo ed unicamente alla dottrina cattolica («gli argomenti "cattolici" contro l'aborto»).

522 ROTHBARD, *L'etica della libertà*, cit., p. 153-154.

523 Cfr. Carlo CAFFARRA, *Vangelo della vita e cultura della morte*, Di Giovanni Editore, Torino 1992; cfr. Lino CICCONE, *Non uccidere. Questioni di morale della vita fisica*, Ares, Milano 1974.

524 Cfr. Angelo FIORI - Elio SGRECCIA (a cura di), *Aborto. Riflessioni di studiosi cattolici*, Vita e Pensiero, Milano 1975; cfr. Fausto SALVONI - Alfredo BERLENDIS, *Abominevole e contrario alla morale. Indagine storico-biblica su procurato aborto*, Editrice Lanterna, Genova 1976; cfr. Dionigi TETTAMANZI, *La comunità cristiana e l'aborto*, Paoline, Roma 1975.

Inoltre se l'aborto è davvero un omicidio, allora il cattolico—o chiunque sia dello stesso avviso—non può semplicemente stringersi nelle spalle e dire che i punti di vista "cattolici" non possono essere imposti a coloro che non sono cattolici. L'omicidio non è un'espressione di preferenza in materia di religione; nessuna setta, in nome della "libertà di religione", può giustificare un omicidio con la scusa che la propria religione lo richiede. Il problema cruciale quindi è il seguente: l'aborto deve essere considerato un omicidio?»[525]. Questa franca constatazione appare—o, almeno, così sembra—in una qualche contraddizione con quanto dallo stesso Rothbard ripetutamente affermato in senso contrario. Vero è che la contraddizione è solo formale perché il filosofo, in realtà, si limitava a descrivere le posizioni senza giungere a dichiarare assertivamente se la natura umana del feto fosse da considerarsi una conclusione anche della ragione o solo della fede. Non riconoscendo, però, tale *status* umano al feto, il filosofo, per non trovarsi in contraddizione, non avrebbe potuto che collocare tale verità nell'esclusivo ambito della fede e non in quello universale della ragione.

Rothbard ha spostato la risposta ripiegando verso una conclusione irenistica, ma poco rigorosa: è la soluzione che vede nella nascita e non nel concepimento e nella gestazione il conferimento della dignità propria dell'essere umano. Alla «tesi cattolica», perciò, il filosofo rispondeva con la «replica più comune»: «la replica più comune è quella di affermare che la *nascita* costituisce l'inizio della vita di un essere umano in possesso dei diritti naturali, compreso quello di non essere assassinato; prima della nascita, così si sostiene, il feto non può essere considerato una persona vivente. Ma la risposta cattolica secondo la quale il feto è vivo e ne è imminente la realizzazione della potenzialità di persona è vicina in modo inquietante all'opinione generale che non si può aggredire un neonato, perché in effetti esso è un adulto potenziale. Anche se la nascita *rappresenta effettivamente* la corretta linea di demarcazione, la formulazione usuale la rende una linea divisoria arbitraria, e manca di basi sufficienti nella teoria della proprietà di se stessi»[526]. Rothbard, quindi, si limitava a presentare la nascita come l'unico discrimine, l'unica cesura, l'unico vero inizio della vita umana. Similmente, anche Ayn Rand riteneva che i diritti di un uomo venissero acquisiti solo con la nascita[527].

---

525 ROTHBARD, *Per una nuova libertà. Il manifesto libertario*, cit., p. 152-153.
526 ROTHBARD, *L'etica della libertà*, cit., p. 154.
527 «Un bambino non può acquisire alcun diritto finché non nasce». Ayn RAND, *The Voice of the Reason. Essays in Objectivist Thought*, edited by Leonard Peikoff, with

Per Rothbard, oltretutto, il riconoscimento della natura umana del feto comporterebbe anche uno svilimento o un declassamento del momento della nascita e del significato di questa. Sembra bizzarro o almeno strano che un pensatore come Rothbard incorra in tale stravaganza, ma non si può non cadere in questa bizzarria giacché si esclude, di principio, l'alternativa. Così, dunque, si esprimeva il filosofo: «mi sembra che il problema con la tesi [cattolica, *n.d.r.*] secondo cui il feto è umano è che quell'atto della nascita, che avevo sempre ingenuamente ritenuto un evento di notevole importanza nella vita di ognuno, ora assume appena più statura rispetto all'inizio dell'adolescenza o della "crisi di mezza età". Davvero la nascita non conferisce alcun diritto?»[528]. E, così, escludendo che l'inizio della vita sia iscritta nel concepimento (come sappiamo anche dalla scienza), non si può che ripiegare facendo coincidere parto e creazione, attribuendo alla nascita ogni senso e significato. Tuttavia, anche sostenendo tale posizione, inesorabilmente, si affaccerebbero altri problemi, come proveremo a descrivere tra breve.

Dicevamo che la soluzione adottata da Rothbard è la più comoda, ma certo non è rigorosa (per lui stesso costituiva «la replica più comune»[529]). Quale sarebbe la differenza non solo ontologica ma anche meramente biologica tra il momento (e la fase) precedente il parto e la fase (o il momento) immediatamente seguente? Nulla è più dimostrabile della lineare continuità tra l'istante del concepimento e l'intero successivo sviluppo dell'essere[530]. Nulla è meno sostenibile del contrario dando un significato puramente convenzionale ad alcuni momenti quali possono essere il limite entro il quale un aborto possa essere legale o la data a partire dalla quale festeggiare i propri natali[531]. L'unica cesura—o «linea di demarcazione», «linea divisoria» della proprietà di se stessi,

---

an additional essay by Leonard Peikoff and Peter Schwartz, Penguin Books, New York (N. Y.) 1990, p. 234.

528 Murray N. Rothbard, *Reply* (to *Abortion and the Rights of the Child* by James A. Sadowsky), in «The Libertarian Forum», vol. 11, July - August 1978, p. 3 (http://www.anthonyflood.com/sadowskyabortion.htm).

529 ROTHBARD, *L'etica della libertà*, cit., p. 154.

530 Cfr. Stanley L. JAKI, *I fondamenti etici della bioetica*, Fede & Cultura, Verona 2012 (*The Ethical Foundations of Bioethics*, 2007).

531 Non occorre un gran ragionamento per rispondere a Rothbard sull'innegabile importanza del momento della nascita. Da sempre—e così sempre sarà—la nascita di un uomo è ricordata più dell'inizio della sua vita avvenuta nell'istante del concepimento perché la prima non solo ha un evidente impatto fisico ma anche perché è ben più facile da documentare.

come la definiva Rothbard[532]—non può che essere rappresentata dal concepimento; solo il concepimento, infatti, determina una novità biologica (ed ontologica)[533]. Mancando il riconoscimento di questa inesorabile evidenza, in assenza di tale realistico riconoscimento, non si può che scivolare nell'ideologia auto-giustificativa. Oltretutto, se è vero che la nascita muta la posizione fisica del neonato, è anche vero che essa (la nascita) non attenua la sua dipendenza dalla madre di cui il bambino continua ad aver bisogno (o di qualcuno o di qualcosa che surroghi la madre in modo adeguato).

Anche non volendo ammettere che il feto sia un essere umano *in atto*, la pura sua *potenzialità* dovrebbe renderlo intoccabile per il semplice fatto che dev'essere trattato come uomo quel "qualcosa"—o, più propriamente, quel "qualcuno"—che potrebbe esserlo. Risale alle origini cristiane la testimonianza secondo cui «è già un uomo colui che lo sarà»[534]. Ad una mente finemente speculativa come Rothbard tutto ciò non poteva certo sfuggire. Perciò il filosofo sapeva che secondo la risposta cattolica «il feto è vivo e ne è imminente la realizzazione della potenzialità di persona [... e] non si può aggredire un neonato perché in effetti esso è un adulto potenziale»[535] ed anche non volendo riconoscere che «un neonato non può essere considerato in nessun senso proprietario di sé» non si può non ammettere che almeno «si tratta [...] di un *potenziale* auto-proprietario»[536]. Sull'auto-proprietà "solo in potenza" del feto e dell'infante Rothbard tornò in più passaggi[537]: questione fondamentale perché, secondo il filosofo, solo chi è proprietario di sé è titolare di diritti. Più drastica si era dimostrata, ancora una volta, Ayn Rand che—con un fare, però, poco filosofico in quanto elusivo del problema—dichiarava che «i diritti non riguardano un *potenziale*, ma solo un essere *reale*»[538].

---

532 ROTHBARD, *L'etica della libertà*, cit., p. 154.

533 Cfr. Francesco BELLINO, *La bioetica nel magistero pontificio. Da Pio XII a Giovanni Paolo II*, Istituto Acton, Roma 2003; cfr. Giuseppe SAVAGNONE, *Metamorfosi della persona. Il soggetto umano e non umano in bioetica*, Elledici, Leumann (Torino) 2004; cfr. Elio SGRECCIA, *Manuale di bioetica*, Vita e Pensiero, Milano 1989.

534 La frase è dello scrittore cristiano Tertulliano (Quinto Settimio Fiorente Tertulliano, 155 ca. - 240 ca.). Cit. in CONGREGAZIONE per la DOTTRINA della FEDE, *Dichiarazione sull'aborto procurato*, 18.11.1974, n. 6.

535 ROTHBARD, *L'etica della libertà*, cit. p. 154.

536 *Ibidem*, p. 153.

537 Cfr. *ibidem*, p. 157.161.

538 Ayn RAND, *The Voice of the Reason. Essays in Objectivist Thought*, edited by Leonard Peikoff, with an additional essay by Leonard Peikoff and Peter Schwartz, Penguin

Rothbard, nondimeno, si limitava a presentare la nascita come l'unico discrimine, l'unica cesura, l'unico vero inizio della vita umana (anche se ciò—come già riportato—ancora non bastava a considerare il bambino titolare di diritti in quanto ancora non capace di auto-proprietà) e, così facendo, incorreva, come accennavamo, in altre aporie. Dovendo stabilire un inizio a partire dal quale la vita è umana e, pertanto, dotata di diritti, cosa impedisce che venga stabilito un altro momento per l'inizio convenzionale dell'attribuzione dei diritti? Se una legge ha decretato la liceità della soppressione del feto (in quanto non umano), cosa potrà impedire che un'altra legge iniqua stabilisca la possibilità della soppressione dei bimbi nati malati o di quelli al di sotto di una determinata età? La strada sulla quale ci si incammina nel disconoscere il concepimento come momento in cui c'è l'essere umano comporta l'eventualità di stabilire, per via legale, chi è essere umano e chi non lo è oppure a partire da quando un uomo è realmente detentore di diritti[539]. Ma tutto ciò è massimamente anti-libertario. Dov'è più il giusnaturalismo di Rothbard? L'opinione del teorico libertario appare, invero, debole ed esposta alle obiezioni. Ad esempio, Dario Antiseri, anche su questo delicato punto, critica Rothbard per il suo incoerente riferimento all'«autorità di san Tommaso d'Aquino [... che] non avrebbe difeso l'aborto come invece fa Rothbard»[540].

Quasi in modo estemporaneo, c'è un'altra annotazione che potremmo aggiungere. Si tratta di ciò che sembrerebbe un altro punto debole della riflessione di Rothbard. Il pensatore libertario ha parlato dell'aborto in molti suoi interventi, prevalentemente in modo occasionale. La questione è stata, però, inserita in modo strutturale nel testo che fa da manifesto del libertarismo, *For a New Liberty* (1973). Ebbene, sorprende che, in questo volume che funge da vero e proprio manuale di iniziazione, Rothbard esponga la questione tra i temi relativi alla cosiddetta legislazione sessuale (all'interno del cap. 6 su "Libertà personali"). Si tratta di una scelta di metodo (non possiamo sapere quanto soppesata, ma certamente indicativa) che rivela una valutazione antropologica e assiologica. Non ci si interroga, quindi, a partire da cosa l'aborto significhi e comporti, ma

---

Books, New York (N. Y.) 1990, p. 234.

539 Tragicamente, la storia recente si è incaricata di attuare tali *eventualità*.

540 Dario ANTISERI, *Contro Rothbard. Elogio dell'ermeneutica*, Rubbettino, Soveria Mannelli (Catanzaro) 2011, p. 24.25; cfr. Dario ANTISERI, *Rothbard e la sua errata interpretazione della teoria dell'interpretazione*, in «Nuova Civiltà delle Macchine», anno 29 (2011), n. 1-2 (gennaio - giugno), p. 114.

solo in relazione al superamento di ogni dovere. La Modugno suggerisce un parallelo tra il modo in cui Rothbard, semplicisticamente, colloca la sua esposizione e il modo con cui il vecchio codice penale (italiano) classificava la violenza carnale[541]. Come questo crimine era ascritto tra i reati contro la pubblica moralità e non tra quelli contro la persona, analogamente, Rothbard si era limitato a considerare l'aborto tra le abitudini private in materia sessuale. Quasi come se la questione dell'aborto fosse una scelta riguardante la sola coscienza personale (ammesso che vi siano scelte senza implicazioni extra-individuali) e non innanzitutto la vita e la sopravvivenza di qualcuno[542].

In fondo, il pensatore si rifaceva ad un classico principio libertario[543], quello secondo cui in assenza di vittime o, comunque, di individui danneggiati, non c'è crimine da perseguire (*"no victims, no crime"*)[544]. Occorre anche dire, però, che tale principio applicato al caso dell'aborto[545] potrebbe essere semplicemente considerato superfluo o inadatto. Inadatto, se si ritiene il nascituro una vittima causata direttamente con la sua eliminazione (come penserebbero i libertari *pro-life*). Superfluo, se si considera che, anche in presenza di vittime e indipendentemente dal modo di considerare il feto (essere umano o meno), la donna-madre avrebbe il diritto assoluto di liberarsi di chi fosse ritenuto un indesiderato parassita.

Come è stato già necessario sottolineare, il diritto alla proprietà del proprio corpo rappresenta il principio cardine in base al quale Rothbard articolava il suo ragionamento. Come già detto, si tratta, però, di una premessa che, adottata in modo imprudente ed indebito, ha rappresentato una sorta di trappola. Una trappola in cui Rothbard si è imprigionato da sé. È come se il timore di dover rivedere la premessa (un principio

---

541 Cfr. Roberta Adelaide MODUGNO, *Murray N. Rothbard*, Istituto Bruno Leoni Libri, Torino 2022, p. 113.147.

542 Una qualche revisione fu apportata in *The Ethics of Liberty* perché, nel volume del 1982, Rothbard preferì affrontare la questione dell'aborto nel capitolo dedicato a "I fanciulli e i loro diritti" (cap. 14).

543 Cfr. Lysander SPOONER, *Vices Are Not Crimes. A Vindication of Moral Liberty*, introduction by Murray N. Rothbard, Ludwig von Mises Institute, Auburn (Alabama) 2020 (1875).

544 Murray N. ROTHBARD, *Per una nuova libertà. Il manifesto libertario*, introduzione di Luigi Marco Bassani, Liberilibri, Macerata 2004, p. 39 (*For a New Liberty. The Libertarian Manifesto*, 1973).

545 Cfr. Murray N. ROTHBARD, *Should Abortion Be a Crime? The Abortion Question Once More*, in «The Libertarian Forum», vol. 10, July 1977, p. 2-3.

corretto, ma applicato in modo erroneo) avesse condotto il filosofo ad accantonare i dati della realtà, primo tra tutti la vita umana del feto. Aveva, infatti, dichiarato: «la considerazione vitale dal mio punto di vista non è se e in quale misura il feto sia vivo o sia umano»[546]. Se «la considerazione vitale» è offerta dall'assolutizzazione (improvvida e male intesa) del principio dell'auto-proprietà, ogni altro elemento con cui confrontarsi viene disdegnato, ogni altra insorgenza viene totalitariamente subordinata o addirittura schiacciata. Avviene come con un falso sillogismo accecante in cui non si scorgono le incongruenze. È uno di quei casi in cui si potrebbe dire: «*summum jus, summa iniuria*». Così Hoppe sintetizza: «un feto, *pur essendo certamente vita umana*, altrettanto certamente è fino al momento della nascita non una vita indipendente ma, biologicamente parlando, una vita "parassitaria", e quindi *non ha alcun diritto* nei confronti della madre»[547]. Un'attuazione ideologica del «fondamentale assioma libertario per cui ogni individuo ha l'assoluto diritto di proprietà nel suo corpo»[548] si trasforma in un tritacarne che legittima l'idea secondo cui il feto indesiderato non può che essere parassita, pertanto «la madre ha l'assoluto diritto di liberarsi di questa crescita parassitaria, di questa parte interna del suo corpo»[549]. Si ha l'impressione che in Rothbard il ricorso all'aborto rappresenti una sorta di verifica logica del principio di auto-proprietà quasi come se la liceità dell'aborto stesse a dimostrare la sussistenza e la solidità del principio. Per poter, quindi, mantener fermo questo pilastro è come se occorresse la prova di riuscire a prevalere su ogni altra evidenza. Dialetticamente parlando, l'eventuale ricorso all'aborto rappresenterebbe, allora, la prova estrema per dimostrare l'assolutezza del principio. Ritorna in mente il detto latino «*fiat iustitia et pereat mundus*». Si tratta, invero, di un'operazione surrettiziamente ideologica che poggia su una tutt'altro che innocua condizione: ostinarsi a disconoscere la natura umana del feto. A tale condizione Rothbard doveva appigliarsi persistentemente quasi che ammettere l'immoralità del ricorso all'aborto avesse comportato la crisi dell'assioma a cui si era, di fatto, delegata la coerenza dell'intera teoria libertaria. Considerate le premesse, il misconoscimento dell'umanità

546 Murray N. Rothbard, *Abortion Repeal*, in «The Libertarian Forum», vol. 2, 15 June 1970, p. 4.
547 Hans-Hermann HOPPE, *Introduction* to Murray N. ROTHBARD, *The Ethics of Liberty*, New York University Press, New York (N. Y.) 1998, p. XL (corsivo nostro).
548 Rothbard, *Abortion Repeal*, cit., p. 4.
549 *Ibidem*.

del feto diviene qualcosa di necessario in quanto ad esso non si può più rinunciare. Si tratta, allora, di un'aporia che, invero, manifesta un'insistenza, un indurimento di carattere ideologico ove nel travisare la realtà si finisce col negarla. È, probabilmente, il punto più drammatico di intestardimento rothbardiano: nel considerare la determinazione dell'inizio della vita umana un dato quasi insignificante, pur di giungere alla conclusione desiderata, si ravvisa una venatura ideologica che può essere comprensibilmente causa di un affrettato giudizio negativo verso l'intero sistema teorico libertario che dev'essere, invece, analizzato serenamente e senza pregiudizi[550]. Affermava, dunque, Rothbard: «la discussione del problema è spesso incentrata su minuzie riguardanti la determinazione di quando ha inizio la vita, su quando e se il feto può essere considerato vivo, ecc. Tutto ciò è irrilevante per ciò che riguarda la *legalità* (non necessariamente la *moralità*) dell'aborto»[551]. Pensando alle conseguenze, considerare semplici «minuzie» quelle «riguardanti la determinazione di quando ha inizio la vita» («tutto ciò è irrilevante») appare quanto meno cinico. Quanto meno!

L'attenuante che può essere spesa a favore di Rothbard è che questi non perseguiva direttamente la legalizzazione dell'aborto e, quindi, in funzione della difesa del principio di auto-proprietà, usi le argomentazioni in modo non propriamente irreprensibile: intendendo dimostrare la coerenza della prospettiva libertaria, si trova costretto a dover surrettiziamente giustificare *ogni azione* che scaturirebbe dall'affermazione del diritto di proprietà del proprio corpo. Se tale è l'attenuante, la colpa è di non essersi avveduto di aver, in tal modo, trasformato l'etica della libertà in un sistema che legittima l'immoralità della soppressione di innocenti, di aver paradossalmente legato l'impeccabile causa della libertà ad una lotta a favore della morte.

d. Legalità e moralità

Sin qui abbiamo provato a scomporre il ragionamento di Rothbard tentando di individuare le linee che ne componevano l'articolazione. Alla base dell'opinione del filosofo americano circa la liceità dell'aborto,

---

550 In un siffatto pregiudizio rimane impantanato il giudizio di molti conservatori. Ad esempio, cfr. Russell KIRK, *La prudenza come criterio politico*, a cura di Pio Colonnello e Pasquale Giustiniani, Edizioni Scientifiche Italiane, Napoli 2002, p. 133-143 (*The Politics of Prudence*, 1993).

551 ROTHBARD, *Per una nuova libertà. Il manifesto libertario*, cit., p. 153

abbiamo, quindi, identificato, innanzitutto, il principio di proprietà esclusiva del proprio corpo, poi l'assioma di non-aggressione e, non certo da ultimo, il disconoscimento della natura umana del feto. Per completare l'analisi dell'opinione di Rothbard si deve, infine, aggiungere qualche considerazione sulla ribadita distinzione tra la legalità e la moralità della "libera scelta". A margine delle pagine più problematiche (quelle relative al diritto dei genitori di lasciar morire di fame i propri figli) Rothbard si affrettò a precisare—benché solo in nota—che un "diritto" rende possibile il conseguente comportamento, ma l'azione non va per ciò stesso considerata necessariamente morale[552]. Scriveva il filosofo: «quello che stiamo cercando di stabilire in questa sede non è la *moralità* dell'aborto (che può essere morale o meno, ma per altre ragioni), bensì la sua *legalità*, cioè il diritto assoluto della madre ad abortire. L'oggetto del nostro interesse in questo libro sono i *diritti* della gente di fare o no certe cose, non la maggiore o minore opportunità di *esercitare* tali diritti. Quindi, noi sosterremo che una persona ha il *diritto* di acquistare Coca-Cola da un venditore consenziente e di consumarla e non che una qualsiasi persona *dovrebbe* o *non dovrebbe* fare questo acquisto»[553]. Si impone un immediato commento a queste parole. Se le opinioni che le precedevano (quelle relative ad aborto e al trattamento da riservare ai figli) generavano un quasi istintivo sconcerto, queste ultime affermazioni causano un incontenibile sbalordimento: come è possibile paragonare un'azione moralmente buona (uno scambio) o anche solo in se stessa neutra (come può essere l'acquisto di una bibita) con un'azione che—anche senza giungere a considerare moralmente abominevole[554]—è frutto di una scelta sempre comprensibilmente traumatica? L'esempio non solo non è pertinente perché si mettono a confronto scelte con caratteristiche imparagonabili, ma rivela una sorprendente insensibilità per il modo irrispettoso con cui si affronta la dimostrazione. Può il preteso diritto di abortire essere comparato al diritto di acquistare una bevanda? Dare una veste di ordinarietà al primo in nome della convenzionalità del secondo significa commettere o un'involontaria plateale leggerezza o un'occulta e

---

552 Cfr. Roberta Adelaide MODUGNO, *Murray N. Rothbard*, Istituto Bruno Leoni Libri, Torino 2022, p. 114.

553 Murray N. ROTHBARD, *L'etica della libertà*, introduzione di Luigi Marco Bassani, Liberilibri, Macerata 2000, p. 245-246 (*The Ethics of Liberty*, 1982).

554 Così si esprime un importante documento del Magistero della Chiesa cattolica («l'aborto e l'infanticidio sono delitti abominevoli»). CONCILIO VATICANO II, Costituzione pastorale *Gaudium et spes* sulla Chiesa nel mondo contemporaneo, 7.12.1965, n. 51.

deliberata banalizzazione. In entrambi i casi, un altro svarione che non fa onore ad un pensatore come Rothbard. Il filosofo americano, infatti, si è contraddistinto quale acuto e fine dialettico; pur tuttavia le sue capacità non gli hanno impedito queste *impasses* che risultano tanto più clamorose per quanto rigoroso egli, ordinariamente, merita di essere considerato.

Tuttavia non è certo su un pessimo esempio addotto in modo sconsiderato che va concentrata l'attenzione. Occorre, invece, obiettare sulla distinzione in sé, quella tra legalità e moralità, tra diritto legale e obbligo morale. A difendere la preoccupazione di Rothbard ha provato Hoppe che, nell'introduzione alla nuova edizione del *masterpiece* del maestro, nel 1998, sottolineava come «per evitare ogni malinteso, [...] Rothbard ricorda al suo lettore l'ambito rigorosamente delineato del suo trattato di filosofia politica»[555] osservando che possibilità legale e obbligo morale sono «questioni completamente separate» («completely separate questions»)[556].

Ma, anche oltre i dubbi che tale impostazione suscita sul piano umano ed etico, occorre chiedersi se tale *distinzione* (in realtà una vera e propria *netta separazione*) risulti coerente con la prospettiva giusnaturalista che è così caratterizzante il paradigma rothbardiano. Richiamiamo innanzitutto le parole di Rothbard: già in *For a New Liberty*, il filosofo aveva sottolineato che la determinazione del momento dell'inizio della vita «è irrilevante per ciò che riguarda la *legalità* (non necessariamente la *moralità*) dell'aborto»[557]. Ancor più, poi, in *The Ethics of Liberty*, Rothbard insisteva sulla differenza tra ciò che era nel diritto del genitore (abortire, abbandonare la prole, lasciar morire il figlio, vendere il bambino, ecc.) e ciò che il genitore avrebbe potuto fare o non fare assecondando un dovere morale[558]. Quindi, da un lato i diritti legali, dall'altro gli

---

555 Hans-Hermann HOPPE, *Introduction* to Murray N. ROTHBARD, *The Ethics of Liberty*, New York University Press, New York (N. Y.) 1998, p. XL.

556 Hoppe teneva a precisare che «nonostante questa qualificazione esplicita e la spinta generale di *The Ethics of Liberty*, queste dichiarazioni furono usate nei circoli conservatori nel tentativo di prevenire un'infiltrazione libertaria e la radicalizzazione del conservatorismo americano contemporaneo». *Ibidem*. Con tono polemico, poi, il noto discepolo di Rothbard rimarcava la distanza con il conservatorismo: «naturalmente, la teoria politica conservatrice era una contraddizione in termini. Il conservatorismo significava essenzialmente non avere, e addirittura rifiutare, alcuna teoria astratta e argomentazione logica rigorosa». *Ibidem*. Davvero, però, Rothbard, in questo caso aveva proceduto in modo logicamente rigoroso?

557 ROTHBARD, *Per una nuova libertà. Il manifesto libertario*, cit., p. 153.

558 Cfr. ROTHBARD, *L'etica della libertà*, cit., p. 158.245.

obblighi morali. Due piani paralleli che possono, indifferentemente, sia incontrarsi sia scontrarsi e senza che il giudizio etico abbia voce. Tutto ciò appare difficilmente conciliabile con quel giustamente ineludibile orizzonte giusnaturalista per il quale innanzitutto vi è coincidenza tra ciò che è vantaggioso e ciò che è morale, come già sosteneva Cicerone.

Nella distinzione raffigurata da Rothbard (poi confermata da Hoppe) sono racchiusi alcuni problemi di grande rilevanza innanzitutto etica, ma anche epistemologica. Innanzitutto a) tale distinzione comporta una *separazione* dei piani, poi b) la dissociazione di fatto causa una ghettizzazione dell'etica; c) a questo punto il rischio relativistico è inevitabile d) così come è ineluttabile lo scivolamento verso l'avalutatività dei processi umani. Se per obiettare al modo con cui, per giustificare l'aborto, Rothbard (forzatamente) adottava il principio di auto-proprietà e riecheggiava l'assioma di non-aggressione è stato sufficiente fare (tranquillamente) appello proprio a questi fondamentali pilastri della teoria libertaria, non di meno, ora, per confutare il ricorso alla separazione tra diritti (legali) e (obbligo) morale basta richiamare le migliori attestazioni dello stesso filosofo americano. Proviamo, quindi, a replicare mediante le stesse affermazioni di Rothbard.

a) Innanzitutto la distinzione delle sfere (che prevederebbe una coesistenza) comporta, di fatto, una *separazione* (che suggerisce un'opposizione) perché il passaggio dalla distinzione formale ad una separazione fattuale è inesorabile: la differenziazione è condannata a divenire contrasto, la diversificazione è condannata a trasformarsi in contrapposizione. Separare, però, i diritti di proprietà dagli obblighi morali è esattamente il contrario del proposito sempre enunciato da Rothbard, quello stesso intento che è a fondamento di *The Ethics of Liberty*—non a caso definito da Ferrara come «il "Nuovo Testamento" dell'austro-libertarismo»[559]—, opera all'inizio della quale il filosofo americano diceva: «siccome i giudizi politici sono necessariamente giudizi di valore, la filosofia politica è necessariamente *etica* e quindi, per poter difendere la causa della libertà individuale, occorre un sistema etico positivo»[560]. E, poco più avanti, aggiungeva: «giacché le questioni relative alla proprietà e al crimine sono essenzialmente questioni *giuridiche*, il nostro sistema della libertà propone necessariamente una teoria etica di ciò che concretamente la legge

---

559 Christopher A. FERRARA, *The Church and the Libertarian. A Defense of the Catholic Church's Teaching on Man, Economy, and State*, Remnant Press, Forest Lake (Minnesota) 2010, p. 62-63; cfr. p. 57.

560 ROTHBARD, *L'etica della libertà*, cit., p. 8.

dovrebbe essere. In breve, com'è logico per una teoria giusnaturalistica [*nell'originale inglese*: per una teoria della legge naturale, *n.d.r.*], essa propone una teoria normativa del diritto—nel nostro caso del "diritto libertario"»[561]. È arduo, quindi, secondo il giusnaturalismo rothbardiano, insistere su una distinzione che prelude a una separazione e a una dissociazione dei piani.

b) Secondo, la pretesa dissociazione tra diritti legali e obblighi morali causa, di fatto, un confinamento dell'etica, una relegazione in un ambito esterno alla vita ordinaria e alle scelte comuni. Pur tuttavia, lo stesso Rothbard ha costantemente respinto questa deriva. Lo faceva quando, ad esempio, sosteneva che «non possiamo prendere decisioni in merito a una politica per la vita pubblica [*public policy*], alla legge sugli illeciti civili, ai diritti o alle responsabilità sulla base dell'efficienza o della minimizzazione dei costi. Ma se escludiamo entrambi, allora su cosa ci baseremo? La risposta è che solo *i principi etici* possono servire come criteri per le nostre decisioni. L'efficienza non può mai servire come base per l'etica; al contrario, l'etica deve fungere da guida e da pietra di paragone per ogni valutazione dell'efficienza. L'etica è la cosa primaria. Nel campo della legge e della politica per la vita pubblica la considerazione etica principale è quel concetto che "non osa pronunciare il proprio nome"—il concetto di giustizia»[562]. La stessa presunta distanza tra legalità e moralità, adombrata da Rothbard in relazione all'aborto e alle questioni collegate, era stata sconfessata dallo stesso filosofo in ogni altra circostanza. Così come, ad esempio, quando, in una delle sue prime opere, affermò: «se è possibile dimostrare che un obiettivo etico è auto-contraddittorio e *concettualmente impossibile da raggiungere*, allora tale obiettivo è chiaramente assurdo e deve essere abbandonato da tutti. Si dovrebbe notare che non eliminiamo gli obiettivi etici che, in una data situazione storica, potrebbero essere irrealizzabili nella pratica; non rifiutiamo l'obiettivo della soppressione del furto semplicemente perché è poco probabile che sia ottenuto in un futuro prossimo. Quelli che ci proponiamo di respingere sono gli obiettivi etici che sono concettualmente impossibili da raggiungere a causa della natura intrinseca dell'uomo e dell'universo»[563].

561 *Ibidem*, p. 9-10.
562 Murray N. ROTHBARD, *The Myth of Efficiency*, in Mario J. Rizzo (edited by), *Time, Uncertainty, and Disequilibrium*, Lexington Books, Lanham (Maryland) 1979, p. 95.
563 Murray N. ROTHBARD, *Potere e mercato. Lo Stato e l'economia*, a cura di Nicola

c) Ancora, postulando la distinzione tra diritti legali e obblighi morali, il rischio relativistico è assai prossimo. Se tale non sembra, basta considerare che anche la determinazione dell'identità del feto diviene arbitraria al punto da far venire meno ogni riferimento obiettivo e immutabile. Eppure per Rothbard il relativismo etico ha sempre rappresentato un'aberrazione da svelare in ogni modo possibile e in tutti i campi dell'agire («da un punto di vista filosofico io credo che il libertarismo ed il più ampio credo in un solido individualismo, di cui il libertarismo è parte, debba basarsi sull'assolutismo dei valori e negare il relativismo»[564]). Ad esempio, in materia economica, il filosofo americano aveva sostenuto: «mentre la teoria economica prasseologica è estremamente utile per fornire dati e conoscenze al fine di inquadrare la politica economica pubblica, di per sé essa non è sufficiente a rendere l'economista in grado di formulare un qualsiasi giudizio di valore o di sostenere una qualunque politica pubblica. [...] Per sostenere questa causa occorre andare oltre l'economia e l'utilitarismo, per costituire *un'etica oggettiva* che affermi il valore preminente della libertà e condanni moralmente tutte le forme di statalismo»[565].

d) Infine, distinguere tra possibilità legale e obbligo morale—così come tra l'essere e il dover essere—significa accettare quell'avalutatività dei processi umani che Rothbard ha sempre rigettato («scacciamo gli spauracchi della *Wertfreiheit*, del positivismo e dello scientismo. [...] elaboriamo, per quanto l'immagine sia stantia, una norma giusnaturalistica e di diritti naturali che possa attirare i saggi e gli onesti»[566]) unitamente al rifiuto dell'utilitarismo e del soggettivismo dei valori. La consapevolezza che ha sempre caratterizzato Rothbard dell'esigenza etica, del dover confrontarsi con giudizi di valore, dell'impossibilità ad evitare il raffronto con il "dover essere", sembra essersi annebbiata—o addirittura essere stata rinnegata—nelle considerazioni sull'aborto e sui temi affini ad esso. In tali considerazioni il filosofo americano sembra aver preferito un comodo ripiegamento verso una non dichiarata, ma effettiva neutralità assiologica. Eppure, nelle stesse pagine del testo di

Iannello, Istituto Bruno Leoni Libri, Torino 2017, p. 291 (*Power and Market. Government and the Economy*, 1970).

564 Murray N. ROTHBARD, *Il simposio sul relativismo: una critica* (1960), in IDEM, *Diritto, natura e ragione. Scritti inediti versus Hayek, Mises, Strauss e Polanyi*, a cura di Roberta A. Modugno, Rubbettino, Soveria Mannelli (Catanzaro) 2005, p. 125-126.

565 ROTHBARD, *L'etica della libertà*, cit., p. 340-341 (corsivo nostro).

566 *Ibidem*, p. 42.

fondazione etica del libertarismo—*The Ethics of Liberty*—, Rothbard non mancava di rimarcare che «lo scienziato politico contemporaneo crede di poter evitare la necessità dei giudizi morali e di poter contribuire a dar forma alla politica pubblica, senza impegnarsi in alcuna posizione etica definita. E tuttavia, ogni volta che viene avanzata una *qualsiasi* proposta politica, per quanto ristretta o limitata, allo stesso tempo, volenti o nolenti, si pone un giudizio etico più o meno valido»[567].

Digressione sull'eutanasia

In linea con l'impegno a non sottrarsi alle domande circa i giudizi morali—sebbene ciò appaia in contrasto con il più volte da lui riaffermato diritto all'aborto—è la posizione che Rothbard assunse riguardo ad un altro scottante tema, quello dell'eutanasia[568]. Ancora e sempre in nome del principio di auto-proprietà, la maggioranza dei libertari sostiene il diritto a porre fine alla propria esistenza[569]; ma sull'argomento il filosofo americano si smarcò e diede un giudizio contrario assai severo. Rothbard non fece sue le argomentazioni della gran parte dei libertari e parlò dell'eutanasia non come "diritto a morire", ma come "diritto ad uccidere"[570]. Sul problema possiamo evitare di soffermarci potendo rinviare all'analisi già svolta, qualche tempo fa, da Guglielmo Piombini[571] e da Piero Vernaglione[572].

Contro la "dolce morte", come fece Rothbard, hanno preso posizione

567 *Ibidem*, p. 41.
568 Cfr. AA. VV., *Dossier sull'eutanasia*, Edizioni Paoline, Roma 1977; cfr. Massimo PANDOLFI, *La vita in gioco. Eluana e noi*, Ares, Milano 2009; cfr. Tommaso SCANDROGLIO, *Questioni di vita & di morte. 10 interviste*, prefazione di Claudio Risé, Ares, Milano 2009; cfr. Dionigi TETTAMANZI, *Eutanasia. L'illusione della buona morte*, Piemme, Casale Monferrato (Alessandria) 1985.
569 Cfr. Piero VERNAGLIONE, *Il libertarismo. La teoria, gli autori, le politiche*, Rubbettino, Soveria Mannelli (Catanzaro) 2003, p. 497.
570 Cfr. Murray N. ROTHBARD, *Our Pro-Death Culture*, in «Rothbard-Rockwell Report», vol. 1, n. 4, August 1990, p. 8-9; cfr. Murray N. ROTHBARD, *The Right to Kill, with Dignity?* (1991), in Llewellyn H. ROCKWELL, Jr. (edited by), *The Irrepressible Rothbard*, The Center for Libertarian Studies, Burlingame (California) 2000, p. 301-303.
571 Cfr. Guglielmo PIOMBINI, *La tradizione cattolica nella riflessione di Murray N. Rothbard*, in «StoriaLibera. Rivista di scienze storiche e sociali», anno 7 (2021), n. 14, p. 64-65 (il saggio è presente in questo volume).
572 Cfr. Piero VERNAGLIONE, *Paleolibertarismo: libertarismo contro la cultura liberal*, in «StoriaLibera. Rivista di scienze storiche e sociali», anno 7 (2021), n. 13, p. 35-36 (il saggio è presente in questo volume).

parecchi intellettuali di spicco. Ci piace, in questa sede, ricordare—anche per un giusto tributo di ammirazione—Oriana Fallaci (1929-2006) e le sue sferzanti parole, oltre che sull'eutanasia, anche sul trattamento riservato agli embrioni. L'anno prima di morire, la famosa giornalista italiana così scriveva: «l'idea che in America si conservino trecentomila embrioni umani congelati e che almeno centomila se ne conservino in Europa, almeno trentamila in Italia, Dio sa quanti in Cina e negli altri paesi senza controllo, mi inorridisce quanto l'idea di aborto. Mi strazia quanto l'esecuzione di Terri[573] e concludo: non me ne importa nulla che manipolare cioè assassinare quegli embrioni serva a guarire malattie come la sclerosi amiotrofica di Stephen Hawking. Non me ne importerebbe nemmeno se servisse a curare il mio cancro, a regalarmi il tempo di cui ho bisogno per finire il lavoro che rischio di lasciare incompiuto. E l'eutanasia? Idem. La parola eutanasia è per me una parolaccia. Una bestemmia nonché una bestialità [...] il Testamento biologico è una buffonata»[574]. Se Oriana Fallaci, con il suo consueto coraggio (oltretutto in un momento di acceso dibattito politico in Italia sulle questioni bioetiche[575]), si poneva ad intransigente difesa dell'embrione[576], un'altra grintosa donna si era precedentemente quasi scagliata contro ogni discussione sull'argomento. Come sempre perentoria e categorica, Ayn Rand aveva tuzioristicamente affermato che «un embrione *non* ha *diritti*»[577].

---

573 La Fallaci scriveva pochi giorni dopo la morte dell'americana Terri Schiavo (31 marzo 2005) il cui caso aveva diviso gli USA e aveva fatto discutere il mondo intero. La donna di 41 anni era, a seguito di un infarto, da tempo in stato vegetativo. Quando il marito chiese l'interruzione delle prestazioni, i genitori si opposero avviando, in questo modo, un complesso iter legale terminato, nonostante l'intervento legislativo del presidente Bush a favore del mantenimento in vita, con la cessazione del trattamento sanitario.

574 Oriana Fallaci, *Barbablù e il mondo nuovo. La furia di Oriana Fallaci contro chi ha ucciso la bella addormentata*, intervista di Christian Rocca, in «Il Foglio», 13.4.2005.

575 A metà giugno 2005 si tenne il referendum contro la legge, approvata l'anno prima (la famosa "Legge 40"), che in Italia disciplinava la cosiddetta procreazione assistita. Ancora per un giusto tributo, vogliamo ricordare un altro intellettuale agnostico che si espose senza timore: Giuliano Ferrara. Cfr. Giuliano Ferrara, *Fratello embrione, sorella verità*, in «Tempi», 2.6.2005, n. 23, p. 2 e in «Tempi», 9.6.2005, n. 24.

576 Cfr. CONGREGAZIONE per la DOTTRINA della FEDE, Istruzione *Donum vitae* sul rispetto della vita umana nascente e la dignità della procreazione, 22.2.1987; cfr. Dionigi TETTAMANZI, *Il procreare umano, verità e responsabilità*, Piemme, Casale Monferrato (Alessandria) 1987.

577 Ayn RAND, *The Voice of the Reason. Essays in Objectivist Thought*, edited by Leonard Peikoff, with an additional essay by Leonard Peikoff and Peter Schwartz, Penguin Books, New York (N. Y.) 1990, p. 234.

Tra moralità e tolleranza

Pur obiettando a Rothbard (e ad Ayn Rand) un'incoerenza logica e teorica in materia di aborto, c'è un aspetto che potrebbe creare un singolare ponte con il modo in cui Rothbard riconosceva il "diritto" di aborto. O, se si preferisce, un modo con cui, anche per chi è *pro-life*, recuperare—in una qualche parte—la lezione di Rothbard. È stato più volte ricordato che la conclusione del filosofo americano si basa sul principio della proprietà di sé (nella fattispecie: della proprietà da parte della donna-madre del proprio corpo). Seppure tale principio diviene la chiave per considerare il feto un puro parassita, l'auto-proprietà può essere considerata anche diversamente: non come la base ideologica per legittimare ciò che è contrario alla morale, ma come mero dato di fatto in quanto nessuno può essere controllato nelle proprie scelte almeno sin quando queste non investono in modo evidente la proprietà di chi può reclamarla. Proviamo ad estendere ciò che può valere per la specifica questione dell'aborto ad un ambito più generale. L'auto-proprietà, allora, da preteso diritto si tradurrebbe nella mera impossibilità *de facto* da parte di ogni autorità politica a sostituirsi al soggetto agente nelle scelte tanto più quando queste sono discutibili o immorali. Ciò non postulerebbe o comporterebbe una società senza regole o senza etica, ma semplicemente una società in cui c'è consapevolezza che molti aspetti non possono essere normati senza gravi conseguenze negative (che vanno dall'incremento di dirigismo politico alla deresponsabilizzazione personale e familiare).

Senza nulla togliere all'integrità del piano propriamente prescrittivo, sul piano puramente fattuale ciò rappresenterebbe una sorta di conciliazione con la teoria dell'assoluta e totale proprietà del proprio corpo rivendicata da Rothbard perché si riconoscerebbe che, *di fatto*, nessuno può decidere al posto del diretto interessato. Il principio di auto-proprietà, rifiutando l'interferenza legislativa nelle scelte individuali, comporterebbe prendere atto dell'impossibilità fattuale di sostituire l'individuo nelle sue scelte, anche in quelle più drammatiche ed immorali. Ciò significa trovare un'alternativa alla soluzione legislativa erroneamente ritenuta sempre indispensabile o per vietare o per consentire. Tra legislazione che punisce e castiga chi sopprime la vita e legislazione che sostiene e asseconda chi elimina la vita indesiderata, c'è una terza possibilità. Questa muoverebbe dall'idea che, per via legale, alcune "scelte" o addirittura alcuni "crimini", semplicemente, *non possono essere* contrastati o, semplicemente, *non devono essere* garantiti. In molti casi, quindi, la strada da percorrere non è la via legale, ma quella del confronto tra le posizioni all'interno della società. Anche tradizionalisti e conservatori dovrebbero, per principio, prediligere il restringimento dell'azione legislativa ed essere cauti anche quando lo strumento viene utilizzato dalle loro mani perché, dalla lezione della storia, dovrebbero imparare come i loro avversari si sono sempre dimostrati ben più abili nel sovvertire l'ordine naturale proprio mediante il diritto e la legge[578].

Lo sbaglio in cui incorrono i conservatori è quello di voler moralizzare la società attraverso disposizioni politiche calate dall'alto o mediante provvedimenti legislativi tesi a correggere alcuni comportamenti. Il caso classico è quello anti-proibizionistico[579]. Ovviamente ci si deve ben guardare dall'ingenuità di cadere nell'errore contrario e ritenere che la legge debba limitarsi ad assecondare ogni genere di condotta. Infatti, «la permissività delle leggi è legata e commisurata alla depravazione del popolo, a ciò che esso ama e che lo tiene unito»[580]. *Realisticamente*, invece, anche i conservatori non dovrebbero mai escludere—già lo si diceva—la limitazione dell'ambito legislativo a ciò che, in modo evidente, investe la proprietà di chi può reclamarla. D'altra parte la legge ha «come scopo primario e sufficiente che i rapporti tra i cittadini non siano conflittuali. Per ottenere questo è sufficiente che la legge punisca quegli abusi di beni temporali che, danneggiando i riconosciuti diritti altrui, potrebbero far sorgere conflitti»[581].

In linea con la dottrina cattolica della tolleranza verso forme di male non evitabili presenti nella società[582], occorre tollerare la possibilità che

---

578 Cfr. Harold J. BERMAN, *Diritto e rivoluzione. Le origini della tradizione giuridica occidentale*, Il Mulino, Bologna 1998 (*Law and Revolution, The Formation of the Western Legal Tradition*, 1983); cfr. Giovanni FORMICOLA, *Diritto e Rivoluzione*, in «StoriaLibera. Rivista di scienze storiche e sociali», anno 6 (2020), n. 12, p. 92-121.

579 Cfr. Murray N. ROTHBARD, *Origins of the Welfare State in America* (1993), in «Journal of Libertarian Studies», vol. 12, n. 2, Autumn 1996, p. 193-232, ora Murray N. ROTHBARD, *Le origini del Welfare State in America*, a cura di Maurizio Brunetti e di Michele Arpaia, in «StoriaLibera. Rivista di scienze storiche e sociali», anno 8 (2022), n. 15, p. 75-132 (*Origins of the Welfare State in America*, 1993); cfr. Murray N. ROTHBARD, *The Progressive Era*, foreword by Andrew P. Napolitano, edited by Patrick Newman, Ludwig von Mises Institute, Auburn (Alabama) 2017.

580 Nello CIPRIANI, *La legge, lo Stato e il bene*, intervista di Lorenzo Cappelletti e Gianni Valente, in «30 Giorni», aprile 1995, p. 36.

581 *Ibidem*, p. 35.

582 Cfr. Giovanni CANTONI, *Le radici dell'ordine morale e il loro riconoscimento nella vita politica grazie all'impegno e al comportamento dei cattolici*, in «Cristianità»,

alcuni misfatti o anche alcuni reati non vengano perseguiti (è anche il caso dell'indulto o del condono o dell'amnistia). Come per l'uso di sostanze stupefacenti (benché non sia paragonabile la scelta di far male a se stessi rispetto alla decisione di eliminare la vita del proprio figlio), si dovrebbe prendere in esame la possibilità della delegiferazione e della depenalizzazione. Cosa ben differente—sia sotto l'aspetto morale sia sotto quello politico—sarebbe la "liberalizzazione" che comporta non solo un'aperta legittimazione di misfatti e di reati, ma anche una statalizzazione delle questioni (errore in cui incorrono tanti libertari)[583]. Si può, invece, ritenere che depenalizzare alcuni comportamenti e delegiferare in materie come quelle relative all'assunzione di ogni genere di sostanze (droga, alcol e simili), oppure all'auto-lesionismo o al tentato suicidio possa essere tollerato. E, dato che non ogni reato (anche il suicidio è in sé reato) può essere perseguito, potrebbe essere considerata la possibilità che anche materie come eutanasia, aborto e contraccezione (nel passato quest'ultima era considerata reato) non ricadano nell'ambito legislativo, scalfendo anche il presupposto giuspositivistico secondo cui lo Stato debba normare ogni aspetto della vita. Si potrebbe, invece, supporre che nessun potere pubblico possa intromettersi—o semplicemente riesca ad intervenire adeguatamente (come nel caso dell'uso di sostanze stupefacenti)—nell'auto-proprietà di ciascuno[584].

D'altronde l'intera tradizione cattolica—da Agostino per il quale l'eliminazione della prostituzione avrebbe prodotto squilibri sociali[585] a Tommaso per il quale «chi comanda tollera giustamente certi mali [...] anche per non andare incontro a mali peggiori»[586], da Leone XIII che

anno 31 (2003), n. 315 (gennaio - febbraio), p. 5-6; cfr. Plinio CORREA DE OLIVEIRA, *Sulla tolleranza del male nell'ordine sociale internazionale e nazionale. Dagli insegnamenti di Pio XII*, in «Cristianità», anno 9 (1981), n. 70 (febbraio), p. 5-16; cfr. Ignace DE LA POTTERIE, *Storia e mistero. Esegesi cristiana e teologia giovannea*, Società Editrice Internazionale, Torino 1997, p. 166-167; cfr. *Insegnamenti Pontifici - 6. La pace interna delle nazioni*, Edizioni Paoline, Roma 1959, n. 112; cfr. Pietro PALAZZINI - Arturo DE JORIO, *Casus conscientiae*, Marietti, Genova 1958, vol. 1, p. 86-90.

583 D'altra parte sia le affermazioni di Rothbard che le richieste di Block potevano essere ambiguamente intese come promozione della più ampia *legalizzazione* dell'aborto mediante leggi che ne consentissero la più estesa pratica.

584 Cfr. Beniamino DI MARTINO, *Un confronto liberale a proposito di dibattuti "temi etici"*, in «StoriaLibera. Rivista di scienze storiche e sociali», anno 9 (2023), n. 17, p. 78-104.

585 Cfr. Angelo BRUCCULERI, *Il pensiero sociale di s. Agostino*, Edizioni La Civiltà Cattolica, Roma 1945, p. 333s.345s.355s.

586 TOMMASO d'AQUINO (san), *La Somma Teologica*, a cura dei domenicani italiani, testo latino dell'edizione leonina, Edizioni Studio Domenicano, Bologna 1984,

scriveva che «la legge degli uomini può o anche deve tollerare il male» [587] a Pio XII che affermava che «ciò che non risponde alla verità e alla norma morale [... può non essere impedito] per mezzo di leggi statali e di disposizioni coercitive [...] nell'interesse di un bene superiore e più vasto» [588]—ha espresso tolleranza verso comportamenti o leggi contrarie all'etica o alla morale cristiana quando la condanna provocherebbe situazioni peggiori.

Poco fa è stato richiamato il principio libertario *"no victims, no crime"* [589]. Secondo questo principio gli atti che non producono vittime non andrebbero mai considerati crimini, indipendentemente dal giudizio morale che scelte e atti possono meritare [590]. Il principio è un'eco di un noto testo di Lysander Spooner (1808-1887) [591], un autore comprensibilmente caro a Rothbard. Per quanto in ambito libertario si faccia spesso appello al principio per condannare la legislazione antiproibizionista e per liberalizzare prostituzione e pornografia (con la consueta e mai superflua precisazione secondo cui rimuovere i divieti non significa approvare), ciò che ci si sforza ora di proporre si pone su un piano differente rispetto all'enunciato principio. Rispetto a quello, infatti, si riconosce l'esistenza di "crimini" anche senza "vittime" (basta essere consenziente per non essere "vittima"?), ma oltre quello si valuta la complessiva opportunità di de-politicizzare materie la cui normativa creerebbe più problemi che benefici e che è, invece, preferibile lasciare indeterminate.

Nel caso dell'aborto, per "de-politicizzare" la questione non basterebbe demandare il dibattito all'ambito territoriale o locale. Rothbard criticava la sentenza "Roe vs. Wade" della Corte Suprema [592] perché questa aveva

---

II-II, q. 10, a. 11 (*Summa Theologiae*, 1265-1274).

587 LEONE XIII, Lettera enciclica *Libertas* sulla libertà umana, 20.6.1888, in *Enchiridion delle encicliche/3. Leone XIII (1878-1903)*, Edizioni Dehoniane, Bologna 1999, n. 652.

588 PIO XII, Discorso ai giuristi cattolici italiani, 6.12.1953, in *Discorsi e radiomessaggi di Sua Santità Pio XII. XV (1953-1954)*, Tipografia Poliglotta Vaticana, Città del Vaticano 1954, p. 488-489.

589 Murray N. ROTHBARD, *Per una nuova libertà. Il manifesto libertario*, introduzione di Luigi Marco Bassani, Liberilibri, Macerata 2004, p. 39 (*For a New Liberty. The Libertarian Manifesto*, 1973).

590 Cfr. Roberta Adelaide MODUGNO, *Murray N. Rothbard*, Istituto Bruno Leoni Libri, Torino 2022, p. 113.147.

591 Cfr. Lysander SPOONER, *Vices Are Not Crimes. A Vindication of Moral Liberty*, introduction by Murray N. Rothbard, Ludwig von Mises Institute, Auburn (Alabama) 2020 (1875).

592 Cfr. Richard RORTY, *Philosophy and Social Hope* (2000), in David GORDON (edited by), *An Austro-Libertarian View. Vol. I: Economics, Philosophy, Law*, Ludwig von Mises Institute, Auburn (Alabama) 2017, p. 325-326.

avocato al potere federale una decisione che il filosofo libertario avrebbe voluto fosse delegata ai singoli Stati dell'Unione. Ma, per svestire la questione del carattere politico, non è sufficiente che il dilemma (*pro-choice* contro *pro-life*) sia trasferito dal potere centrale ai poteri locali. Occorrerebbe trasferire il problema dall'ambito politico onnicomprensivo a quello individuale proprietaristico. Ogni scelta non avverrebbe, quindi, su basi nazionali (imponendo un'unica normativa) e neanche su basi territoriali (moltiplicando le normative), ma lasciando ad ogni titolare la decisione da prendere. Non solo vi sarebbero strutture sanitarie (private) *pro-choice* accanto a ospedali o cliniche *pro-life*, ma—come scrive anche Hoppe[593]—le singole comunità locali o i singoli proprietari discriminerebbero liberamente decidendo se, come e chi penalizzare. In tale logica privatistica, quindi, l'aborto sarebbe possibile o sarebbe negato unicamente in base a condizioni strettamente proprietaristiche (più che su base territoriale: città, contea, Stato); sarebbe senza sanzioni, in assenza di legislazione, e sarebbe, ovviamente, a totale carico degli interessati quanto alle spese per l'impossibilità a pretendere alcun genere di contributi pubblici.

Dopo quanto testé detto, si può provare a completare l'obiezione mossa a Rothbard relativamente alla dissociazione tra diritti legali e obblighi morali. Ebbene, sembrerebbe che la distinzione, piuttosto, debba essere proposta tra istanza morale (istanza oggettiva) da adempiere e tolleranza come ipotesi con cui prendere atto del principio di auto-proprietà (tolleranza soggettiva)[594]. Solo in tal modo, riconoscendo verità assolute ed immutabili, il giusnaturalismo rothbardiano non verrebbe sacrificato alla deriva relativistica dell'avalutatività e del neutralismo assiologico. Ribadendo questa idea, allora, la distinzione non sarebbe tra legalità e moralità, bensì tra moralità privata e tolleranza legale.

Considerazioni finali

Avviamoci alla conclusione di questa serie di osservazioni sul modo con

---

593 «In effetti, non c'è nulla di inammissibile che i proprietari privati e le associazioni discriminino e puniscano gli abortisti con ogni mezzo diverso dalla punizione fisica». Hans-Hermann HOPPE, *Introduction* to Murray N. ROTHBARD, *The Ethics of Liberty*, New York University Press, New York (N. Y.) 1998, p. XLI.

594 In teologia (soprattutto in quella pre-conciliare) si usava distinguere tra "tesi" e "ipotesi" ove la "tesi" rappresenta *ciò che si deve* compiere e realizzare (la verità cristiana nella sua integrità) mentre l'"ipotesi" indica *ciò che si può* raggiungere (il punto a cui si può realisticamente giungere).

cui Rothbard ha affrontato il problema dell'aborto. È stato Piombini ad osservare che la questione rappresenta l'«unica presa di posizione [del filosofo americano] in contrasto con la morale cattolica»[595].

Ci troviamo, davvero, dinanzi al tema più spigoloso[596] che, a causa dell'approccio adottato dal filosofo americano, va al di là del carattere pur irritante e provocatorio proprio della modalità demitizzante della concezione libertaria[597]. Lo stesso Hoppe, nella sua prefazione all'edizione del 1998 di *The Ethics of Liberty*[598], riconosce che gli argomenti trattati nel capitolo sui bambini e i loro diritti[599] costituiscono per i conservatori la parte più difficile da accettare[600]. Scrive Hoppe: «fino alla fine della sua vita, non si è ricreduto sul problema dell'aborto e dell'abbandono dei figli e insistette sul diritto legale assoluto (legittimo) della madre ad abortire e a lasciare morire i propri figli. Infatti, se le donne non avessero tali diritti e avessero invece commesso un crimine punibile, sembrerebbe che il loro crimine debba essere equivalente all'omicidio. Si dovrebbe quindi minacciare con la pena capitale e giustiziare le madri abortiste condannate? Ma chi, se non la madre, può rivendicare un diritto sul proprio feto e sul proprio bambino ed essere quindi considerato la legittima vittima delle sue azioni?»[601]. Parole che gelano chiunque, offrendo tanti, troppi motivi, sia per screditare la grande causa della libertà sia per coprire di pregiudizi la dottrina libertaria che rimane cristallina nei suoi fondamenti. Vi sono pochi dubbi che una nobile figura come Russel A. Kirk (1909-1998) non raggiungesse—come scrive Hoppe ancora nella

---

595 Guglielmo PIOMBINI, *La tradizione cattolica nella riflessione di Murray N. Rothbard*, in «StoriaLibera. Rivista di scienze storiche e sociali», anno 7 (2021), n. 14, p. 65 (il saggio è presente in questo volume).

596 Cfr. Piero VERNAGLIONE, *Il libertarismo. La teoria, gli autori, le politiche*, Rubbettino, Soveria Mannelli (Catanzaro) 2003, p. 228.

597 Cfr. Beniamino DI MARTINO, *Un confronto liberale a proposito di dibattuti "temi etici"*, in «StoriaLibera. Rivista di scienze storiche e sociali», anno 9 (2023), n. 17, p. 78-104.

598 Cfr. Hans-Hermann HOPPE, *Introduction* to Murray N. ROTHBARD, *The Ethics of Liberty*, New York University Press, New York (N. Y.) 1998, p. XXXIX-XL.

599 Lottieri riconosce che «non sono queste le pagine in cui Rothbard adotta le formule maggiormente convincenti e il linguaggio più adeguato». Carlo LOTTIERI, *Gli individui di fronte al diritto e allo Stato: le ragioni del libertarismo e di Murray N. Rothbard*, in Carlo LOTTIERI - Enrico DICIOTTI, *Rothbard e l'ordine giuridico libertario. Una discussione*, Dipartimento di Scienze Storiche, Giuridiche, Politiche e Sociali dell'Università degli Studi di Siena, Siena 2002, p. 149.

600 Cfr. Edward Feser, *Self-Ownership, Abortion, and the Rights of Children: Toward a More Conservative Libertarianism*, in «Journal of Libertarian Studies», volume 18, n. 3 (Summer 2004), p. 91-114.

601 HOPPE, *Introduction* to ROTHBARD, *The Ethics of Liberty*, cit., p. XL-XLI.

richiamata introduzione—lo stesso «rigore analitico e argomentativo»[602] di Rothbard; pur tuttavia, dinanzi al modo con cui da ferree premesse (*in primis* l'assioma di non-aggressione) si scivolava verso applicazioni insostenibili (*indifendibili*, per fare eco a Block), il rischio di essere liquidati come «libertari pazzi»[603] prende, inevitabilmente, consistenza. Quale persona sensata non inorridirebbe dinanzi al presunto assoluto diritto del genitore di lasciar morire di fame il proprio figlio?

Hoppe attesta che il suo maestro «fino alla fine della sua vita, non si è ricreduto sul problema dell'aborto e dell'abbandono dei figli e insistette sul diritto legale assoluto (legittimo) della madre ad abortire e a lasciare morire i propri figli»[604]. Chi ha sottolineato la continuità del pensiero del filosofo americano ha voluto, in ciò, riconoscere la linearità del suo itinerario e la sua coerenza intellettuale[605]. Ma la coerenza non è di per sé una virtù da apprezzare quando essa significa caparbietà e auto-referenzialità. Nel caso di Rothbard la continuità è stata senz'altro, complessivamente, un pregio. Non è, invece, un valore quando la coerenza comporta l'incapacità a rivedere le proprie posizioni qualora queste si rivelassero contrastanti con la realtà. In tale circostanza la continuità escluderebbe la sana auto-critica e l'immutabilità diverrebbe pura ostinazione. La coerenza, allora, può essere anche mera conformità alle proprie idee pure quando queste non collimassero con la realtà; la fedeltà non sarebbe più un valore quando questa fosse relativa alle proprie opinioni anziché alla ricerca della verità verso la quale l'amore deve essere maggiore rispetto all'attaccamento che si può avere per i propri convincimenti. «Amare la verità più di se stessi»[606] è la più grande qualità di un uomo di pensiero e manifesta la vera libertà d'animo.

Certamente al filosofo americano si deve riconoscere acume e finezza

---

602 *Ibidem*, p. XL.

603 Kirk condannò il libertarismo («libertari pazzi, metafisicamente pazzi» «mad - metaphysically mad») in un articolo dal titolo tagliente (*Settari cinguettanti*): Russell KIRK, *Libertarians: the Chirping Sectaries*, in «Modern Age», vol. 25 (Fall 1981), p. 349. Kirk ripeteva l'epiteto due volte nel pezzo (e a distanza di poco); oltretutto, la rivista pubblicò l'intervento di Kirk immediatamente prima dell'articolo di Rothbard su Frank Meyer e il fusionismo: Murray N. ROTHBARD, *Frank S. Meyer: the Fusionist as a Libertarian Manqué*, in «Modern Age», vol. 25 (Fall 1981), p. 352-363.

604 HOPPE, *Introduction* to ROTHBARD, *The Ethics of Liberty*, cit., p. XL-XLI.

605 Cfr. Luigi Marco BASSANI, *L'anarco-capitalismo di Murray Newton Rothbard*, introduzione a Murray N. ROTHBARD, *L'etica della libertà*, Liberilibri, Macerata 2000, p. XV; cfr. Llewellyn H. ROCKWELL, Jr., *Introduction* to IDEM (edited by), *The Irrepressible Rothbard*, preface by JoAnn Rothbard, The Center for Libertarian Studies, Burligame (California) 2000, p. XV.

606 Luigi GIUSSANI, *Il senso religioso*, Jaca Book, Milano 1991, p. 47 (1957).

assolutamente non comuni; la sua logica stringente merita di essere ricordata per cogenza e persuasività. Lo ricordava anche Hoppe, come è stato poc'anzi riportato. Tuttavia in tema di aborto e di questioni analoghe l'opinione di Rothbard ci pare decisivamente viziata da due gravi difetti che ne hanno compromesso in modo irreparabile l'analisi.

Il primo vizio che ha pregiudicato ogni conclusione sembra, quindi, essere la cattiva applicazione non solo del principio di auto-proprietà, ma anche dell'assioma di non-aggressione. Quando Rothbard sosteneva che «qualsiasi legge che limiti o proibisca l'aborto costituisce [...] una violazione dei diritti delle madri» [607] avrebbe dovuto *almeno* compensare questa affermazione dichiarando che ogni legge che consente l'aborto costituisce una violazione del diritto alla vita di un uomo prossimo alla nascita [608]. È la ragione per cui il già richiamato George Weigel non poteva mancare di considerare la legislazione abortista «una grande ingiustizia in quanto legalizza un sopruso su un essere umano innocente ed indifeso» [609]. Nella stessa aporia di Rothbard era incorsa Ayn Rand. È stato, perciò, sostenuto che la difesa dell'aborto volontario—della quale la Rand si è sempre dimostrata convintissima—è incoerente con i suoi stessi fondamentali principi metafisici, epistemologici e morali[610].

L'altro determinante vizio riguarda la natura del concepito. Dovrebbe essere chiaro che tutto poggia o crolla a seconda di come si considera il feto. Chi ha voluto giustificare l'aborto, infatti, non trova migliore strada che negare la natura umana all'essere presente nel grembo della donna. «Se così fosse, ovviamente, il feto non avrebbe diritti e la spinosa questione dell'aborto verrebbe eliminata per sempre» [611] annotava, infatti, Rothbard. Pur tuttavia, il filosofo ribadiva di non contare su questo elemento, quanto sul principio di auto-proprietà della donna-madre rispetto

607 Murray N. ROTHBARD, *L'etica della libertà*, introduzione di Luigi Marco Bassani, Liberilibri, Macerata 2000, p. 245-246 (*The Ethics of Liberty*, 1982).

608 In un tempo in cui si vorrebbe inserire e proclamare il "diritto all'aborto" nei più solenni documenti internazionali imponendo, di fatto, ad ogni popolo uno standard cui adeguarsi, il "diritto alla vita" splende ancor più di significati legati alla libertà individuale. Cfr. AA. VV., *Il diritto alla vita e l'Europa*, Di Giovanni Editore, Torino 1992.

609 George WEIGEL, *Prefazione* a Flavio FELICE, *Neocon e teocon. Il ruolo della religione nella vita pubblica statunitense*, Rubbettino, Soveria Mannelli (Catanzaro) 2006, p. VIII.

610 Cfr. Gregory R. JOHNSON - David RASMUSSEN, *Rand on Abortion: a Critique*, in «The Journal of Ayn Rand Studies», Vol. 1 (Spring 2000), No. 2, p. 245-261.

611 Murray N. Rothbard, *Reply* (to *Abortion and the Rights of the Child* by James A. Sadowsky), in «The Libertarian Forum», Vol. 11, July - August 1978, p. 3 (http://www.anthonyflood.com/sadowskyabortion.htm).

al proprio corpo. Quanto, al contrario, decisivo sia l'accertamento della umanità del feto è dimostrato esattamente dal principio libertario della proprietà del proprio corpo che impone di disporre solo della propria vita e di non poter *mai* disporre del corpo di altre persone. E il modo migliore per eludere il problema è disconoscere il valore personale al feto.

Oneste appaiono, invece, le parole con cui una non credente come Oriana Fallaci[612], in modo cristallino, testimoniava un dato che non può essere rinnegato: «non la penso come coloro i quali affermano che un feto e a maggior ragione un embrione non è ancora un essere umano. Secondo me, noi siamo ciò che saremo fin dall'istante in cui si accende quella goccia di vita. E l'idea di abortire non mi ha mai sfiorato il cervello. Anzi, mi ha sempre inorridito»[613].

Sconcerta, invece, il modo con cui Rothbard non riuscisse a piegarsi dinanzi ad un dato evidente alla ragione. Tanto più per il fatto che proprio lui ha sempre attribuito alla ragione il ruolo più alto e dignitoso in rapporto alla ricerca della verità. Tale incongruenza pesa come un macigno sul sistema di pensiero del filosofo americano. Non lo compromette, perché i suoi principi sono e rimangono incrollabili, ma impone di porre ad attenta verifica ciò che potrebbe apparire come immediata conseguenzialità tra premessa e conclusione. Come quando bisogna evitare che in un sillogismo[614] uno dei passaggi contenga un errore che ne vizi la conclusione logica.

Rothbard è rimasto prigioniero dei propri schemi o, meglio, vittima di un contorto uso di principi comunque validissimi. Da qui il ripiegamento su cavilli che hanno tutto l'aspetto di elucubrazioni. Ad iniziare dalla considerazione del feto ritenuto parassita da rimuovere da parte della madre per finire ai criteri per la soppressione del figlio: prima della nascita sarebbe lecito, dopo la nascita sarebbe omicidio se l'eliminazione avviene in maniera diretta mentre sarebbe un diritto dei genitori uccidere il bambino per via indiretta. Tutto ciò ha poco a che fare con la profondità della speculazione teoretica; dà, invece, l'impressione di

---

612 Cfr. Oriana FALLACI, *Lettera a un bambino mai nato*, prefazione di Lucia Annunziata, Rizzoli, Milano 2010 (1975).

613 Oriana Fallaci, *Barbablù e il mondo nuovo. La furia di Oriana Fallaci contro chi ha ucciso la bella addormentata*, intervista di Christian Rocca, in «Il Foglio», 13.4.2005.

614 Cfr. Paolo DEZZA, *Filosofia*, Università Gregoriana Editrice, Roma 1977, p. 59-60 (1942); cfr. Francesca RIVETTI BARBÒ, *Dubbi, discorsi, verità. Lineamenti di filosofia della conoscenza*, Jaca Book, Milano 1986, p. 146-148 (1985); cfr. Sofia VANNI ROVIGHI, *Elementi di filosofia*, La Scuola, Brescia 1986, vol. 1, p. 83-92 (1963); cfr. Sofia VANNI ROVIGHI, *Istituzioni di filosofia*, La Scuola, Brescia 1984, p. 49-52 (1982).

astrusi artifici mentali propri di intellettuali che hanno perso il contatto con la concretezza della vita. Come (lieve?) attenuante a favore del filosofo americano va anche ribadito che egli non si è servito dei principi di libertà individuale per legittimare l'aborto, ma ha utilizzato il preteso diritto all'aborto per dimostrare la validità di quegli assiomi. In altre parole, Rothbard non ha utilizzato il principio di auto-proprietà in funzione della legittimazione dell'aborto, ma si sentiva indotto ad accettare il diritto di aborto in nome del principio di auto-proprietà. D'altra parte se anche Tommaso d'Aquino—santo e dottore della Chiesa—è inciampato in grossolani errori circa la natura del feto a causa di contorti ragionamenti (anche lui ingabbiato in un sistema che sembrava logico)[615], allora anche le menti più sottili dovrebbero sempre porre grande avvedutezza e prudenza affinché il ragionamento serva a riconoscere la realtà e non divenire pretesto per allontanarsi da essa[616].

C'è un'ultima nota da aggiungere al modo con cui Rothbard trattò la delicata questione dell'aborto. Essa proviene dalla diretta testimonianza di padre Robert A. Sirico che—come è stato descritto—di Rothbard è stato conoscente ed estimatore[617]. Per trattare dell'aborto abbiamo aperto con l'articolo di Sadowsky ed ora concludiamo con la testimonianza di Sirico. Sadowsky e Sirico: i due sacerdoti più vicini al filosofo libertario. Ebbene, Rothbard e Sirico (entrambi avvezzi alle discussioni dinanzi alla platea) ebbero un acceso dibattito pubblico sul tema, un confronto che, in modo inusuale, il pensatore libertario volle interrompere nel momento in cui a lui sembrò di non riuscire a orientare la disputa secondo le proprie aspettative[618]. Un atteggiamento preclusivo che certamente non fa onore al grande difensore del ruolo della ragione nella ricerca della verità.

---

615 L'Aquinate fa propria la concezione secondo cui lo sviluppo del feto comporta il passaggio attraverso più forme («anime»), da quella «vegetativa» a quella «sensitiva» e, infine, all'«anima intellettiva». Cfr. TOMMASO d'AQUINO (san), *La Somma Teologica*, a cura dei domenicani italiani, testo latino dell'edizione leonina, Edizioni Studio Domenicano, Bologna 1984, I, q. 118, a. 2, ad 2ae (*Summa Theologiae*, 1265-1274).

616 Pur banalizzando i termini adottati da Alexis Carrel (1873-1944), si può ripetere che «poca osservazione e molto ragionamento conducono all'errore; molta osservazione e poco ragionamento conducono alla verità». Alexis CARREL, *Riflessioni sulla condotta della vita,* introduzione di Franco Cardini, Cantagalli, Siena 2004, p. 29 (*Réflexions sur la conduite de la vie*, 1950 postumo).

617 Cfr. Robert A. SIRICO, *Murray N. Rothbard, 1926-1995*, in «Liberty magazine», vol. 8, n. 4, March 1995, p. 23, ora Robert A. SIRICO, *Rothbard. A Testimony*, in «Storia-Libera. Rivista di scienze storiche e sociali», anno 7 (2021), n. 14, p. 107-108 (l'articolo è presente in questo volume).

618 L'episodio mi è stato riferito da padre Robert che mi ha anche autorizzato a renderlo pubblico.

Conclusione

Queste ultime osservazioni vanno relazionate alla specifica questione che—seppure di enorme rilevanza morale nonché indiscutibilmente rivelativa sotto la dimensione logica e argomentativa—non compromettono la stima intellettuale verso Murray N. Rothbard e il patrimonio da questi offerto nel campo dell'economia, della storia delle idee, delle scienze sociali e della filosofia. I giudizi appena espressi, quindi, vanno riferiti ai particolari punti a cui si legano e non certo al contributo, letteralmente inestimabile, del pensatore americano nella sua globalità e nella sua interezza. Interpretare la netta critica con cui si conclude il presente saggio come una valutazione complessiva dell'opera rothbardiana è, quindi, inesatto e improprio perché le valutazioni di cui l'autore si è fatto carico riguardano solo le questioni esaminate e non certo quelle tralasciate e omesse. Ma, come già si sottolineava nell'*abstract* iniziale, *stationis primae finis sed non itineris nec investigationis.*

7

Murray Rothbard

A cura di Paolo Bernardini *

Cattolicesimo, protestantesimo e capitalismo (1957)

N EL FEBBRAIO DEL 1957, Rothbard gettava le basi di quel capo-lavoro di storia delle dottrine economiche – *Economic Thought Before Adam Smith*, che potremmo tradurre con *Storia del pensiero economico dalle origini ad Adam Smith* – pubblicato nel 1995, l'anno stesso della morte del grande economista e storico americano. Una prima notazione: l'opera non è ancora stata tradotta in italiano, ma sarebbe necessario farlo, proprio tra l'altro con il titolo che suggerisco. Esistono numerose altre opere di storia del pensiero economico tradotte in italiano – ad esempio, quella ritenuta ormai classica di Schumpeter, che Rothbard non disprezzava, ma non amava neppure del tutto, soprat-tutto per il fatto che Schumpeter non era un vero e proprio "austriaco", pur essendo appunto largamente debitore della Scuola Austriaca – ma, la prima parte di *An Austrian Perspective on the History of Economic Thought* andrebbe tradotta in modo "neutrale", proprio per farla più natural-mente entrare nei curriculum universitari, ad esempio. Se si traducesse come "antistoria del pensiero economico", si peccherebbe di mancanza di astuzia e si andrebbe incontro a naturali irrigidimenti.

Questo *memorandum* del 1957 è molto importante, non solo per-ché mostra gli antecedenti teorici e i modelli del grande lavoro di Rothbard, ma perché già fa estrema chiarezza e sintesi – nel modo tipi-co di Rothbard, icastico e convincente, senza parafrasi e senza sottigliez-ze – sulla questione delle origini del pensiero liberale, che non sono da ritrovarsi nel mondo anglosassone – luogo di "pratiche" di liberalismo

* Professore ordinario di Storia moderna, Università dell'Insubria.

puro (ma anche su questo ci sarebbe da dire) – , bensì nel mondo italiano del Medioevo e dell'Umanesimo, del Rinascimento e del Barocco, e in quello spagnolo della Seconda Scolastica, che poi ebbe imitatori e continuatori tra i Protestanti, luterani e non calvinisti, Grotius e soprattutto Pufendorf. Qui Rothbard mette bene in luce come sia scorretta la tesi che vede in Adam Smith il padre della scienza economica e ancor più scorretta quella che vede in lui un autentico liberale, cosa non del tutto esatta. Per fortuna, almeno questa sezione della ponderosa opera di Rothbard, grazie a Leonardo Facco, può essere letta dal pubblico italiano: *Contro Adam Smith* (con introduzione di Carlo Lottieri e a cura di Paolo Zanotto, Facco - Rubbettino 2007).

La linea Smith - Weber, tutta protestante, tutta legata ad uno "spirito del capitalismo" anglosassone e poi germanico, e in principio falsa, viene demolita in poche righe qui da Rothbard, ma non sulla base dell'ovvio – l'esistenza del capitalismo italiano medievale e rinascimentale, ad esempio, di matrice cattolica: basti a ricordarcelo (purtroppo!) una banca come il Monte dei Paschi, fondata nel 1472 – quanto sulla base del coraggio di alcuni scrittori di economia, che alla tesi preponderante di Weber seppero opporre appunto una rilettura e una difesa dell'ovvietà – una vecchia battaglia liberale, difendere le libertà auto-evidenti dalle mistificazioni collettivistiche e non solo, farsi paladini del sano buon senso, che è anche e soprattutto sano buon senso storico e riconoscimento di quel che è veramente accaduto. E allora ecco citati autori che mai sono entrati nell'universo della discussione italiana, come Emil Kauder, di formazione austriaca, autore, nel 1965, di una *History of Marginal Utility Theory*, pubblicato nel 1965, e tradotto dai Waquet in francese nel 1973. Su Kauder, rinvio a questa breve voce biografica: https://www.wikiberal.org/wiki/Emil_Kauder.

Kauder riscopre un gran numero di autori italiani, che poi saranno riscoperti anche da Rothbard, e che sono alla base non solo della teoria dell'utilità marginale, prima che fosse codificata a metà dell'Ottocento, ma che sono anche forti sostenitori di un'economia politica basata su principi liberali, in epoche come il Sei e Settecento, dove il mercantilismo e il cameralismo stavano – sulla base di una diversa e tutto sommato meno retta interpretazione di Aristotele – costruendo il modello statale e poi statual-collettivistico dell'economia. Tra gli autori che egli cita c'è anche un reazionario, sanamente (ma a volte un po' ottusamente) antidemocratico, Erik Maria Ritter von Kuehnelt-Leddihn, austriaco vero e proprio (più che di Scuola economica Austriaca), nato nel 1909 e morto nel 1999. Le sue opere sono moltissime e andrebbero adeguatamente riscoperte – si pensi che nel 1933, anno fatale, scrisse la sua prima opera, un romanzo intitolato *Le porte dell'inferno*, e fu oppositore egualmente di Hitler e di Stalin, che ben vedeva fatti della stessa pasta – ma qui Rothbard si riferisce a *Libertà o eguaglianza*, che è un testo del 1952 molto importante per la teoria economica, ove ben si mostra come ogni egalitarismo conduca non solo a nuove diseguaglianze, ma alla negazione di ogni libertà. Per fortuna, il Mises Institute ha messo *online* molte sue opere, compresa quella, davvero rivelatrice, dove connette in un unico, terribile filo rosso (in questo caso la locuzione *fil rouge* è davvero appropriata) Sade, Marx, Hitler e Marcuse (*Leftism: From De Sade and Marx to Hitler and Marcuse*, 1974, edizione rivista, con inclusione di Pol Pot, 1990).

Nel suo breve scritto, Rothbard mette bene in luce come il paradigma weberiano, tutto inteso a porre il capitalismo sotto l'egida dello Stato, e a celebrare alla fine lo Stato stesso, sia entrato da tempo in crisi, grazie ad opere oggi poco ricordate. Ma fondamentali tra gli anni Trenta e gli anni Cinquanta, quando oramai era ben chiaro che cosa il culto dello Stato – non necessariamente protestante, ma in qualche modo legato a doppio filo all'ascesa del protestantesimo – era in grado di compiere, in termini di sciagure. Non solo nel mondo dell'economia, ma anche in quello. In particolare, si riferisce all'importante volume, anch'esso datato 1933, di H. R. Robertson, *Aspects of [the rise of] Economic Individualism*, pubblicato a Londra, ed estremamente critico riguardo al paradigma weberiano (poi autori come David B. Goldman, in *Globalization and the Western Legal Tradition* del 2008 hanno ripreso le critiche di Robertson a Weber). L'opera di Robertson, tra l'altro un notevolissimo esperto di Sud Africa, ebbe diverse edizioni successive ma non fu mai tradotta in italiano. Il piccolo *memorandum* di Rothbard è dunque davvero un tesoro di informazioni, nelle sue cinque pagine scarse.

Paolo Bernardini

N EGLI ANNI RECENTI, UN gruppo di studiosi (la maggior parte dei quali potrebbero essere definiti "cattolici di destra") ha posto le basi per una revisione della classica tesi riguardante la nascita della scienza economica e del capitalismo, secondo cui la teoria e le politiche economiche del *laissez-faire* che generarono il capitalismo si svilupparono grazie all'abbandono dei vincoli cattolici medievali. Secondo l'interpretazione standard, il moderno spirito dell'indagine scientifica sbaragliò il dogmatismo scolastico e permise il diffondersi dello spirito individualista e razionalista; il superamento dell'autorità della Chiesa condusse all'individualismo generalizzato in tutti i campi; l'etica e lo spirito calvinista, enfatizzando il valore positivo del duro lavoro, del risparmio e dell'arricchimento invece della disapprovazione cattolica della ricchezza, condussero ad una fioritura del capitalismo; l'economia del *laissez-faire* si sviluppò nell'atmosfera protestante della Gran Bretagna (Adam Smith e così via).

Esiste però un'altra faccia della medaglia, dato che negli ultimi anni sono comparse alcune interpretazioni contrastanti specialmente nei campi della filosofia politica (ad esempio sull'effetto della legge naturale) e della teoria economica. Tra le letture di questa Nuova Scuola vorrei suggerire: Joseph A. Schumpeter, *History of Economic Analysis* (New York, 1954), p. 73–142; Marjorie Grice-Hutchinson, *The School of Salamanca* (Oxford, 1952); Emil Kauder, *Genesis of the Marginal Utility* («Theory-Economic Journal», settembre 1953); Kauder, *Retarded acceptance of the Marginal Utility Theory* («Quarterly Journal of Economics», novembre 1953) e *Comment* (agosto 1955); Raymond de Roover, *Scholastic Economics: Survival and Lasting influence from the 16th century to Adam Smith* («Quarterly Journal of Economics», maggio 1955).

Questi revisionisti, più che affrontare direttamente una delle pietre angolari dell'approccio standard – *L'etica protestante* di Weber – hanno operato per vie traverse. È raccomandabile la critica a Weber di H. M. Robertson, *Aspects of Economic Individualism* (Londra, 1933). Ad esempio, Robertson e altri hanno mostrato che in realtà il capitalismo iniziò a fiorire non in Gran Bretagna, ma nelle città italiane del Quattordicesimo secolo, cioè in zone decisamente cattoliche. Il punto principale della critica revisionista, in ogni campo, è la continuità del fatto che il capitalismo, il liberalismo, il razionalismo e il pensiero economico iniziarono molto prima di Smith e sotto gli auspici cattolici. E che inoltre gli sviluppi successivi vennero costruiti su precedenti concezioni cattoliche (in alcuni casi retrocedendo rispetto ad esse).

Kauder, infatti, rovescia la tesi di Weber sui suoi stessi seguaci, attaccando Smith e Ricardo per aver sviluppato la "teoria del valore-lavoro" sotto l'influenza del Protestantesimo. Anche Schumpeter si mosse in questa direzione. L'impatto di questa importante nuova tesi è il seguente:

invece di affermare che Hume e Smith svilupparono la teoria economica quasi *de novo*, occorre ammettere che essa in realtà è stata sviluppata nel corso dei secoli, lentamente ma sicuramente, dalla Scolastica e da cattolici italiani e francesi influenzati dalla Scolastica; che la loro dottrina economica adottava generalmente l'individualismo metodologico e metteva in risalto la teoria dell'utilità, la sovranità dei consumatori e i prezzi di mercato; infine, che Smith in realtà riportò indietro il pensiero economico iniettandovi la dottrina puramente britannica del valore-lavoro, allontanando così l'economia dalla strada giusta per un centinaio di anni. Potrei aggiungere che la teoria del valore-lavoro ha avuto molte cattive conseguenze. È certo che spianò la strada, del tutto logicamente, a Marx. In secondo luogo, la sua enfasi sui "costi che determinano i prezzi" ha incoraggiato l'idea che siano gli uomini d'affari o i sindacati a far salire i prezzi, piuttosto che l'inflazione governativa dell'offerta di moneta. In terzo luogo, la sua enfasi sul "valore oggettivo e intrinseco" dei beni ha condotto ai tentativi "scientisti" di misurare e stabilizzare i valori attraverso la manipolazione governativa.

Ora, l'interessante tesi di Kauder è divisa in due parti: 1) quanto riportato sopra rappresenta il corso storico degli eventi nel pensiero economico; 2) il motivo dell'abbandono della teoria dell'utilità e della sua sostituzione con la teoria del valore-lavoro fu l'influenza dello spirito protestante, in opposizione a quello cattolico.

Kauder sostiene innanzitutto che la teoria dell'utilità venne sviluppata ad un alto livello prima da Aristotele e poi dalla Scolastica, in particolare dalla trascurata Tardo-Scolastica spagnola della fine del Sedicesimo e dell'inizio del Diciassettesimo secolo. Molti storici hanno ignorato la Tardo-Scolastica e la sua influenza, almeno fino a poco tempo fa. L'idea comune è che la Scolastica scomparve con il Medioevo e il vuoto fu colmato solo dai mercantilisti. I mercantilisti, comunque, furono libellisti statalisti *ad hoc* e diedero minori contributi alla teoria economica e al liberalismo rispetto alla tarda Scolastica (vedi De Roover).

L'enfasi sui valori soggettivi individuali e sull'utilità venne portata avanti dai grandi filosofi della politica protestanti Grozio e Pufendorf, che furono direttamente influenzati dalla Scolastica spagnola (anche, come vedremo in seguito, nel campo della legge naturale), e dagli economisti italiani De Volterra (nella metà del Sedicesimo secolo), Davanzati (alla fine del Sedicesimo secolo), Montanari (alla fine del Diciassettesimo secolo) e specialmente Galiani (intorno al 1750). Questa teoria venne ulteriormente sviluppata dai cattolici francesi Turgot e Condillac (nella metà del Diciottesimo secolo). Kauder sostiene che, di fatto, al tempo in cui vissero gli ultimi tre il "paradosso del valore" (oro contro ferro) era stato risolto grazie alla teoria dell'utilità, solo per essere gettata via da Smith e Ricardo che reintrodussero così il problema del paradosso del valore. Potrei aggiungere che il risultante approccio olistico di Smith e Ricardo era sottilmente socialista anche in un quarto senso, perché diede inizio all'abitudine di separare la distribuzione dalla produzione, parlando solo di gruppi di fattori di produzione anziché di fattori individuali – di lavoro invece di lavoratori.

A questo punto, Kauder prosegue mostrando che i teorici italo-francesi dell'utilità e del valore soggettivo furono cattolici, mentre i teorici del valore-lavoro come Petty, Locke e Smith furono protestanti inglesi. Kauder attribuisce questo fatto proprio all'enfasi calvinista sulla divinità del lavoro, in opposizione al pensiero cattolico che considerava il lavoro solo come un mezzo per guadagnarsi da vivere. Gli Scolastici furono liberi pertanto di arrivare alla conclusione che il "giusto prezzo" fosse essenzialmente il prezzo concorrenziale liberamente formato sul mercato, mentre i britannici influenzati dal protestantesimo furono indotti a pensare che il prezzo equo fosse il prezzo "naturale" dove "l'ammontare di lavoro scambiato in ciascun bene è lo stesso". De Roover sottolinea che gli ultimi Scolastici spagnoli Domingo de Soto e Luis de Molina denunciarono entrambi come fallace la massima di Duns Scoto secondo cui il giusto prezzo è uguale al costo di produzione più un ragionevole profitto. Smith e Locke furono infatti influenzati sia dalla corrente scolastica che acquisirono nella loro formazione filosofica sia dall'enfasi calvinista sulla divinità del lavoro. È vero che Smith credeva che la libera concorrenza avrebbe alla fine avvicinato i prezzi di mercato al "giusto prezzo", ma è evidente che era stato introdotto un pericolo che Marx sfruttò pienamente (e che è rimasto nelle teorie della concorrenza imperfetta, simili nel porre l'enfasi su un qualche mondo più giusto dove regna il prezzo "naturale" o "ottimo"). I tomisti, d'altra parte, avevano sempre incentrato i propri studi economici sul consumatore come "causa finale" aristotelica nel sistema economico, indicando come fine del consumatore la "moderata ricerca del piacere". Nel Diciannovesimo secolo, dice Kauder, le influenze religiose sul pensiero economico non furono rilevanti. Egli sottolinea comunque l'importanza che ebbe per Alfred Marshall il suo severo retroterra evangelico. Il padre di Marshall era un evangelico molto rigoroso e gli evangelici erano rigidi calvinisti-revivalisti. Forse è questo il motivo per cui Marshall resistette alla teoria dell'utilità, insistendo nel mantenere buona parte della teoria del costo di Ricardo, che come risultato persiste ancora oggi.

Vorrei aggiungere però un ulteriore commento. I più "dogmatici" sostenitori del *laissez-faire* nel Diciannovesimo secolo non erano gli economisti inglesi, ma quelli francesi (cattolici). Bastiat, Molinari e gli altri erano molto più rigorosi dei sempre pragmatici liberali inglesi. Inoltre, la teoria del *laissez-faire* venne finemente sviluppata dai fisiocratici cattolici, che erano influenzati direttamente dalla dottrina della legge naturale e dei diritti naturali.

Questo mi porta a parlare della seconda grande influenza degli scolastici cattolici: la teoria della legge naturale e dei diritti naturali. Certamente la legge naturale, nata dal pensiero cattolico, rappresentò un grande ostacolo all'assolutismo statale. Schumpeter rileva che il diritto divino dei re era una teoria protestante. Anche la teoria della legge naturale e dei diritti naturali venne trasmessa dagli scolastici ai filosofi morali francesi e inglesi, ma la connessione fu oscurata dal fatto che molti razionalisti del Diciottesimo secolo, essendo ferocemente anticattolici, rifiutarono di riconoscere il loro debito intellettuale verso i pensatori cattolici. Schumpeter, infatti, sostiene che l'individualismo ebbe origine all'interno del pensiero cattolico. Così scrive: «la società era considerata (da san Tommaso) un affare interamente umano: un mero agglomerato di individui uniti dalle loro necessità mondane [e] il potere del governante era derivante dal popolo [...] per delega. Il popolo è il sovrano e un governante indegno poteva essere destituito. Duns Scoto arrivava ancora più vicino ad adottare una teoria dello Stato fondata sul contratto sociale. Questo [...] argomento è notevolmente individualista, utilitarista e razionalista». Schumpeter sottolinea anche la difesa della proprietà privata di san Tommaso e menziona in particolare lo spirito antistatalista dell'opera del 1599 dello scolastico Juan De Mariana. Egli ricorda anche che gli scolastici adottarono come prezzo giusto essenzialmente quello di mercato, la teoria dell'utilità, il valore soggettivo e così via. Scrive anche che, mentre Aristotele e Scoto credevano che esistesse un solo prezzo competitivo normale, i tardo-scolastici spagnoli come Luis de Molina identificarono il prezzo di mercato con ogni prezzo concorrenziale. Essi avevano anche una teoria del *gold standard* e si opponevano alla svalutazione. Schumpeter nota anche che de Lugo sviluppò una teoria del rischio del profitto d'impresa che venne pienamente sviluppata soltanto all'inizio del Ventesimo secolo e oltre.

Sebbene la teoria dei diritti naturali del Diciottesimo secolo fosse molto più individualista e libertaria della versione degli Scolastici, tra le due vi è una sicura continuità. Lo stesso è vero per il razionalismo, dato che la ragione è stata il principale strumento usato da san Tommaso, mentre i protestanti la combatterono fondando la propria teologia ed etica su basi più emozionali o sulla Rivelazione diretta.

Possiamo riassumere la teoria a favore del cattolicesimo nel modo che segue: 1) il *laissez-faire* di Smith e le concezioni della legge naturale discendono dai tardo-scolastici e dai fisiocratici cattolici; 2) i cattolici hanno sviluppato l'economia basata sull'utilità marginale e il valore soggettivo, insieme all'idea che il giusto prezzo fosse il prezzo di mercato, mentre i protestanti inglesi vi innestarono la pericolosa e in ultima analisi decisamente statalista teoria del valore-lavoro, influenzata dal calvinismo; 3) alcuni dei più "dogmatici" teorici del *laissez-faire* furono cattolici: dai fisiocratici a Bastiat; 4) il capitalismo nacque nelle cattoliche città italiane del Quattordicesimo secolo; 5) i diritti naturali e le altre visioni razionaliste derivano dalla Scolastica.

Vorrei anche raccomandare, per un agghiacciante esempio di come l'influenza protestante-calvinista conduce al socialismo, la lettura di Melvin Richter, *T. H. Green and His Audience: Liberalism as a surrogate Faith* («Review of Politics», ottobre 1956).

Sebbene marginale in questo particolare promemoria, vorrei fortemente raccomandare anche il libro di Erik von Kuehnelt-Leddihn, *Liberty or Equality* (Caldwell, Id., 1952), la cui tesi centrale è che il cattolicesimo conduce ad uno spirito libertario (sebbene "antidemocratico") mentre il protestantesimo porta verso il socialismo, il totalitarismo e lo spirito collettivista. Un esempio è l'affermazione di Kuehnelt-Leddihn che la credenza cattolica nella ragione e nella verità tende all'"estremismo" e al "radicalismo", mentre l'enfasi protestante sull'intuizione porta a credere nel compromesso, nei sondaggi e così via.

Dovrebbe a questo punto essere menzionata l'opinione sulla tesi di Max Weber del professor Von Mises, secondo cui Weber avrebbe rovesciato il vero schema causale, dato che prima venne il capitalismo e solo successivamente i calvinisti adattarono i propri insegnamenti alla crescente influenza della borghesia, piuttosto che il contrario.

Non sono ancora pronto a dire che la tesi a favore del Protestantesimo debba essere completamente buttata a mare e la visione cattolica adottata pienamente. Ma sembra evidente che la storia è molto più complessa di quanto creda la visione comune e che i revisionisti forniscono certamente un eccellente correttivo. Posso comunque dare il mio sostegno ai revisionisti circa le questioni specifiche della teoria dell'utilità e di Adam Smith. Ho avuto per molto tempo la sensazione che Adam Smith fosse stato considerevolmente sopravvalutato come paladino del *laissez-faire*.

8

Murray N. Rothbard

*A cura di Gaetano Masciullo**

Letture su Etica e Capitalismo.
Parte I: Cattolicesimo.
Memorandum al Volker Fund (1960)

P ROPONIAMO DI SEGUITO UN documento del celebre economista e filosofo politico Murray Rothbard, per la prima volta in traduzione italiana. In esso, l'autore analizza la compatibilità dell'etica cattolica con l'ordine sociale capitalista.

Come già evidenziato nell'introduzione alla versione originale in lingua inglese, scritta dal prof. Mark Hornshaw[1], l'attitudine generale del pensatore statunitense è benevola nei confronti della prospettiva morale cattolica. Notiamo che già in *An Austrian Perspective on the History of Economic Thought* – opera voluminosa del nostro filosofo pubblicata nel 1995 e purtroppo mai tradotta in italiano – Rothbard sottolinea che le intuizioni in campo economico del più grande teologo cattolico, Tommaso d'Aquino (1225–1274), siano state riprese e sviluppate prima nell'ambito della cosiddetta Scuola di Salamanca (XVI secolo), infine da economisti quali il cattolico irlandese Richard Cantillon (1680–1734) e il francese Anne-Robert-Jacques Turgot (1727–1781). È inevitabilmente confutata, dunque, la tesi della *vulgata*, secondo la quale la paternità della scienza economica moderna e della concezione liberale dell'ordine sociale siano da ascrivere esclusivamente al pensatore scozzese Adam Smith (1723–1790) e al contesto culturale dell'Illuminismo scozzese.

---

1 Cfr. v. Murray N. ROTHBARD, *Readings on Ethics and Capitalism. Part I: Catholicism. Memo to the Volker Fund* (1960), edited by Mark Hornshaw, in «StoriaLibera. Rivista di scienze storiche e sociali», anno 7 (2021), n. 14, p. 131–159.

* Filosofo, consulente editoriale e giornalista freelance, si occupa anche di divulgazione filosofica e teologica. È autore di diversi libri.

Nel presente saggio, Rothbard non si esime dal mettere in luce alcuni (almeno apparenti) punti di attrito all'interno della dottrina sociale della Chiesa. In particolare, egli analizza due grandi encicliche, probabilmente quelle che più hanno inciso sulle coscienze politiche dei cattolici: da una parte, l'enciclica del 15 maggio 1891 firmata dal Pontefice Leone XIII (1878–1903) e titolata *Rerum novarum*; dall'altra, l'enciclica del 15 maggio 1931 firmata dal Pontefice Pio XI (1922–1939) e titolata *Quadragesimo anno*. L'autore procede infine ad analizzare le tesi di tre autori cattolici a favore del libero mercato: gli statunitensi Melchior Palyi e Dean Manion e il francese Daniel Villey.

Sebbene l'enciclica di Pio XI sia stata scritta per commemorare quella di Leone XIII, a quarant'anni di distanza, e per sottolineare l'immutabilità della posizione magisteriale, non sono poche le note che sembrano dar vita a due concezioni della vita sociale e politica ben diverse, la prima più vicina alla concezione libertaria e la seconda più vicina alla concezione corporativistica.

La seguente riflessione di Rothbard sulla compatibilità di cattolicesimo e capitalismo è invero di stringente attualità per il mondo intellettuale cattolico (e non solo esso!). Da circa sessant'anni a questa parte, cioè dalla conclusione del Concilio Vaticano II (1962–1965), gli intellettuali cattolici sono pressoché spaccati in due grandi filoni di pensiero: un primo filone, che potrebbe essere definito conservatore o tradizionalista, e un secondo filone, che potrebbe essere definito progressista o modernista. Si tratta di due correnti assai variegate al loro interno, la cui opposizione può essere ridotta a una questione: il modo di interpretare la continuità dottrinale. È interessante però notare come, circa la questione sociale e politica, tradizionalisti e modernisti appaiano spesso pressoché concordi nel difendere la necessità di adottare forme di collettivismo, dove la società – molto spesso nella fattispecie dell'invenzione giuridica dello Stato – ha priorità non solo secondo il diritto, ma spesso anche ontologica, sull'individuo. Questa teoria stupisce molto, soprattutto quando riscontrata nell'ambito del cosiddetto "cattolicesimo tradizionalista", dove ci si aspetta una posizione più vicina a quella rothbardiana o paleolibertaria, o almeno liberal-conservatrice, vista anche la grande autorità teologica che solitamente è riconosciuta a Tommaso d'Aquino.

Non è raro, al contrario, riscontrare nell'alveo tradizionalista persino eccessi che si avvicinano a forme del socialismo vero e proprio, nella fattispecie al pensiero cosiddetto "rossobruno", che si ispira al pensiero del filosofo politico russo Alexander Dugin (1962-vivente) e, in ambito italiano, a quello di Costanzo Preve (1943–2013). Anche alla luce del brillante saggio di Rothbard qui presentato, possiamo intuire come questa convivenza inquietante, che a volte si riscontra tra tradizione cattolica e teoria rivoluzionaria, sia causata anche da una cattiva interpretazione di certo Magistero papale, *Quadragesimo anno* in primis, enciclica scritta in un periodo storico assai delicato, quale l'era dei totalitarismi europei e all'indomani della caduta della borsa del 1929. Un'altra causa di questa convivenza è l'idea (a nostro avviso, gravemente erronea) secondo la quale l'unico grave errore del comunismo storico sia stato il suo materialismo ateo, critica che spesso viene avanzata sulla scorta di un altro grande documento magisteriale di Pio XI, *Divini Redemptoris* (1937), anch'esso oggetto di analisi nel presente saggio.

L'etica cattolica – sottolinea Rothbard – è fortemente incentrata sull'individuo, ma da ciò non deriva un'etica utilitaristica né tantomeno egoistica. Al contrario, la grande cura che la rivelazione cristiana pone nei confronti della persona in quanto *individua* (dal latino, *individuum*, 'indivisibile') apre a una relazione con l'alterità che sola può essere davvero definita sociale. Dal riconoscimento di ogni persona umana, in quanto unica e irripetibile, sorgono vari diritti, ivi incluso il diritto alla proprietà e alla libertà d'impresa, che lungi dall'essere visti unicamente come mezzi di perdizione e rovina, sono al contrario visti come mezzi di santificazione e di riscatto personale e sociale.

Gaetano Masciullo

N ON ESISTE, ANZITUTTO, ALCUNA "posizione cattolica" ufficiale e specifica sul capitalismo. Ci sono enormi differenze tra i cattolici sulle questioni politiche ed economiche e si possono trovare cattolici anarchici di sinistra, socialisti, centristi, fascisti e ardenti liberi imprenditori e individualisti. Anche su questioni strettamente dogmatiche come l'immoralità del controllo delle nascite, i cattolici, d'accordo su questo, differiscono sul fatto che il controllo delle nascite debba o non debba essere illegale.

C'è stata, tuttavia, una sorta di "tendenza centrale" o deriva, in particolare in Europa, dove la Chiesa è incline a intervenire più direttamente nelle questioni politiche di quanto non faccia qui. I pronunciamenti papali sulle questioni sociali sono generalmente molto vaghi e assumono una tonalità consapevolmente eclettica – comprensibile alla luce dell'obiettivo della Chiesa di parlare per ogni membro del gregge, di diverse tendenze politiche e sociali. L'effetto, tuttavia, è stato quello di spostarsi in una posizione "di mezzo". Non è un caso che, generalmente in Europa, i partiti specificamente "cattolici" siano i partiti eclettici e compromettenti del "Centro". Il tipo di posizione che dice che entrambi gli estremi – l'individualismo (o capitalismo) e il socialismo – sono sbagliati, che si dovrebbe considerare sia il bene individuale che il bene comune, che lo Stato dovrebbe essere attivo per il bene comune e, tuttavia, non andare oltre un ambito limitato – tutte queste omelie, apparentemente innocue e onnicomprensive, permettono un'interpretazione molto ampia dello specifico e, quindi, una grande diversità tra i cattolici – anche se danno origine a una tendenza di centro (le contraddizioni interne e le sfocature del pensiero cattolico si possono vedere nel trattare le questioni politiche: così, un prete, quando interrogato sui presidenti cattolici degli Stati Uniti, su quanto essi siano soggetti alla regola cattolica, ecc., dirà, nella stessa intervista, che (a) tutti i cattolici sono soggetti alla stessa legge della Chiesa, ma che (b) i funzionari pubblici possono ottenere esenzioni speciali in virtù del proprio ufficio – o (a) che Dio deve venire prima dello Stato, ma (b) nulla che un presidente americano potrebbe mai fare secondo la Costituzione potrebbe richiamare la censura cattolica ufficiale. E così via).

Il dr. Diamant, nel descrivere la reazione cattolica europea alla Rivoluzione Industriale, pone la situazione come segue: «proprio come i cattolici, nel trattare con lo Stato moderno, avevano tentato di mantenere una via di mezzo tra gli estremi inaccettabili dell'individualismo politico e del totalitarismo, così nel trattare la "questione sociale", essi parlavano di una guerra a due fronti contro Adam Smith e Karl Marx, contro il *laissez-faire* e il socialismo. Poiché differivano sulla natura della "via di mezzo", essi avevano una varietà di opinioni sulla questione sociale, che andavano da quelle dei liberali cattolici ai socialisti (religiosi) cattolici e ai corporativisti» (Alfred Diamant, *Austrian Catholics and the First Republic, Democracy, Capitalism, and the Social Order, 1918–1934*, Princeton University Press, 1960, p. 15).

La maggior parte del pensiero sociale specificamente "cattolico" è stato dell'Europa continentale, il che, in un certo senso, è stato una sfortuna, poiché il cattolicesimo europeo è stato molto più anticapitalista del cattolicesimo negli Stati Uniti. Le encicliche papali, alle quali ci rivolgeremo per prime, sono state fortemente influenzate dal cattolicesimo "sociale" europeo e dai suoi vari movimenti. Negli Stati Uniti, i cattolici pensano politicamente ed economicamente, come molti altri americani, e variano nello spettro politico dall'ala di estrema destra del «Brooklyn Tablet» al «Commonweal» altamente new-dealista, fino addirittura ad arrivare all'anarchico di sinistra «Catholic Worker». La tendenza centrale, comunque, specialmente tra i parroci e i fedeli, è spesso abbastanza conservatrice e pro-capitalista. Per quanto riguarda le encicliche papali, bisogna anche ricordare che i cattolici non sono tenuti a prenderle per vangelo; solo il Papa che parla *ex cathedra* su questioni di alto dogma religioso – che naturalmente è un evento raro – deve essere obbedito implicitamente.

Le due famose encicliche "sociali" dei tempi moderni sono quelle di papa Leone XIII, *Rerum novarum* (1891), e di papa Pio XI, *Quadragesimo anno* (1931) (per l'utilità dei testi completi, vedi: Padre Gerald C. Treacy, S.J., ed., *Five Great Encyclicals*, The Paulist Press, New York, 1939). Ho letto attentamente queste due opere e, secondo la mia lettura, c'è una grande differenza tra le due. La *Rerum novarum*, pur essendo in una certa misura di mezzo e con un orientamento pro-lavoro, è fondamentalmente libertaria e pro-capitalista. La *Quadragesimo anno*, invece, è virulentemente anticapitalista e, di fatto, filofascista. Questa tendenza fascista è rivelata dalla tendenza del cattolicesimo europeo tra le due guerre verso l'adozione dello Stato corporativo come proprio ideale.

Leone XIII, Rerum novarum

R.N. inizia piuttosto male, affermando che con le corporazioni medievali distrutte, «gradualmente [...] i lavoratori sono stati consegnati, isolati e indifesi, all'insensibilità dei datori di lavoro e all'avidità di una concorrenza sfrenata» e, inoltre, al male della «rapace usura [...], ancora praticata da uomini avari e avidi». Come risultato del libero contratto, c'è stata «la concentrazione di così tanti rami del commercio nelle mani di pochi individui», così che un piccolo numero di persone molto ricche ha potuto porre un "giogo" di virtuale "schiavitù" sulle masse dei poveri.

Dopo questo paragrafo iniziale, tuttavia, *R.N.* migliora notevolmente. Il socialismo viene attaccato perché peggiora le cose, con lo Stato che invade oltre la sua sfera propria. Segue poi una lunga sezione dedicata ad un bell'elogio e allo sviluppo del diritto assoluto dell'individuo alla proprietà privata. Inoltre, da questo diritto di proprietà privata deriva il diritto dell'uomo a risparmiare e, poi, a investire – il suo ritorno dall'investimento diventa allora, in un certo senso, un'altra forma di salario, che dovrebbe essere completamente suo. Il socialismo, d'altra parte, «priverebbe [...] ogni salariato [...] della libertà di disporre del proprio salario e, quindi, di ogni speranza e possibilità di aumentare il proprio capitale e di migliorare la propria condizione di vita».

Il diritto naturale dell'individuo a possedere la proprietà privata, continua papa Leone XIII, è la principale distinzione tra l'uomo e l'animale. L'animale è puramente istintivo, determinato ad agire in risposta ai suoi sensi e all'ambiente; l'uomo è diverso – come animale razionale, può agire secondo ragione, può agire con lungimiranza, e quindi ha il diritto di acquisire proprietà permanenti. Poiché l'uomo è razionale e si autogoverna, l'individuo può possedere la terra stessa, e non solo i suoi frutti, poiché la fertilità della terra è per soddisfare i bisogni ricorrenti dell'uomo (questo punto è uno schiaffo morale a Henry George). L'uomo è più antico dello Stato e, quindi, ha un diritto prioritario di provvedere alla propria vita. Anche se alcuni individui possiedono la terra, altri scambiano i frutti del loro lavoro con i prodotti della terra e, quindi, tutti partecipano ai suoi frutti. La materia prima è fornita all'uomo, ma l'uomo deve coltivarla, mettere l'impronta della propria personalità su quella porzione di natura e rendere abbondante la terra sterile (molto di questo è anche diretto contro i "georgisti"). Quindi, il diritto di proprietà privata, anzi la stessa proprietà privata, deriva dal diritto naturale, dalla natura dell'uomo e ciò, quindi, include il diritto di trasferire la proprietà in eredità. E se lo Stato interferisce con questa proprietà privata: «se i cittadini di uno Stato [...], entrando in associazione e in comunione, sperimentassero per mano dello Stato un ostacolo invece di un aiuto e trovassero i propri diritti attaccati, invece di essere protetti, tale associazione sarebbe piuttosto da ripudiare che da ricercare».

Se una famiglia è in estremo bisogno, allora il governo dovrebbe aiutarla, ma al di fuori di questo caso, il governo non dovrebbe interferire. La sostituzione socialista del genitore da parte dello Stato è una «schiavitù intollerabile». Inoltre, le «fonti di ricchezza si esaurirebbero» e nessuno sarebbe interessato a sviluppare i propri talenti o la propria industria. E quella «uguaglianza ideale di cui tanto si parla sarebbe, in realtà, il livellamento di tutti alla stessa condizione di miseria e disonore». Il socialismo deve essere «assolutamente respinto», anche perché ferisce l'inviolabilità della proprietà privata.

Per quanto riguarda l'uguaglianza socialista, è "impossibile" ridurre la società umana allo stesso livello. «I socialisti possono fare del loro meglio, ma ogni lotta contro la natura è vana». In natura esistono innumerevoli differenze tra le persone: nella capacità, nella diligenza, nella salute, nella forza, e «la fortuna disuguale è un risultato necessario della disuguaglianza di condizione. Tale disuguaglianza è lungi dall'essere svantaggiosa sia per gli individui che per la comunità; la vita sociale e pubblica può andare avanti solo con l'aiuto di vari tipi di capacità e il gioco di molte parti e ogni uomo [...] sceglie la parte che si adatta in modo particolare al proprio caso».

È falso e irrazionale credere che una classe sia naturalmente ostile a un'altra classe: «È ordinato dalla natura che queste due classi (il capitalista e il lavoratore) debbano esistere in armonia e di accordo e che debbano, per così dire, adattarsi l'una all'altra, cosicché per mantenere l'equilibrio del corpo politico [...] ciascuna richiede l'altra: il capitalista non può fare a meno del lavoratore, né il lavoratore può essere senza il capitalista. L'accordo reciproco porta alla piacevolezza e al buon ordine [...] non c'è niente di più potente della religione [...] nell'avvicinare ricchi e poveri [...]. Così, la religione insegna al lavoratore e all'operaio ad eseguire onestamente e bene tutti gli accordi equi liberamente presi, a non ferire mai il capitalista, né ad oltraggiare la persona del datore di lavoro, a non usare mai la violenza nel rappresentare la propria causa, né a impegnarsi in tumulti e disordini [...]. La religione insegna all'uomo ricco e al datore di lavoro che i propri dipendenti non sono schiavi, che devono rispettare in ogni persona la dignità di uomo e di cristiano, che il lavoro non è nulla di cui vergognarsi [...], bensì un impiego onorevole, che permette all'uomo di sostenere la propria vita in modo onesto e meritevole, che è vergognoso e inumano trattare gli uomini come merce da cui ricavare denaro [...]».

Inoltre, il datore di lavoro ha il dovere di controllare che i propri operai abbiano tempo per la pietà religiosa, che non siano corrotti o trascurino la casa e la famiglia, non dovrebbe mai tassare i propri operai oltre le loro forze o impiegarli in lavori inadeguati. «Il suo grande e principale obbligo è quello di dare a tutti ciò che è giusto». E gli uomini ricchi e i datori di lavoro dovrebbero ricordare che «esercitare pressioni, a scopo di guadagno, sugli indigenti e sui bisognosi, e trarre il proprio profitto dal bisogno di un altro sono cose condannate da tutte le leggi». È anche un crimine privare i lavoratori dei salari loro dovuti per contratto. E i ricchi dovrebbero astenersi dal prelevare i guadagni dei lavoratori con la forza, la frode o "l'usura".

Moralmente, di certo, non è sufficiente avere molto denaro: il denaro deve essere usato correttamente. È vero che «la proprietà privata [...] è diritto naturale dell'uomo» e un diritto assolutamente necessario. Questa è una questione di giustizia. Ma, moralmente, i ricchi dovrebbero usare la proprietà in modo appropriato, condividendo con gli altri bisognosi. Nessuno è obbligato a distribuire agli altri ciò di cui egli e la sua famiglia abbisognano o di cui abbisognano per "vivere degnamente", secondo la propria condizione di vita. Ma, dal *surplus*, è dovere dare agli indigenti. Questo è un dovere, non di giustizia, ma di carità cristiana, ed è quindi «un dovere che non è imposto dalla legge umana». In breve, il dovere dell'uomo è verso se stesso di perfezionare la propria natura divinamente data e di usare i doni divini a beneficio degli altri. La considerazione più importante è la virtù, che può essere raggiunta da tutti: i ricchi dovrebbero essere generosi e i poveri tranquilli. La moralità cristiana porta alla felicità e alla prosperità temporale così come alla salvezza spirituale: include la parsimonia (piuttosto che la prodigalità) e la carità. Non ci dovrebbero essere lotte sociali, perché tutti – ricchi e poveri – sono fratelli sotto Dio. Sulla carità: «ci sono molti che, come i pagani di un tempo, biasimano e condannano la Chiesa per questa bella carità. Essi vorrebbero sostituire al suo posto un sistema di soccorso organizzato dallo Stato. Ma nessun metodo umano potrà mai sostituire la devozione e l'abnegazione della carità cristiana».

Le leggi dello Stato sono per il benessere e la prosperità pubblica, per il bene comune, invece che per mezzi particolari di soccorso. Tutti dovrebbero ricevere il dovuto nello Stato e tutti dovrebbero essere uguali davanti a esso. Le differenze e le ineguaglianze, tuttavia, sono essenziali per la società. Poiché gli operai costituiscono la maggior parte della società, i loro interessi dovrebbero essere promossi. Il governo dovrebbe intervenire nelle seguenti circostanze: contro uno sciopero che mette in pericolo la pace pubblica, un abbassamento dei legami familiari, quando le ore di lavoro sono così lunghe che il lavoratore non ha tempo per praticare la religione o quando gli oneri sui lavoratori sono ingiusti o un pericolo per la morale. I poveri e gli indifesi hanno diritto a una protezione speciale da parte dello Stato e, quindi, anche i lavoratori. Il principale dovere dello Stato, tuttavia, è la salvaguardia legale della proprietà privata: «perché se tutti possono giustamente sforzarsi di migliorare la propria condizione, tuttavia né la giustizia né il bene comune permettono ad alcuno di impadronirsi di ciò che appartiene ad un altro, o, sotto il pretesto di una futile e ridicola uguaglianza, di mettere le mani sulle fortune altrui». Lo Stato dovrebbe anche frenare i demagoghi rivoluzionari, salvare gli operai dalla loro sedizione e proteggere i legittimi proprietari della proprietà. La dignità divina dell'operaio dovrebbe essere inviolata ed egli non dovrebbe entrare in servitù d'animo, non dovrebbe lavorare la domenica e dovrebbe essere salvato da speculatori avidi o dal lavoro eccessivo o minorile. Di regola, i contratti liberi tra il lavoratore e il datore di lavoro sono buoni e legittimi; tuttavia, il salario deve essere sufficiente a mantenere il salariato in un *comfort* ragionevole e frugale». Anche se un lavoratore accetta volontariamente condizioni più dure, è ancora vittima della forza e dell'ingiustizia. Eppure, «la proprietà privata deve essere tenuta sacra e inviolabile».

I lavoratori dovrebbero avere la proprietà privata della terra, che, tra gli altri vantaggi, favorisce l'amore per la patria. Ma questi benefici richiedono «che i mezzi di un uomo non siano prosciugati ed esauriti da una tassazione eccessiva. Il diritto di possedere la proprietà privata viene dalla natura, non dall'uomo, e lo Stato ha solo il diritto di regolarne l'uso nell'interesse del bene pubblico, ma in nessun modo di abolirlo del tutto».

I datori di lavoro e gli operai possono regolarsi moralmente formando società volontarie per avvicinarsi gli uni agli altri e per aiutare i bisognosi: come le società di mutuo soccorso, le fondazioni private per provvedere ai lavoratori o alle loro persone a carico in casi di emergenza, gli orfanotrofi, ecc. Le più importanti sono le associazioni di lavoratori. Nei tempi antichi, le corporazioni svolgevano importanti funzioni di innalzamento della qualità dei prodotti e di aiuto ai lavoratori in difficoltà. Si dovrebbero formare società private, sia di lavoratori stessi che di lavoratori e datori di lavoro. Il diritto naturale di formare tali associazioni di lavoratori dovrebbe essere protetto dagli Stati. Molte associazioni operaie attuali sono «nelle mani di capi invisibili», lontani dai princìpi cristiani, che «fanno del proprio meglio per avere nelle mani l'intero campo del lavoro e per costringere gli operai ad unirsi a loro o morire di fame» (che significa, presumibilmente, avere il negozio chiuso). I lavoratori dovrebbero allora fare del proprio meglio per unirsi alle associazioni cristiane e scrollarsi di dosso il giogo dell'oppressione. È chiaro che papa Leone non immaginava i sindacati e la contrattazione collettiva, così come li conosciamo oggi, come miglior esempio di tali associazioni, bensì «le società di beneficio e di assicurazione dei lavoratori» – gruppi fraterni per aiutare i lavoratori tra loro e anche associazioni di lavoratori e datori di lavoro, per mediare le controversie lavorative.

Pio XI: Quadragesimo anno (1931)

Questa enciclica è un cavallo di ben altro colore: anticapitalista e filofascista (fu scritta, naturalmente, durante una luna di miele papale-fascista, in rapporti sempre abbastanza amichevoli, dopo il trattato del Laterano del 1929 che istituiva la Città del Vaticano).

Q.A. inizia affermando che la fine del XIX secolo portò a un nuovo sviluppo industriale e alla nascita di due classi nella società: una piccola classe ricca e un'immensa moltitudine di lavoratori poveri. Ai ricchi, naturalmente, piaceva questo stato di cose e si accontentavano di lasciare il proprio rimedio alla carità e continuare l'aperta violazione della giustizia, questa radicale e ingiusta disuguaglianza (è ironico che Pio XI, pur facendo frequenti riferimenti alla *Rerum novarum*, prenda ovviamente una posizione diametralmente opposta a quella di Leone XIII). Pio continua poi a travisare direttamente papa Leone, [per] dire che Leone fu audacemente anti-liberale (liberale, naturalmente, nel senso europeo di essere a favore del libero mercato e della libertà individuale) e che egli prese la causa dei lavoratori contro la «durezza del cuore dei datori di lavoro e l'avidità della concorrenza incontrollata». Leone XIII è stato male interpretato (!!) come uno a favore dei capitalisti.

Papa Pio ha poi continuato affermando che il governo dovrebbe mantenere una rotta di mezzo tra l'individualismo e il collettivismo, dando così il giusto merito alla proprietà privata e al bene comune. Ha reso rapidamente omaggio alla proprietà privata, ma solo fugacemente. Poi papa Pio torna ad attaccare il capitale: il capitale – egli accusa – rivendicava tutti i prodotti e i profitti e lasciava il minimo indispensabile al lavoro per sostenersi e riprodursi (marxismo puro!). Il capitalismo espropriava le masse lavoratrici (senza senso!), era ingiusto e portava a una distribuzione iniqua, a un «immenso numero di salariati senza proprietà, da una parte, a ricchezze sovrabbondanti di pochi fortunati, dall'altra».

Oltre a incoraggiare i contratti di partenariato o di condivisione degli utili, papa Pio continua a dire che a ogni lavoratore doveva essere garantito un salario sufficiente per il sostentamento suo e della sua famiglia, anche se i salari non dovevano essere così alti da distruggere l'azienda.

In particolare, i lavoratori e i datori di lavoro dovrebbero unirsi negli sforzi per superare le loro difficoltà, aiutati e guidati dall'autorità pubblica. I salari non dovrebbero essere né troppo alti né troppo bassi, ma dovrebbero essere fissati in modo da massimizzare le opportunità di lavoro: anche le differenze tra i salari dovrebbero essere "ragionevoli".

Papa Pio prosegue poi, audacemente, sostenendo la «ricostruzione dell'ordine sociale». In base al principio di sussidiarietà, ci dovrebbe essere un ordine gerarchico o di organizzazioni, con i più alti che non fanno ciò che i più bassi possono fare da soli in modo efficiente. Il ruolo dello Stato è quello di favorire l'armonia tra i vari ranghi. Per esempio, ora ci sono due classi: i datori di lavoro e gli impiegati, che si combattono a vicenda. Questo conflitto dovrebbe essere eliminato e il modo per farlo è quello di creare nuovi «gruppi professionali ben ordinati [...] che legano gli uomini non secondo la posizione che occupano sul mercato del lavoro, ma secondo le diverse funzioni che esercitano nella società». Questi gruppi professionali autonomi avrebbero i propri "governi" professionali. Queste organizzazioni sarebbero stabilite per legge e vincolanti per i membri (questo è lo schema dello "Stato corporativista", realizzato durante il fascismo). La libera concorrenza, d'altra parte, non può essere il principio dominante nella società: è un pericoloso individualismo, che deve essere sottoposto a un efficace principio guida sociale.

«Recentemente è sorta una nuova organizzazione sindacale e corporativa della società» (ovviamente il fascismo): qui lo Stato concede il riconoscimento legale e una sorta di monopolio a un sindacato o a un'unione. Questa unione o sindacato contratta e rappresenta tutti i lavoratori e i datori di lavoro in un determinato campo. Ogni membro è tassato dallo Stato per sostenere il suo sindacato e i contratti di contrattazione sono legalmente «vincolanti per tutti i membri» – anche se, tecnicamente, non tutti devono essere membri effettivi. Al di sopra dei sindacati e delle unioni c'è una "corporazione" per ogni mestiere, che rappresenta sia i sindacati che le unioni. La corporazione è un organo dello Stato per coordinare e dirigere i sindacati e i datori di lavoro. Scioperi e serrate sono proibiti: c'è invece un arbitrato pubblico obbligatorio.

Nel valutare il fascismo, papa Pio XI lo trovò ovviamente buono. Salutò in particolare la «collaborazione pacifica delle classi e la repressione delle organizzazioni e degli sforzi socialisti». Il suo gentile rimprovero era indiretto: «alcuni temono» che ci sia un po' troppo Stato rispetto all'iniziativa privata e che i sindacati e le "corporazioni" siano un po' troppo burocratiche. Inoltre, tutto il sistema ha bisogno di una maggiore infusione di principi cattolici. In realtà, il "vecchio" ordine sociale era il migliore, ma è stato purtroppo abbandonato (con ciò, papa Pio fa riferimento al medioevo oppure all'epoca precedente alla Rivoluzione Francese).

Quanto al capitalismo, sin dai tempi di Leone XIII, esso si è diffuso, il suo «immenso potere e dispotico dominio economico è andato concentrato nelle mani di pochi». «[I]l capitale viòla il giusto ordine ogni volta che impiega le classi lavoratrici o salariate in modo tale da deviare l'attività commerciale ed economica interamente verso la propria arbitraria volontà e vantaggio, senza alcun riguardo per la dignità umana dei lavoratori, il carattere sociale della vita economica, la giustizia sociale e il bene comune». Il capitalismo esercita anche un potere irresistibile attraverso l'assegnazione del credito. Il «risultato naturale della libera concorrenza illimitata [...] permette la sopravvivenza solo a coloro che sono i più forti [...] che prestano meno attenzione ai dettami della coscienza». Questa concentrazione di potere porta a una lotta per la «dittatura economica», che a sua volta porta a una battaglia per il controllo dello Stato, che a sua volta porta a guerre politico-economiche tra Stati (leninismo!). Le guerre nascono dall'uso del potere politico per il vantaggio economico o dal dominio economico per determinare la politica. Una dittatura economica (che presumibilmente significa monopolio) è sorta sulle rovine della libera concorrenza, che ora è, categoricamente, "morta". La vita economica è orribile e crudele. Dall'individualismo e dalla libera concorrenza sono emersi l'imperialismo economico, il nazionalismo economico, l'internazionalismo economico [e] l'imperialismo finanziario internazionale.

Il comunismo è cattivo a causa della sua difesa della guerra di classe e dell'abolizione della proprietà privata: esso è crudele e distruttivo. Il socialismo, d'altra parte, è un'altra cosa. Perché sebbene sia materialista ed elevi il materiale rispetto a obiettivi più alti, e da esso sia nato il comunismo, tuttavia, il socialismo è meno violento, meno estremo e meno amante della guerra di classe e si sta avvicinando considerevolmente, ed [è] spesso simile, alla riforma sociale cristiana.

Di nuovo, papa Pio XI passa a una denuncia della libera concorrenza e del capitalismo, attaccando «l'avidità sfrenata e sordida», «i bassi desideri [...] [per] i beni transitori di questo mondo», una «sete inestinguibile di ricchezze», «i prezzi imposti dalla speculazione incontrollata [...] per

avidità di guadagno», la «speculazione senza scrupoli ma ben calcola-
ta di uomini che [...] fanno appello alle più basse passioni umane» per
guadagnare, ecc. Ci sarebbe dovuta essere «una severa insistenza sulla
legge morale, fatta rispettare con vigore dall'autorità civile» (si noti la
differenza tra questo e il dettato di papa Leone XIII, secondo il quale la
moralità non dovrebbe essere fatta rispettare dal governo). Invece, «fu
dato libero sfogo all'avarizia umana, agli interessi egoistici» che schiac-
ciavano i concorrenti, ecc. I lavoratori erano trattati come «meri strumenti», le fabbriche moderne generavano immoralità per le lavoratrici,
cattive abitazioni per le famiglie. Il rimedio, concludeva ancora papa
Pio XI, erano le virtù cristiane – come la carità e la moderazione – e
l'associazione di lavoratori, cristiani, ecc. di ogni gruppo professionale.

Pio XI e il comunismo ateo (1937)

Questa enciclica, non così importante come le due precedenti, continuò
la linea di pensiero espressa dallo stesso papa Pio XI nella sua *Quadragesimo anno*. Il comunismo era attaccato come materialista, antitetico alla
libertà individuale, alla moralità, ai diritti, all'educazione dei genitori,
ecc. La strada per il comunismo, tuttavia, fu preparata dalla «indigenza
religiosa e morale» dei salariati, causata dalle «economie liberali». Le
fabbriche non hanno pensato al prete. Il comunismo fu di nuovo denun-
ciato come propaganda diabolica e scaltra, aiutata da una «cospirazione
del silenzio» della stampa sul comunismo, a causa di «varie forze occulte
che da molto tempo lavorano per il rovesciamento dell'Ordine Sociale
Cristiano» (Questo è apparentemente un riferimento a quei demoni
gemelli dell'ala fascista della Chiesa Cattolica: l'ebraismo mondiale e la
massoneria internazionale). Il rimedio per i nostri mali sociali sarebbe
essenzialmente quello di far rivivere il sistema medievale delle corporazioni. «Una sana prosperità deve essere ripristinata – secondo i veri
principi di un sano sistema corporativo che rispetta la corretta struttura
gerarchica della società», armonizzata e coordinata dall'autorità pubblica – (di nuovo, il fascismo).

Dopo aver attaccato il materialismo e aver lodato la carità verso i
poveri, dopo aver consigliato la rassegnazione e l'accettazione da parte
dei poveri, Pio XI afferma che lo Stato dovrebbe concorrere attivamente nelle attività della Chiesa, dovrebbe fornire lavoro e far assumere ai
ricchi gli oneri per questo, ecc., tutto per il "bene comune".

Per ulteriori riferimenti sul corporativismo cattolico, si veda: Emile Bouvier, S.J., *Economic Experiences With the Pluralistic Economy*, «Review of Social Economy» (marzo 1956); il libro di Diamant di cui sopra; Francesco Nitti, *Catholic Socialism* (Londra 1908); Georgiana P. McEntee, *The Social Catholic Movement in Great Britain* (New York 1927); William Schwer, *Catholic Social Theory* (St. Louis 1940); Oswald von Nell-Breuning, *The Reorganization of Social Economy* (New York and Milwaukee l937); Franz Mueller, *Heinrich Pesch and His Theory of Christian Solidarism*, in «Aquinas Papers» (St. Paul, Minn.: 1941); Padre John A. Ryan, *Distributive Justice* (New York 1916); Ryan, *A Better Economic Order* (New York 1935); Ryan, *The Constitution and Catholic Industrial Teaching* (New York 1937); R.E. Muleaby, S.J., *The Economics of Heinrich Pesch* (New York 1952). Per una critica, vedi Abram Harris, *The Corporate State: Catholic Model*, in «Economics and Social Reform» (Harpers, New York 1958).

Passiamo ora alle opere di alcuni cattolici americani favorevoli al libero mercato. Probabilmente, il miglior economista cattolico negli Stati Uniti è il dr. Melchior Palyi, nato in Germania, vigorosamente pro-capitalista, ma che purtroppo non ha mai scritto specificamente sull'etica del capitalismo (le sue due opere principali sono: Melchior Palyi, *Compulsory Medical Care and the Welfare State*, National Institute of Professional Services, Chicago 1949; Melchior Palyi, *Devalued Money at the Crossroads*, University of Notre Dame Press, 1958). Alcuni estratti dal primo lavoro daranno il sapore delle opinioni etico-politiche di Palyi: «l'idea essenziale del *Welfare State* [...], la distribuzione sistematica – attraverso canali politici e senza riguardo alla produttività – della ricchezza domestica, [era] al centro delle città-Stato greco-latine, della città medievale [...]. Nelle repubbliche cittadine, antiche e medievali, ciò significava sanguinose guerre civili. Le loro assai ricorrenti violente liti su questioni costituzionali mascheravano un'aspra guerra di classe per accaparrarsi il potere dispensatore di tutti i benefici. La maggior parte di essi andò sulle torri delle proprie lotte interne per i privilegi economici [...], che l'orgia di paternalismo che si verificò sotto l'imperatore Diocleziano diede vita a un numero di beneficiari governativi superiore a quello dei contribuenti, cosa che potrebbe essere applicabile a molte altre civiltà condannate [...]. Lo Stato di polizia (di Colbert e Federico il Grande) usava lo Stato sociale come strumento, facciata e giustificazione, come fanno le dittature moderne» (Palyi, *op. cit.*, p. 1).

Uno dei principali lavori politici di un cattolico dalla parte della libera impresa è il seguente: Dean Clarence Manion, *The Key to Peace* (The Heritage Foundation, Chicago 1951). Sull'uguaglianza, Dean Manion scrive: «guardate qualsiasi grande o piccola compagnia di uomini e donne [...]; osservate una comunità di esseri umani 'uguali'? Avete mai trovato due persone in tutto il mondo [...] ugualmente sagge, belle, potenti, [...] uguali in tutte queste qualità? [...] [Q]uesti attributi sono distribuiti con persistente ineguaglianza tra tutte le persone individuali nel mondo [...]. [L]a Dichiarazione afferma che "tutti gli uomini sono creati uguali" [...] [e questo] significa che, nelle loro dotazioni 'divine' e nel loro scopo divinamente ordinato, gli uomini sono tutti uguali. Così, la vita di ogni uomo è altrettanto sacra quanto quella di ogni altro e ogni uomo ha esattamente gli stessi diritti e doveri naturali di ogni altra persona [...] Essendo così uguali davanti a Dio, essi devono anche essere uguali davanti alle Costituzioni e alle leggi della terra. Questa uguaglianza davanti al loro Creatore non contempla né richiede uno stesso livello nella condizione terrena degli uomini. Al contrario, ogni essere umano è per natura una personalità individuale distinta e, di conseguenza, è naturalmente diverso nelle sue caratteristiche terrene da ogni altra persona sulla terra [...]. [L]a disuguaglianza è una caratteristica naturale e ineluttabile della razza umana [...]. La natura dell'individuo, così come la natura e la continuità della società umana, richiedono queste immancabili differenze. Senza l'ampia diversificazione di talenti, gusti, abilità e ambizioni, che ora e sempre esisteranno tra gli uomini, la società non potrebbe né nutrirsi né vestirsi. È quindi una saggia disposizione della Provvidenza, che provoca il perpetuarsi di una varietà senza fine nei desideri e nelle capacità degli esseri umani. Acceso dalla libertà personale e dal naturale incentivo personale a possedere proprietà e a progredire economicamente, questo conglomerato di disuguaglianze si sincronizza in un grande motore per il sostentamento e il progresso dell'umanità».

Sulla Rivoluzione Americana: «la Rivoluzione Americana si allontanò direttamente dal collettivismo e verso l'integrità di base dell'uomo individuale. Così facendo, essa ha generato una forza centripeta che ha distrutto la coscienza di classe nei gruppi diversificati della nostra popolazione rivoluzionaria [...]. Lungi dal creare un nuovo dio dalla 'Società' (come invece fece la Rivoluzione Francese), la Rivoluzione Americana fu un riconoscimento pubblico ufficiale dell'unico vero Dio preesistente, il Creatore di tutti gli uomini e fonte di tutti i diritti degli uomini [...].

Non in quanto ebreo, gentile, bianco, nero, consumatore, produttore, agricoltore o mercante [...], bensì in quanto essere umano, con un destino personale immortale, ognuno dei nostri cittadini ha diritto all'uguale protezione del governo americano e all'uguale rispetto dei suoi compagni americani [...]. Gli Stati Uniti sono nati dalla convinzione che i diritti umani valgono il loro prezzo. Per il fondamentale diritto naturale dell'individuo contro il proprio governo, fu necessario nel 1776 pagare l'alto prezzo di una rivoluzione sanguinosa [...]. Il nostro è l'unico Paese in tutto il mondo in cui l'uomo individuale detiene diritti sostanziali, naturali e personali che può richiedere a tutti, compreso il suo governo, di rispettare e osservare».

Sul governo e la moralità: «quando una qualsiasi parte di questo importante dominio della virtù personale (giustizia e carità) è trasferita al governo, quella parte viene automaticamente liberata dai vincoli della moralità e messa nell'area della coercizione senza coscienza. Il campo della responsabilità personale è così ridotto allo stesso tempo e nella stessa misura in cui si allargano i confini dell'irresponsabilità. L'espansione del dominio governativo in questo modo è spiacevole per due motivi. Il primo è puramente pratico: il governo non può gestire questi campi del benessere umano con la giustizia, l'economia e l'efficacia che sono possibili quando questi stessi campi sono la diretta responsabilità di esseri umani moralmente sensibili. Questa perdita di giustizia, economia ed efficacia aumenta nella misura in cui tale gestione governativa è centralizzata. Il secondo motivo è basilare: qualsiasi restringimento nell'area della responsabilità personale tende a frustrare lo scopo per cui l'uomo è stato creato. L'uomo è qui per essere messo alla prova per la sua libera osservanza della legge morale di Dio. Una gran parte di questa legge riguarda le relazioni dell'uomo con l'uomo».

«Ogni essere umano ha l'obbligo personale, imposto da Dio, di assistere il suo prossimo quando questi si trova in povertà, indigenza o difficoltà. Il governo non può dispensare nessuno da questo obbligo e non dovrebbe pretendere di farlo. Sempre più persone ora si sottraggono a questo dovere morale, perché sono incoraggiate a credere che ogni tipo di miseria umana sia preoccupazione esclusiva del governo [...]. Il governo non può rendere gli uomini buoni né può renderli prosperi e felici. I mali della società sono erroneamente riconducibili ai vizi dei singoli esseri umani [...]. Nel nome del 'benessere umano', un governo comincia a fare cose che sarebbero gravemente offensive, se fatte dai singoli cittadini. Il governo è spinto a seguire questo corso da persone che, consciamente o inconsciamente, cercano uno sbocco impersonale per i 'primari' della debolezza umana. Uno sbocco, in altre parole, che permetterà loro di sfuggire alla responsabilità morale che sarebbe implicata nella loro personale commissione di questi peccati».

«Ecco un esempio di funzionamento centralizzato del governo: Paolo vuole una parte della proprietà di Pietro. Per ragioni morali e legali, Paolo non è in grado di realizzare personalmente questo desiderio. Paolo quindi persuade il governo a tassare Pietro per fornire fondi con cui il governo paga a Paolo un 'sussidio'. Paolo ora ha quello che voleva. La sua coscienza è pulita e ha proceduto 'secondo la legge'».

«Il fatto che ci siano milioni di Pietro e Paolo coinvolti in tali transazioni non cambia la caratteristica essenziale che vi è in comune tra queste. I Paolo hanno semplicemente incaricato il governo "per fare loro ciò che essi non erano in grado di fare da soli". Se i Paolo avessero fatto questo individualmente e direttamente, senza l'aiuto del governo, ognuno di essi sarebbe stato soggetto a multa e detenzione. Inoltre, il novantacinque per cento dei Paolo si sarebbe rifiutato di fare il lavoro, perché la coscienza morale di ogni Paolo gli avrebbe fatto male. Tuttavia, quando il governo lo fa per loro, non c'è nessuna persecuzione e nessun dolore nella coscienza di nessuno. Questo incoraggia la spiacevole impressione secondo la quale, usando la scheda elettorale invece di un *blackjack*, sia possibile prendere qualsiasi cosa ci piaccia prendere dai nostri vicini».

«Il grande governo centralizzato genera un sistema di anarchia morale per molte delle relazioni comuni dell'uomo con l'uomo. In questo modo, la crescita e la centralizzazione del potere governativo distrugge gradualmente quel senso di responsabilità individuale coscienziosa che [...] è la molla del nostro benessere generale. Un '*Welfare State*' è quindi una contraddizione in termini».

Sul diritto di proprietà: «[o]gni essere umano responsabile ha sia un diritto naturale che un dovere naturale di acquisire e detenere la proprietà privata [...]. Il diritto naturale della persona individuale di acquisire e detenere la proprietà deve essere rispettato e sostenuto da tutti [...]. Come tutti gli altri diritti personali, questo deve essere esercitato in modo coerente con gli uguali diritti degli altri».

♦♦

Vorrei concludere la nostra indagine sul cattolicesimo e l'etica del capitalismo con la discussione dell'importante articolo di un economista cattolico francese pro-libero mercato, apparso e tradotto su «Modern Age». Il riferimento è il seguente: Daniel Villey, *Catholics and the Market Economy*, «Modern Age» (numero Estate e Autunno, 1959).

Villey inizia il proprio articolo notando il paradosso che gli elettori cattolici dell'Europa occidentale, dopo la guerra, hanno votato generalmente a favore del capitalismo, mentre i teologi e gli economisti cattolici ripudiano il "liberalismo" economico (nel senso europeo del termine). I filosofi sociali cattolici – egli nota – hanno abbracciato una varietà di sistemi economici dal corporativismo (derivato dalle encicliche papali), al solidarismo, al sindacalismo e persino al marxismo. D'altra parte, ci sono pochissimi economisti cattolici liberali (pro-capitalisti, pro-libero mercato) e questi, in contrasto con gli statalisti, non portano mai il cattolicesimo come argomento dei propri ragionamenti.

Villey inizia la sua discussione di questo problema con tre osservazioni: (1) «il cattolicesimo non è una teoria economica, è una religione». Il cattolicesimo si occupa della preghiera, dei sacramenti, ecc. «Il suo oggetto è il mistero delle relazioni dell'uomo con Dio, non i suoi rapporti con la società». Inoltre, è una religione trascendente, che non ha leggi sociali specifiche da impartire. «L'oggetto del messaggio cristiano è la salvezza delle anime, non la riorganizzazione della società». Gesù è venuto sulla terra non per insegnarci ad accumulare ricchezza, ma per salvarci dal mondo. «Non c'è una sola parola nel Nuovo Testamento che suggerisca, anche solo inferenzialmente, che la società debba essere organizzata in un modo piuttosto che in un altro. Le organizzazioni sociali, di qualsiasi tipo, appaiono nei Vangeli come dati neutrali, dei quali la Chiesa deve tener conto nel raccogliere la sua messe di anime [...]. Chi cerca risposte ai problemi dell'ordine sociale non le troverà nella Rivelazione cristiana [...]. Il Cristianesimo non fornisce alcuna ricetta sociale». Questo è il significato della frase: «rendere a Cesare ciò che è di Cesare». Pertanto, non esiste una "teoria economica cristiana". Il Cristianesimo e l'economia esistono su livelli completamente diversi, quindi «è poco probabile che il Cristianesimo sia completamente incompatibile con qualsiasi sistema economico».

(2) In secondo luogo, la posizione psicologica e storica della Chiesa deve essere compresa. La Chiesa fu profondamente scossa dalla Riforma e la sua Controriforma fu una grande reazione contro di essa, una reazione che, comprensibilmente, andò troppo oltre. In particolare, nel serrare i ranghi contro la Riforma, la Chiesa intendeva opporsi anche a

quelle altre istituzioni moderne che crescevano insieme al protestantesimo e all'ateismo: per esempio, tutte le istituzioni moderne che andavano oltre la società stazionaria e feudale del medioevo.

Di conseguenza, «la Chiesa è a disagio nel mondo moderno» e il suo atteggiamento tende ad essere di sfiducia e ostilità. Tale fu l'attacco eccessivamente veemente della Chiesa contro il movimento "cattolico liberale" del XIX secolo. Nel profondo del pensiero cattolico c'è ostilità verso tutte le categorie dell'era moderna: scienza moderna, filosofia moderna, economia moderna, per esempio il capitalismo. Come dice Villey, duramente e senza mezzi termini: «c'è una corrente sotterranea della mente cattolica che respira più facilmente ogni volta che la civiltà moderna sembra essere in pericolo imminente». Nella misura in cui la Chiesa è suscettibile alle idee moderne, «essa inclina più al socialismo che alla libera impresa, perché il socialismo contiene elementi che ricordano un ordine pre-capitalistico» (Questo è un punto profondo). In sintesi: «per quanto ciò possa apparire insensato e in verità lo sia, esso spiega gran parte dell'attrazione che il comunismo esercita oggi su un segmento molto ampio dell'opinione pubblica cattolica francese. Ma che il pensiero cattolico propenda per il passato feudale o per un ipotetico futuro collettivista, esso appare sempre desideroso di sottrarsi al presente, cioè alla civiltà che il Rinascimento ci ha lasciato in eredità».

Villey passa poi al corpo del suo articolo: ci sono quattro fonti degli atteggiamenti poco simpatici che i cattolici hanno assunto nei confronti del liberalismo economico.

Fonte 1: ignoranza dell'economia di mercato e del suo funzionamento. Quesnay è stato il primo economista ad avere avuto la grande intuizione di vedere come l'apparentemente caotica economia di mercato abbia in sé le leggi di una bella armonia coordinata. Il pensiero degli intellettuali moderni, nella loro ignoranza a questo riguardo, non è veramente "moderno", bensì pre-fisiocratico. Non solo i cattolici non amano l'idea di una scienza dell'azione umana, ma nessuno degli economisti importanti è stato cattolico, il che rende facile per i cattolici ignorare l'argomento. E i cattolici hanno anche la tendenza a liquidare la scienza economica come semplicemente derivata dalle filosofie fallaci dell'utilitarismo e dell'edonismo.

Villey si lancia poi contro l'ignoranza di una tipica lettera pastorale scritta dal cardinale Saliege, arcivescovo di Tolosa. Saliege scrive: «prego i dirigenti d'azienda di non aumentare il numero dei disoccupati. Non è necessario che un'impresa faccia profitti. È necessario che esista e che dia alla gente i mezzi per vivere». Come fa notare Villey, questo dimostra una spaventosa ignoranza circa l'economia. E se invece l'impresa mette in pericolo la sua esistenza proprio non licenziando le persone, aumentando quindi ancora di più la disoccupazione? E se fosse l'essenza stessa del lavoro di un imprenditore fare profitti?

Dice Villey: «allora non si potrebbe affatto scrivere che "non è necessario che un'impresa faccia profitti", non più di quanto si possa dire "non è necessario che un professore tenga dei corsi". Nella ricerca del profitto si vede solo il colpevole desiderio di guadagno. Il profitto non è visto per quello che è realmente nell'economia di mercato competitiva: il barometro del servizio reso».

Fonte 2: Integrismo. I cattolici tendono a diffidare dell'economia di mercato e del liberalismo economico perché associano il liberalismo al protestantesimo, all'agnosticismo e all'ateismo, che sono tutti raggruppati nel termine 'liberalismo'. La confusione deriva dal fatto che è storicamente vero che Locke, Hume, Smith, Mill, ecc. furono tendenzialmente protestanti o agnostici, utilitaristi e relativisti. Ma il liberalismo economico non poggia necessariamente su queste basi: poggia molto di più sulla scienza economica del funzionamento dell'economia di mercato. «I mattoni possono essere usati per costruire una chiesa o un bordello – sono neutrali per quanto riguarda il tipo di struttura per cui sono usati». Così, gli stessi princìpi economici possono essere incorporati in molti sistemi filosofici.

L'odio della Chiesa per il liberalismo in generale, da cui procede per attaccare il liberalismo economico, procede dal suo odio per il "liberalismo teologico" (razionalismo, naturalismo, interpretazione individuale delle Scritture). Così, ciò ha portato ad affermazioni estreme, come la seguente, comparsa sulla rivista «La Civiltà Cattolica» nel 1865: «ogni libertà, non solo la libertà assoluta e illimitata, ma ogni libertà è per sua natura una [...] piaga spirituale».

Fonte 3: Moralismo. La critica moralista al liberalismo è duplice: (a) il mercato è accusato di sottoporre tutta l'attività economica allo stimolo immorale del motivo del profitto e di creare una società immorale di disuguaglianza e di dominio del denaro; (b) l'economia di mercato è accusata di essere amorale in linea di principio, perché la filosofia liberale esclude la verità ultima e un sistema universale di valori.

Qual è la risposta a queste accuse? In primo luogo, è certamente vero che lo scopo dell'attività economica è quello di aumentare la ricchezza o i beni che soddisfano il bisogno, per cercare di ottenere un "profitto", un eccesso di valore ricevuto sul valore speso, cioè un guadagno. «Questo, senza dubbio, è un obiettivo di tipo inferiore, ma non per questo è cattivo». Nella tradizione cattolica, l'ego non è necessariamente da detestare. Bisogna amare se stessi per amare il prossimo come se stessi. «Il desiderio di vivere bene in senso materiale e di assicurare alla propria famiglia un tenore di vita decente e persino confortevole non sono ovviamente l'aspirazione ultima di un cristiano. Ma desiderare queste cose è comunque normale e buono».

Inoltre, motivi come quelli usati in Russia, come il terrore e il richiamo di medaglie e promozioni, sono più morali della cupidigia? È un peccato che la vita umana sia costretta dalle necessità economiche. Ma date queste necessità, «non ci può essere motivo di rammarico per il dominio preponderante che il motivo del profitto gioca nelle nostre vite economiche, per la semplice ragione che la ricerca del guadagno è l'essenza della vita economica».

L'uguaglianza economica non è ovviamente un ideale morale, perché porta alla stagnazione e alla mediocrità (vedi sopra gli attacchi dettagliati all'uguaglianza nelle encicliche e in altri scritti cattolici).

Per quanto riguarda la frase di Péguy, la "regola del denaro", perché questa forma astratta e perfettamente liquida di ricchezza (il denaro) è in qualche modo moralmente peggiore di altre forme di ricchezza? Dobbiamo allora condannare tutta l'economia monetaria e il suo grande sviluppo al posto del baratto? Per quanto riguarda il "potere" del denaro, questo potere è sempre esistito, molto prima dell'economia di mercato. Inoltre, sul mercato questi "poteri plutocratici" sono in concorrenza tra loro. «È proprio questo pluralismo che aumenta le possibilità di sopravvivenza della libertà».

◆◆

Per quanto riguarda la presunta amoralità dell'economia liberale, non è vero che il liberalismo esclude l'etica: «gli individui, che sono liberi di scegliere cosa consumare e in quali occupazioni impegnarsi, sono anche liberi di prendere le proprie decisioni economiche in accordo con i principi etici». Villey cita qui il caso classico dei G.I. dell'esercito americano in Francia nel 1944, i quali si lamentarono con l'esercito del prezzo elevato delle prostitute francesi. In un opuscolo ufficiale (U.S. Army, *112*

Gripes about the French, 1944), l'esercito rispose alla lamentela con questa eccellente analisi: «i prezzi sono il risultato della domanda e dell'offerta. I prezzi in questione sono in relazione diretta con la virtù delle donne francesi e in relazione inversa con la vostra».

Non solo l'etica entra nei dati del mercato, ma il mercato stesso richiede la pratica di certe virtù etiche: lealtà, rispetto del contratto, disponibilità ad assumere rischi, iniziativa, sforzo, lungimiranza. Soprattutto, «un'economia di mercato richiede uomini liberi e gli uomini liberi sono uomini moralmente superiori».

Villey conclude questa sezione dicendo che questi "moralisti" cattolici si preoccupano troppo della morale, che il cristianesimo è una questione di ricerca di Dio, di salvezza delle anime, ecc., piuttosto che un insieme di regole moralizzatrici.

Fonte 4: Profetismo. Il moralismo è stato la fonte del cattolicesimo sociale e del corporativismo. Dopo la seconda guerra mondiale, una nuova tendenza è apparsa fortemente nel cattolicesimo europeo, che Villey chiama "profetismo", che è vicino al marxismo e al comunismo. I profetisti sono: (a) interessati esclusivamente alla nostra epoca "rivoluzionaria"; (b) a favore esclusivo dei proletari e comunisti. L'idea è quella di diventare un tutt'uno con i lavoratori per riconquistare i poveri alla Chiesa (il movimento dei sacerdoti operai, ecc.). Una benedizione mistica è posta sulla "classe operaia" e la sua lotta contro il capitale. (c) Essi glorificano il lavoro e l'operaio e accettano che la Seconda Venuta si realizzi attraverso il trionfo della classe operaia! Questi profetisti rifiutano lo stesso concetto di legge naturale e rifiutano anche qualunque idea di legge economica permanente. Per loro, la storia, il flusso della storia, è tutto (à la Marx).

E mentre il liberalismo economico vede la propria fonte nell'integrità e indivisibilità della persona individuale, i profetisti sono interessati solo al collettivo, alla classe sociale, all'umanità in generale, che essi identificano in qualche modo con il Corpo Mistico di Cristo. Per Villey, questa enfasi sul collettivo piuttosto che sull'individuo è peculiarmente anticattolica e anticristiana. Il punto di vista giudeo-cristiano pone il grande accento sull'individuo. È l'individuo che prega: «non è allora che un passo per fare dell'individuo il soggetto della scelta economica, per riservargli il ruolo di agente economico autonomo?». Inoltre, il Regno di Dio non sarà realizzato sulla terra, attraverso la storia, ma dal Dio trascendente.

Dopo aver esposto e criticato le varie fonti dell'ostilità cattolica al liberalismo, Villey procede ad indagare quali siano i possibili legami tra cattolicesimo e liberalismo.

Egli avverte di nuovo che non sta cercando di fare del liberalismo "la dottrina economica cattolica" o di far derivare il mercato dalla Bibbia. Ma ci sono legami, paralleli, ecc. tra liberalismo e Cattolicesimo, motivi comuni? Nel XIX secolo, l'autoritarismo sembrava corrispondere alle idee di trascendenza e di Dio, mentre la libertà coincideva con l'agnosticismo e il relativismo (per questo, papa Pio IX condannò così aspramente la libertà e il liberalismo nel suo *Sillabo degli errori*). Oggi, il liberalismo è più legato a Dio e alla trascendenza, mentre lo scientismo è stato associato all'agnosticismo (nazisti, sovietici). In breve, il liberalismo può derivare o dallo scetticismo o dalla fede. Il punto di vista cristiano è che, poiché Dio trascende il mondo, ciò significa che il mondo esiste a prescindere da Dio e quindi la natura è governata dalle sue leggi naturali autonome. Poiché solo Dio è unitario e trascendente, il cristiano deve considerare la natura come discontinua e pluralista, proprio come la considera il liberalismo. Pertanto: «la mente cattolica è quindi pronta ad ammettere l'eterogeneità degli interessi economici, la molteplicità dei centri di imitazione economica e l'autonomia dell'economia rispetto alla politica. Questa visione cattolica si armonizza facilmente con la concezione essenzialmente pluralistica del mondo, che è propria dei liberali».

Villey continua a prendere la strana posizione che questa eterogeneità e competizione del liberalismo economico è buona perché è come un "gioco" e che i giochi sono adatti ai cristiani perché insegnano loro a non prendere questo mondo troppo seriamente (!) e anche che la salvezza è sempre una scommessa spirituale.

Villey afferma poi che, quando la filosofia cattolica veniva elaborata nel medioevo, l'economia di mercato non esisteva e il pensiero economico del cattolico moderno – corporativismo, sindacalismo, solidarismo, ecc. – ha ancora un sapore medievale. Eppure, non c'è più, soprattutto nell'economia moderna avanzata, una "via di mezzo" tra il mercato [e] l'economia pianificata. Uno o l'altro – il mercato o il governo – deve decidere l'allocazione delle risorse produttive. Non c'è più spazio per l'artigianato o la corporazione, con il suo adattamento diretto dell'offerta alla domanda. Non possiamo – senza crisi, carestie e regressioni – tornare all'artigianato: dobbiamo scegliere, senza vie di mezzo, tra l'economia di libero mercato e l'economia pianificata. Ci può essere una parte dell'economia dedicata al mercato e una parte al piano, ma non c'è un "terzo" o "medio" sistema da scegliere. E molti cattolici ammettono che la pianificazione economica totale richiede uno Stato totalitario e, quindi, deve essere respinta. Una volta resi conto che non c'è davvero una "via di mezzo" o una terza via d'uscita, si dovrà scegliere l'economia di mercato. Le encicliche sono state interpretate (da Ropke, Baudin) come compatibili con il capitalismo e, inoltre, entrambe [quelle analizzate] hanno certamente condannato il socialismo.

Villey termina il suo articolo con l'appello ai cattolici (se non alla Chiesa in sé) di unirsi nella difesa degli ideali occidentali: che includono il libero mercato, insieme ai diritti umani, alla dignità e alla democrazia. Li invita a riabilitare la proprietà privata, il profitto, il mercato e anche la speculazione, ad abbandonare la nostalgia del medioevo. Egli termina sottolineando che la borsa è definibile come «il tempio dei diritti umani» – una frase che ha scioccato cattolici e altri, perché non capiscono l'importanza centrale della speculazione azionaria nell'economia di mercato.

/pod-product-compliance